파워포인트 2016

POWERPOINT 2016

단계학습 파워포인트 2016 기본&실무프로젝트 자료 다운로드 방법

자료 다운로드

POWERPOINT 2016

1 렉스미디어 홈페이지(www.rexmedia.net)에 접속한 후 [자료실]-[대용량 자료실]을 클릭합니다.

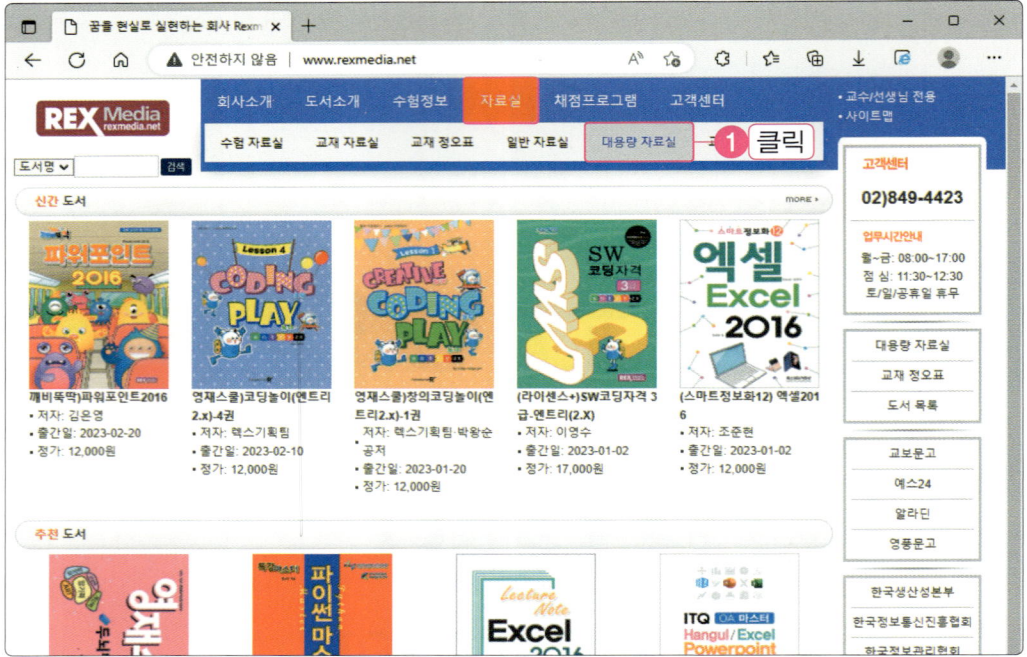

2 렉스미디어 자료실 페이지가 나타나면 '단계학습' 폴더를 선택한 후 '파워포인트 2016 기본&실무프로젝트.exe' 파일을 클릭합니다.

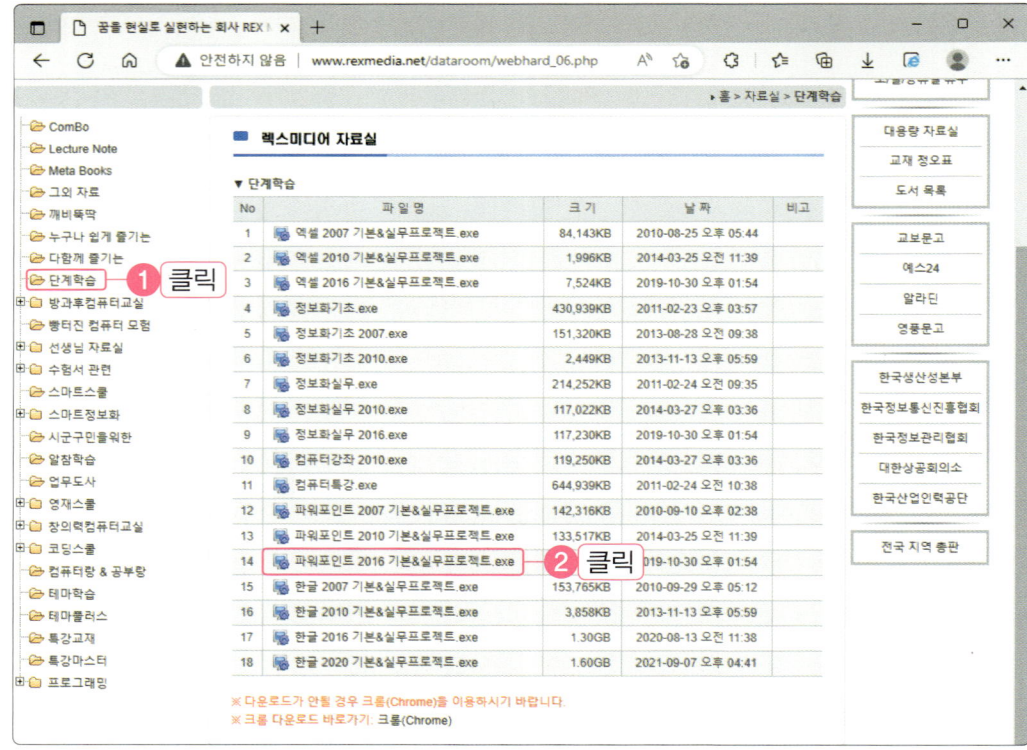

2 Information

POWERPOINT 2016  자료 다운로드

3 다운로드가 완료되면 [파일열기]를 클릭합니다.

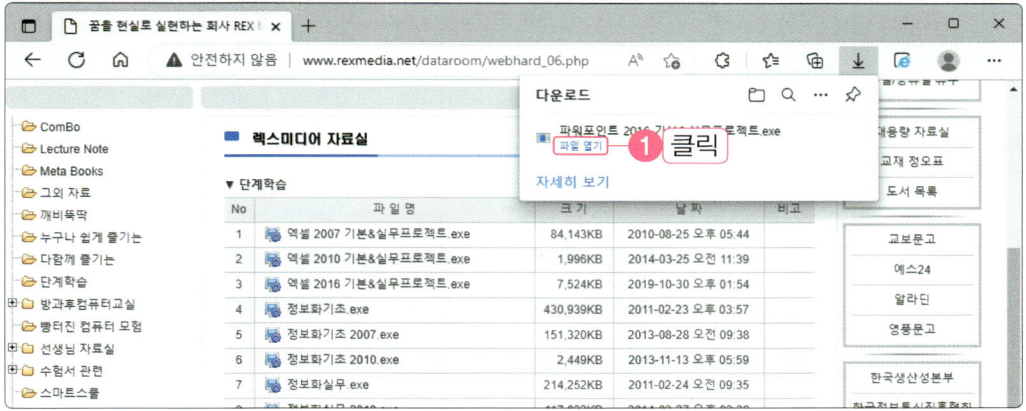

4 자료가 자동으로 설치됩니다.

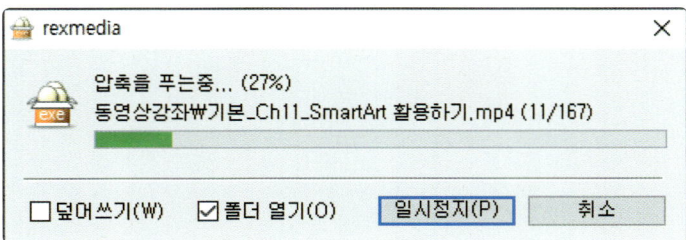

5 **파일 탐색기를 실행**한 후 **'C:\단계학습\파워포인트' 폴더를 선택**하면 다음과 같이 단계학습 파워포인트 2016 기본&실무프로젝트 자료가 다운로드된 것을 확인할 수 있습니다.

❶ 파워포인트 2016 동영상 강좌 파일이 담겨져 있습니다.
❷ 파워포인트 2016 기본(연습문제)에서 사용하는 연습파일과 완성파일이 담겨져 있습니다.
❸ 파워포인트 2016 기본(따라하기)에서 사용하는 연습파일과 완성파일이 담겨져 있습니다.
❹ 파워포인트 2016 실무 프로젝트에서 사용하는 연습파일과 완성파일이 담겨져 있습니다.

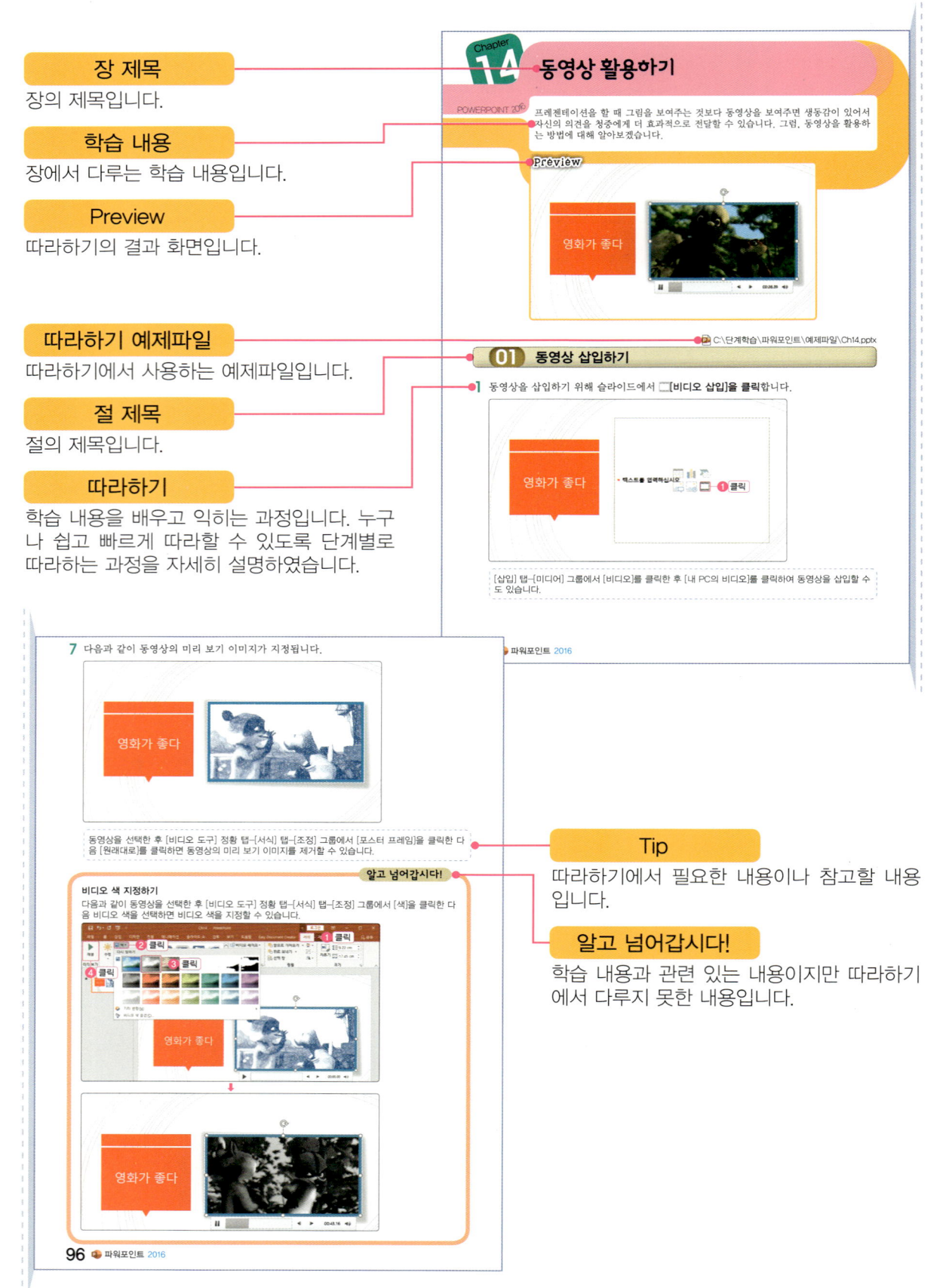

POWERPOINT 2016  이 책의 구성

연습문제
학습 내용을 얼마나 배우고 익혔는지 확인할 수 있는 연습문제입니다.

연습문제 예제파일
연습문제에서 사용하는 예제파일입니다.

Hint
연습문제를 해결하는데 도움이 되는 내용입니다.

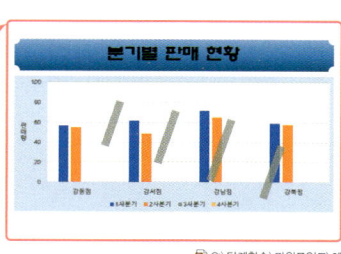

Special page
단기간에 고급 사용자가 될 수 있도록 엄선하여 별도로 마련한 학습 내용입니다.

실무 Project
실무에 바로 활용할 수 있는 실무 프로젝트입니다. 사업계획서, 상품소개서, 제안서 등의 실무문서를 다루었습니다.

 이 책의 차례　　　POWERPOINT 2016

 파워포인트

- **Chapter 01** • 파워포인트 시작하기 ········· 2
  - 파워포인트 실행하고 프레젠테이션 작성하기
  - 프레젠테이션 저장하고 파워포인트 종료하기
- **Chapter 02** • 기호와 한자 입력하기 ········· 8
  - 프레젠테이션 열고 기호 입력하기
  - 한자 입력하고 다른 이름으로 프레젠테이션 저장하기
- **Chapter 03** • 슬라이드 편집하기 ········· 14
  - 슬라이드 삽입하고 삭제하기
  - 슬라이드 복제하고 이동하기
- **Chapter 04** • 단락 편집하기 ········· 20
  - 단락의 목록 수준 조정하고 단락 간격 지정하기
  - 개요 보기 창에서 단락 이동하기
- **Chapter 05** • 글머리 기호 넣고 번호 매기기 ········· 26
  - 글머리 기호 넣기
  - 번호 매기기
- **Chapter 06** • 글꼴과 맞춤 서식 지정하고 서식 복사하기 ········· 32
  - 글꼴과 맞춤 서식 지정하기
  - 서식 복사하기
- **Chapter 07** • 테마 지정하기 ········· 38
  - 테마 지정하기
  - 테마 색과 테마 글꼴 변경하기
- **Chapter 08** • 프레젠테이션 인쇄하기 ········· 44
  - 슬라이드의 크기와 머리글/바닥글 지정하기
  - 프레젠테이션 인쇄하기
- **Chapter 09** • 배경 서식 지정하고 WordArt 활용하기 ········· 50
  - 배경 서식 지정하기
  - WordArt 활용하기
- **Chapter 10** • 도형과 그림 활용하기 ········· 56
  - 도형 활용하기
  - 그림 활용하기
- **Special page** • 앨범 만들기 ········· 64

POWERPOINT 2016

이 책의 차례

- **Chapter 11 · SmartArt 활용하기** ········· 68
  - SmartArt 삽입하기
  - SmartArt 편집하기
- **Chapter 12 · 표 작성하기** ········· 74
  - 표 삽입하기
  - 표 편집하기
- **Chapter 13 · 차트 작성하기** ········· 82
  - 차트 삽입하기
  - 차트 편집하기
- **Chapter 14 · 동영상 활용하기** ········· 92
  - 동영상 삽입하기
  - 동영상 편집하기
- **Chapter 15 · 슬라이드 마스터와 유인물 마스터 설정하기** ········· 98
  - 슬라이드 마스터 설정하기
  - 유인물 마스터 설정하기
- **Chapter 16 · 화면 전환 효과 지정하고 슬라이드 쇼 시작하기** ········· 106
  - 화면 전환 효과 지정하기
  - 슬라이드 쇼 시작하기
- **Chapter 17 · 애니메이션 지정하기** ········· 112
  - 애니메이션 지정하기
  - 애니메이션 추가하기
- **Chapter 18 · 하이퍼링크와 실행 단추 삽입하기** ········· 118
  - 하이퍼링크 삽입하기
  - 실행 단추 삽입하기
- **Chapter 19 · 슬라이드 숨기고 슬라이드 쇼 재구성하기** ········· 126
  - 슬라이드 숨기기
  - 슬라이드 쇼 재구성하기
- **Chapter 20 · 슬라이드 쇼 진행하고 예행 연습하기** ········· 132
  - 슬라이드 쇼 진행하기
  - 예행 연습하기
- **Special page · 차트 애니메이션 지정하기** ········· 140

이 책의 차례

POWERPOINT 2016

파워포인트 실무 Project

- **Chapter 01 • 사업계획서 작성하기** ········· 2
  - 슬라이드 마스터에 그림 삽입하기
  - 제목 슬라이드 레이아웃에 도형 삽입하기
  - 제목 슬라이드 레이아웃에 그림 삽입하기
  - 제목 및 내용 레이아웃에 그림 삽입하기

- **Chapter 02 • 회사소개서의 회사 연혁 작성하기** ········· 16
  - SmartArt 삽입하기
  - 도형의 모양 변경하고 도형의 크기 조정하기
  - SmartArt 스타일 지정하기
  - SmartArt 색 변경하기

- **Chapter 03 • 상품소개서 작성하기** ········· 26
  - 앨범 만들기
  - 테마 색과 테마 글꼴 변경하기
  - 배경 서식 지정하기
  - 도형 활용하여 상품 개요 작성하기

- **Chapter 04 • 제안서 작성하기** ········· 38
  - 가로 텍스트 상자 삽입하기
  - 텍스트 채우기 지정하기
  - 네온 텍스트 효과 지정하기
  - 3차원 회전 텍스트 효과 지정하기

- **Chapter 05 • IR 자료의 매출 및 영업 이익 현황 작성하기** ········· 46
  - 표 삽입하기
  - 표 스타일 지정하기
  - 표 내용에 글꼴과 맞춤 서식 지정하기
  - 셀에 채우기 색과 셀 입체 효과 지정하기

- **Chapter 06 • 기획서의 시장 점유율 분석 차트 작성하기** ········· 56
  - 차트 삽입하기
  - 차트 레이아웃 지정하기
  - '아슬란' 데이터 요소에 그림자 도형 효과 지정하기
  - '아슬란' 데이터 요소의 데이터 레이블에 도형 스타일 지정하기

- **Chapter 07 • 보고서의 매출 및 영업 이익 추이 작성하기** ········· 64
  - '매출 추이' 도형에 애니메이션 지정하기
  - '매출 추이' 도형에 애니메이션 추가하기
  - '매출 추이' SmartArt에 애니메이션 지정하기
  - 애니메이션 확인하기

- **Chapter 08 • 영업부용 세미나 자료 작성하기** ········· 74
  - 화면 전환 효과 지정하고 슬라이드 쇼 재구성하기
  - 화면 전환 효과와 재구성된 쇼 확인하기

POWERPOINT 2016

01	파워포인트 시작하기	2
02	기호와 한자 입력하기	8
03	슬라이드 편집하기	14
04	단락 편집하기	20
05	글머리 기호 넣고 번호 매기기	26
06	글꼴과 맞춤 서식 지정하고 서식 복사하기	32
07	테마 지정하기	38
08	프레젠테이션 인쇄하기	44
09	배경 서식 지정하고 WordArt 활용하기	50
10	도형과 그림 활용하기	56
S	*Special page* 앨범 만들기	64
11	SmartArt 활용하기	68
12	표 작성하기	74
13	차트 작성하기	82
14	동영상 활용하기	92
15	슬라이드 마스터와 유인물 마스터 설정하기	98
16	화면 전환 효과 지정하고 슬라이드 쇼 시작하기	106
17	애니메이션 지정하기	112
18	하이퍼링크와 실행 단추 삽입하기	118
19	슬라이드 숨기고 슬라이드 쇼 재구성하기	126
20	슬라이드 쇼 진행하고 예행 연습하기	132
S	*Special page* 차트 애니메이션 지정하기	140

파워포인트 시작하기

POWERPOINT 2016

자신의 의견을 청중에게 전달하는 것을 '프레젠테이션'이라고 하는데요. 파워포인트는 프레젠테이션을 작성할 수 있는 프로그램 중에서 가장 대표적인 프로그램입니다. 그럼, 파워포인트를 실행하고 프레젠테이션을 작성하는 방법과 프레젠테이션을 저장하고 파워포인트를 종료하는 방법에 대해 알아보겠습니다.

Preview

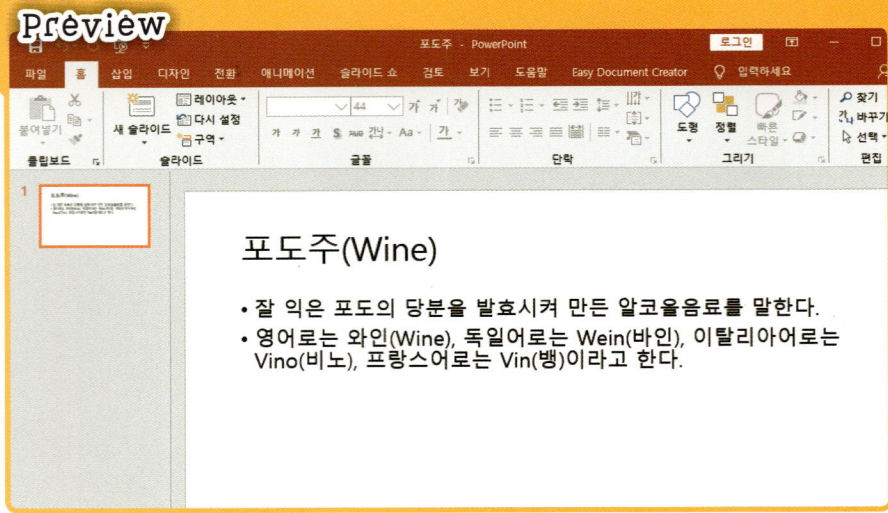

01 파워포인트 실행하고 프레젠테이션 작성하기

1 파워포인트를 실행하기 위해 작업 표시줄에서 ⊞[시작] 단추를 클릭한 후 앱 뷰에서 [PowerPoint]를 클릭합니다.

2 파워포인트가 실행되면 [홈]을 클릭한 후 [새 프레젠테이션]을 클릭합니다.

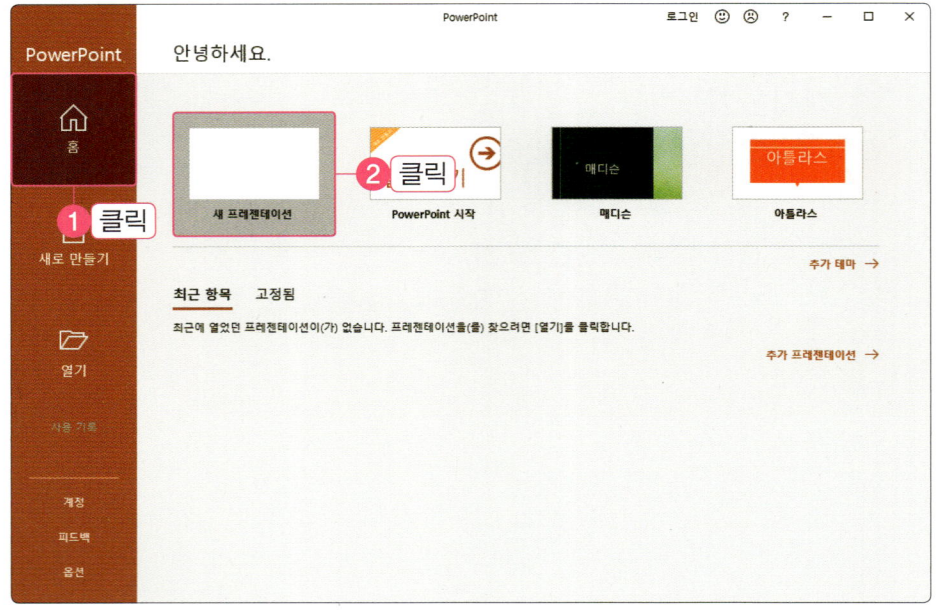

2 파워포인트 2016

알고 넘어갑시다!

파워포인트의 화면 구성

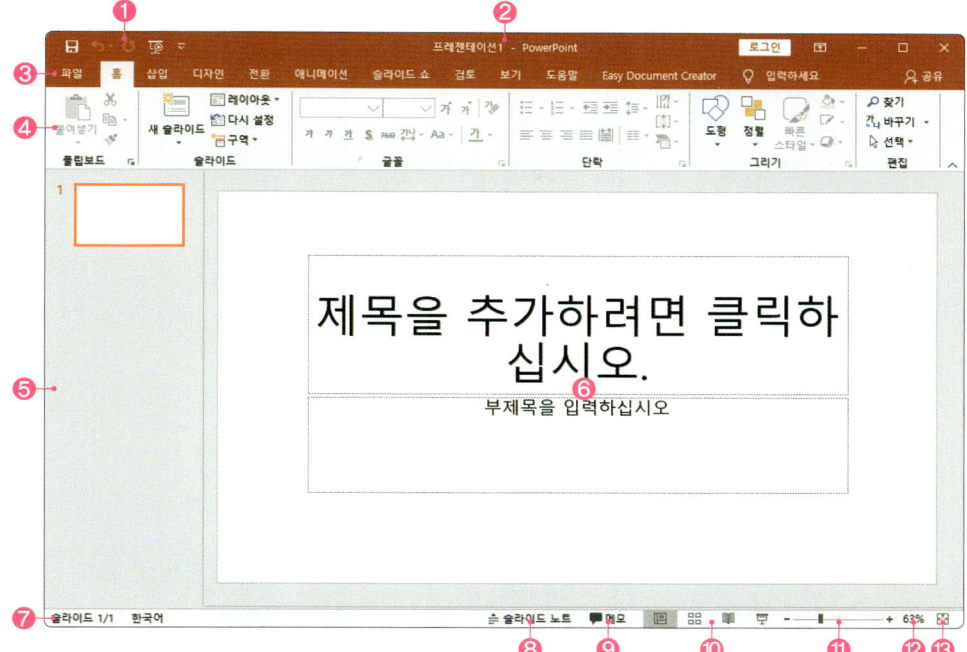

❶ **빠른 실행 도구 모음** : 자주 사용하는 기능을 빠르게 실행할 수 있는 도구 모음(파워포인트에서 제공하는 기능을 아이콘으로 만들어 놓은 것)입니다.

❷ **제목 표시줄** : 프레젠테이션의 파일 이름(새 프레젠테이션은 '프레젠테이션1', '프레젠테이션2', …로 표시)과 프로그램의 이름(PowerPoint)이 표시되는 곳입니다.

❸ **파일 탭** : 백스테이지(Backstage)로 전환하여 열기, 저장, 인쇄 등을 할 수 있는 탭입니다. 백스테이지에서 ⬅을 클릭하면 메인스테이지(Mainstage)로 전환할 수 있습니다.

❹ **리본 메뉴** : 메뉴와 도구 모음이 하나로 통합된 메뉴입니다. 리본 메뉴는 [홈], [삽입], [디자인] 등의 탭으로 구성되어 있고, 탭은 서로 관련 있는 기능별로 구분하여 놓은 그룹으로 구성되어 있습니다. 그룹에 ⌐[추가 옵션]이 있는 경우, ⌐[추가 옵션]을 클릭하면 해당 대화상자나 작업 창이 나타납니다.

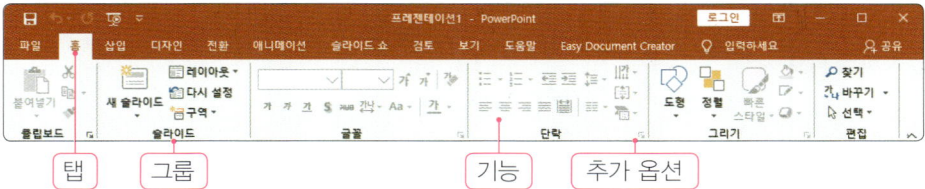

❺ **슬라이드 보기 창** : 슬라이드를 축소한 그림이 표시되는 곳입니다.

❻ **슬라이드 창** : 슬라이드를 작성하는 곳입니다.

❼ **상태 표시줄** : 표시기 보기, 맞춤법 검사, 언어 등의 작업 정보가 표시되는 곳입니다.

❽ **슬라이드 노트** : 슬라이드 노트 창(슬라이드를 설명할 때 참고할 내용을 입력하는 곳)이 나타납니다.

❾ **메모** : [메모] 작업 창이 나타납니다.

❿ **보기 바로 가기** : 프레젠테이션 보기를 전환할 수 있는 곳입니다. ▥[기본], ▦[여러 슬라이드], ▤[읽기용 보기], ▽[슬라이드 쇼]로 구성되어 있습니다.

⓫ **확대/축소 슬라이더** : ✚[확대]나 ➖[축소]를 클릭하거나 ▮[확대/축소]를 드래그하여 슬라이드 화면의 확대/축소 배율을 지정할 수 있는 곳입니다.

⓬ **확대/축소** : 슬라이드 화면의 확대/축소 배율이 퍼센트(%)로 표시되는 곳입니다.

⓭ **크기에 맞게** : 슬라이드 화면의 확대/축소 배율을 슬라이드 창의 크기에 맞춥니다.

Chapter 01 – 파워포인트 시작하기 **3**

3 새 프레젠테이션이 만들어지면 레이아웃을 변경하기 위해 [홈] 탭-[슬라이드] 그룹에서 **[레이아웃]을 클릭**한 후 **[제목 및 내용]을 클릭**합니다.

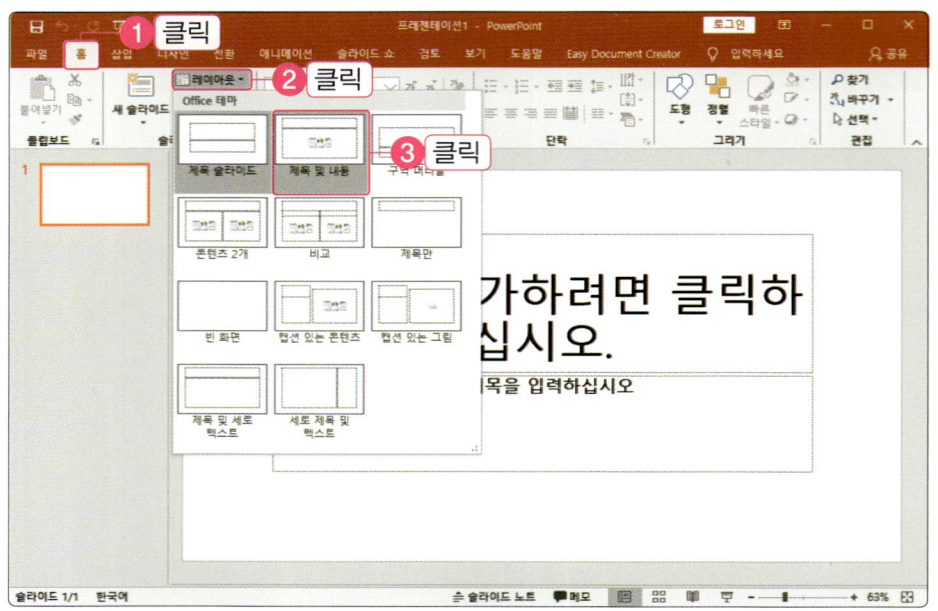

- 슬라이드(프레젠테이션에서 하나의 화면)에서 텍스트 상자나 표 등의 개체가 배치되는 모양을 '레이아웃'이라고 하는데요. 레이아웃은 제목 슬라이드, 제목 및 내용, 구역 머리글 등 11종류로 분류되어 있습니다.
- 기본적으로 1번 슬라이드의 레이아웃은 제목 슬라이드입니다.

4 레이아웃이 변경되면 **제목 텍스트 상자를 클릭**한 후 **다음과 같이 제목을 입력**합니다. 그런 다음 **내용 텍스트 상자를 클릭**한 후 **다음과 같이 내용을 입력**한 다음 Enter를 누릅니다.

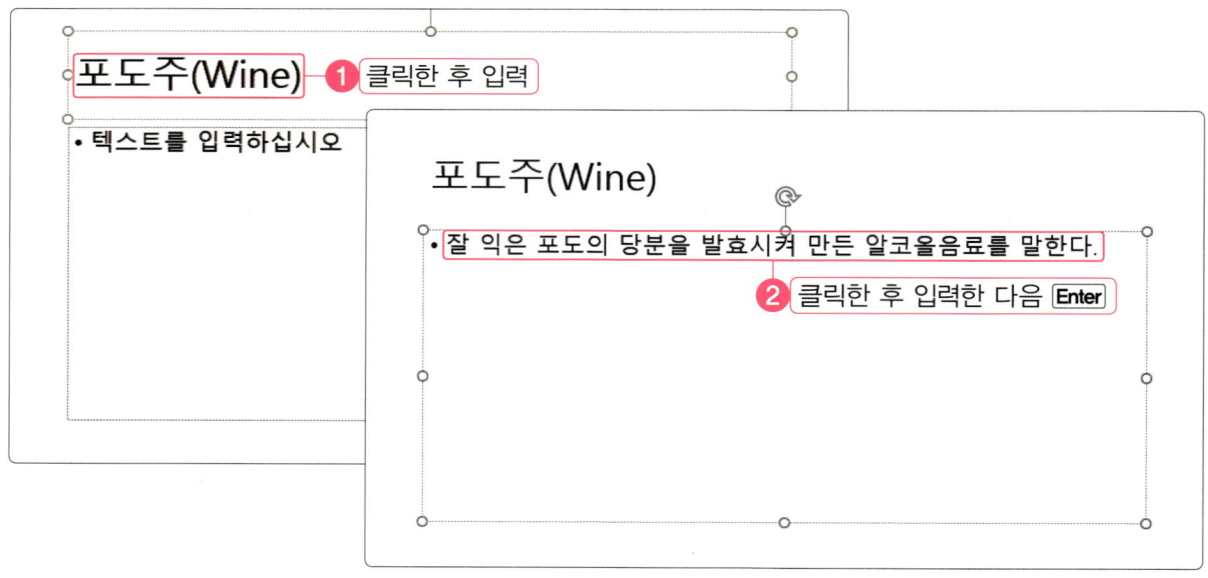

- 파워포인트에서는 슬라이드에 있는 텍스트 상자나 표 등의 개체에 텍스트를 입력하여 프레젠테이션을 작성합니다.
- 내용을 입력한 후 Enter를 누르면 글머리 기호(여기서는 •)가 자동으로 넣어집니다.

5 같은 방법으로 **다음과 같이 나머지 내용을 입력**합니다.

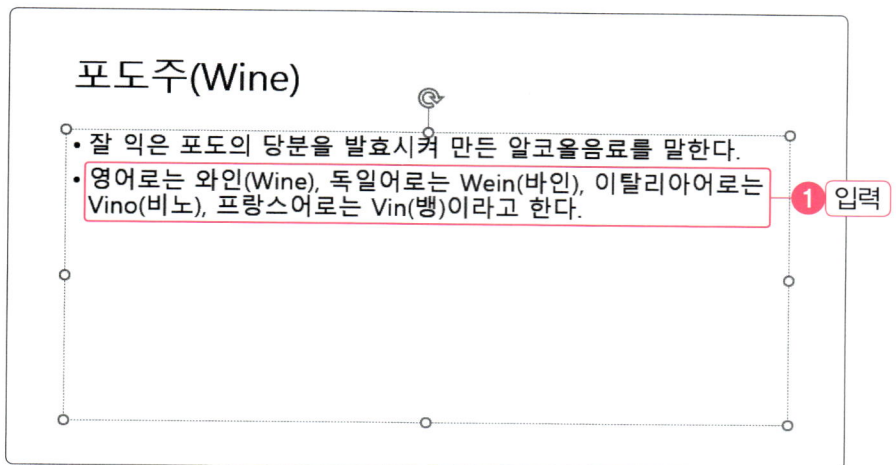

알고 넘어갑시다!

새 프레젠테이션 만들기

다음과 같이 [파일] 탭–[새로 만들기]를 클릭한 후 [새 프레젠테이션]을 클릭하면 기존 프레젠테이션을 그대로 둔 상태에서 새 프레젠테이션을 만들 수 있고, Ctrl+N을 누르면 기존 프레젠테이션을 그대로 둔 상태에서 새 프레젠테이션을 바로 만들 수 있습니다.

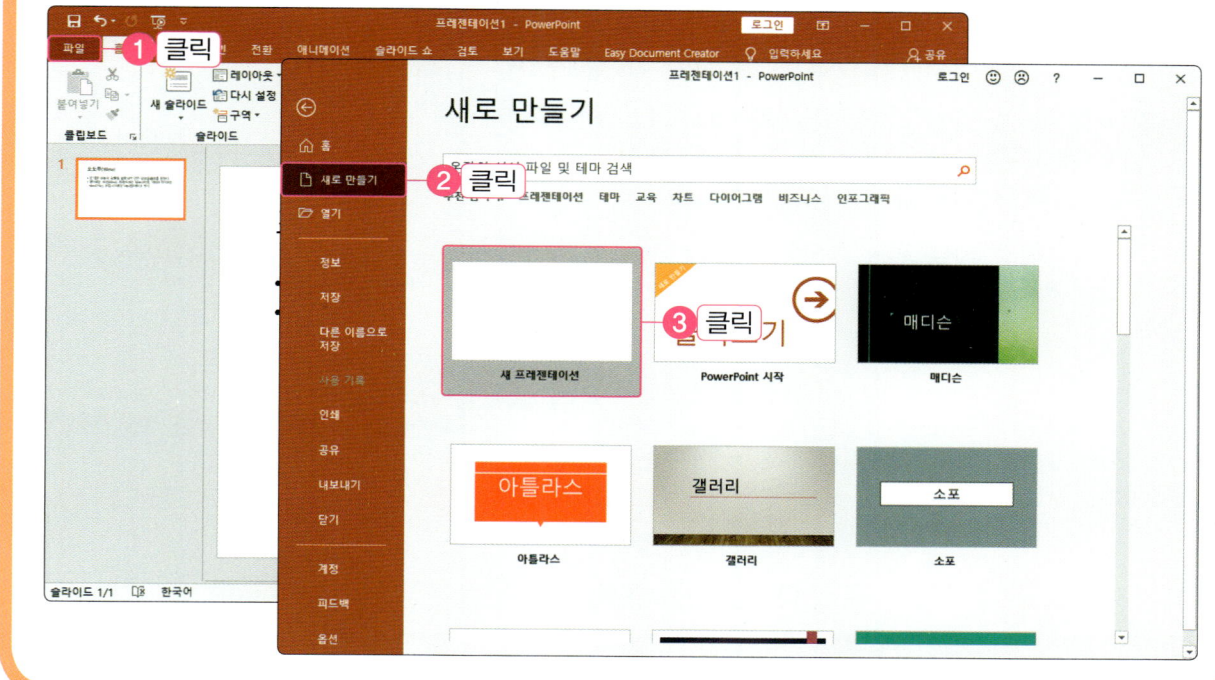

02 프레젠테이션 저장하고 파워포인트 종료하기

1 프레젠테이션을 저장하기 위해 **[파일] 탭-[다른 이름으로 저장]**을 **클릭**한 후 **[찾아보기]**를 **클릭**합니다.

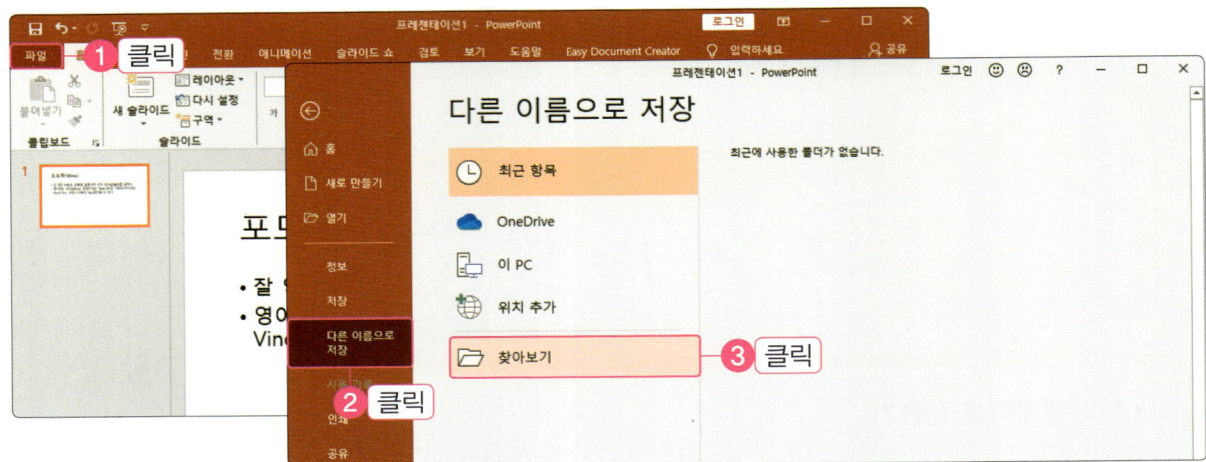

> 새 프레젠테이션을 만든 후 프레젠테이션을 작성한 경우에는 [파일] 탭-[다른 이름으로 저장]을 클릭하거나 Ctrl+S를 누르면 프레젠테이션을 저장할 수 있습니다.

2 **[다른 이름으로 저장]** 대화상자가 나타나면 **위치(문서)를 선택**한 후 **파일 이름(포도주)을 입력**한 다음 **[저장] 단추를 클릭**합니다.

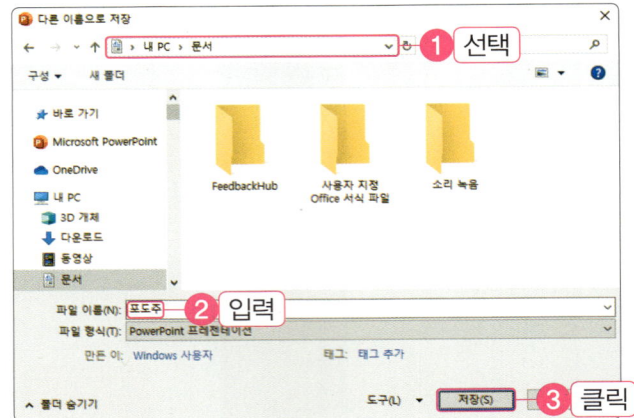

> 프레젠테이션을 저장하면 확장자가 'pptx'인 프레젠테이션으로 저장됩니다.

3 파워포인트를 종료하기 위해 ❌**[닫기]**를 **클릭**합니다.

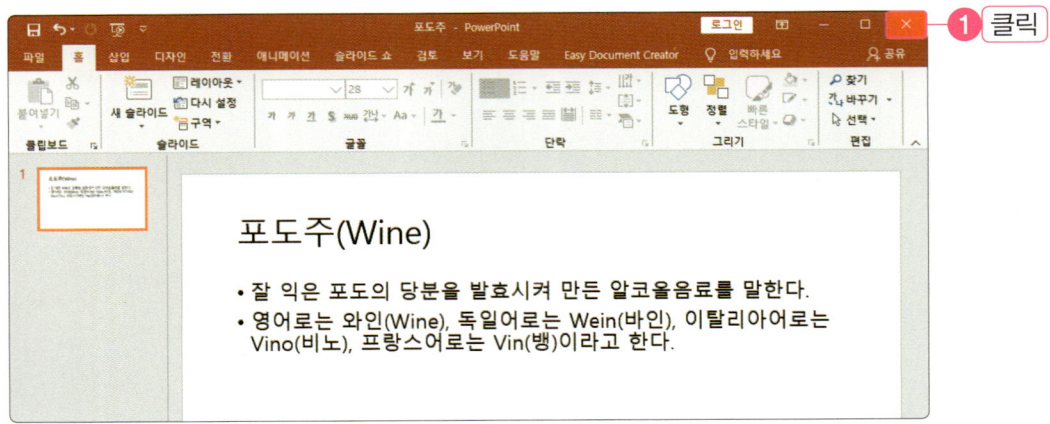

4 파워포인트가 종료됩니다.

1 다음과 같이 파워포인트를 실행한 후 새 프레젠테이션을 만든 다음 레이아웃을 변경하고 프레젠테이션을 작성해 보세요.
- 레이아웃 변경 : 제목 슬라이드 → 구역 머리글

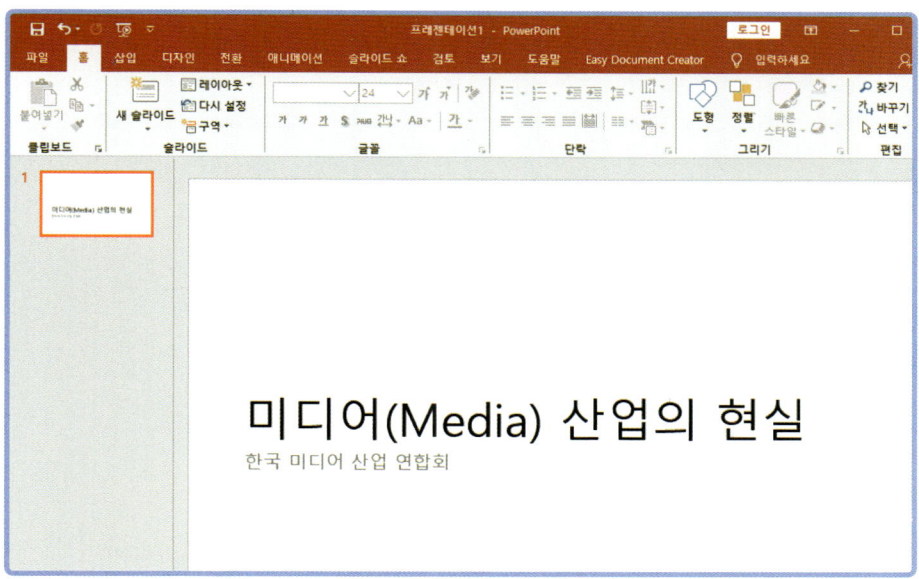

2 다음과 같이 데이터를 수정한 후 프레젠테이션을 저장해 보세요.
- 프레젠테이션 저장 : 위치(문서), 파일 이름(미디어 산업의 발전)

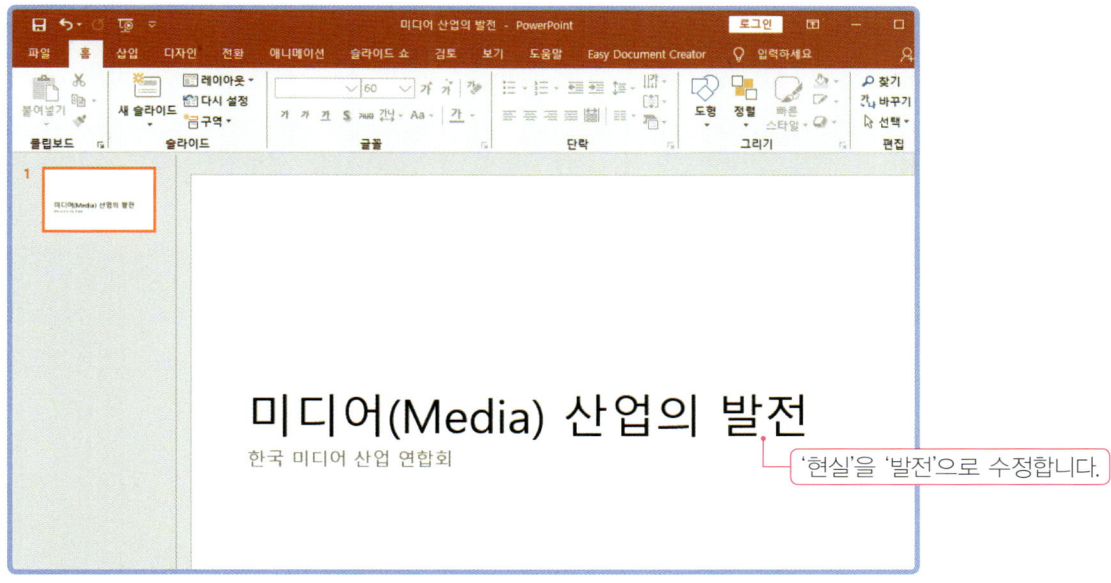

'현실'을 '발전'으로 수정합니다.

Hint
새 프레젠테이션을 만든 후 프레젠테이션을 작성한 경우에는 [파일] 탭-[다른 이름으로 저장]을 클릭하면 프레젠테이션을 저장할 수 있습니다.

기호와 한자 입력하기

POWERPOINT 2016

파워포인트에서 키보드로 입력할 수 없는 기호(●, ■, ▲ 등)는 기호 기능을 사용하여 입력하고, 한자는 한글을 입력한 후 한글/한자 변환 기능을 사용하여 입력합니다. 그럼, 프레젠테이션을 열고 기호를 입력하는 방법과 한자를 입력하고 다른 이름으로 프레젠테이션을 저장하는 방법에 대해 알아보겠습니다.

Preview

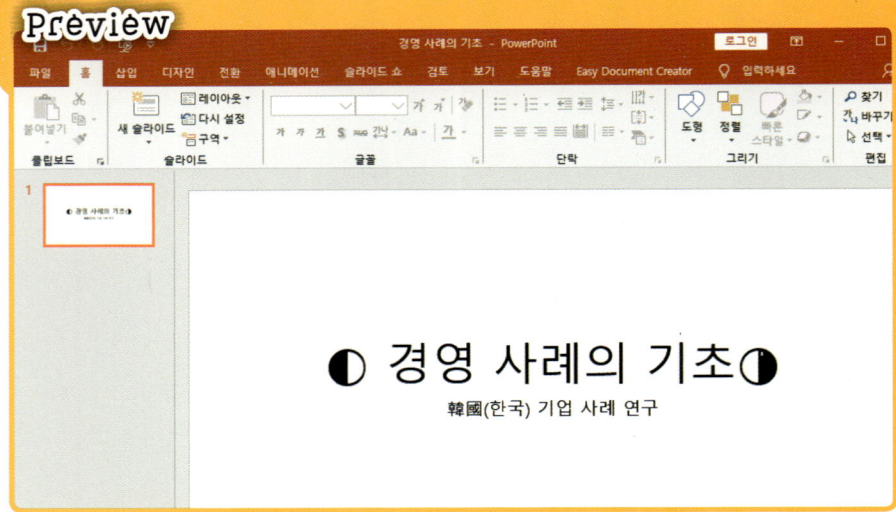

C:\단계학습\파워포인트\예제파일\Ch02.pptx

01 프레젠테이션 열고 기호 입력하기

1 **파워포인트를 실행**한 후 프레젠테이션을 열기 위해 **[열기]를 클릭**한 다음 **[찾아보기]를 클릭**합니다.

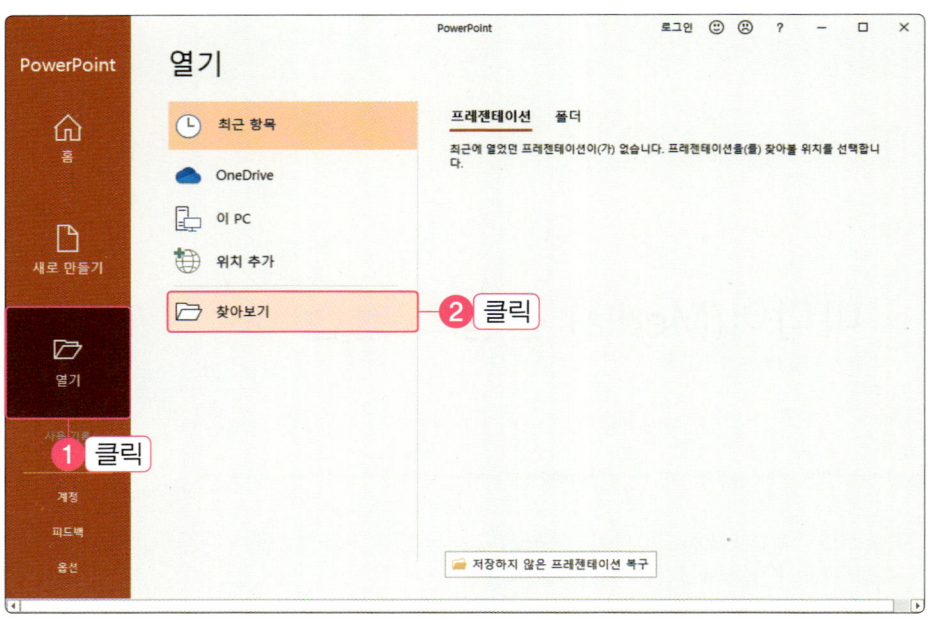

여기서는 파워포인트를 실행한 후 프레젠테이션을 바로 여는 경우인데요. 다른 프레젠테이션이 열려 있는 경우에는 [파일] 탭-[열기]를 클릭하거나 Ctrl+O를 누르면 프레젠테이션을 열 수 있습니다.

2 [열기] 대화상자가 나타나면 **위치(C:\단계학습\파워포인트\예제파일)를 선택**한 후 **파일(Ch02)을 선택**한 다음 [열기] 단추를 클릭합니다.

> 'C:\단계학습\파워포인트\예제파일' 폴더가 없는 경우에는 자료를 다운로드(Information 2Page 참고)합니다.

3 기호를 입력하기 위해 **'경영' 앞에 커서를 둔 후** [삽입] 탭-[기호] 그룹에서 **[기호]를 클릭**합니다.

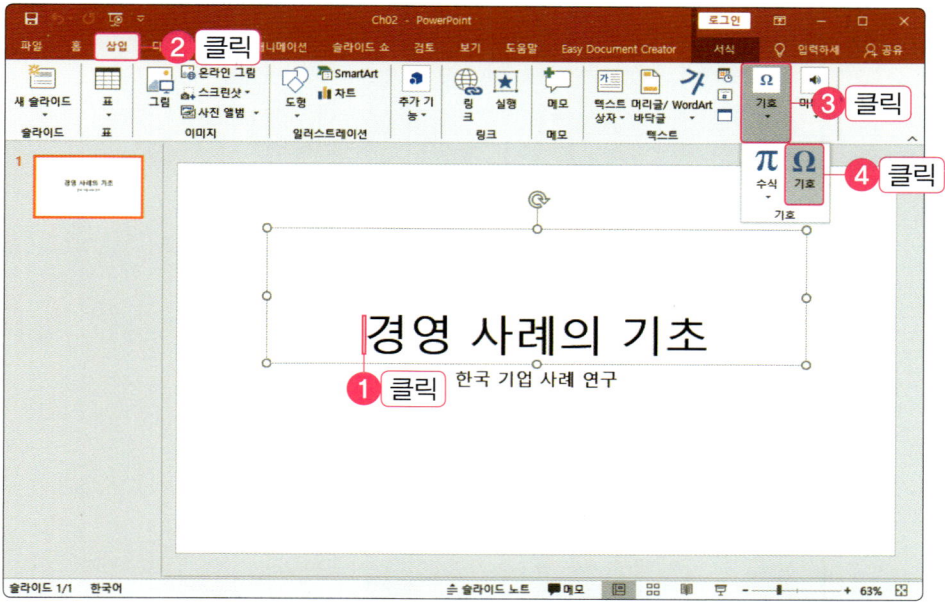

4 [기호] 대화상자가 나타나면 **글꼴(맑은 고딕)과 하위 집합(도형 기호)을 선택**한 후 **기호(◐)를 선택**한 다음 **[삽입] 단추를 클릭**합니다. 그런 다음 '◐' 기호가 삽입되면 **[닫기] 단추를 클릭**합니다.

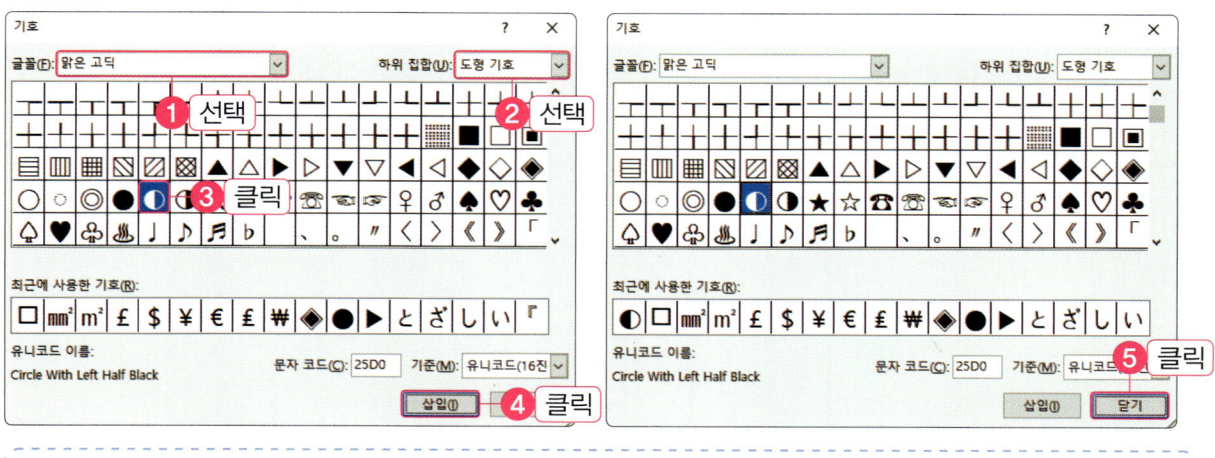

> [삽입] 단추를 클릭하면 [취소] 단추가 [닫기] 단추로 변경됩니다.

Chapter 02 – 기호와 한자 입력하기 **9**

5 같은 방법으로 **다음과 같이 'ⓞ' 기호를** 입력합니다.

알고 넘어갑시다!

한글 자음을 사용하여 기호 입력하기

다음과 같이 한글 자음(ㄱ~ㅎ)을 입력한 후 [한자]를 눌러 기호를 입력할 수도 있습니다.

한글 자음별 입력할 수 있는 기호

- ㄴ : 괄호(《, 》, 【, 】등)
- ㄹ : 단위(₩, ㎣, ㎞³, dB 등)
- ㅂ : 상자 그리기(─, │, ┬, ┼ 등)
- ㅇ : 원/괄호 영문, 원/괄호 숫자(ⓐ, ⒜, ①, ⑴ 등)
- ㅊ : 분수, 첨자(⅓, ⅔, ¹, ₄ 등)
- ㄷ : 수학 기호(÷, ≠, ∴, ≒ 등)
- ㅁ : 도형(●, □, ▲, ♥ 등)
- ㅅ : 원/괄호 한글(㉠, ㉮, ⑴, ⒢ 등)
- ㅈ : 숫자, 로마 숫자(0, 9, ⅰ, Ⅹ 등)
- ㅎ : 로마 문자(Δ, Θ, Ω, β 등)

02 한자 입력하고 다른 이름으로 프레젠테이션 저장하기

1 한자를 입력하기 위해 '**한국**'을 드래그하여 **선택**한 후 [검토] 탭-[언어] 그룹에서 [**한글/한자 변환**]을 **클릭**합니다.

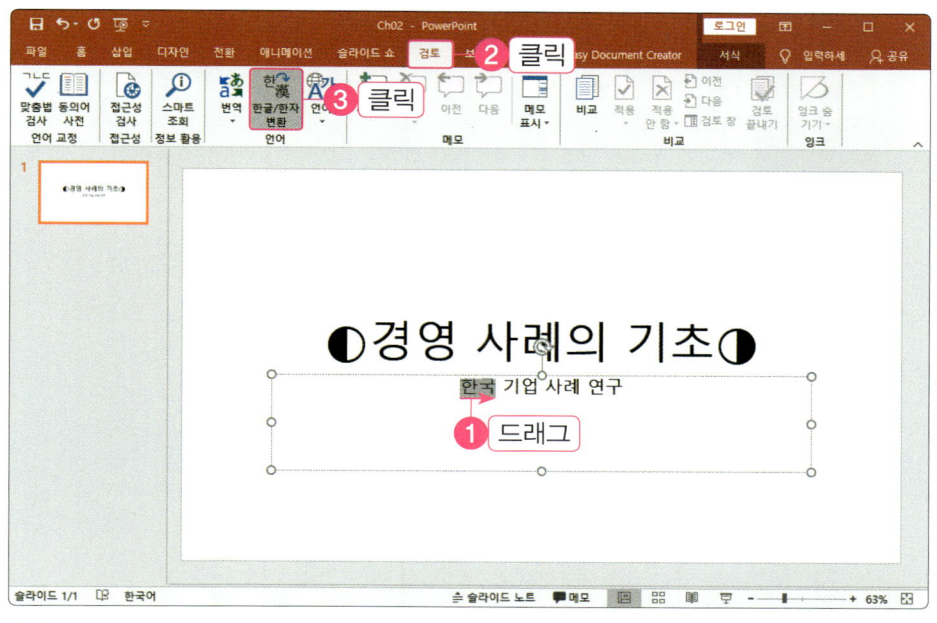

'한국'을 드래그하여 선택한 후 [한자]를 눌러 한자를 입력할 수도 있습니다.

2 [한글/한자 변환] 대화상자가 나타나면 **한자(韓國)와 입력 형태(漢字(한글))를 선택**한 후 [**변환**] 단추를 **클릭**합니다.

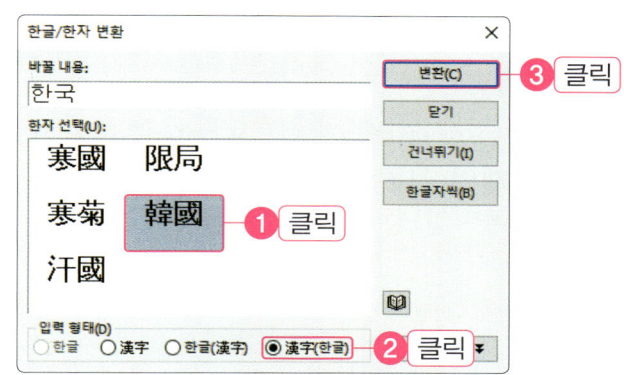

[한자 사전] 단추를 클릭하면 한자의 음, 뜻, 획수 등을 확인할 수 있습니다.

알고 넘어갑시다!

입력 형태
- 한글 : 韓國 → 한국
- 한글(漢字) : 한국 → 한국(韓國)
- 漢字 : 한국 → 韓國
- 漢字(한글) : 한국 → 韓國(한국)

3 한글 '한국'이 한자 '韓國(한국)'으로 변환됩니다.

4 다른 이름으로 프레젠테이션을 저장하기 위해 **[파일] 탭-[다른 이름으로 저장]**을 클릭한 후 **[찾아보기]**를 클릭합니다.

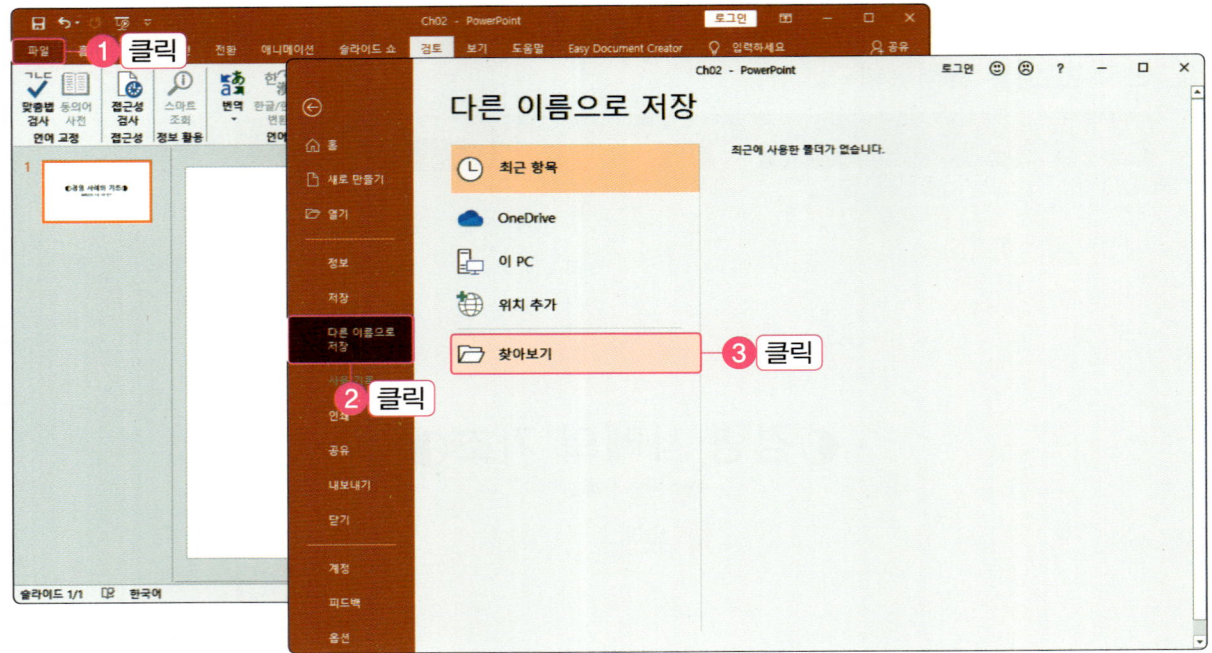

- **F12**를 눌러 다른 이름으로 프레젠테이션을 저장할 수도 있습니다.
- 프레젠테이션을 연 후 데이터를 수정한 다음 [파일] 탭-[저장]을 클릭하면 기존 파일 이름으로 프레젠테이션이 저장됩니다. 기존 프레젠테이션이 데이터를 수정한 프레젠테이션으로 변경되는 것인데요, 기존 프레젠테이션을 그대로 두고 데이터를 수정한 프레젠테이션을 하나 더 만들려면 [파일] 탭-[다른 이름으로 저장]을 클릭하여 다른 파일 이름으로 프레젠테이션을 저장해야 합니다.

5 **[다른 이름으로 저장]** 대화상자가 나타나면 **위치(문서)를 선택**한 후 **파일 이름(경영 사례의 기초)을 입력**한 다음 **[저장]** 단추를 클릭합니다.

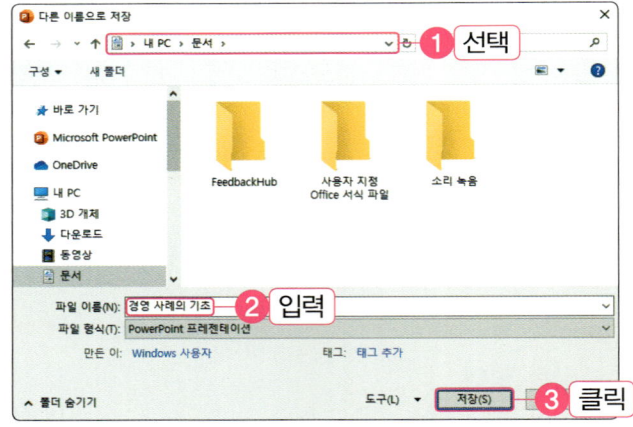

6 다른 이름으로 프레젠테이션이 저장됩니다.

알고 넘어갑시다!

프레젠테이션 닫기
파워포인트에서 ×[닫기]를 클릭하면 모든 프레젠테이션을 닫고 파워포인트를 종료하지만 [파일] 탭-[닫기]를 클릭하거나 **Ctrl**+**F4**를 누르면 해당 프레젠테이션만 닫습니다.

POWERPOINT 2016 연습문제

📄 C:\단계학습\파워포인트\연습파일\Ch02-연습.pptx

1 다음과 같이 프레젠테이션을 연 후 기호를 입력해 보세요.
- **프레젠테이션 열기** : 위치(C:\단계학습\파워포인트\연습파일), 파일(Ch02-연습)

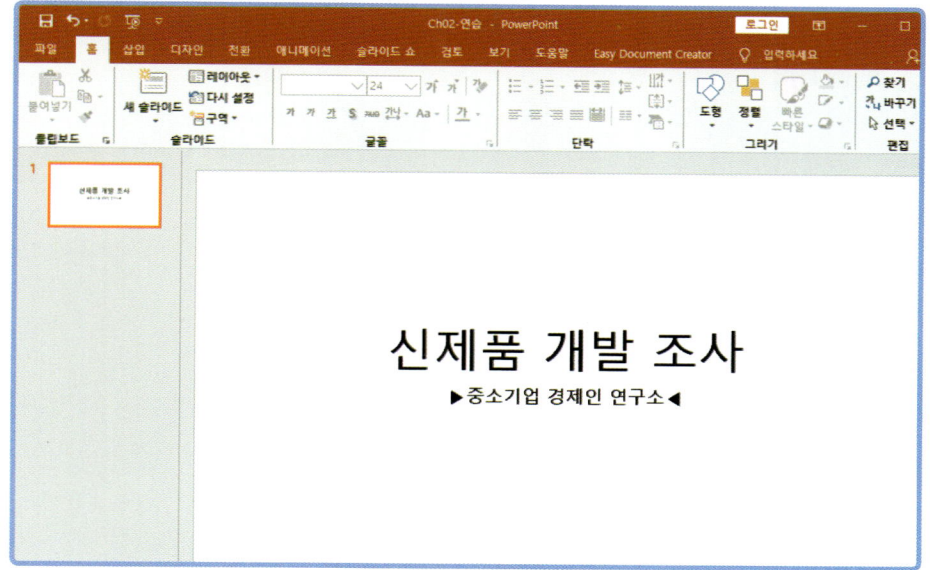

> **Hint**
> 다른 프레젠테이션이 열려 있는 경우에는 [파일] 탭-[열기]를 클릭하면 프레젠테이션을 열 수 있습니다.

2 다음과 같이 한자를 입력한 후 다른 이름으로 프레젠테이션을 저장해 보세요.
- **다른 이름으로 프레젠테이션 저장** : 위치(문서), 파일 이름(신제품 개발 조사)

Chapter 02 - 기호와 한자 입력하기

슬라이드 편집하기

POWERPOINT 2016

파워포인트에서는 슬라이드를 삽입하거나 삭제할 수 있고 복제하거나 이동할 수 있는데요. 프레젠테이션을 작성하다 보면 슬라이드를 복제하여 내용만 수정하는 것이 더 능률적이거나 슬라이드를 이동하여 내용을 전개하는 것이 더 효과적인 경우가 있습니다. 그럼, 슬라이드를 편집하는 방법에 대해 알아보겠습니다.

Preview

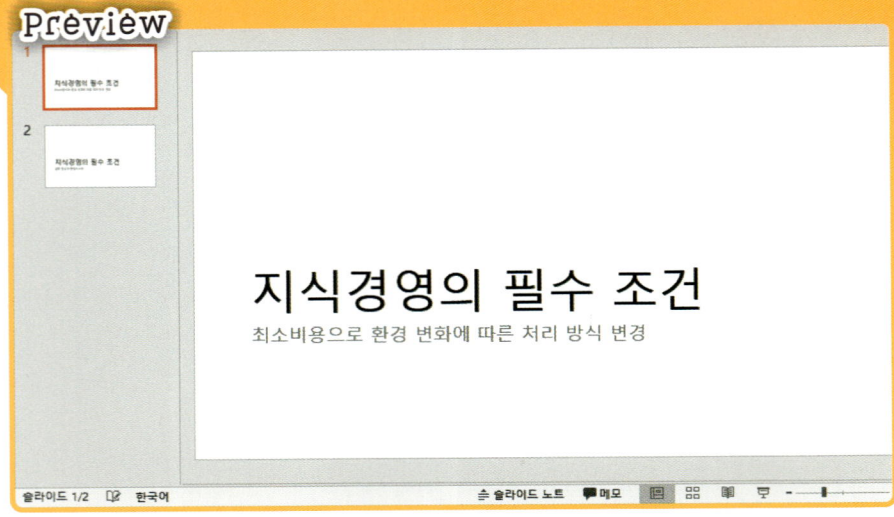

C:\단계학습\파워포인트\예제파일\Ch03.pptx

01 슬라이드 삽입하고 삭제하기

1 슬라이드를 삽입하기 위해 슬라이드 보기 창에서 **1번 슬라이드를 선택**한 후 [홈] 탭-[슬라이드] 그룹에서 [새 슬라이드]의 ▼[목록] 단추를 클릭한 다음 [구역 머리글]을 클릭합니다.

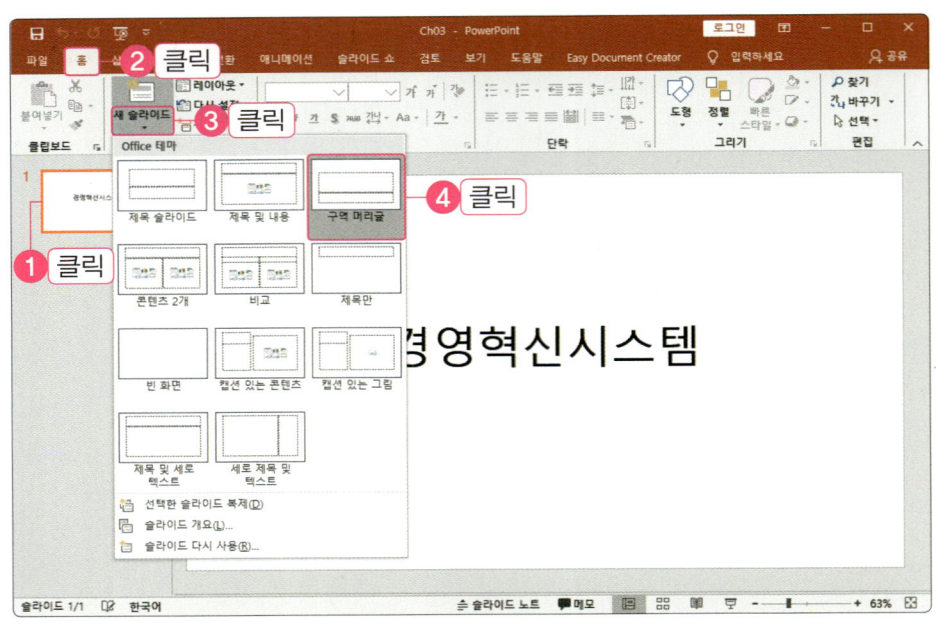

- 슬라이드의 바로 가기 메뉴에서 [새 슬라이드]를 클릭하여 슬라이드를 삽입할 수도 있습니다.
- 새 슬라이드는 선택한 슬라이드 아래에 삽입됩니다.

2 새 슬라이드가 삽입되면 **다음과 같이 2번 슬라이드를 작성**합니다.

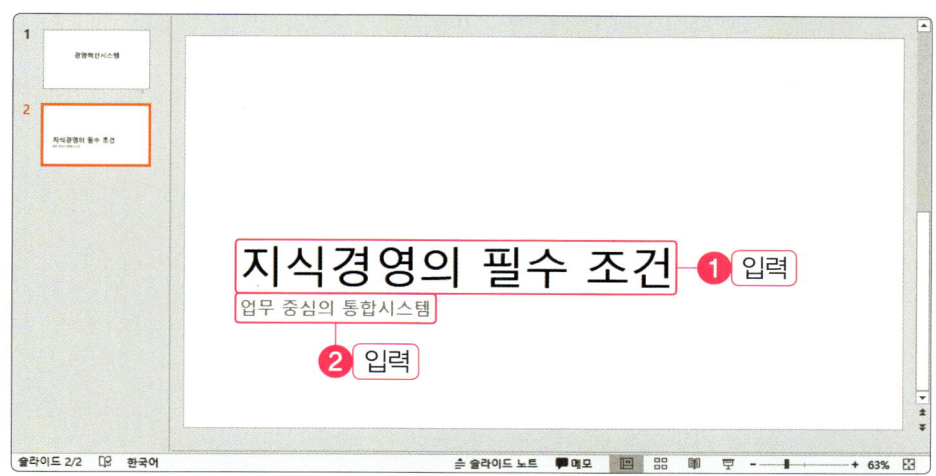

알고 넘어갑시다!

슬라이드 선택하기

- **하나의 슬라이드 선택** : 슬라이드 보기 창에서 슬라이드를 클릭합니다.
- **연속적인 슬라이드 선택** : 슬라이드 보기 창에서 첫 번째 슬라이드를 선택한 후 [Shift]를 누른 상태에서 마지막 슬라이드를 선택합니다.
- **비연속적인 슬라이드 선택** : 슬라이드 보기 창에서 슬라이드를 선택한 후 [Ctrl]을 누른 상태에서 다른 슬라이드를 선택합니다.
- **모든 슬라이드 선택** : 슬라이드 보기 창에서 슬라이드를 선택한 후 [홈] 탭-[편집] 그룹에서 [선택]을 클릭한 다음 [모두 선택]을 클릭하거나 [Ctrl]+[A]를 누릅니다.

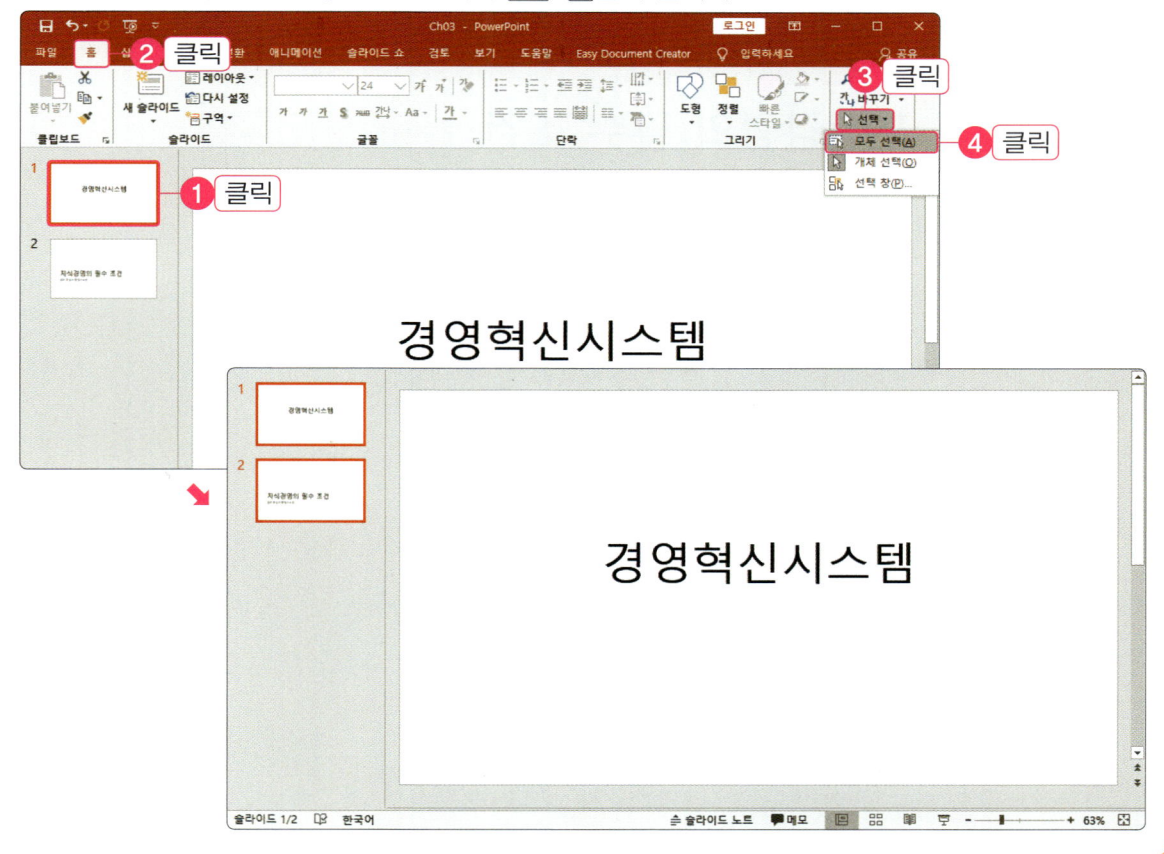

3 슬라이드를 삭제하기 위해 슬라이드 보기 창에서 **1번 슬라이드를 선택**한 후 Delete 를 누릅니다.

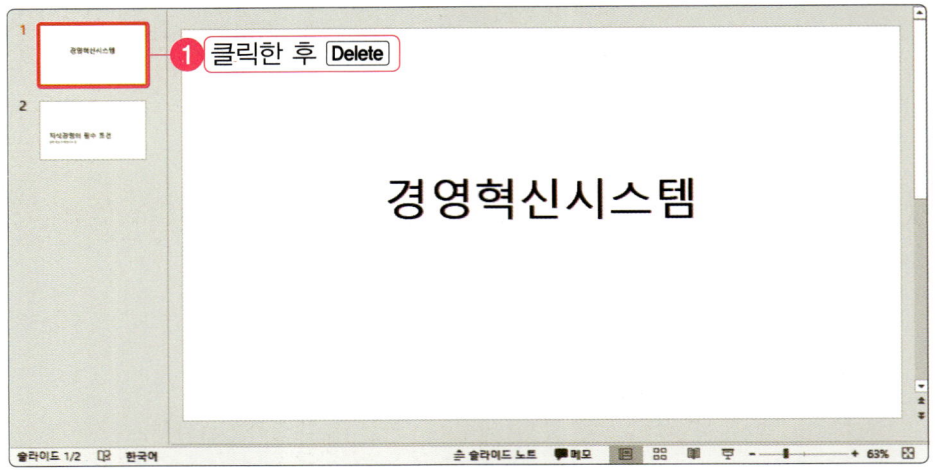

> 슬라이드의 바로 가기 메뉴에서 [슬라이드 삭제]를 클릭하여 슬라이드를 삭제할 수도 있습니다.

4 다음과 같이 슬라이드가 삭제됩니다.

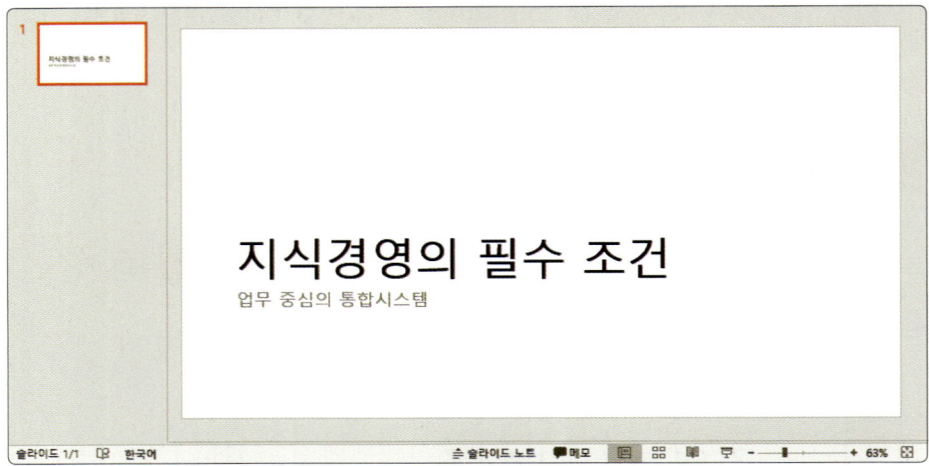

02 슬라이드 복제하고 이동하기

1 슬라이드를 복제하기 위해 슬라이드 보기 창에서 **1번 슬라이드를 선택**한 후 Ctrl+D를 누릅니다.

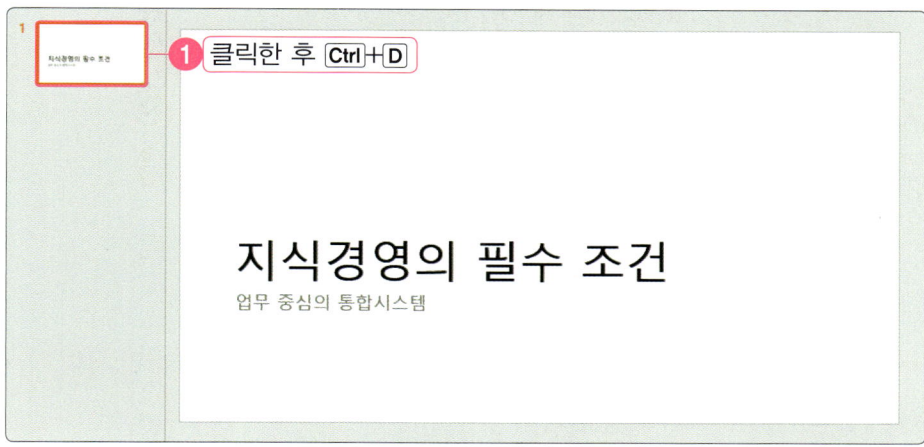

슬라이드의 바로 가기 메뉴에서 [슬라이드 복제]를 클릭하여 슬라이드를 복제할 수도 있습니다.

2 슬라이드가 복제되면 **다음과 같이 슬라이드를 수정**합니다.

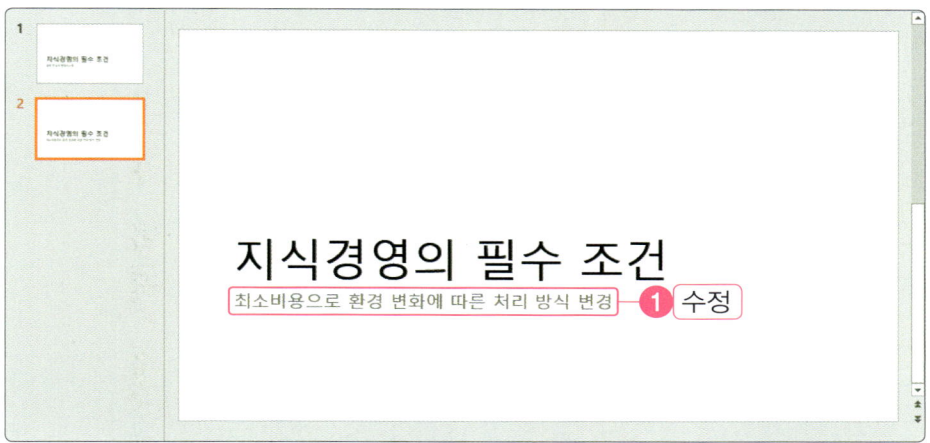

3 슬라이드를 이동하기 위해 슬라이드 보기 창에서 **1번 슬라이드를 2번 슬라이드 아래로 드래그**합니다.

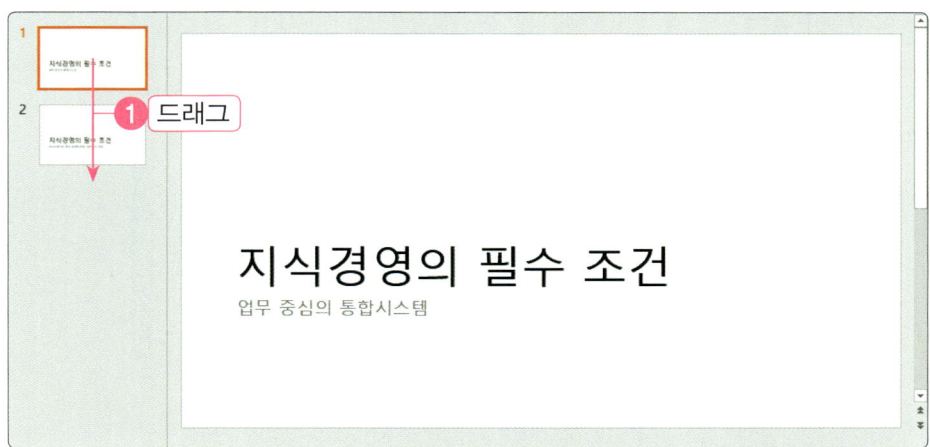

4 다음과 같이 슬라이드가 이동됩니다.

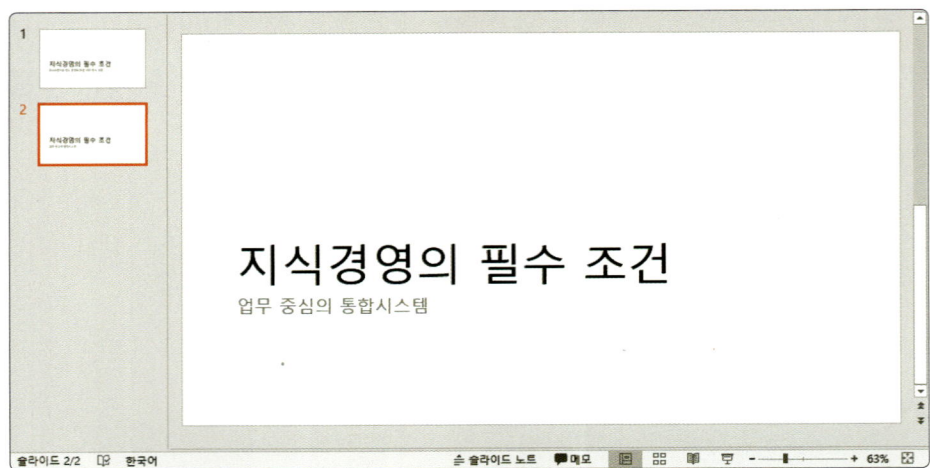

알고 넘어갑시다!

여러 슬라이드 보기에서 슬라이드 복제하고 이동하기

[보기] 탭–[프레젠테이션 보기] 그룹에서 [여러 슬라이드]를 클릭하면 프레젠테이션 보기를 여러 슬라이드 보기로 전환하여 슬라이드를 복제하거나 이동할 수 있는데요. 다음과 같이 여러 슬라이드 보기에서는 Ctrl을 누른 상태에서 슬라이드를 드래그하면 슬라이드가 복제되고, 슬라이드를 드래그하면 슬라이드가 이동됩니다.

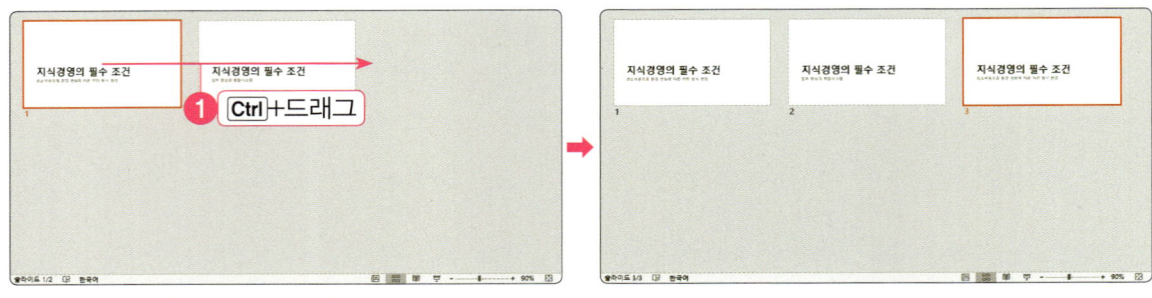

▲ 슬라이드를 복제하는 경우

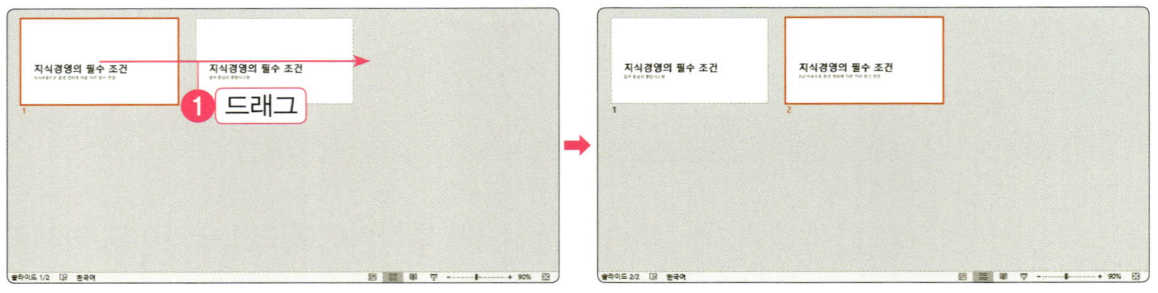

▲ 슬라이드를 이동하는 경우

POWERPOINT 2016 연습문제

C:\단계학습\파워포인트\연습파일\Ch03-연습.pptx

1 다음과 같이 슬라이드를 삽입한 후 슬라이드를 작성해 보세요.
- 슬라이드 삽입 : 1번 슬라이드 아래에 슬라이드(콘텐츠 2개) 삽입

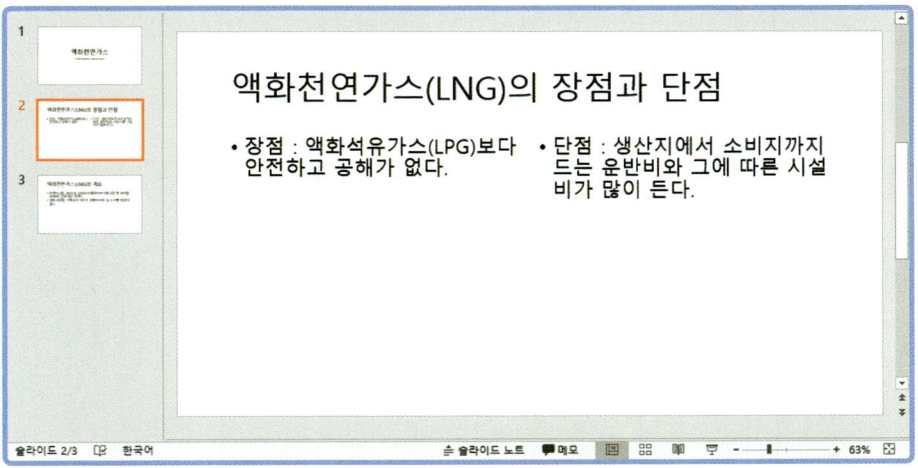

2 다음과 같이 프레젠테이션 보기를 여러 슬라이드 보기로 전환한 후 슬라이드를 이동해 보세요.
- 슬라이드 이동 : 2번 슬라이드를 3번 슬라이드 뒤로 이동

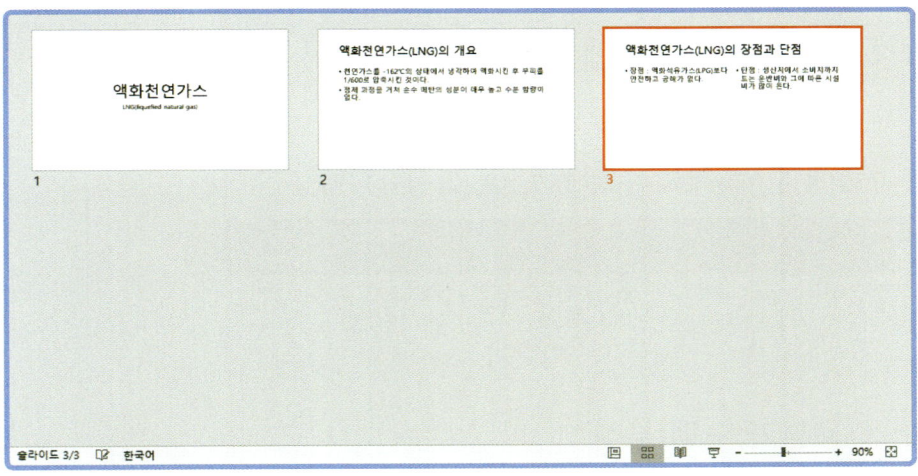

Hint

[보기] 탭-[프레젠테이션 보기] 그룹에서 [여러 슬라이드]를 클릭하면 프레젠테이션 보기를 여러 슬라이드 보기로 전환할 수 있습니다.

단락 편집하기

POWERPOINT 2016

단락은 Enter 를 누른 곳에서부터 다음 Enter 를 누른 곳까지의 내용을 말하는데요. 파워포인트에서는 단락의 목록 수준을 조정하고 단락을 이동하여 내용을 재구성할 수 있습니다. 그럼, 단락을 편집하는 방법에 대해 알아보겠습니다.

Preview

신용평가 모델 분석

- **과거 시점 모델**
  - 과거 시점의 시장정보를 이용
  - 기업의 부도 가능성을 측정하는 모델
  - 내부 신용평가 모델에 적합
- **미래 시점 모델**
  - 현재 시점의 시장정보를 이용
  - 기업의 가치를 측정하는 모델
  - 외부 신용평가 모델에 적합

📂 C:\단계학습\파워포인트\예제파일\Ch04.pptx

01 단락의 목록 수준 조정하고 단락 간격 지정하기

1 단락의 목록 수준을 한 수준 늘리기 위해 **내용의 2~4번 단락과 6~8단락을 선택**한 후 [홈] 탭-[단락] 그룹에서 ➡[목록 수준 늘림]을 클릭합니다.

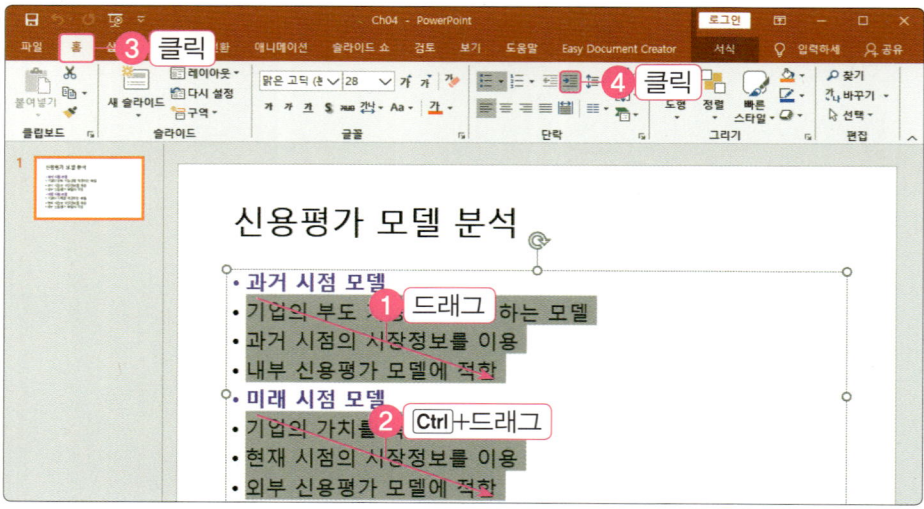

- 단락의 목록 수준을 늘린다는 것은 단락의 들여쓰기 수준을 높인다는 것이고, 단락의 목록 수준을 줄인다는 것은 단락의 들여쓰기 수준을 낮춘다는 것입니다.
- 단락을 선택한 후 Tab 을 눌러 단락의 목록 수준을 늘릴 수도 있습니다.
- ➡[목록 수준 늘림]을 한 번 클릭하면 단락의 목록 수준이 한 수준 늘려지고, ➡[목록 수준 늘림]을 두 번 클릭하면 단락의 목록 수준이 두 수준 늘려집니다.

2 다음과 같이 단락의 목록 수준이 한 수준 늘려집니다.

> ### 신용평가 모델 분석
> - **과거 시점 모델**
>   - 기업의 부도 가능성을 측정하는 모델
>   - 과거 시점의 시장정보를 이용
>   - 내부 신용평가 모델에 적합
> - **미래 시점 모델**
>   - 기업의 가치를 측정하는 모델
>   - 현재 시점의 시장정보를 이용
>   - 외부 신용평가 모델에 적합

> 단락을 선택한 후 [홈] 탭-[단락] 그룹에서 ◀≣[목록 수준 줄임]을 클릭하거나 Shift+Tab을 누르면 단락의 목록 수준을 줄일 수 있습니다.

알고 넘어갑시다!

단락 선택하기
- **하나의 단락 선택** : 단락을 드래그하거나 단락 앞으로 마우스 포인터를 가져가서 마우스 포인터가 ✥ 모양으로 변경되었을 때 클릭합니다.
- **연속적인 단락 선택** : 첫 번째 단락부터 마지막 단락까지 드래그하거나 첫 번째 단락을 선택한 후 Shift를 누른 상태에서 마지막 단락을 선택합니다.
- **비연속적인 단락 선택** : 단락을 선택한 후 Ctrl을 누른 상태에서 다른 단락을 선택합니다.
- **모든 단락 선택** : 단락에 커서를 둔 후 [홈] 탭-[편집] 그룹에서 [선택]을 클릭한 다음 [모두 선택]을 클릭하거나 Ctrl+A를 누릅니다.

[단락] 그룹

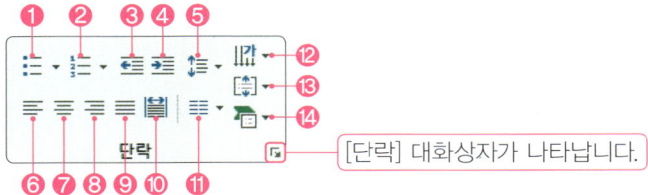

[단락] 대화상자가 나타납니다.

❶ **글머리 기호** : 글머리 기호를 넣습니다.
❷ **번호 매기기** : 번호를 매깁니다.
❸ **목록 수준 줄임** : 단락의 들여쓰기 수준을 낮춥니다.
❹ **목록 수준 늘림** : 단락의 들여쓰기 수준을 높입니다.
❺ **줄 간격** : 줄 사이의 간격을 지정합니다.
❻ **왼쪽 맞춤** : 개체의 왼쪽에 맞추어 텍스트를 표시합니다.
❼ **가운데 맞춤** : 가로 방향으로 개체의 가운데에 맞추어 텍스트를 표시합니다.
❽ **오른쪽 맞춤** : 개체의 오른쪽에 맞추어 텍스트를 표시합니다.
❾ **양쪽 맞춤** : 개체보다 텍스트가 긴 경우, 단어 사이의 간격을 늘려 개체의 왼쪽과 오른쪽에 맞추어 텍스트를 표시합니다.
❿ **균등 분할** : 텍스트 사이의 간격을 늘려 개체의 왼쪽과 오른쪽에 맞추어 텍스트를 표시합니다.
⓫ **단 추가 또는 제거** : 텍스트를 열로 나눕니다.
⓬ **텍스트 방향** : 텍스트를 회전하거나 세로쓰기를 합니다.
⓭ **텍스트 맞춤** : 세로 방향으로 개체의 위쪽, 중간, 아래쪽 중에서 한 군데에 맞추어 텍스트를 표시합니다.
⓮ **SmartArt 그래픽으로 변환** : 텍스트를 SmartArt 그래픽으로 변환합니다.

3 단락 간격을 지정하기 위해 **내용의 1번 단락과 5번 단락을 선택**한 후 [홈] 탭-[단락] 그룹에서 **[추가 옵션]을 클릭**합니다.

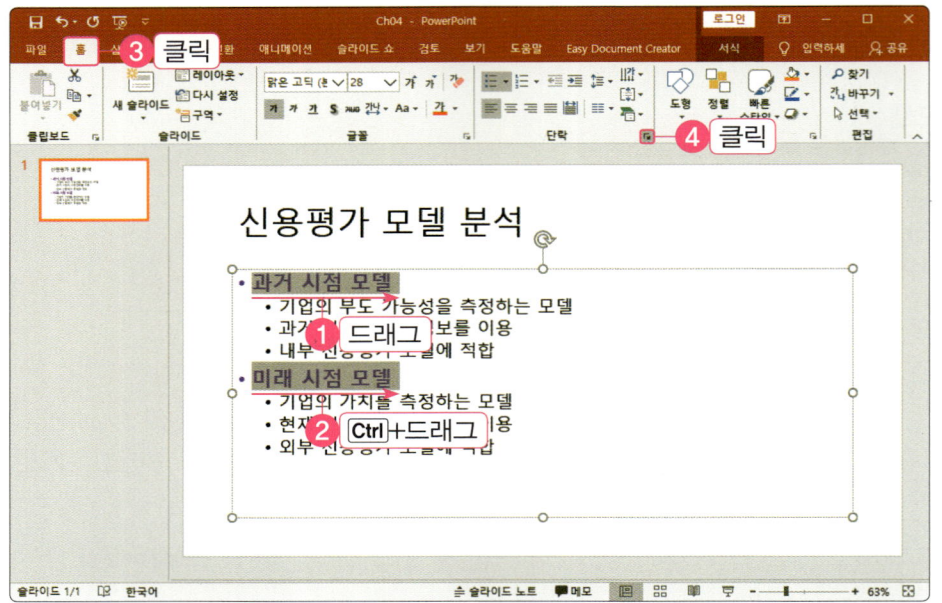

4 [단락] 대화상자가 나타나면 [들여쓰기 및 간격] 탭에서 **단락 앞(20)과 단락 뒤(5)를 입력**한 후 [확인] 단추를 클릭합니다.

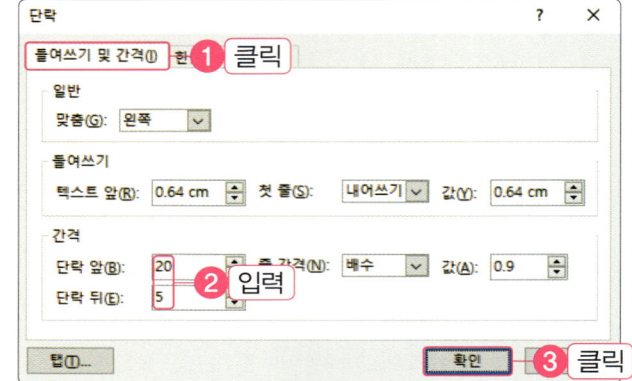

> 단락 앞은 Enter를 누른 곳의 위쪽, 단락 뒤는 Enter를 누른 곳의 아래쪽을 말합니다.

5 다음과 같이 단락 간격이 지정됩니다.

신용평가 모델 분석

- 과거 시점 모델
  - 기업의 부도 가능성을 측정하는 모델
  - 과거 시점의 시장정보를 이용
  - 내부 신용평가 모델에 적합
- 미래 시점 모델
  - 기업의 가치를 측정하는 모델
  - 현재 시점의 시장정보를 이용
  - 외부 신용평가 모델에 적합

02 개요 보기 창에서 단락 이동하기

1 프레젠테이션 보기를 개요 보기로 전환하기 위해 [보기] 탭-[프레젠테이션 보기] 그룹에서 **[개요 보기]를 클릭**합니다.

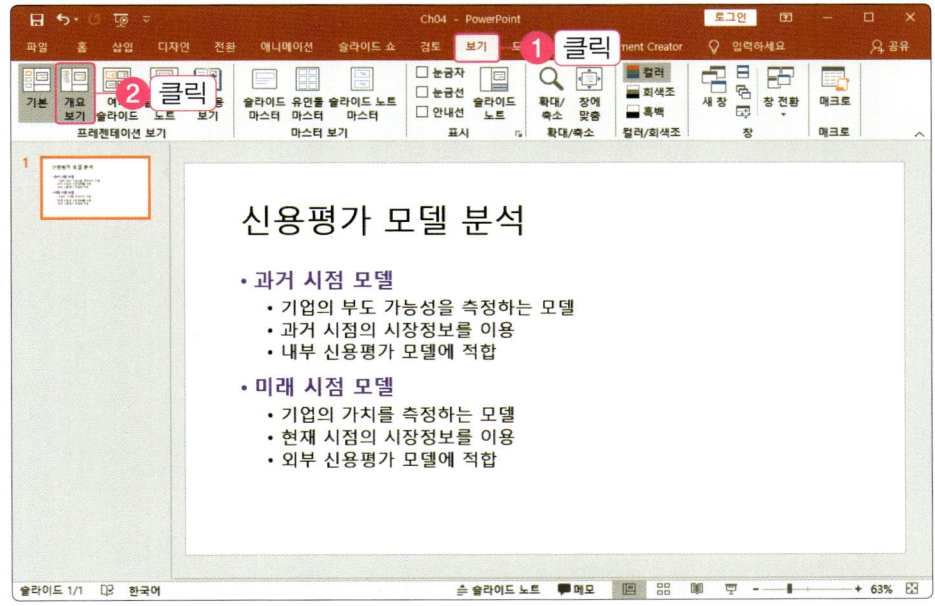

2 프레젠테이션 보기가 개요 보기로 전환되면 단락을 아래로 이동하기 위해 개요 보기 창에서 **내용의 2번 단락과 6번 단락을 선택**한 후 **바로 가기 메뉴에서 [아래로 이동]을 클릭**합니다.

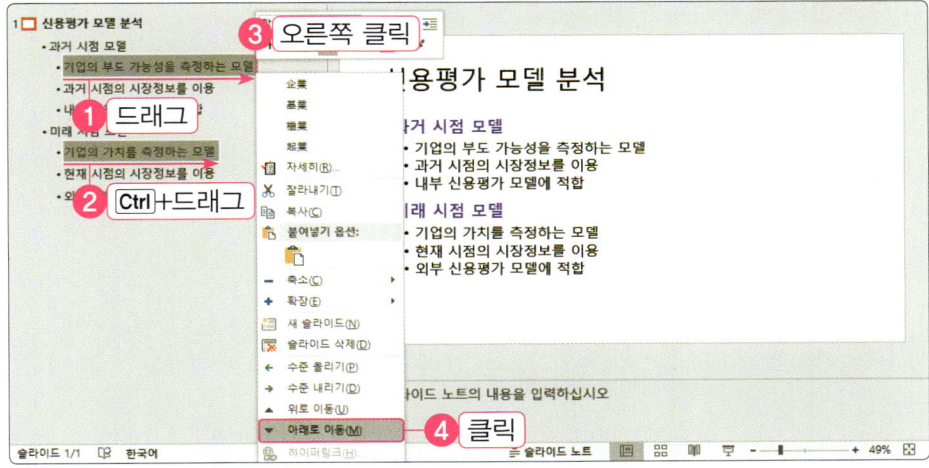

> **알고 넘어갑시다!**
>
> **개요 보기 창에서 단락의 목록 수준 조정하기**
> 개요 보기 창에서 단락을 선택한 후 바로 가기 메뉴에서 [수준 내리기]를 클릭하면 단락의 목록 수준을 늘릴 수 있고, [수준 올리기]를 클릭하면 단락의 목록 수준을 줄일 수 있습니다.

3 단락이 아래로 이동되면 프레젠테이션 보기를 기본 보기로 전환하기 위해 [보기] 탭-[프레젠테이션 보기] 그룹에서 **[기본]을 클릭**합니다.

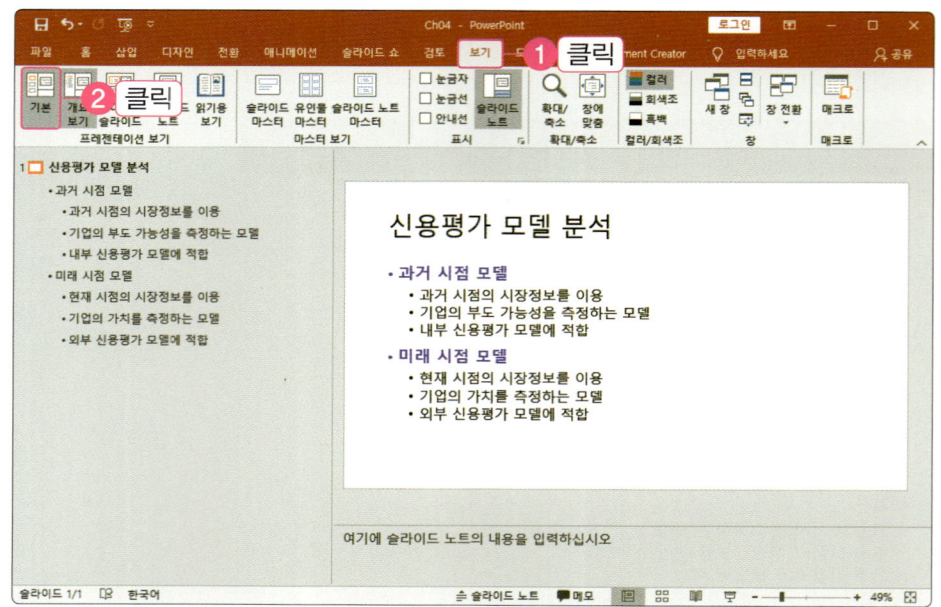

> 개요 보기 창에서 단락을 선택한 후 바로 가기 메뉴에서 [위로 이동]을 클릭하면 단락을 위로 이동할 수 있습니다.

4 다음과 같이 프레젠테이션 보기가 기본 보기로 전환됩니다.

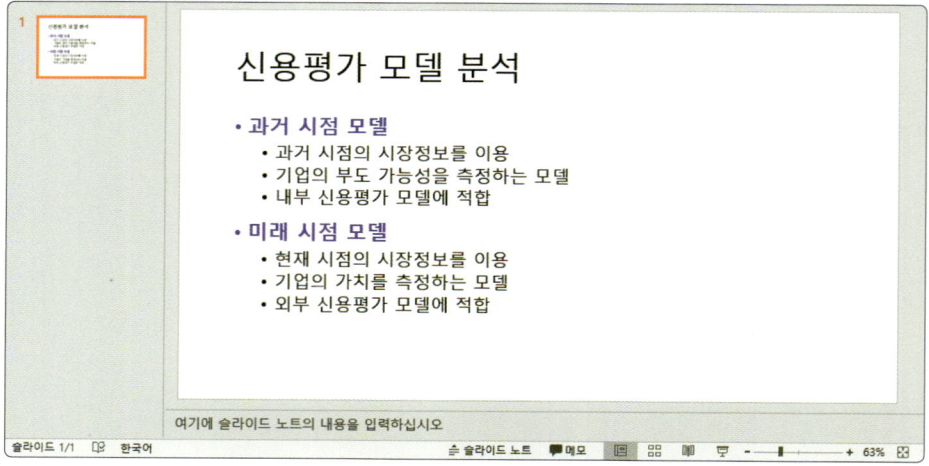

POWERPOINT 2016 연습문제

C:\단계학습\파워포인트\연습파일\Ch04-연습.pptx

1 다음과 같이 단락의 목록 수준을 조정한 후 단락 간격을 지정해 보세요.
- 단락의 목록 수준 조정 : 내용의 2~4번 단락/6~8번 단락(한 수준 늘리기)
- 단락 간격 지정 : 내용의 4번 단락(단락 앞(5), 단락 뒤(30))

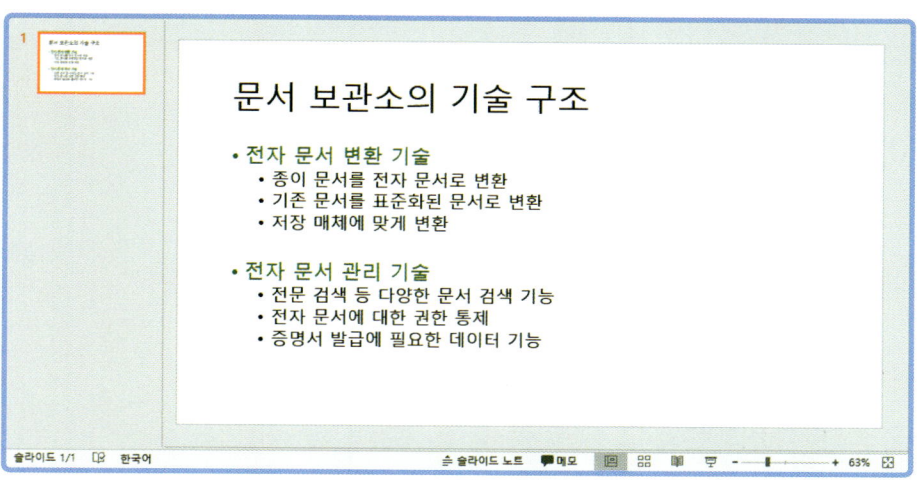

2 다음과 같이 프레젠테이션 보기를 개요 보기로 전환한 후 단락을 이동해 보세요.
- 단락 이동 : 내용의 6번 단락을 7번 단락 아래로 이동

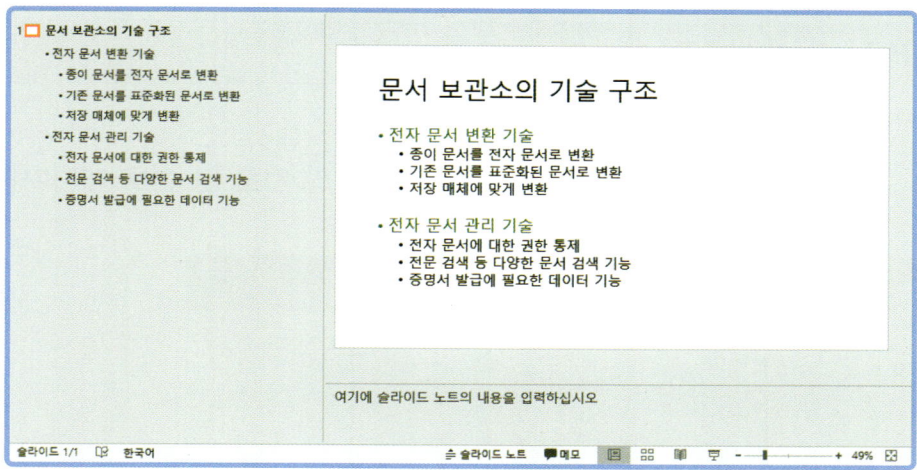

> **Hint**
> [보기] 탭-[프레젠테이션 보기] 그룹에서 [개요 보기]를 클릭하면 프레젠테이션 보기를 개요 보기로 전환할 수 있습니다.

Chapter 04 - 단락 편집하기 **25**

Chapter 05 글머리 기호 넣고 번호 매기기

POWERPOINT 2016

글머리 기호는 단락 앞에 붙이는 기호를 말하는데요. 서로 관련 있는 내용별로 글머리 기호를 넣거나 번호를 매기면 내용을 일목요연하게 보여줄 수 있습니다. 그럼, 글머리 기호를 넣고 번호를 매기는 방법에 대해 알아보겠습니다.

Preview

애니메이션의 종류

☑ 용도에 따른 분류
　① 극장용 애니메이션
　② 광고 제작용 애니메이션
　③ 교육용 애니메이션
　④ 예술용 애니메이션
☑ 작화 기법에 따른 분류
　① 풀(Full) 애니메이션
　② 리미티드(Limited) 애니메이션

C:\단계학습\파워포인트\예제파일\Ch05.pptx

01 글머리 기호 넣기

1 글머리 기호를 넣기 위해 **내용의 1번 단락과 6번 단락을 선택**한 후 [홈] 탭-[단락] 그룹에서 [글머리 기호]의 ▼[목록] 단추를 클릭한 다음 [**글머리 기호 및 번호 매기기**]를 클릭합니다.

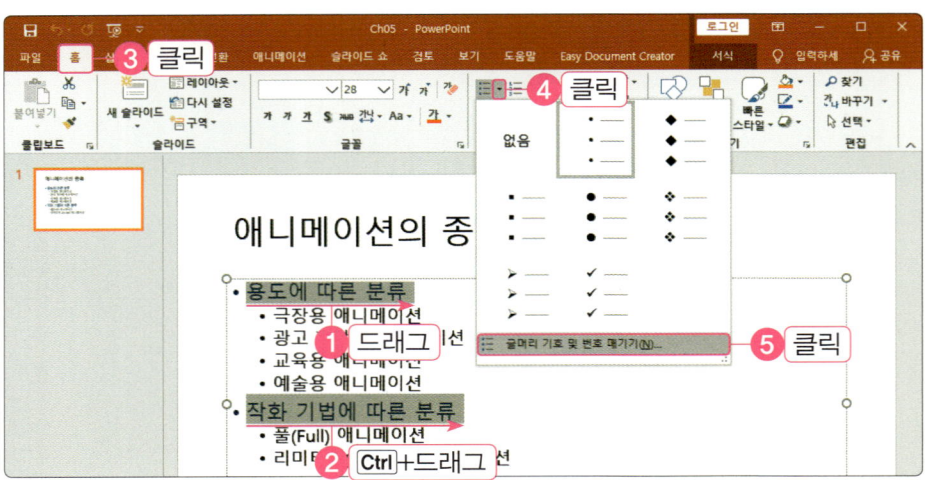

- 단락을 선택한 후 [홈] 탭-[단락] 그룹에서 [글머리 기호]를 선택하면 기본 글머리 기호(• [속이 찬 둥근 글머리 기호])가 넣어지고, [글머리 기호]를 선택 해제하면 글머리 기호가 제거됩니다.
- 단락을 선택한 후 [홈] 탭-[단락] 그룹에서 [글머리 기호]의 ▼[목록] 단추를 클릭한 다음 [없음]을 클릭하거나 [글머리 기호 및 번호 매기기] 대화상자의 [글머리 기호] 탭에서 [없음]을 클릭하여 글머리 기호를 제거할 수도 있습니다.

2 [글머리 기호 및 번호 매기기] 대화상자의 [글머리 기호] 탭이 나타나면 **[사용자 지정] 단추를 클릭**합니다.

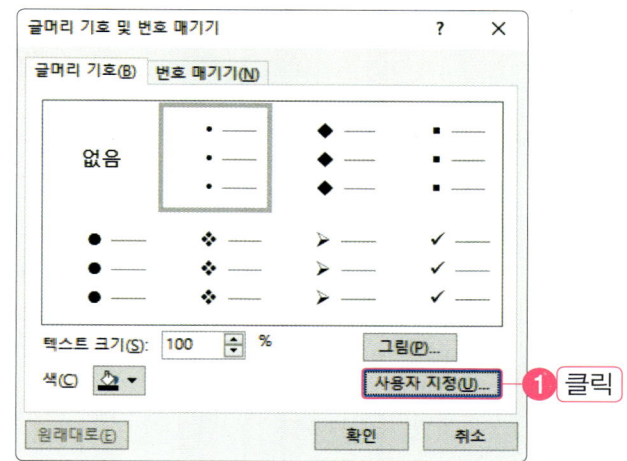

3 [기호] 대화상자가 나타나면 **글꼴(Wingding 2)을 선택**한 후 **기호(☑)를 선택**한 다음 **[확인] 단추를 클릭**합니다.

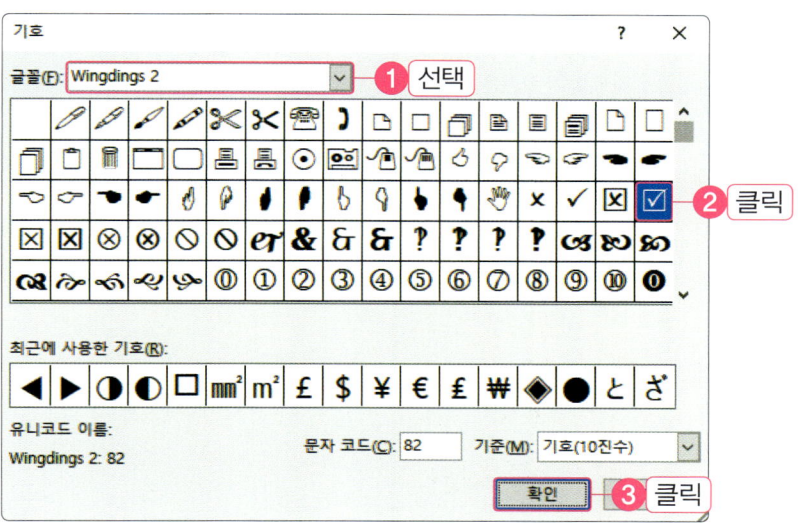

4 [글머리 기호 및 번호 매기기] 대화상자의 [글머리 기호] 탭이 다시 나타나면 **색(주황, 강조 2)을 선택**한 후 **[확인] 단추를 클릭**합니다.

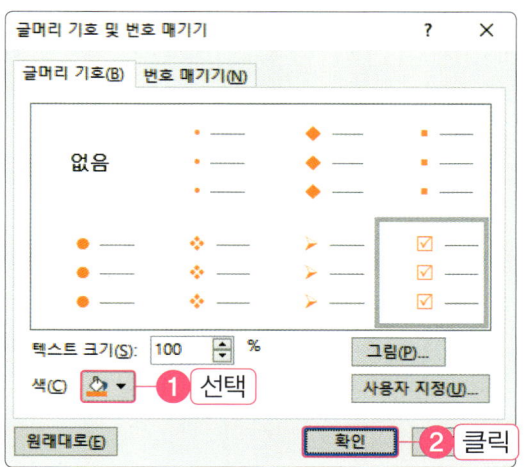

Chapter 05 - 글머리 기호 넣고 번호 매기기

5 다음과 같이 글머리 기호가 넣어집니다.

애니메이션의 종류

☑ **용도에 따른 분류**
- 극장용 애니메이션
- 광고 제작용 애니메이션
- 교육용 애니메이션
- 예술용 애니메이션

☑ **작화 기법에 따른 분류**
- 풀(Full) 애니메이션
- 리미티드(Limited) 애니메이션

> **알고 넘어갑시다!**

단락을 나누지 않고 줄 바꾸기

다음과 같이 Enter 를 눌러 줄을 바꾸면 단락이 나누어지고, Shift + Enter 를 눌러 줄을 바꾸면 단락이 나누어지지 않습니다.

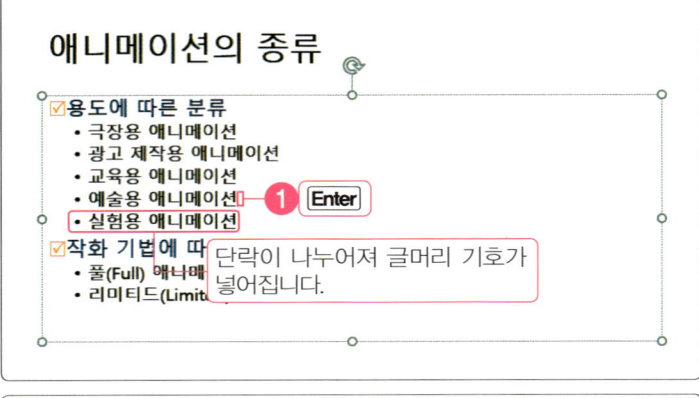

◀ Enter 를 눌러 줄을 바꾼 경우

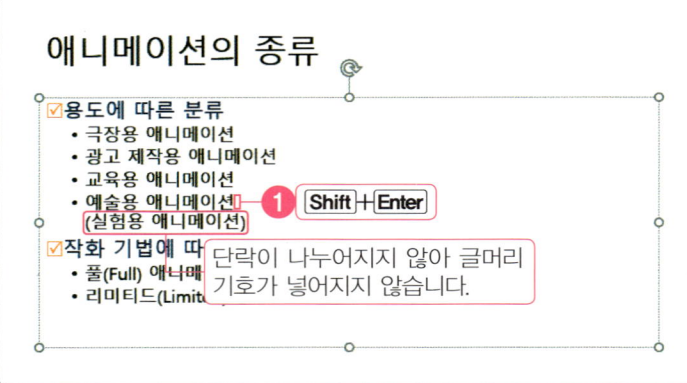

◀ Shift + Enter 를 눌러 줄을 바꾼 경우

02 번호 매기기

1 번호를 매기기 위해 **내용의 2~5번 단락과 7~8번 단락을 선택**한 후 [홈] 탭-[단락] 그룹에서 [번호 매기기]의 ▼[목록] 단추를 클릭한 다음 [① ② ③]을 클릭합니다.

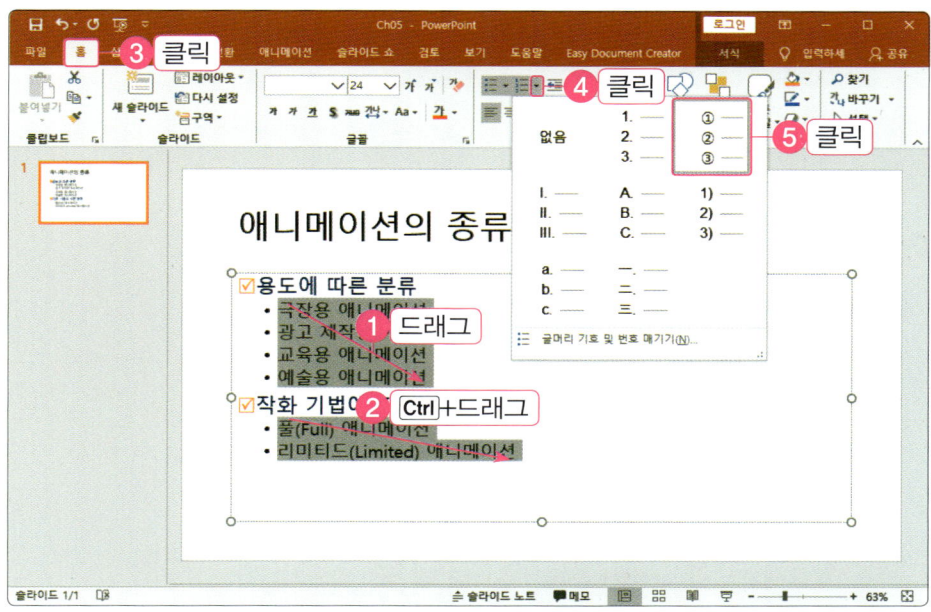

- 단락을 선택한 후 [홈] 탭-[단락] 그룹에서 [번호 매기기]를 선택하면 기본 번호(1. 2. 3.)가 매겨지고, [번호 매기기]를 선택 해제하면 번호가 제거됩니다.
- 단락을 선택한 후 [홈] 탭-[단락] 그룹에서 [번호 매기기]의 ▼[목록] 단추를 클릭한 다음 [없음]을 클릭하거나 [글머리 기호 및 번호 매기기] 대화상자의 [번호 매기기] 탭에서 [없음]을 클릭하여 번호를 제거할 수도 있습니다.

2 다음과 같이 번호가 매겨집니다.

애니메이션의 종류

☑ **용도에 따른 분류**
　① 극장용 애니메이션
　② 광고 제작용 애니메이션
　③ 교육용 애니메이션
　④ 예술용 애니메이션

☑ **작화 기법에 따른 분류**
　① 풀(Full) 애니메이션
　② 리미티드(Limited) 애니메이션

시작 번호 변경하기

다음과 같이 단락을 선택한 후 [홈] 탭-[단락] 그룹에서 [번호 매기기]의 [목록] 단추를 클릭한 다음 [글머리 기호 및 번호 매기기]를 클릭하면 [글머리 기호 및 번호 매기기] 대화상자의 [번호 매기기] 탭이 나타나는데요. [글머리 기호 및 번호 매기기] 대화상자의 [번호 매기기] 탭에서 시작 번호를 입력한 후 [확인] 단추를 클릭하면 시작 번호를 변경할 수 있습니다.

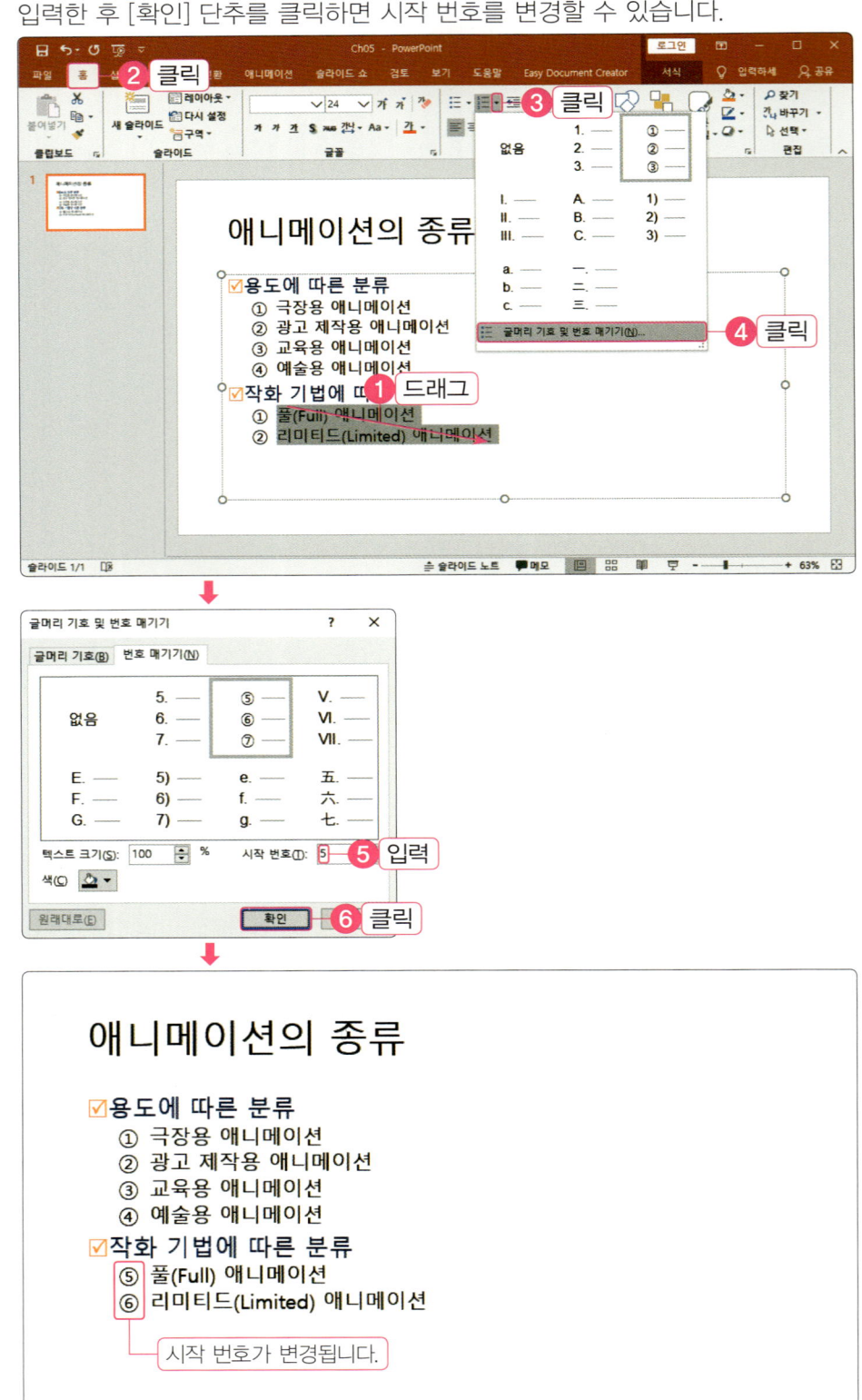

POWERPOINT 2016 연습문제

C:\단계학습\파워포인트\연습파일\Ch05-연습.pptx

1 다음과 같이 글머리 기호를 넣어 보세요.
- 글머리 기호 넣기 : 내용의 1번 단락/5번 단락(❖[별표 글머리 기호])

신제품 마케팅

❖ 신제품 마케팅의 이해
- 신제품 개발의 촉진 요인과 성공/실패 요인
- 신제품 개발에서의 마케팅 역할
- 신제품 마케팅의 절차

❖ 신제품 마케팅의 주요 기법
- 다차원 척도법
- 컨조인트 분석

> **Hint**
> 내용의 1번 단락과 5번 단락을 선택한 후 [홈] 탭-[단락] 그룹에서 ≔[글머리 기호]의 ▾[목록] 단추를 클릭한 다음 ❖[별표 글머리 기호]를 클릭하면 글머리 기호를 넣을 수 있습니다.

2 다음과 같이 번호를 매겨 보세요.
- 번호 매기기 : 내용의 2~4번 단락/6~7번 단락(a. b. c.)

신제품 마케팅

❖ 신제품 마케팅의 이해
a. 신제품 개발의 촉진 요인과 성공/실패 요인
b. 신제품 개발에서의 마케팅 역할
c. 신제품 마케팅의 절차

❖ 신제품 마케팅의 주요 기법
a. 다차원 척도법
b. 컨조인트 분석

> **Hint**
> 내용의 2~4번 단락과 6~7번 단락을 선택한 후 [홈] 탭-[단락] 그룹에서 ≔[번호 매기기]의 ▾[목록] 단추를 클릭한 다음 [a. b. c.]를 클릭하면 번호를 매길 수 있습니다.

글꼴과 맞춤 서식 지정하고 서식 복사하기

POWERPOINT 2016

글꼴 서식은 텍스트를 원하는 모양으로 변경할 수 있는 기능이고, 맞춤 서식은 텍스트를 개체의 원하는 위치에 맞추어 표시할 수 있는 기능인데요. 글꼴과 맞춤 서식을 지정하면 깔끔하고 세련된 프레젠테이션을 작성할 수 있습니다. 그럼, 글꼴과 맞춤 서식을 지정하고 서식 복사를 하는 방법에 대해 알아보겠습니다.

Preview

- 교육협력기관
  - 유럽
    - 독일 : 국제능력개발원
    - 영국 : 웨스턴민스터기술대학
    - 프랑스 : 성인훈련협회
  - 아시아
    - 일본 : 고용능력개발기구
    - 대만 : 직업훈련청
    - 중국 : 노동사회보장부

C:\단계학습\파워포인트\예제파일\Ch06.pptx

01 글꼴과 맞춤 서식 지정하기

1 글꼴과 맞춤 서식을 지정하기 위해 **제목을 드래그하여 선택**한 후 [홈] 탭-[글꼴] 그룹에서 **글꼴(휴먼엑스포)과 글꼴 색(녹색, 강조 6, 25% 더 어둡게)을 선택**한 다음 [단락] 그룹에서 ≡[가운데 맞춤]을 클릭합니다.

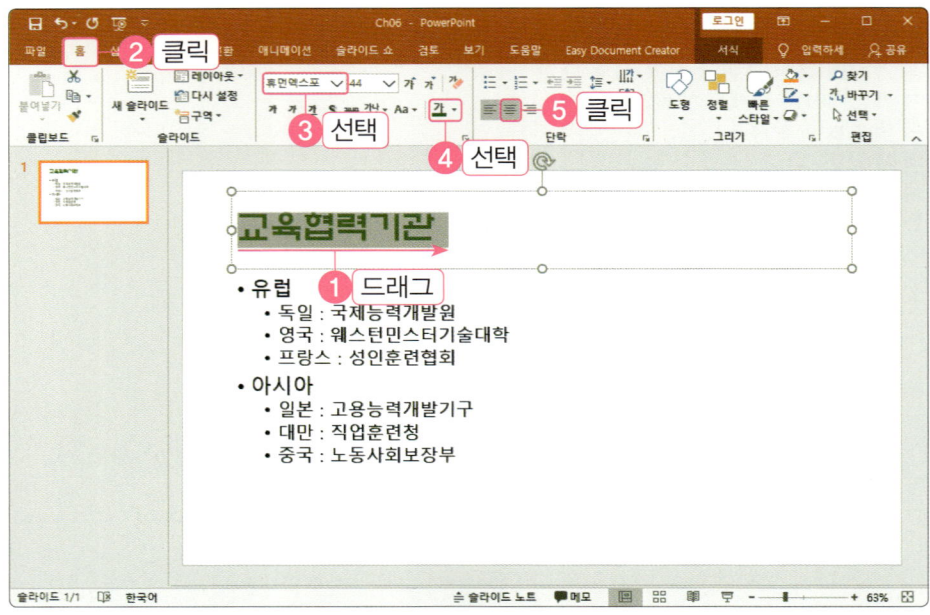

32 파워포인트 2016

2 내용의 1번 단락을 **선택**한 후 [홈] 탭-[글꼴] 그룹에서 **글꼴 크기(32)를 선택**한 다음 **글꼴 색(파랑)을 선택**하고 **가[굵게]**를 클릭합니다.

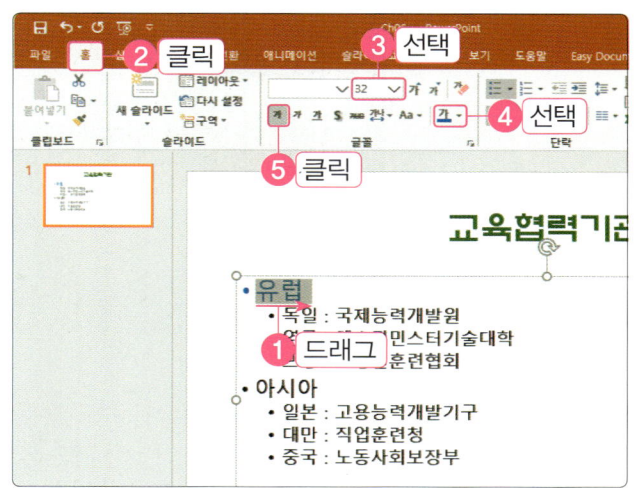

3 내용의 2~4번 단락을 **선택**한 후 [홈] 탭-[글꼴] 그룹에서 **[추가 옵션]**을 클릭합니다.

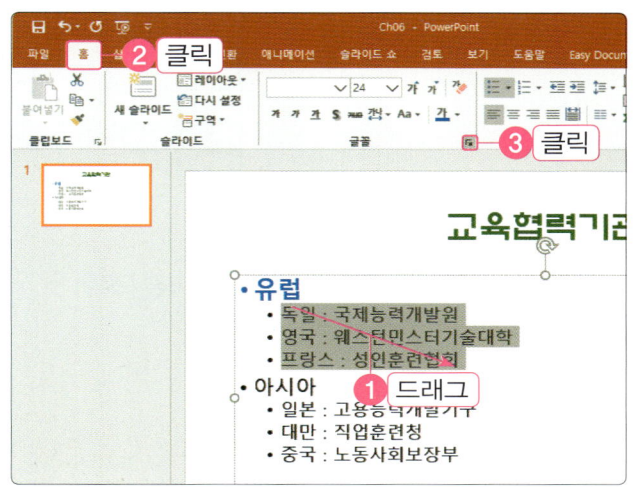

알고 넘어갑시다!

[글꼴] 그룹

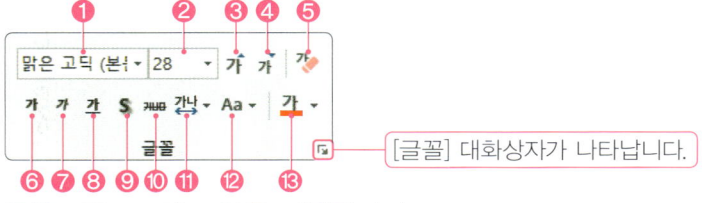

❶ 글꼴 : 텍스트의 모양을 지정합니다.
❷ 글꼴 크기 : 텍스트의 크기를 지정합니다.
❸ 글꼴 크기 크게 : 텍스트의 크기를 크게 합니다.
❹ 글꼴 크기 작게 : 텍스트의 크기를 작게 합니다.
❺ 모든 서식 지우기 : 텍스트에 지정된 모든 서식을 지웁니다.
❻ 굵게 : 텍스트를 진하게 표시합니다.
❼ 기울임꼴 : 텍스트를 오른쪽으로 기울여서 표시합니다.
❽ 밑줄 : 텍스트 아래에 밑줄을 표시합니다.
❾ 텍스트 그림자 : 텍스트 뒤에 그림자를 표시합니다.
❿ 취소선 : 텍스트 중간에 취소선을 표시합니다.
⓫ 문자 간격 : 문자 사이의 간격을 지정합니다.
⓬ 대/소문자 바꾸기 : 대/소문자를 바꿉니다.
⓭ 글꼴 색 : 텍스트의 색을 지정합니다.

4 [글꼴] 대화상자가 나타나면 [글꼴] 탭에서 **한글 글꼴(휴먼엑스포)과 글꼴 스타일(기울임꼴)**을 선택한 후 **크기(30)**를 입력한 다음 **글꼴 색(파랑, 강조 5)**을 선택하고 [확인] 단추를 클릭합니다.

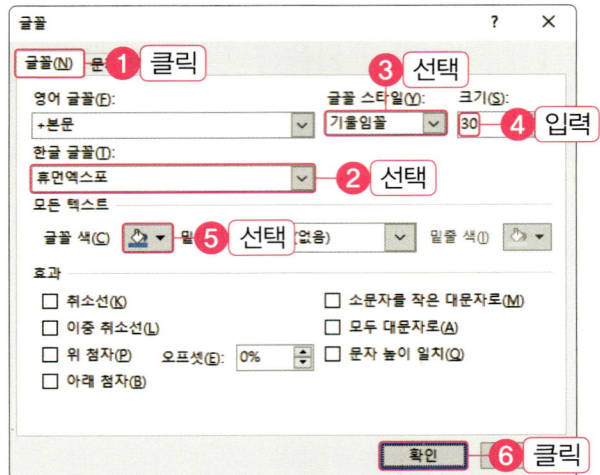

5 다음과 같이 글꼴과 맞춤 서식이 지정됩니다.

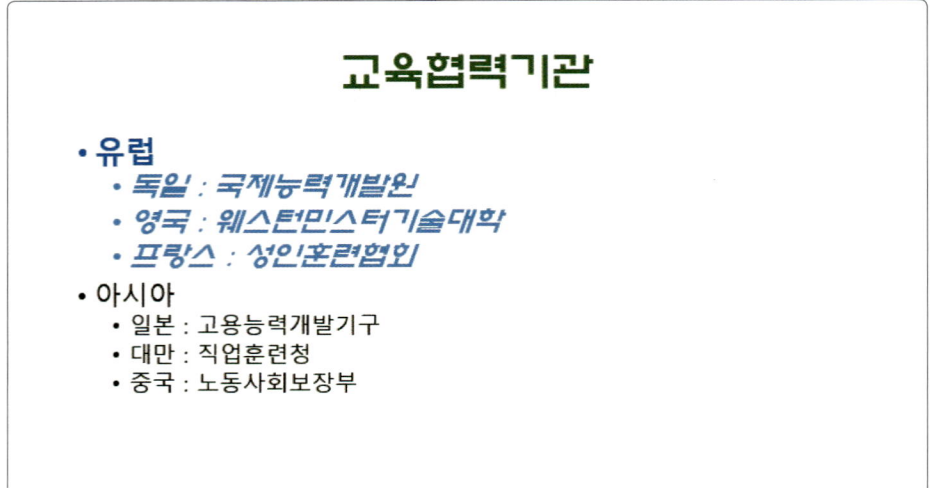

02 서식 복사하기

1 서식 복사를 하기 위해 **내용의 1번 단락을 선택**한 후 [홈] 탭-[클립보드] 그룹에서 [서식 복사]를 클릭합니다.

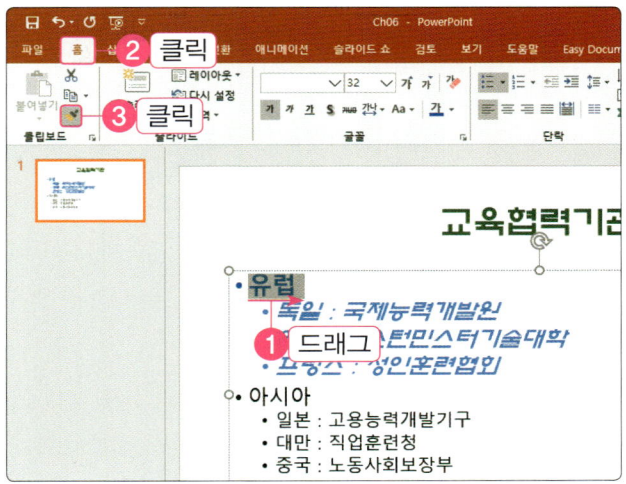

> 단락을 선택한 후 [홈] 탭-[클립보드] 그룹에서 [서식 복사]를 클릭하면 서식 복사를 한 번만 할 수 있고, [서식 복사]를 더블클릭하면 Esc를 눌러 서식 복사를 해제할 때까지 할 수 있습니다.

2 마우스 포인터가 모양으로 변경되면 **내용의 4번 단락을 선택**합니다.

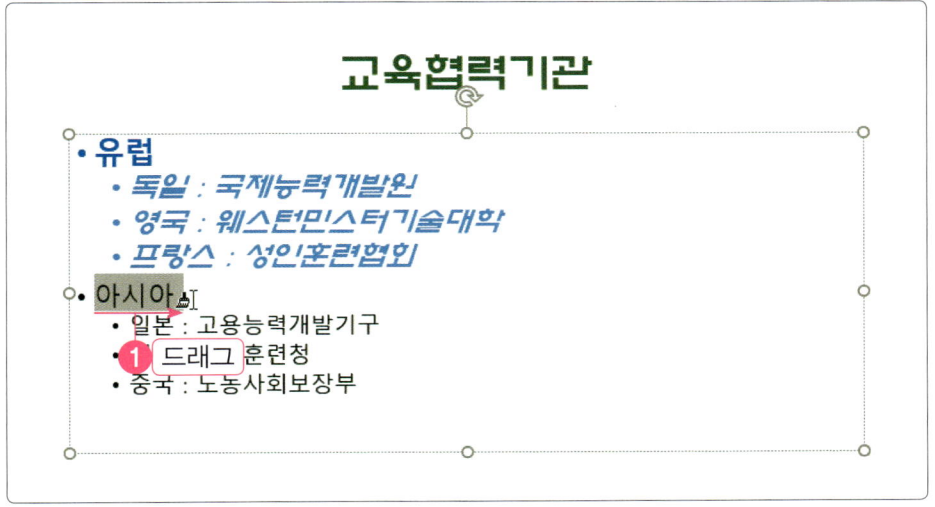

3 **내용의 2번 단락을 선택**한 후 [홈] 탭-[클립보드] 그룹에서 [서식 복사]를 클릭합니다.

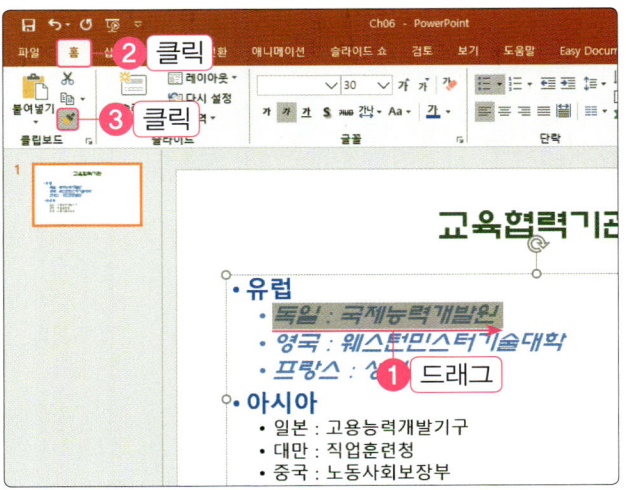

4 마우스 포인터가 🖌️I 모양으로 변경되면 **내용의 6~8번 단락을 선택**합니다.

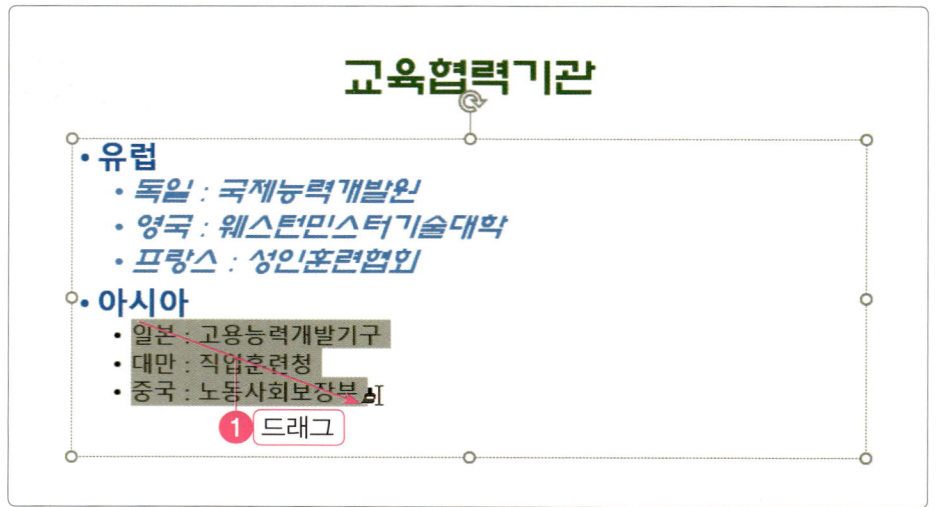

5 다음과 같이 서식 복사가 됩니다.

POWERPOINT 2016 연습문제

C:\단계학습\파워포인트\연습파일\Ch06-연습.pptx

1 다음과 같이 글꼴과 맞춤 서식을 지정해 보세요.
- **제목** : 글꼴(휴먼모음T), 글꼴 크기(54), 글꼴 색(파랑, 강조 5, 25% 더 어둡게), **가**[굵게], **가**[기울임꼴], ≡[가운데 맞춤]
- **내용의 1번 단락** : 글꼴 색(황금색, 강조 4, 25% 더 어둡게)

세계유산의 분류

- 문화유산 : 역사, 예술, 학문적으로 뛰어난 가치를 지닌 건축물이나 유적지 등
- 자연유산 : 과학상 또는 미관상 뛰어난 가치를 지닌 곳이나 멸종 위기에 처한 동식물의 서식지 등
- 복합유산 : 문화유산과 자연유산의 특징을 함께 갖고 있는 유산

2 다음과 같이 서식 복사를 해 보세요.
- **서식 복사** : 내용의 1번 단락에 지정된 서식을 복사하여 내용의 3번 단락에 지정

세계유산의 분류

- 문화유산 : 역사, 예술, 학문적으로 뛰어난 가치를 지닌 건축물이나 유적지 등
- 자연유산 : 과학상 또는 미관상 뛰어난 가치를 지닌 곳이나 멸종 위기에 처한 동식물의 서식지 등
- 복합유산 : 문화유산과 자연유산의 특징을 함께 갖고 있는 유산

Hint
내용의 1번 단락을 선택한 후 [홈] 탭-[클립보드] 그룹에서 [서식 복사]를 클릭한 다음 내용의 3번 단락을 선택하면 내용의 1번 단락에 지정된 서식을 복사하여 내용의 3번 단락에 지정할 수 있습니다.

테마 지정하기

POWERPOINT 2016

파워포인트에서는 프레젠테이션의 전반적인 디자인을 변경할 수 있는 테마를 제공하는데요. 테마를 지정하면 글꼴 서식뿐만 아니라 표나 차트 등의 스타일도 일관성 있게 변경되기 때문에 깔끔하고 세련된 프레젠테이션을 작성할 수 있습니다. 그럼, 테마를 지정하는 방법에 대해 알아보겠습니다.

Preview

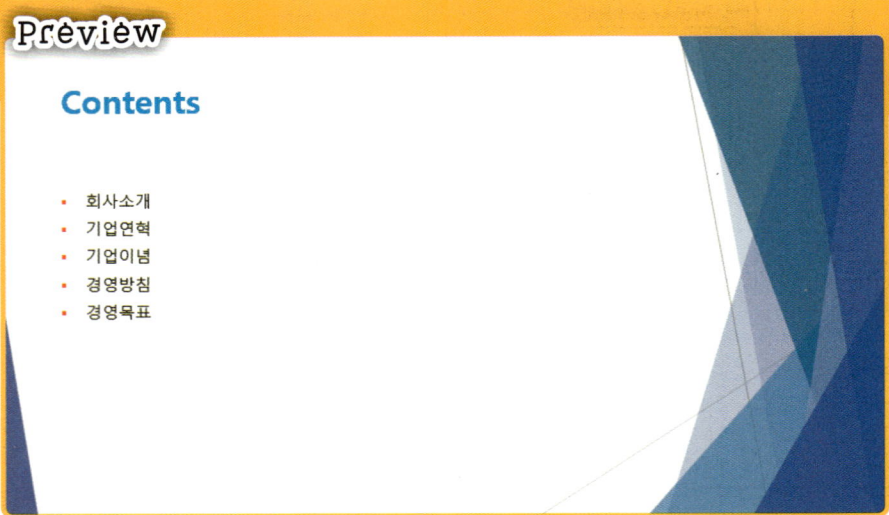

C:\단계학습\파워포인트\예제파일\Ch07.pptx

01 테마 지정하기

1 테마를 지정하기 위해 [디자인] 탭-[테마] 그룹에서 ▽**[자세히] 단추를 클릭**합니다.

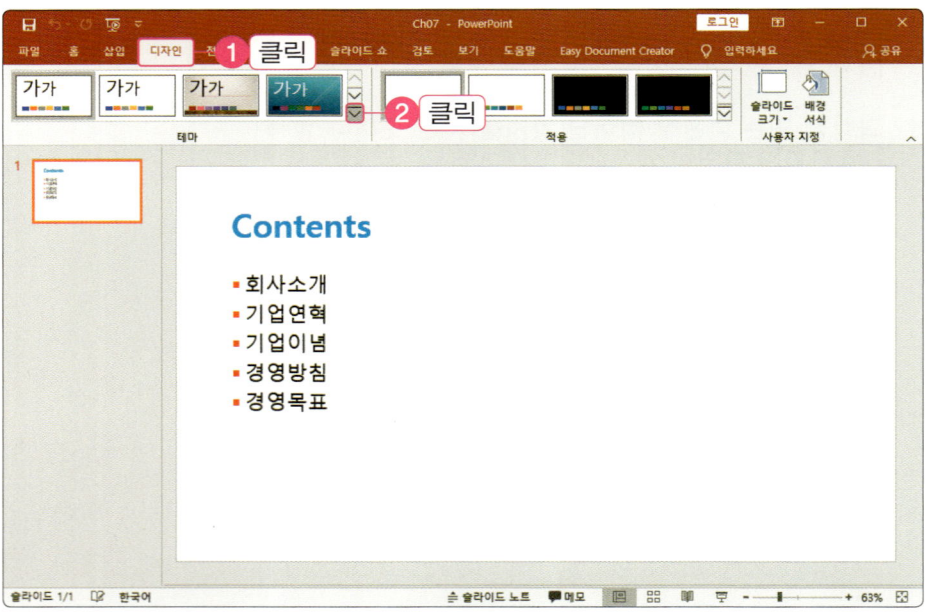

> 테마는 테마 색, 테마 글꼴, 테마 효과로 구성된 서식 모음입니다.

2 테마 목록이 나타나면 [패싯]을 클릭합니다.

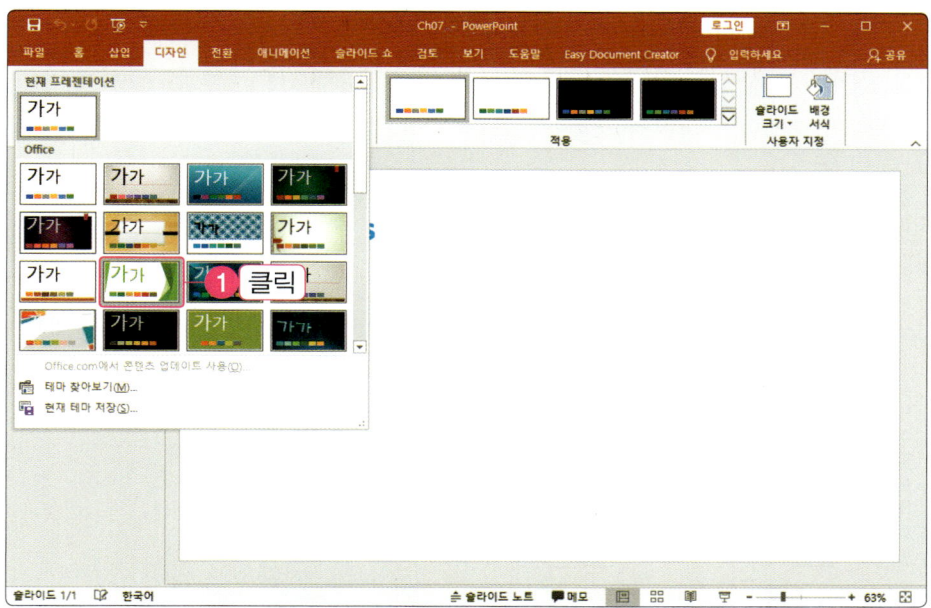

3 다음과 같이 테마가 지정됩니다.

Chapter 07 - 테마 지정하기

02 테마 색과 테마 글꼴 변경하기

1 테마 색을 변경하기 위해 [디자인] 탭-[적용] 그룹에서 ▽[자세히] 단추를 클릭합니다.

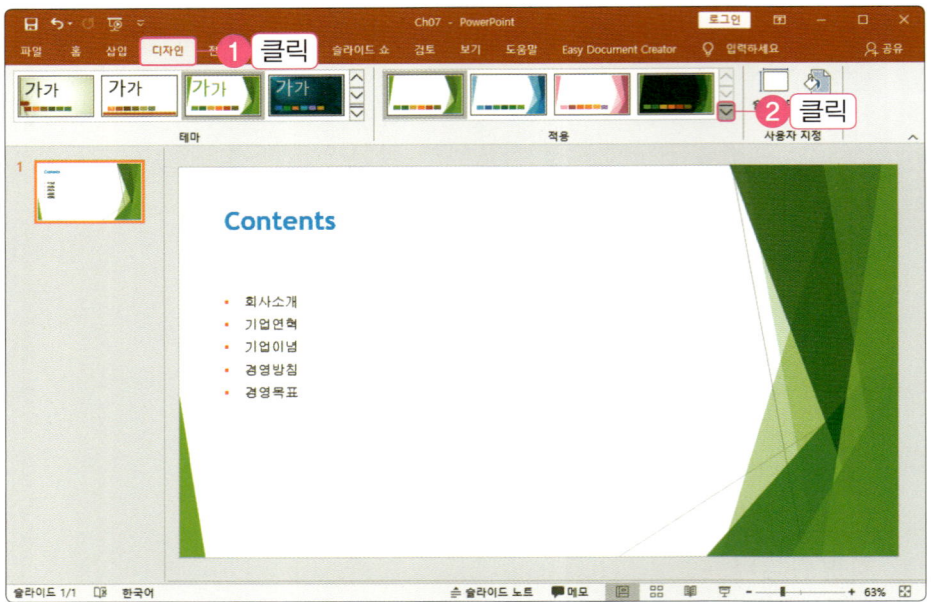

2 적용 목록이 나타나면 [색]-[따뜻한 파란색]을 클릭합니다.

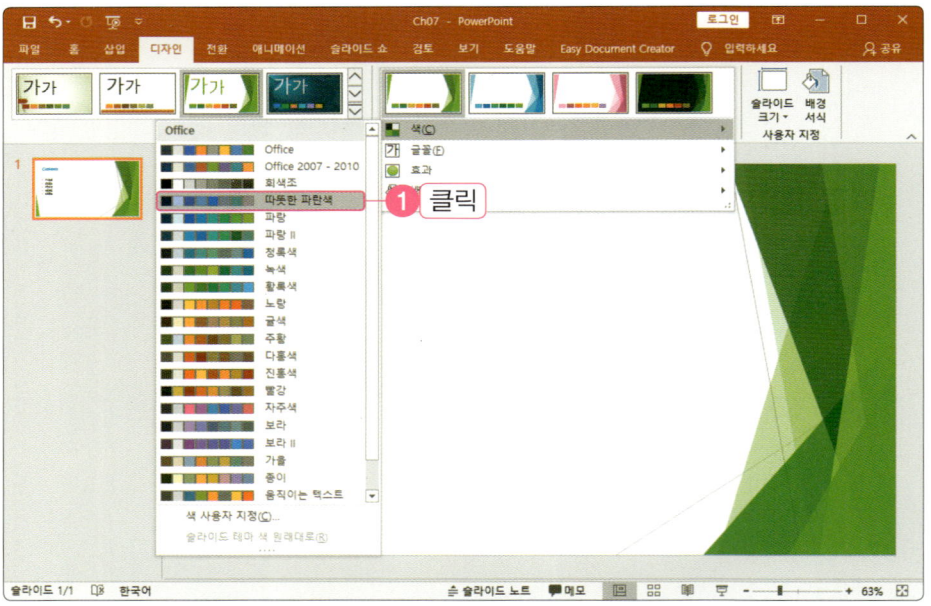

[디자인] 탭-[적용] 그룹에서 ▽[자세히] 단추를 클릭한 후 [색]-[색 사용자 지정]을 클릭하면 새 테마 색을 만들 수 있습니다.

3 테마 글꼴을 변경하기 위해 [디자인] 탭-[적용] 그룹에서 ▽[자세히] 단추를 클릭합니다.

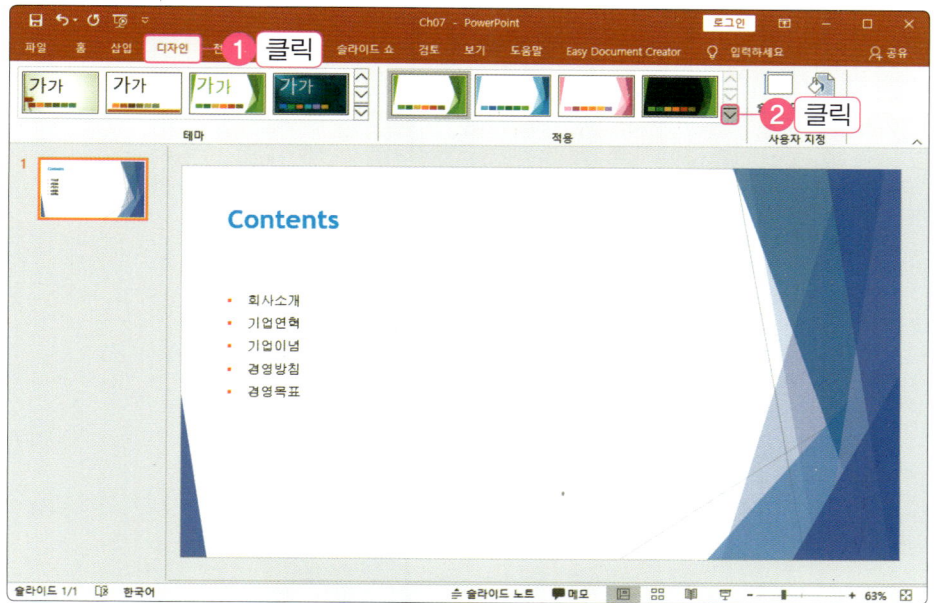

4 적용 목록이 나타나면 [글꼴]-[Office]를 클릭합니다.

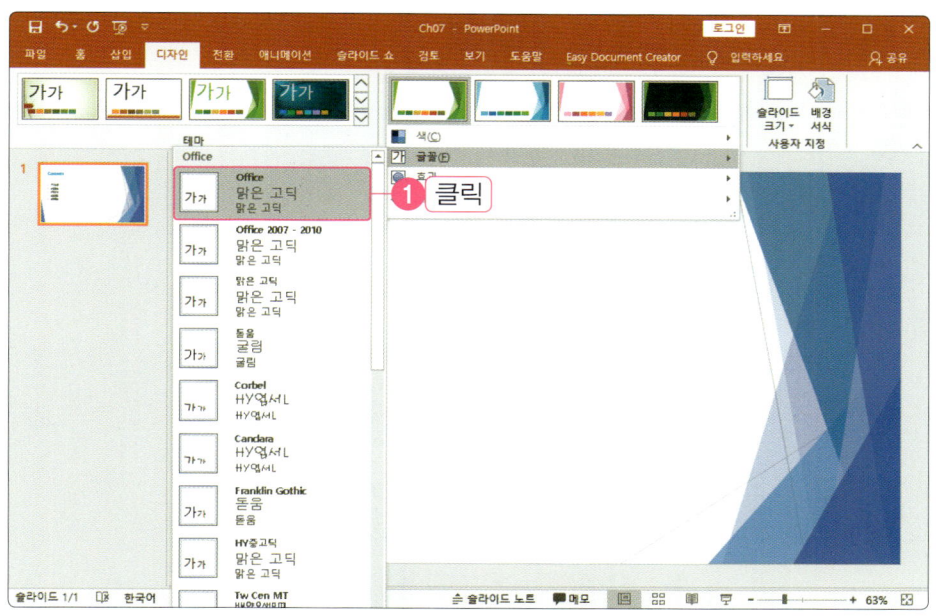

> [디자인] 탭-[적용] 그룹에서 ▽[자세히] 단추를 클릭한 후 [글꼴]-[글꼴 사용자 지정]을 클릭하면 새 테마 글꼴을 만들 수 있습니다.

5 테마 글꼴이 변경됩니다.

알고 넘어갑시다!

테마 효과 변경하기

다음과 같이 [디자인] 탭-[적용] 그룹에서 ☑[자세히] 단추를 클릭한 후 [효과]에서 테마 효과를 선택하면 테마 효과를 변경할 수 있습니다.

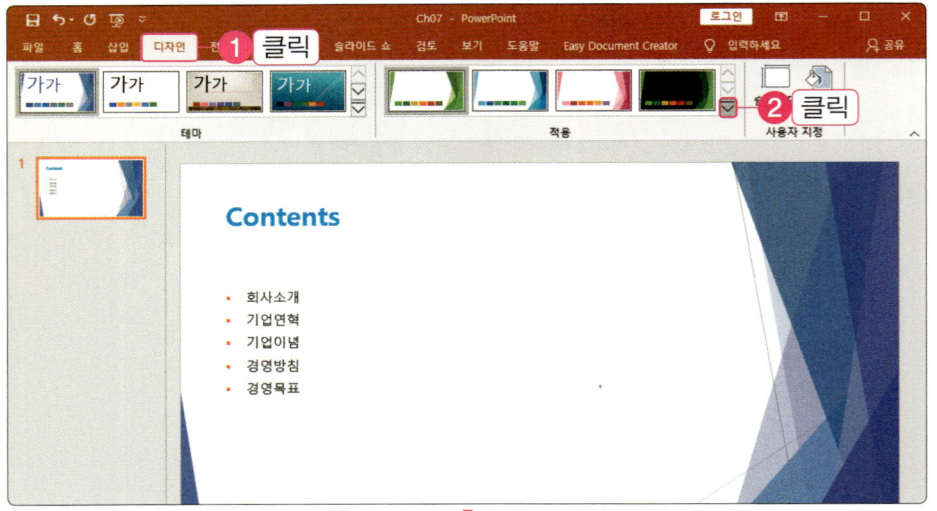

1 다음과 같이 테마를 지정해 보세요.
- 테마 지정 : 베를린

2 다음과 같이 테마 색과 테마 글꼴을 변경해 보세요.
- 테마 색 변경 : 종이
- 테마 글꼴 변경 : Office

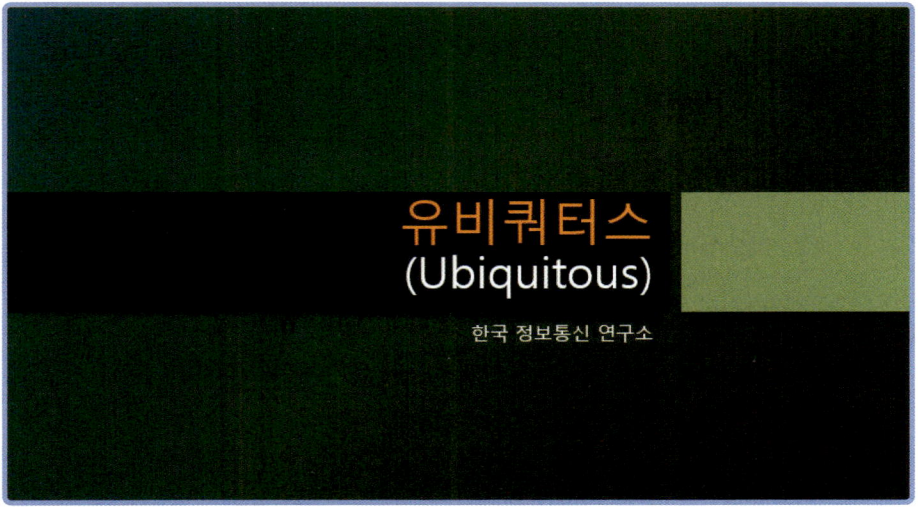

Hint
[디자인] 탭-[적용] 그룹에서 ▽[자세히] 단추를 클릭한 후 [색]에서 [종이]를 선택하면 테마 색을 변경할 수 있고, [글꼴]에서 [Office]를 선택하면 테마 글꼴을 변경할 수 있습니다.

Chapter 08 프레젠테이션 인쇄하기

POWERPOINT 2016

프레젠테이션은 기본적으로 슬라이드의 크기가 화면에 맞춰져 있기 때문에 프레젠테이션을 인쇄하기 전에 슬라이드의 크기를 지정하는 것이 좋습니다. 그럼, 프레젠테이션을 인쇄하는 방법에 대해 알아보겠습니다.

Preview

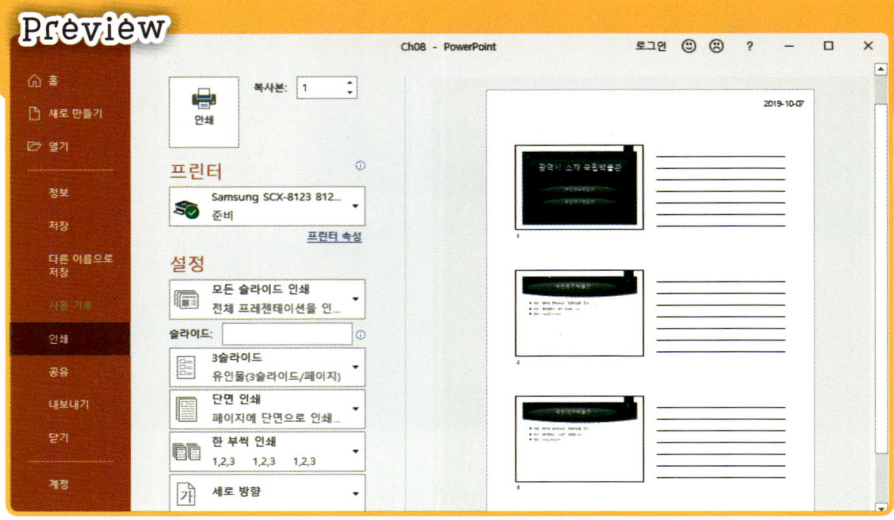

C:\단계학습\파워포인트\예제파일\Ch08.pptx

01 슬라이드의 크기와 머리글/바닥글 지정하기

1 슬라이드의 크기를 지정하기 위해 [디자인] 탭-[사용자 지정] 그룹에서 **[슬라이드 크기]** 를 클릭한 후 **[사용자 지정 슬라이드 크기]**를 클릭합니다.

2 [슬라이드 크기] 대화상자가 나타나면 슬라이드 크기(A4 용지(210×297mm))를 선택한 후 [확인] 단추를 클릭합니다.

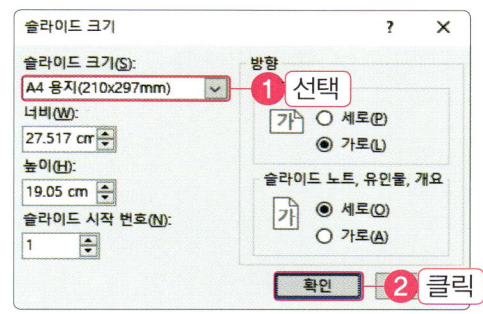

3 '콘텐츠를 최대 크기로 조정하거나 새 슬라이드에 맞게 크기를 줄이시겠습니까?'라고 묻는 대화상자가 나타나면 [맞춤 확인] 단추를 클릭합니다.

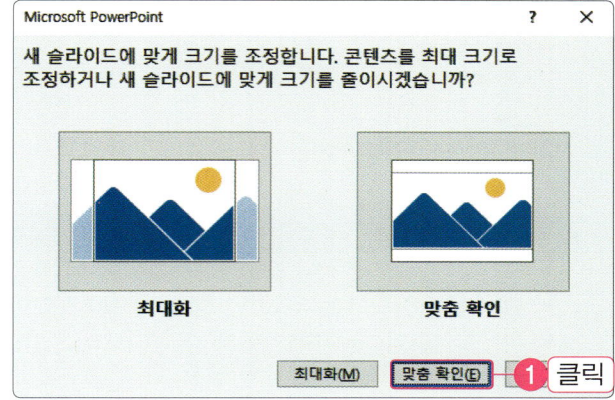

4 머리글/바닥글을 지정하기 위해 [삽입] 탭-[텍스트] 그룹에서 [머리글/바닥글]을 클릭 합니다.

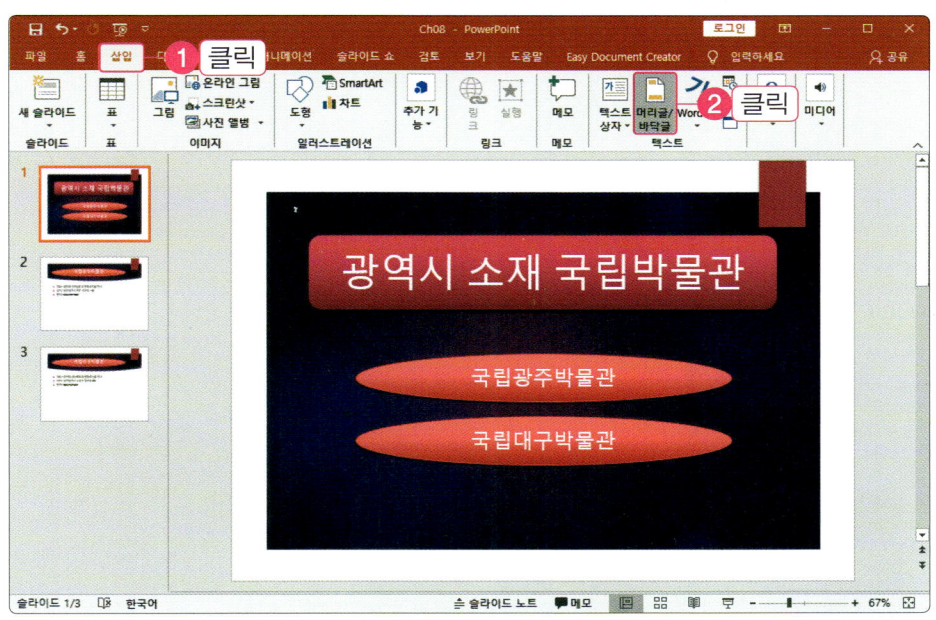

머리글은 페이지 상단, 바닥글은 페이지 하단에 들어가는 날짜, 시간, 슬라이드 번호 등의 문구를 말합니다.

Chapter 08 – 프레젠테이션 인쇄하기

5 [머리글/바닥글] 대화상자가 나타나면 [슬라이드] 탭에서 **[슬라이드 번호]를 선택**한 후 **[모두 적용] 단추를 클릭**합니다.

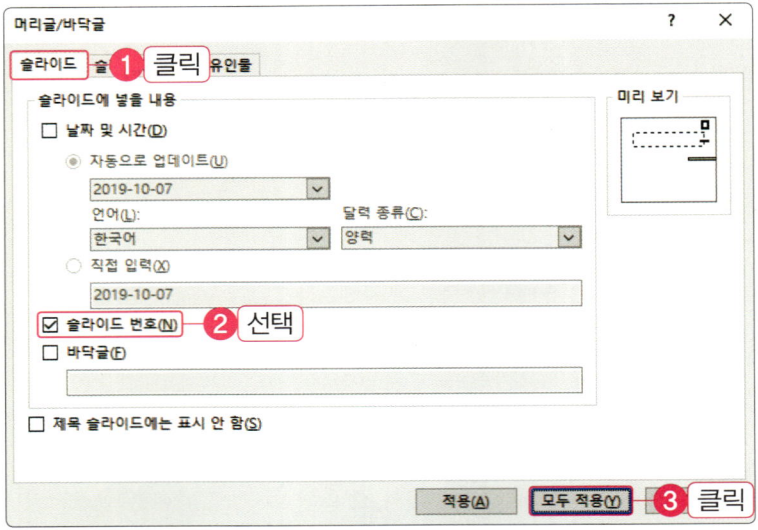

- [제목 슬라이드에는 표시 안 함]을 선택하면 제목 슬라이드에는 머리글/바닥글을 표시하지 않습니다.
- [적용] 단추를 클릭하면 현재 슬라이드에만 머리글/바닥글이 지정되고, [모두 적용] 단추를 클릭하면 모든 슬라이드에 머리글/바닥글이 지정됩니다.

6 모든 슬라이드에 머리글/바닥글이 지정됩니다.

알고 넘어갑시다!

슬라이드 시작 번호 변경하기

[디자인] 탭–[사용자 지정] 그룹에서 [슬라이드 크기]를 클릭한 후 [사용자 지정 슬라이드 크기]를 클릭하면 [슬라이드 크기] 대화상자가 나타나는데요. 다음과 같이 [슬라이드 크기] 대화상자에서 슬라이드 시작 번호를 입력한 후 [확인] 단추를 클릭하면 슬라이드 시작 번호를 변경할 수 있습니다.

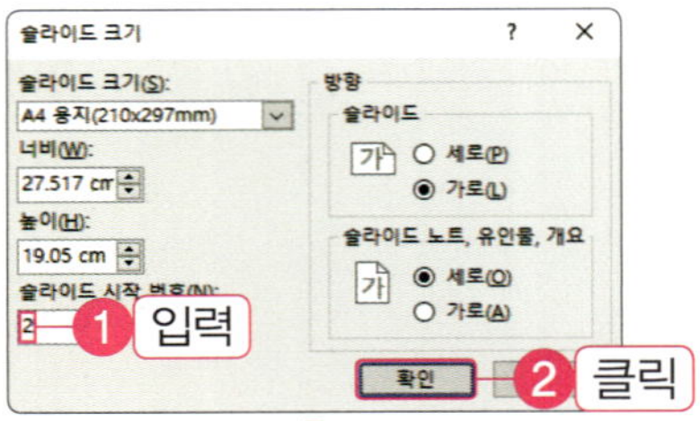

02 프레젠테이션 인쇄하기

1 프레젠테이션을 인쇄하기 위해 **[파일] 탭-[인쇄]를 클릭**합니다.

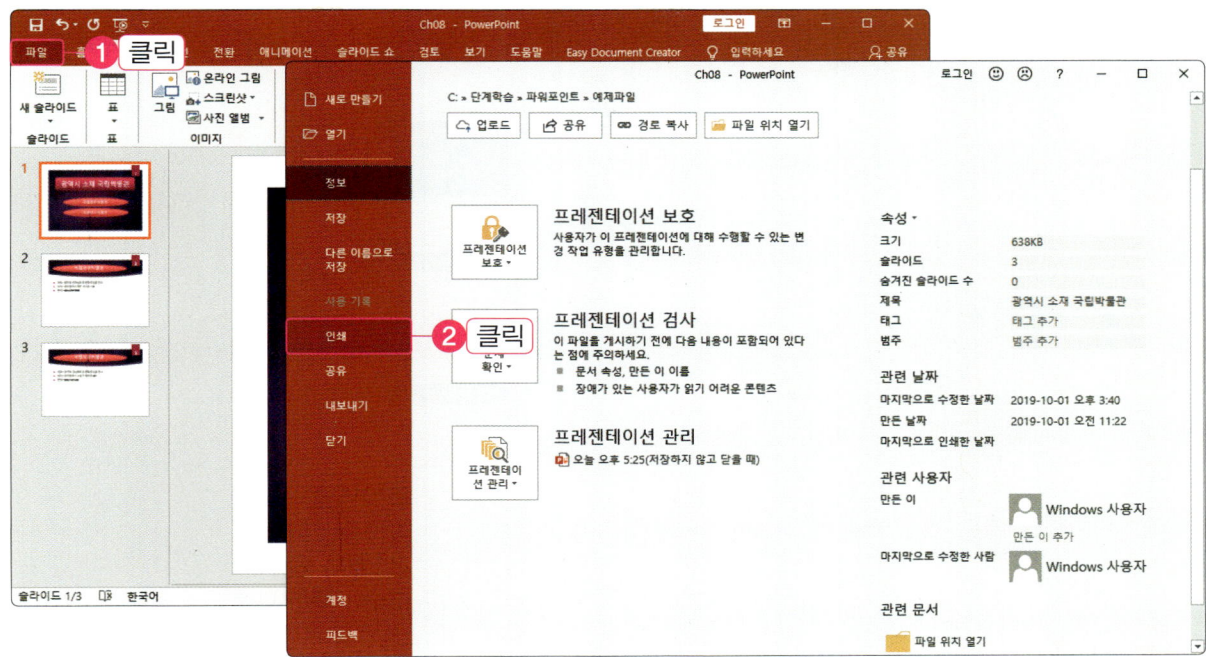

2 인쇄 백스테이지로 전환되면 **인쇄 범위(모든 슬라이드 인쇄), 인쇄 대상(3슬라이드), 용지 방향(세로 방향), 인쇄 색상(회색조)을 선택**한 후 **[인쇄] 단추를 클릭**합니다.

- Ctrl + P 를 눌러 프레젠테이션을 인쇄할 수도 있습니다.
- 용지 방향은 인쇄 대상에서 슬라이드 노트, 개요, 유인물(1슬라이드, 2슬라이드, 3슬라이드 등)을 선택한 경우에만 나타납니다.
- 유인물은 프레젠테이션을 진행하는 동안 청중이 참조할 수 있도록 배포하는 인쇄물을 말합니다.

3 프레젠테이션이 인쇄됩니다.

프레젠테이션 인쇄하기

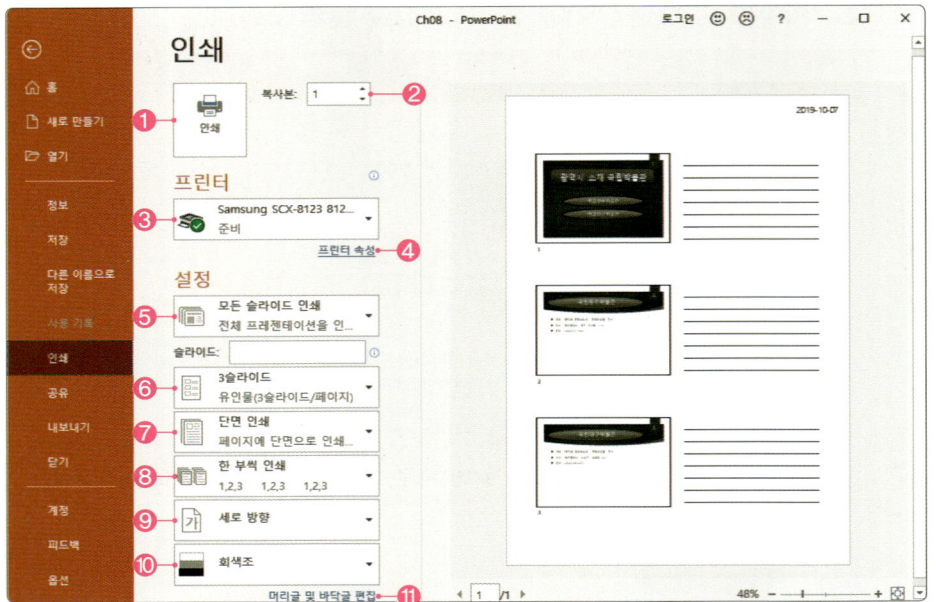

① **인쇄** : 프레젠테이션을 인쇄합니다.
② **복사본** : 인쇄 매수를 지정합니다.
③ **프린터** : 프린터를 선택합니다.
④ **프린터 속성** : 프린터 속성을 지정할 수 있는 [프린터 속성] 대화상자가 나타납니다. [프린터 속성] 대화상자는 선택한 프린터에 따라 다르게 나타납니다.
⑤ **인쇄 범위** : 인쇄 범위로 모든 슬라이드 인쇄, 선택 영역 인쇄, 현재 슬라이드 인쇄, 범위 지정 중에서 하나를 선택합니다. '모든 슬라이드 인쇄'를 선택하면 모든 슬라이드를 인쇄하고, '선택 영역 인쇄'를 선택하면 선택한 슬라이드만 인쇄합니다. 그리고 '현재 슬라이드 인쇄'를 선택하면 현재 슬라이드만 인쇄하고, '범위 지정'을 선택하면 [슬라이드]에 입력한 슬라이드만 인쇄합니다.
⑥ **인쇄 대상** : 인쇄 대상으로 전체 페이지 슬라이드, 슬라이드 노트, 개요, 유인물 중에서 하나를 선택합니다.
⑦ **단면 인쇄/양면 인쇄** : 페이지에 단면으로 인쇄할지 양면으로 인쇄할지 여부를 선택합니다.
⑧ **인쇄 순서** : 여러 페이지로 이루어진 프레젠테이션을 여러 부 인쇄하는 경우, 한 부씩 인쇄할지 여부를 선택합니다. 예를 들어 2페이지로 이루어진 프레젠테이션을 2부 인쇄하는 경우, '한 부씩 인쇄'를 선택하면 1, 2, 1, 2페이지 순으로 인쇄하고, '한 부씩 인쇄 안 함'을 선택하면 1, 1, 2, 2페이지 순으로 인쇄합니다.
⑨ **용지 방향** : 용지 방향으로 세로 방향과 가로 방향 중에서 하나를 선택합니다.
⑩ **인쇄 색상** : 인쇄 색상으로 컬러, 회색조, 흑백 중에서 하나를 선택합니다.
⑪ **머리글 및 바닥글 편집** : 머리글/바닥글을 편집할 수 있는 [머리글/바닥글] 대화상자가 나타납니다.

POWERPOINT 2016 연습문제

C:\단계학습\파워포인트\연습파일\Ch08-연습.pptx

1 다음과 같이 슬라이드의 크기와 머리글/바닥글을 지정해 보세요.
- 슬라이드의 크기 지정 : A4 용지(210× 297mm), 최대화
- 머리글/바닥글 지정 : [슬라이드 번호] 선택, 모두 적용

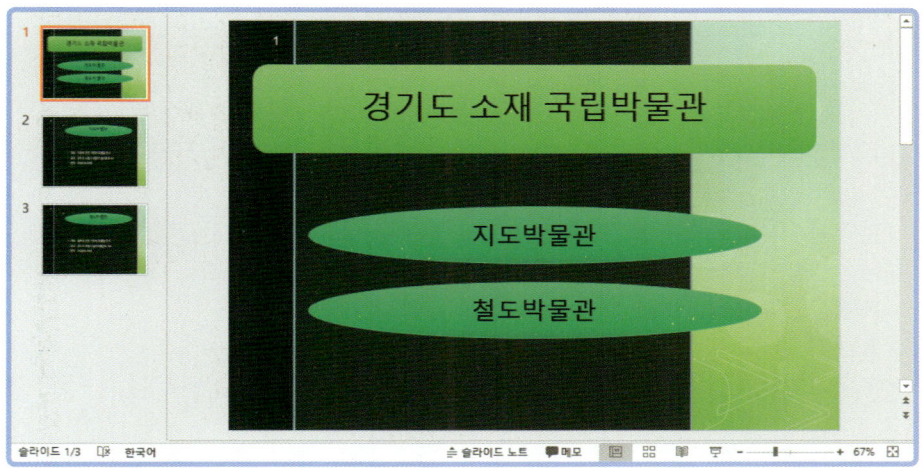

Hint

[삽입] 탭-[텍스트] 그룹에서 [머리말/바닥글]을 클릭합니다. 그런 다음 [머리글/바닥글] 대화 상자의 [슬라이드] 탭에서 [슬라이드 번호]를 선택한 후 [모두 적용] 단추를 클릭하면 머리글/바닥글을 지정할 수 있습니다.

2 다음과 같이 프레젠테이션을 인쇄해 보세요.
- **프레젠테이션 인쇄** : 인쇄 범위(모든 슬라이드 인쇄), 인쇄 대상(전체 페이지 슬라이드), 인쇄 색상(회색조)

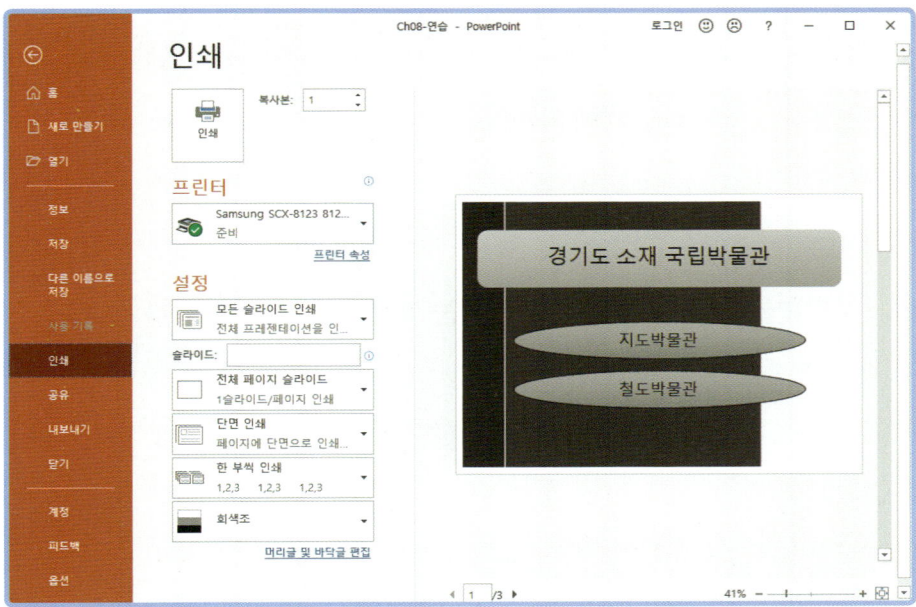

Chapter 08 – 프레젠테이션 인쇄하기

배경 서식 지정하고 WordArt 활용하기

POWERPOINT 2016

배경 서식은 슬라이드를 단색, 그라데이션, 그림 또는 질감 등으로 채우는 기능이고, WordArt는 텍스트 채우기나 텍스트 윤곽선 등이 미리 정의되어 있는 텍스트 스타일입니다. 그럼, 배경 서식을 지정하고 WordArt를 활용하는 방법에 대해 알아보겠습니다.

Preview

C:\단계학습\파워포인트\예제파일\Ch09.pptx

01 배경 서식 지정하기

1 배경 서식을 지정하기 위해 [디자인] 탭-[사용자 지정] 그룹에서 **[배경 서식]을 클릭**합니다.

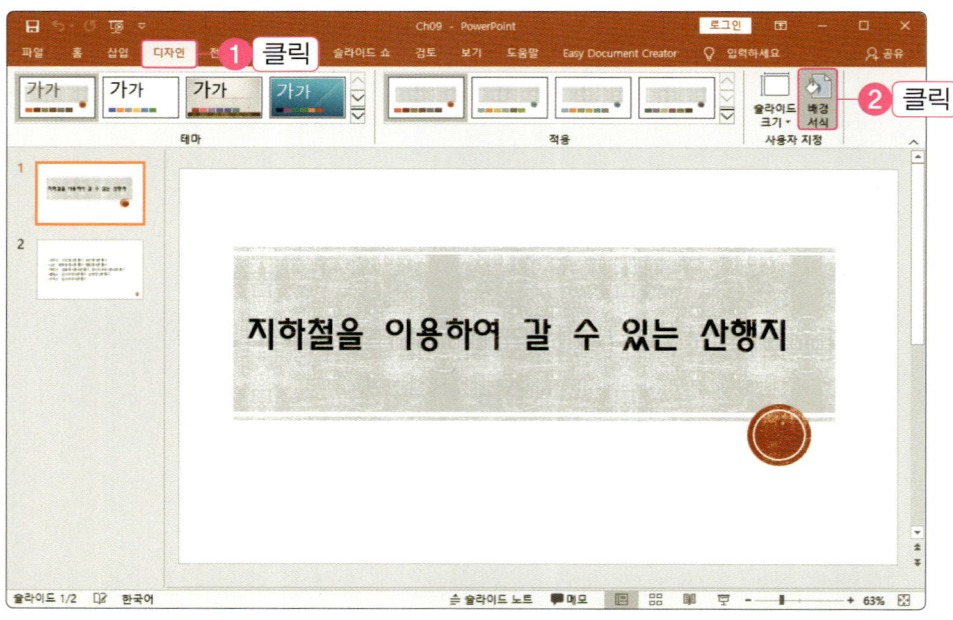

슬라이드의 바로 가기 메뉴에서 [배경 서식]을 클릭하여 배경 서식을 지정할 수도 있습니다.

2 [배경 서식] 작업 창이 나타나면 [채우기]-[채우기]에서 [그림 또는 질감 채우기]를 선택한 후 **질감([재생지])을 선택**한 다음 [모두 적용] 단추를 클릭하고 [닫기]를 클릭합니다.

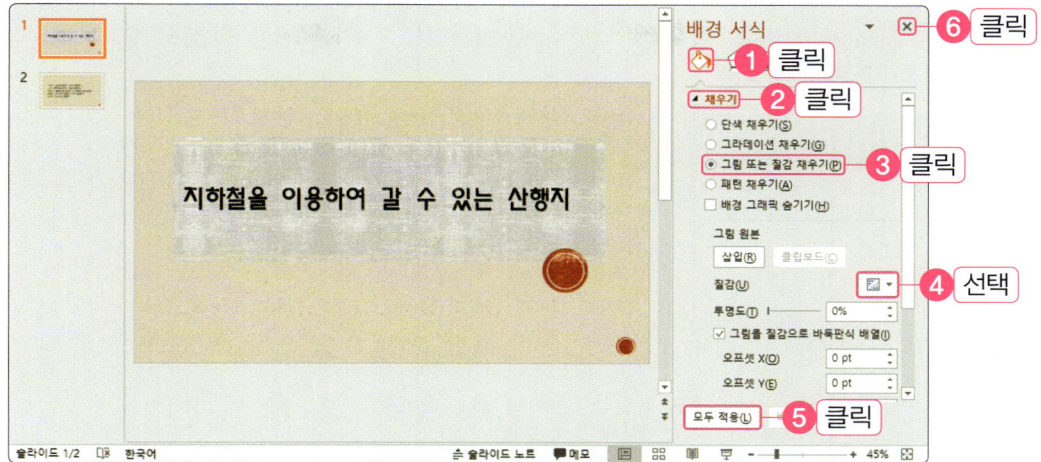

3 다음과 같이 배경 서식이 지정됩니다.

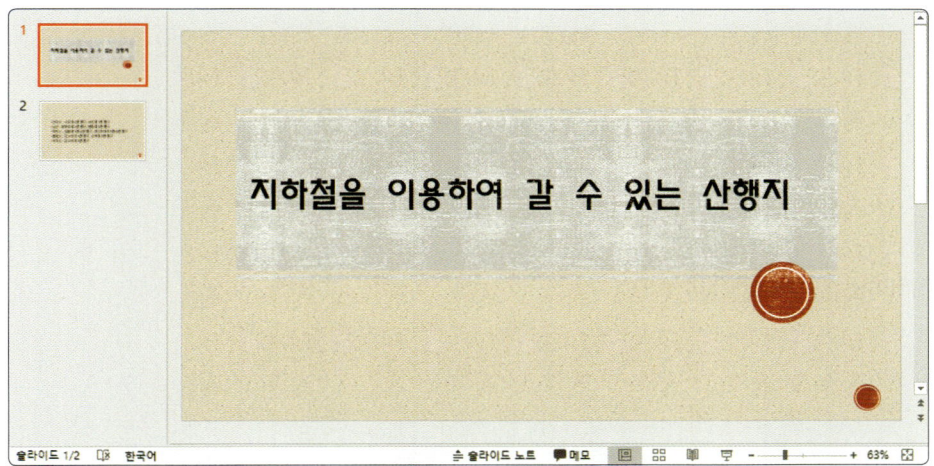

02 WordArt 활용하기

1 WordArt를 삽입하기 위해 슬라이드 보기 창에서 **2번 슬라이드를 선택**한 후 [삽입] 탭-[텍스트] 그룹에서 [WordArt]를 클릭한 다음 A[채우기: 진한 빨강, 강조색 2, 윤곽선: 진한 빨강, 강조색2]를 클릭합니다.

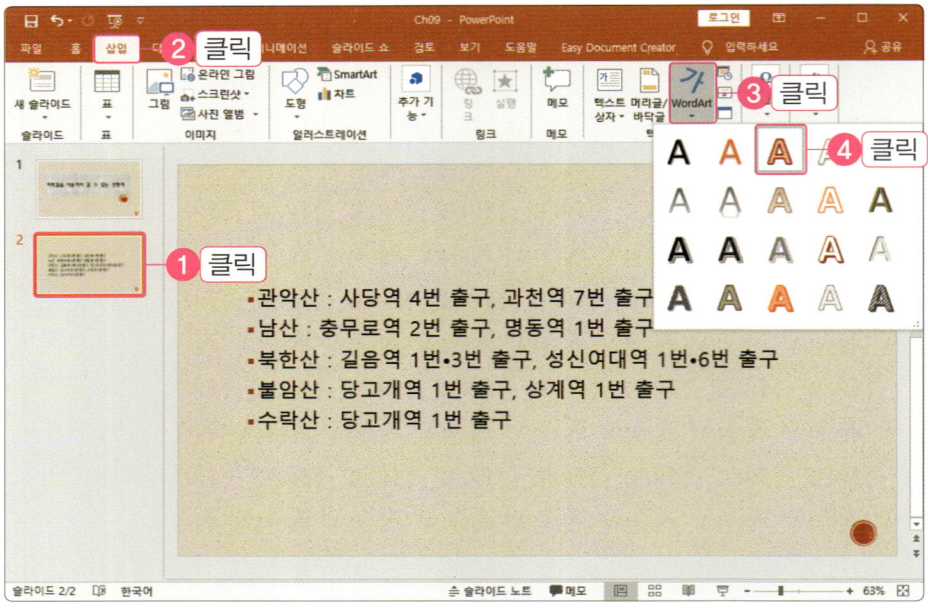

2 WordArt가 삽입되면 **WordArt 텍스트(4호선)를 입력**합니다. 그런 다음 WordArt 텍스트에 글꼴 서식을 지정하기 위해 **WordArt 텍스트를 드래그하여 선택**한 후 [홈] 탭-[글꼴] 그룹에서 **글꼴(휴먼엑스포)을 선택**합니다.

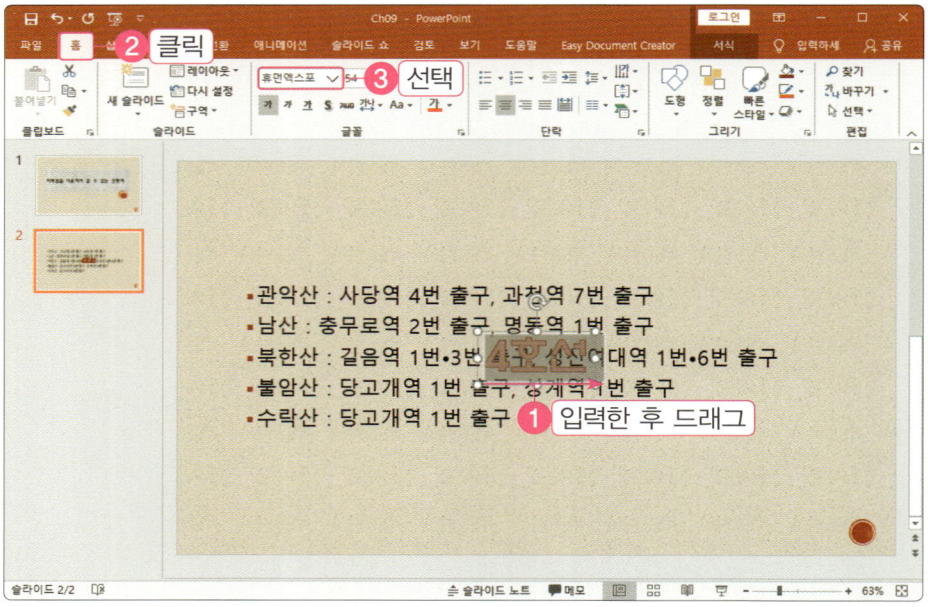

- WordArt가 삽입된 후 바로 WordArt 텍스트를 입력하면 기존 WordArt 텍스트가 지워진 다음 새 WordArt 텍스트가 입력됩니다.
- WordArt 텍스트로 마우스 포인터를 가져가서 마우스 포인터가 I 모양으로 변경되었을 때 클릭하면 WordArt 텍스트를 수정할 수 있습니다.

3 그림자 텍스트 효과를 지정하기 위해 **WordArt를 선택**한 후 [그리기 도구] 정황 탭-[서식] 탭-[WordArt 스타일] 그룹에서 [텍스트 효과]를 클릭한 다음 [그림자]-[오프셋: 오른쪽 아래]를 클릭합니다.

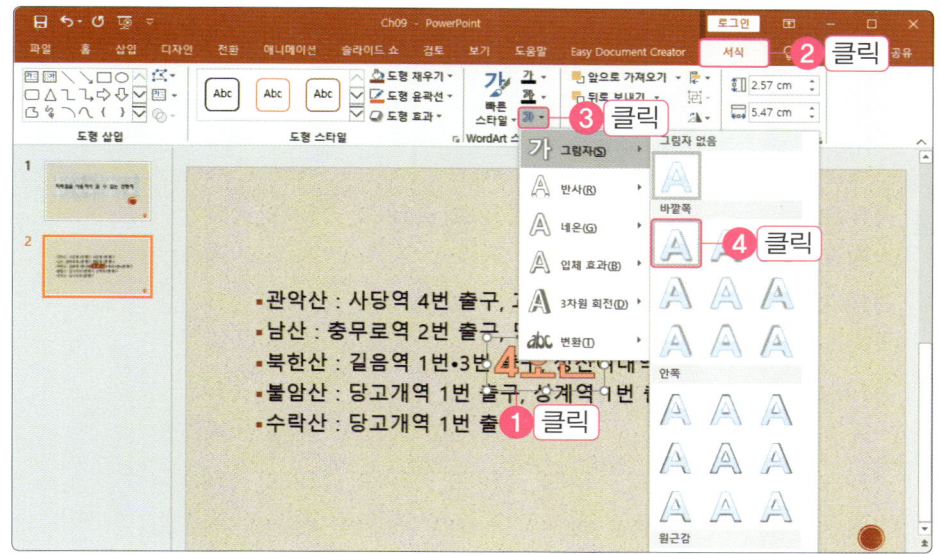

알고 넘어갑시다!

개체 선택하기

WordArt, SmartArt, 차트 등을 '개체'라고 합니다.
- 하나의 개체 선택 : 개체로 마우스 포인터를 가져가서 마우스 포인터가 모양으로 변경되었을 때 클릭합니다.
- 여러 개체 선택 : 개체를 선택한 후 Shift를 누른 상태에서 다른 개체를 선택합니다.

개체 선택 해제하기
- 방법1 : 슬라이드의 빈 부분을 클릭합니다.
- 방법2 : Esc를 누릅니다.

4 변환 텍스트 효과를 지정하기 위해 [그리기 도구] 정황 탭-[서식] 탭-[WordArt 스타일] 그룹에서 [텍스트 효과]를 클릭한 후 [변환]-[갈매기형 수장: 아래로]를 클릭합니다.

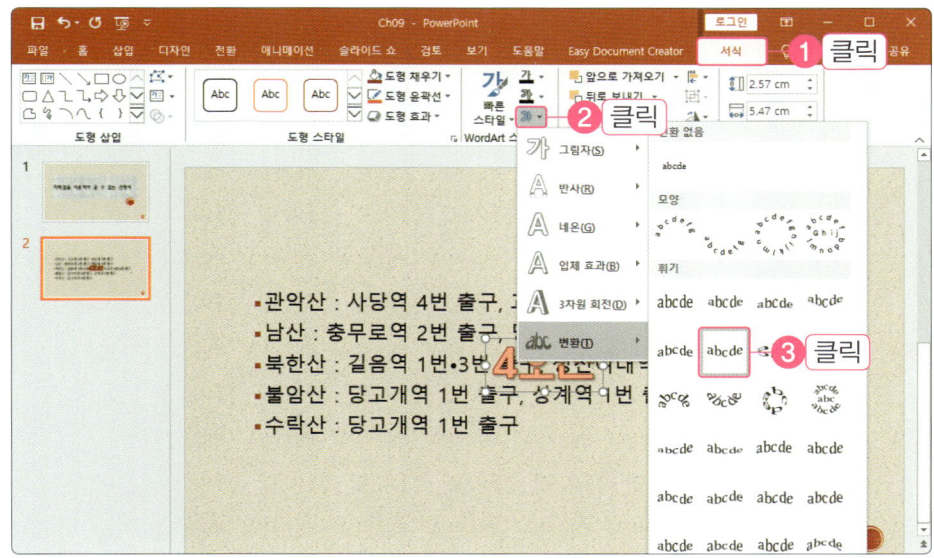

5 변환 텍스트 효과가 지정되면 **다음과 같이 WordArt를 이동**한 후 WordArt의 크기를 조정하기 위해 **WordArt의 크기 조정 핸들(O)을 드래그**합니다.

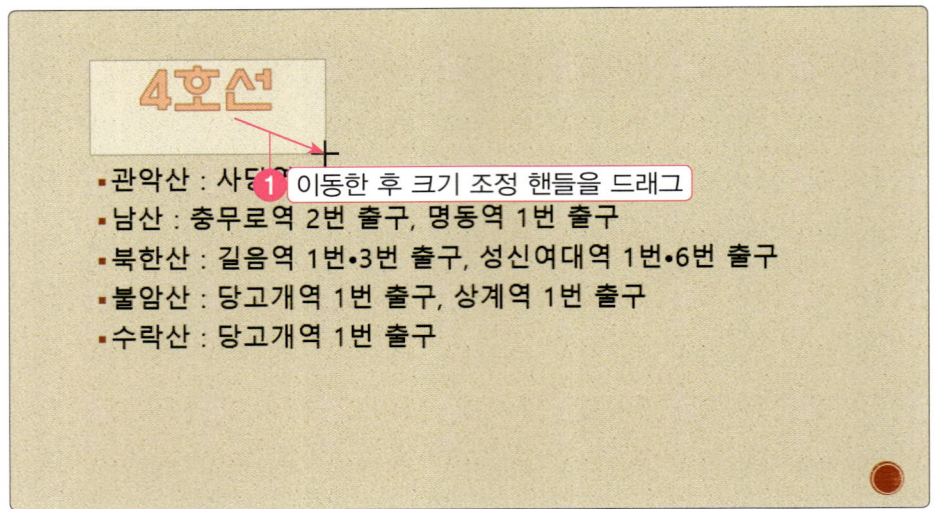

6 WordArt의 크기가 조정됩니다.

알고 넘어갑시다!

개체 이동하기
- 개체 이동 : 개체를 선택한 후 드래그합니다.
- 수평이나 수직 방향으로 개체 이동 : 개체를 선택한 후 Shift를 누른 상태에서 드래그합니다.

개체 복사하기
- 방법1 : 개체를 선택한 후 Ctrl을 누른 상태에서 드래그합니다.
- 방법2 : 개체를 선택한 후 Ctrl+D를 누릅니다.

개체의 크기 조정하기
개체를 선택한 후 개체의 크기 조정 핸들을 드래그합니다.

 ◀ 개체의 크기 조정 핸들

개체 지우기
개체를 선택한 후 Delete를 누릅니다.

POWERPOINT 2016 연습문제

C:\단계학습\파워포인트\연습파일\Ch09-연습.pptx

1 다음과 같이 배경 서식을 지정해 보세요.
- 배경 서식 지정 : 그림 또는 질감 채우기(질감([꽃다발])), 모두 적용

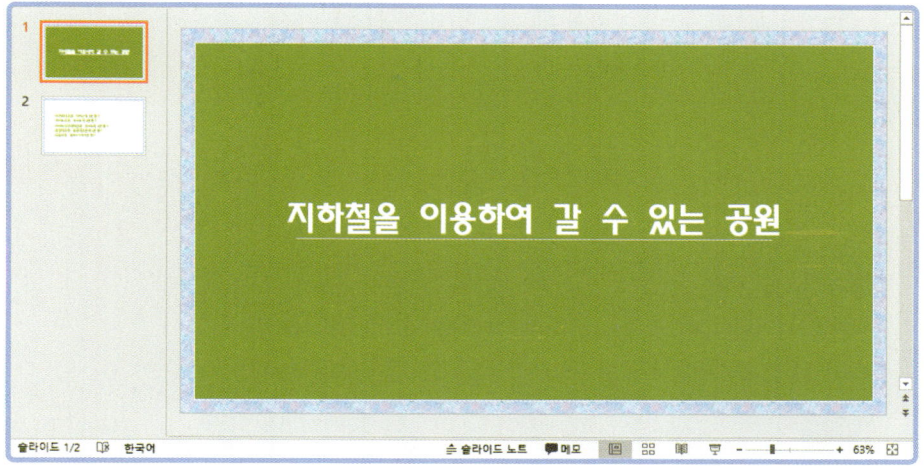

Hint

[디자인] 탭–[사용자 지정] 그룹에서 [배경 서식]을 클릭합니다. 그런 다음 [배경 서식] 작업 창의 [채우기]–[채우기]에서 [그림 또는 질감 채우기]를 선택한 후 질감([꽃다발])을 선택한 다음 [모두 적용] 단추를 클릭하고 [닫기]를 클릭하면 배경 서식을 지정할 수 있습니다.

2 다음과 같이 WordArt를 활용하여 프레젠테이션을 작성해 보세요.
- WordArt 삽입 : A[무늬 채우기: 녹색, 강조색 1, 50%, 진한 그림자: 녹색, 강조색 1]), 2번 슬라이드에 삽입
- WordArt 텍스트에 글꼴 서식 지정 : 글꼴(휴먼편지체)
- 그림자 텍스트 효과 지정 : A[오프셋: 왼쪽 위]
- 변환 텍스트 효과 지정 : abcde[중지]

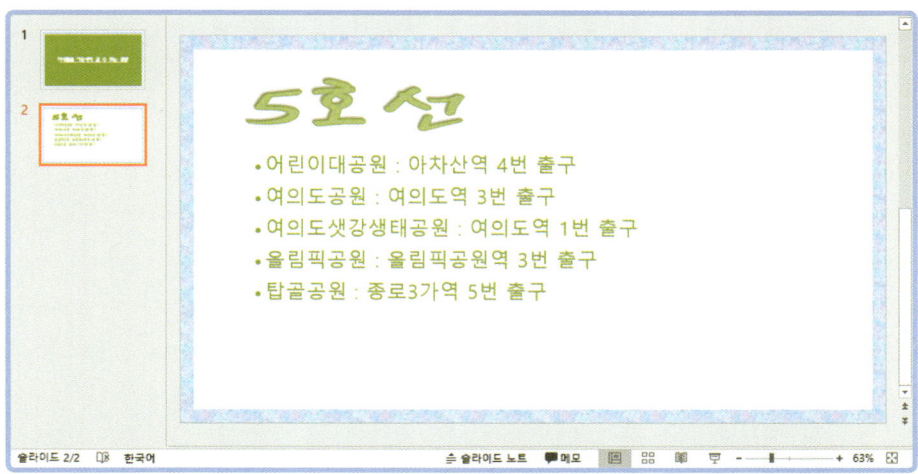

Chapter 09 – 배경 서식 지정하고 WordArt 활용하기

도형과 그림 활용하기

POWERPOINT 2016

파워포인트에서는 선, 사각형, 블록 화살표, 수식 도형 등의 다양한 도형을 제공하는데요. 도형과 그림을 활용하면 프레젠테이션을 돋보이게 작성할 수 있습니다. 그럼, 도형과 그림을 활용하는 방법에 대해 알아보겠습니다.

Preview

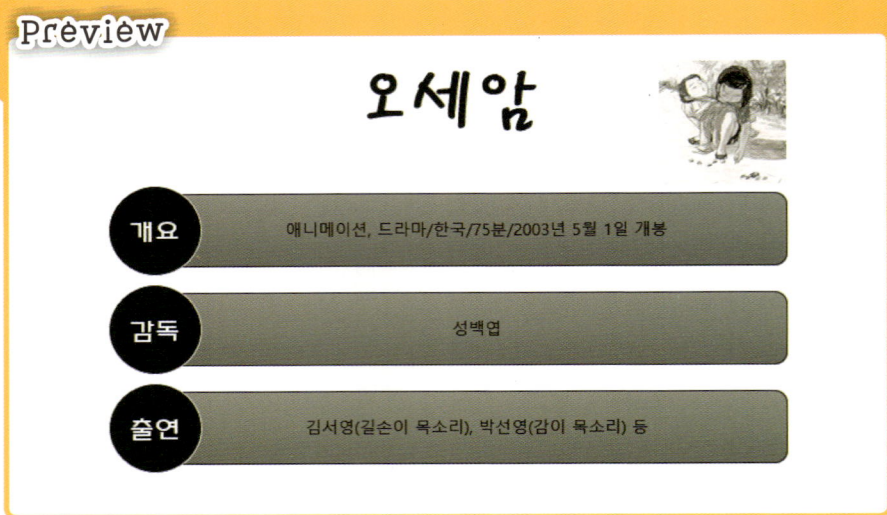

C:\단계학습\파워포인트\예제파일\Ch10.pptx

01 도형 활용하기

1 도형을 삽입하기 위해 [삽입] 탭-[일러스트레이션] 그룹에서 [도형]을 클릭한 후 ☐[사각형: 둥근 모서리]를 클릭합니다.

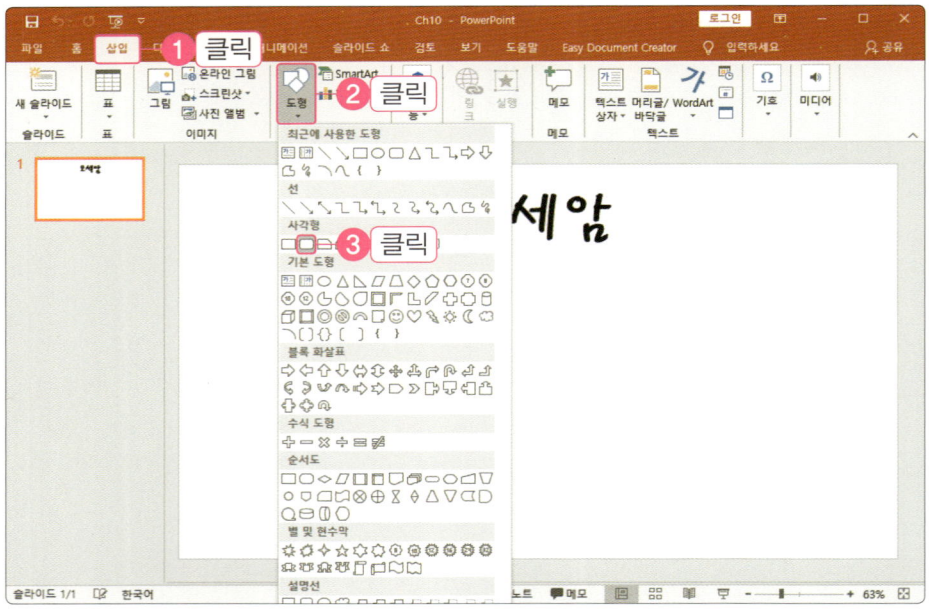

2 마우스 포인터가 + 모양으로 변경되면 **다음과 같이 드래그**하여 도형을 그립니다.

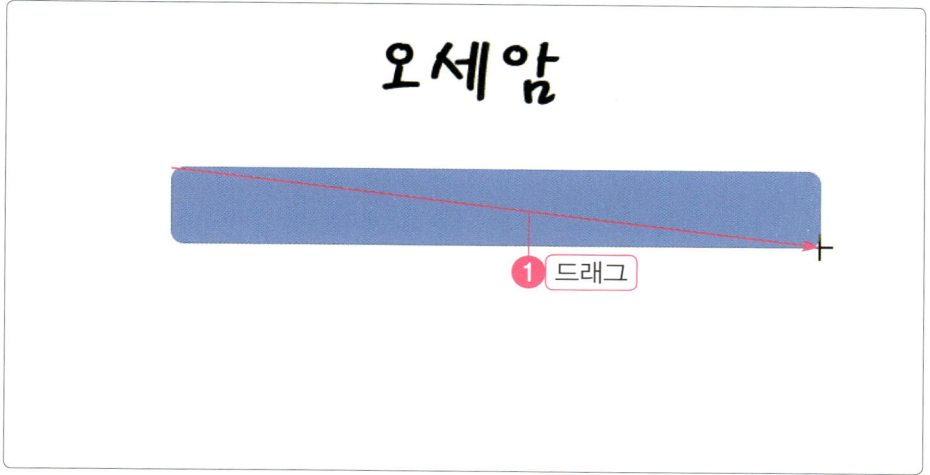

> Shift 를 누른 상태에서 직사각형이나 타원을 그리면 정사각형이나 정원(완전히 동그란 원)이 그려지고, Ctrl 을 누른 상태에서 도형을 그리면 도형을 그리기 시작한 위치가 도형의 중심이 됩니다.

3 도형 스타일을 지정하기 위해 **도형을 선택**한 후 [그리기 도구] 정황 탭-[서식] 탭-[도형 스타일] 그룹에서 ▽**[자세히] 단추를 클릭**합니다.

4 도형 스타일 목록이 나타나면 [미세 효과 – 검정, 어둡게 1]을 클릭합니다.

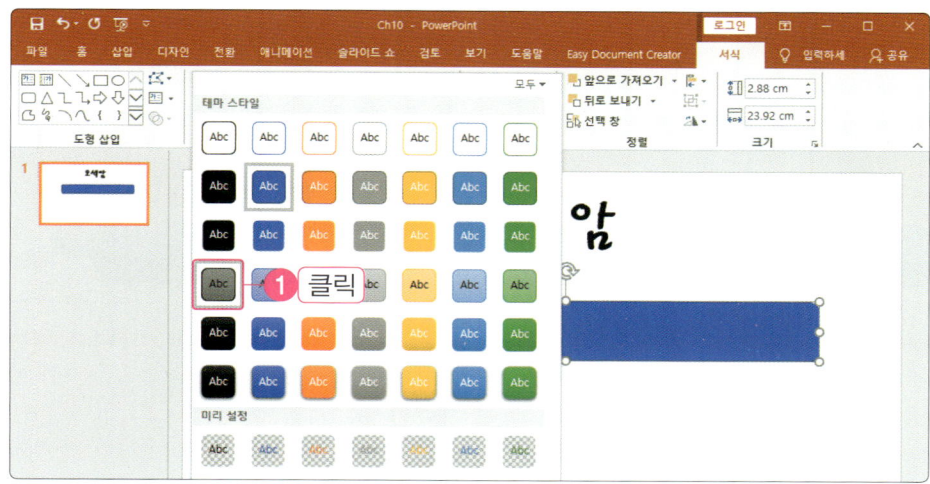

Chapter 10 – 도형과 그림 활용하기 **57**

5 같은 방법으로 **다음과 같이 도형을 1개 더 삽입**한 후 **도형을 편집**합니다.
- 도형 삽입 : ◯[타원]
- 도형 스타일 지정 : ▣[밝은 색 1 윤곽선, 색 채우기 – 검정, 어둡게 1]

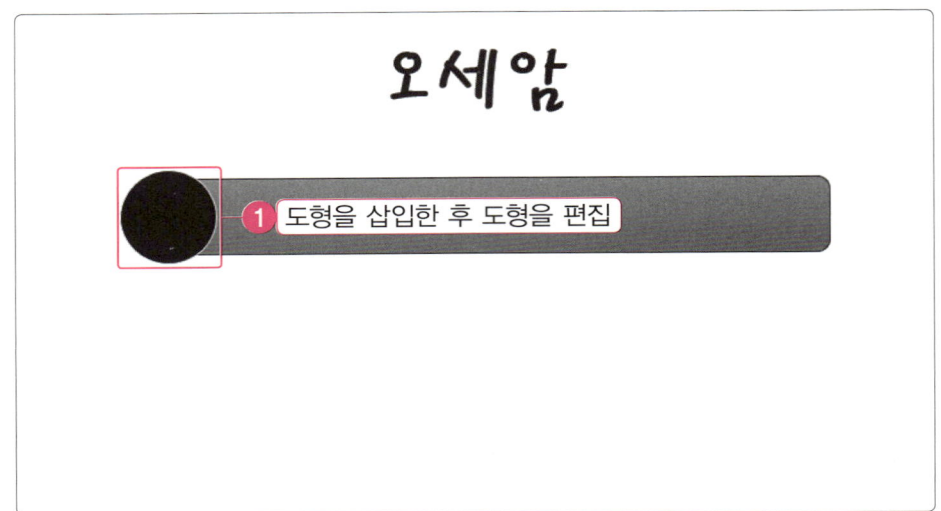

> **알고 넘어갑시다!**
>
> **개체의 겹치는 순서 다시 매기기**
>
> 개체를 서로 겹치면 나중에 삽입한 개체가 먼저 삽입한 개체 위에 겹쳐집니다. 개체를 선택한 후 [그리기 도구]/[그림 도구] 정황 탭–[서식] 탭–[정렬] 그룹에서 [앞으로 가져오기]의 ▾[목록] 단추를 클릭한 다음 [앞으로 가져오기]/[맨 앞으로 가져오기]를 클릭하거나 [뒤로 보내기]의 ▾[목록] 단추를 클릭한 다음 [뒤로 보내기]/[맨 뒤로 보내기]를 클릭하면 개체의 겹치는 순서를 다시 매길 수 있는데요. WordArt나 도형을 선택하면 [그리기 도구] 정황 탭이 나타나고, 그림을 선택하면 [그림 도구] 정황 탭이 나타납니다.
>
>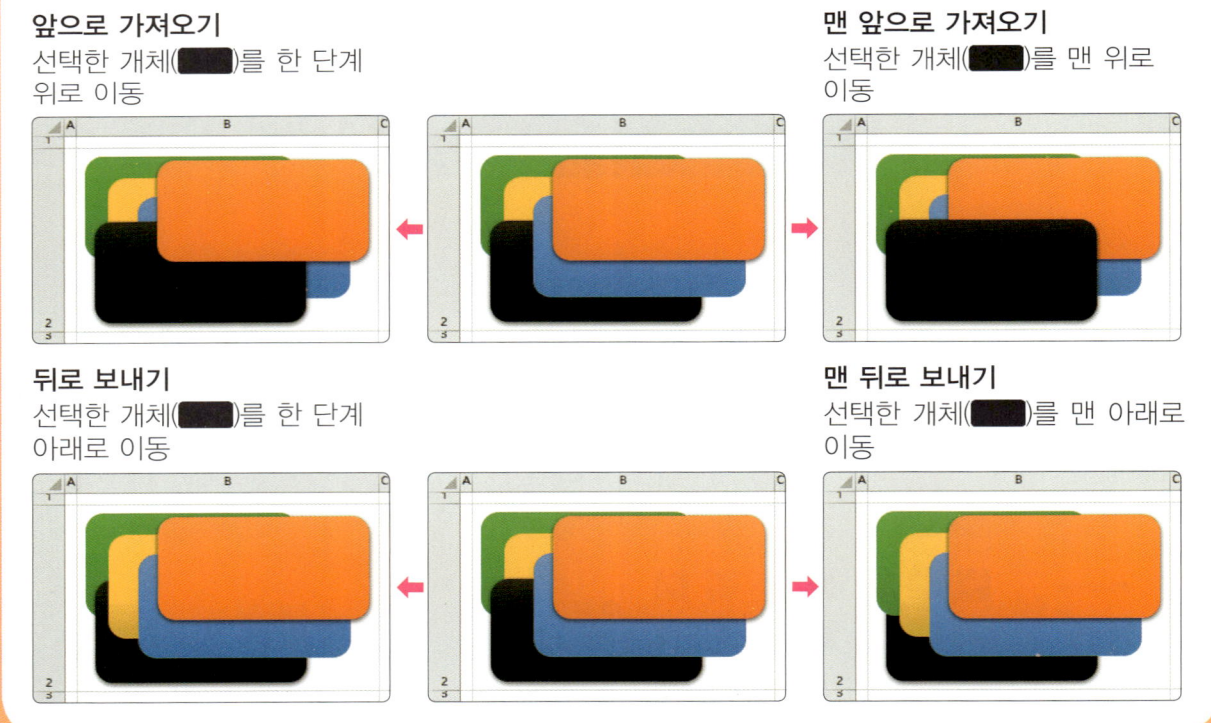

58 파워포인트 2016

6 ○ 도형에 도형 텍스트(개요)를 **입력**한 후 도형 텍스트에 글꼴 서식을 지정하기 위해 **도형 텍스트를 드래그하여 선택**한 다음 [홈] 탭-[글꼴] 그룹에서 **글꼴(HY수평선M)과 글꼴 크기(28)를 선택**합니다.

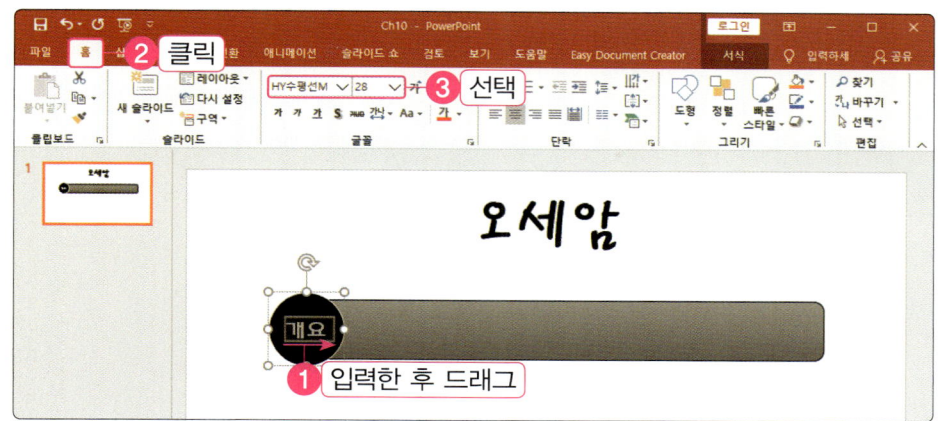

도형을 선택한 후 도형 텍스트를 입력하거나 도형의 바로 가기 메뉴에서 [텍스트 편집]을 클릭하면 도형 텍스트를 입력할 수 있고, 도형 텍스트로 마우스 포인터를 가져가서 마우스 포인터가 I 모양으로 변경되었을 때 클릭하면 도형 텍스트를 수정할 수 있습니다.

7 같은 방법으로 **다음과 같이** ☐ **도형에 도형 텍스트를 입력**합니다.

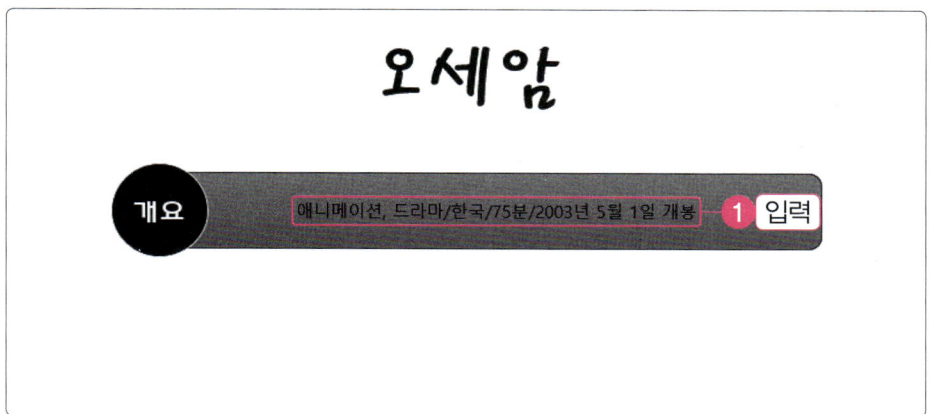

8 도형을 그룹화하기 위해 ○ **도형과** ☐ **도형을 선택**한 후 [그리기 도구] 정황 탭-[서식] 탭-[정렬] 그룹에서 **[개체 그룹화]를 클릭**한 다음 **[그룹]을 클릭**합니다.

그룹은 선택한 개체를 합쳐서 하나의 개체로 만드는 것을 말합니다.

9 그룹화된 도형을 복사하기 위해 **다음과 같이 Ctrl과 Shift를 누른 상태에서 그룹화된 도형을 드래그**합니다.

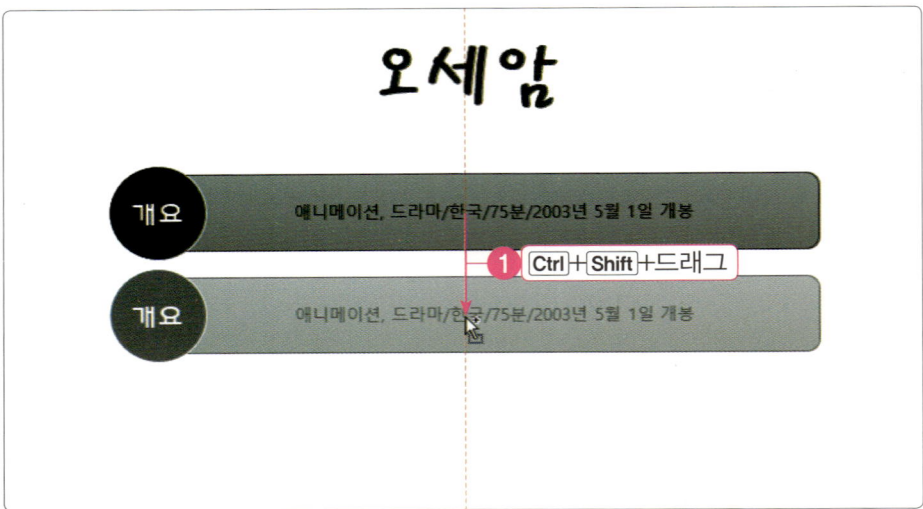

도형을 선택한 후 Ctrl을 누른 상태에서 드래그하면 도형이 복사되고, Shift를 누른 상태에서 드래그하면 수평이나 수직 방향으로 이동됩니다.

10 같은 방법으로 **다음과 같이 그룹화된 도형을 1개 더 복사한 후 도형 텍스트를 수정**합니다.

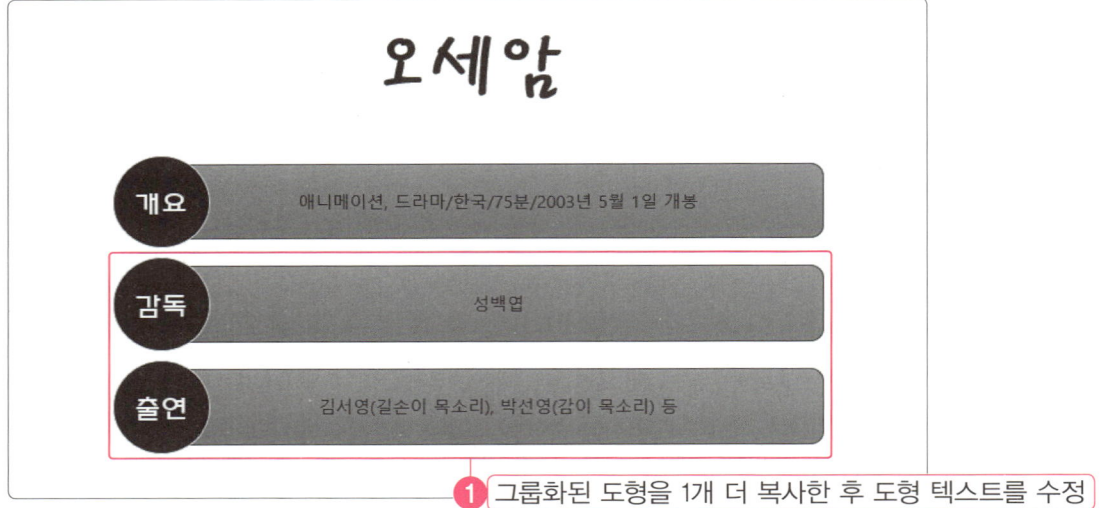

① 그룹화된 도형을 1개 더 복사한 후 도형 텍스트를 수정

02 그림 활용하기

1 그림을 삽입하기 위해 [삽입] 탭-[이미지] 그룹에서 [그림]을 클릭합니다.

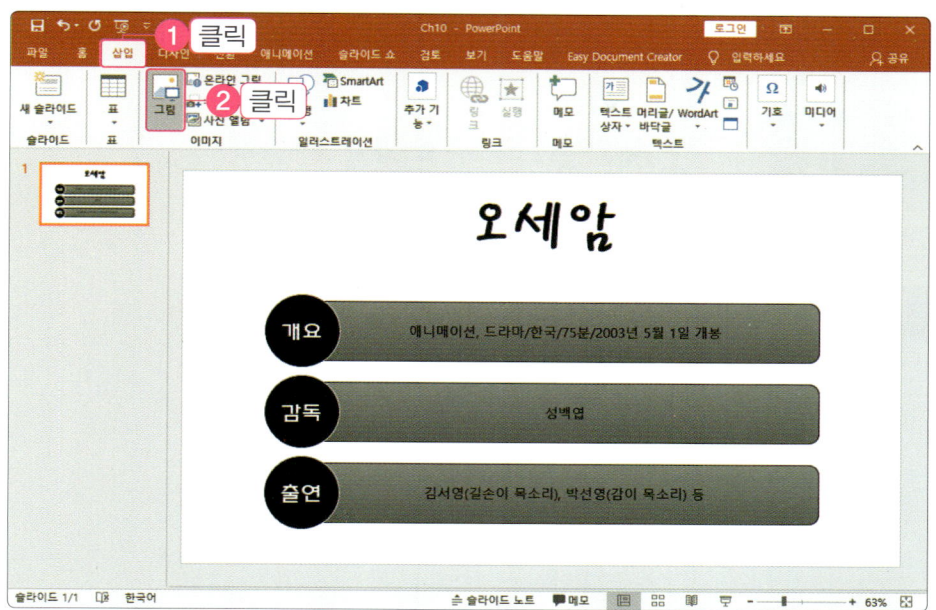

2 [그림 삽입] 대화상자가 나타나면 위치(C:\단계학습\파워포인트\예제파일)를 선택한 후 파일(오세암)을 선택한 다음 [삽입] 단추를 클릭합니다.

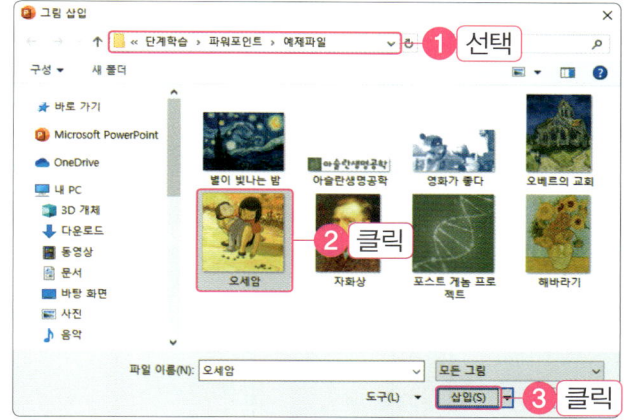

3 그림이 삽입되면 다음과 같이 그림을 이동합니다.

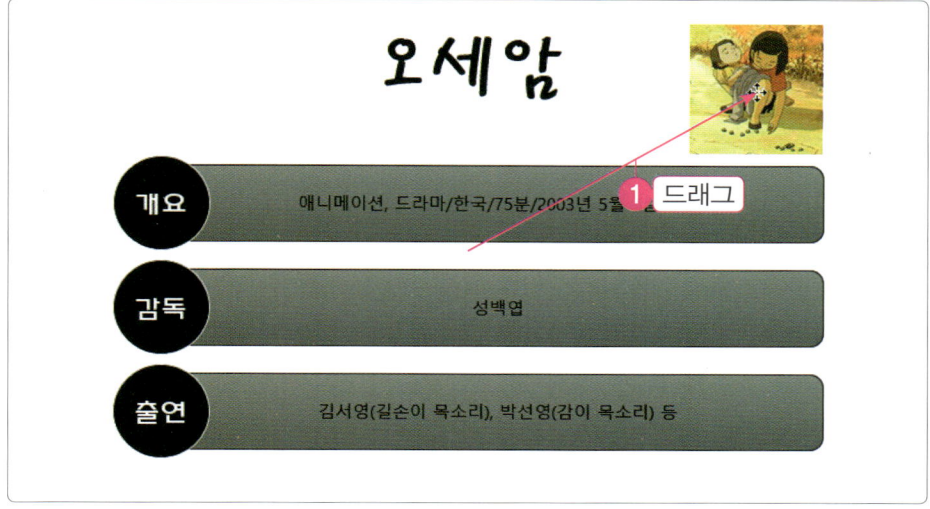

4 꾸밈 효과를 지정하기 위해 **그림을 선택**한 후 [그림 도구] 정황 탭-[서식] 탭-[조정] 그룹에서 **[꾸밈 효과]를 클릭**한 다음 **[연필 회색조]를 클릭**합니다.

5 다음과 같이 꾸밈 효과가 지정됩니다.

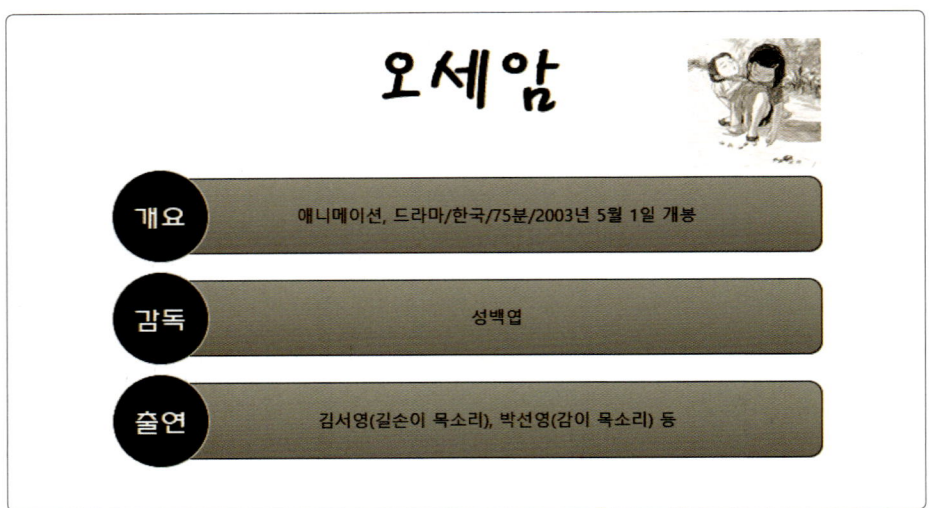

POWERPOINT 2016 연습문제

📄 C:\단계학습\파워포인트\연습파일\Ch10-연습.pptx

1 다음과 같이 도형을 활용하여 프레젠테이션을 작성해 보세요.
- 도형 삽입 : ⬜[사각형: 잘린 대각선 방향 모서리]
- 도형 스타일 지정 : [강한 효과 - 녹색, 강조 6]
- 도형 텍스트에 글꼴 서식 지정 : 글꼴(휴먼모음T), 글꼴 크기(36)

2 다음과 같이 그림을 활용하여 프레젠테이션을 작성해 보세요.
- 그림 삽입 : 위치(C:\단계학습\파워포인트\연습파일), 파일(마당을 나온 암탉)
- 꾸밈 효과 지정 : [파스텔 부드럽게]

> **Hint**
> 그림을 선택한 후 [그림 도구] 정황 탭-[서식] 탭-[조정] 그룹에서 [꾸밈 효과]를 클릭한 다음 [파스텔 부드럽게]를 클릭하면 꾸밈 효과를 지정할 수 있습니다.

Chapter 10 - 도형과 그림 활용하기

POWERPOINT 2016

Special page

앨범 만들기

사진 앨범은 앨범과 같은 프레젠테이션을 작성할 수 있는 기능인데요. 사진 앨범을 활용하면 일일이 디자인하지 않아도 그림 레이아웃, 프레임 모양, 테마 등을 지정하여 멋진 앨범을 만들 수 있습니다. 그럼, 앨범을 만드는 방법에 대해 알아보겠습니다.

1 파워포인트를 실행하기 위해 작업 표시줄에서 ⊞**[시작] 단추를 클릭**한 후 앱 뷰에서 **[Power Point]를 클릭**합니다.

2 파워포인트가 실행되면 앨범을 만들기 위해 [삽입] 탭-[이미지] 그룹에서 **[사진 앨범]**을 **클릭**합니다.

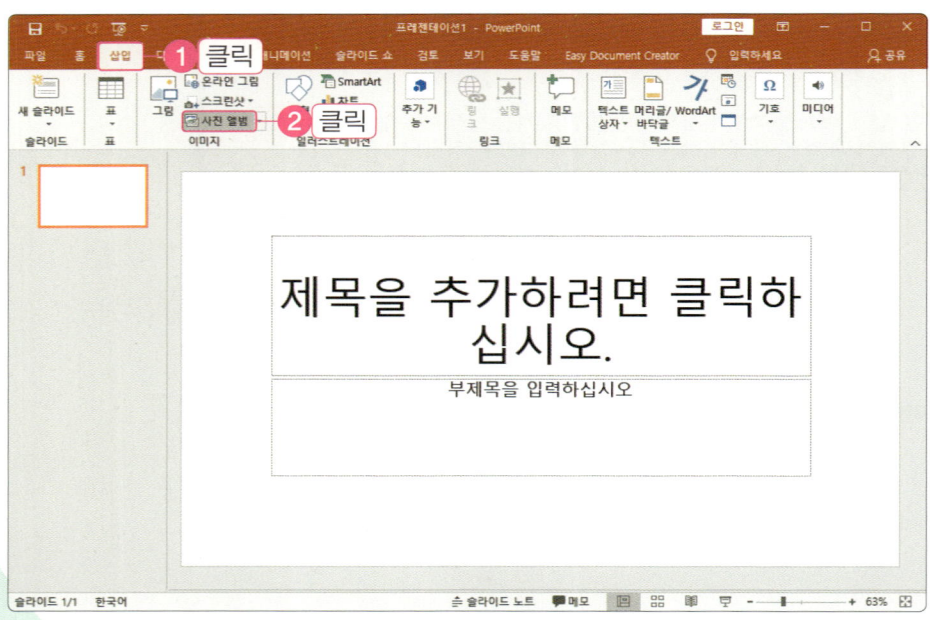

3 [사진 앨범] 대화상자가 나타나면 그림을 삽입하기 위해 **[파일/디스크] 단추를 클릭**합니다.

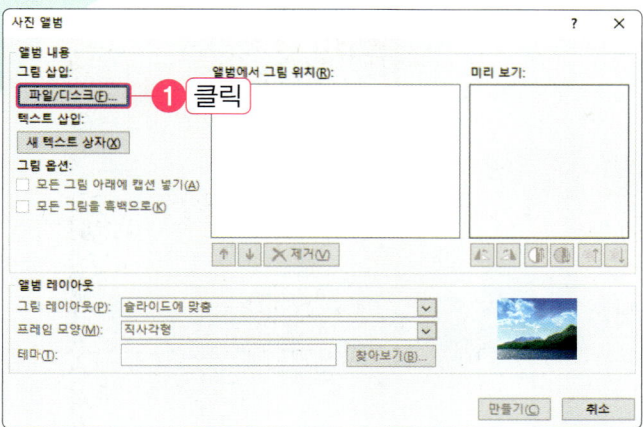

4 [새 그림 삽입] 대화상자가 나타나면 **위치(C:\단계학습\파워포인트\예제파일)를 선택**한 후 **파일(별이 빛나는 밤/오베르의 교회/자화상/해바라기)을 선택**한 다음 **[삽입] 단추를 클릭**합니다.

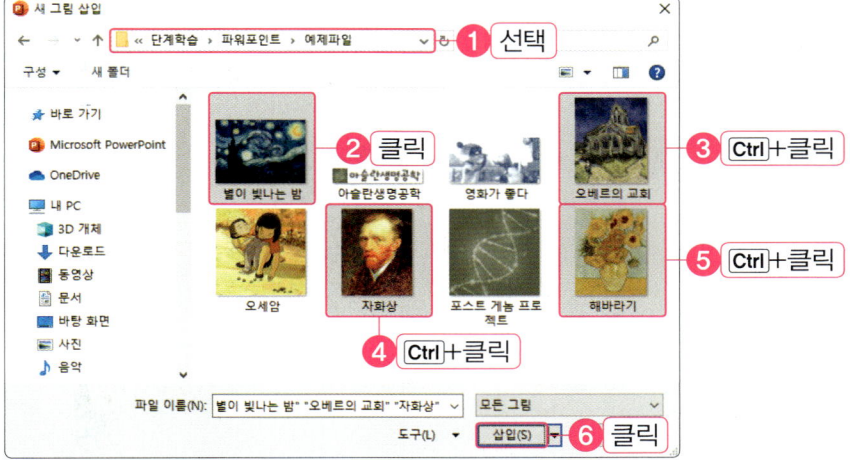

5 [사진 앨범] 대화상자가 다시 나타나면 **그림 레이아웃(제목을 가진 그림 4개)과 프레임 모양(사각형 가운데 그림자)을 선택**한 후 테마를 지정하기 위해 **[찾아보기] 단추를 클릭**합니다.

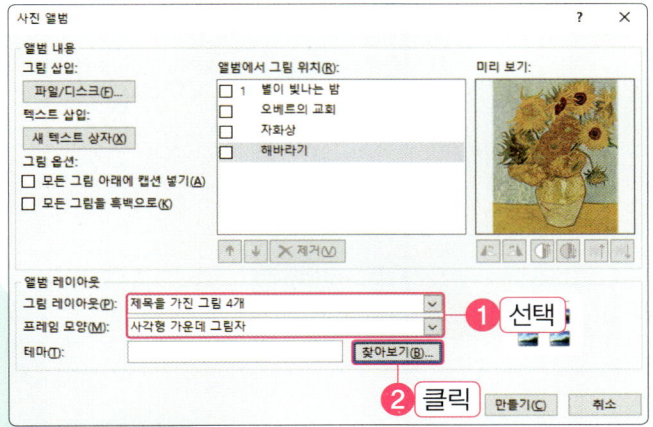

6 [테마 선택] 대화상자가 나타나면 **테마(Ion)를 선택**한 후 [**선택**] **단추를 클릭**합니다.

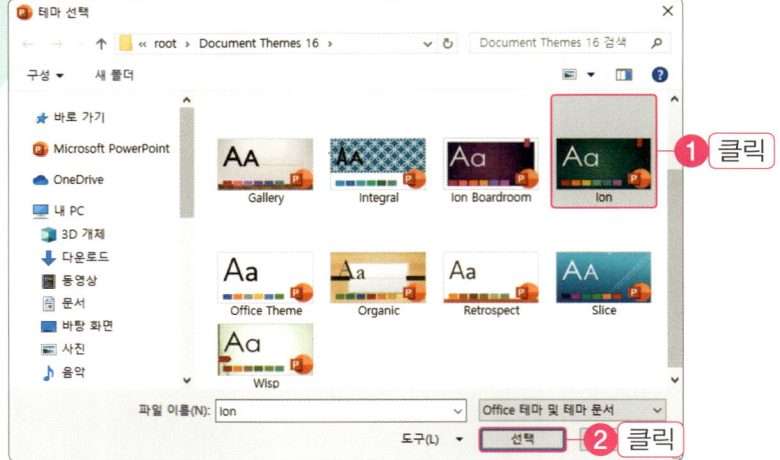

7 [사진 앨범] 대화상자가 다시 나타나면 [**모든 그림 아래에 캡션 넣기**]**를 선택**한 후 [**만들기**] **단추를 클릭**합니다.

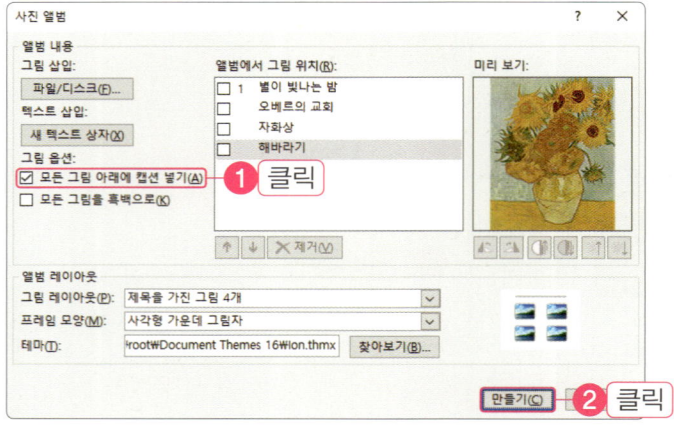

8 앨범이 만들어지면 테마 색을 변경하기 위해 [디자인] 탭-[적용] 그룹에서 ▽[**자세히**] **단추를 클릭**합니다.

앨범은 새 프레젠테이션에 만들어집니다.

POWERPOINT 2016

9 적용 목록이 나타나면 [색]-[녹색]을 클릭합니다.

10 슬라이드 보기 창에서 **1번 슬라이드를 선택**한 후 **다음과 같이 제목과 부제목을 수정**합니다.

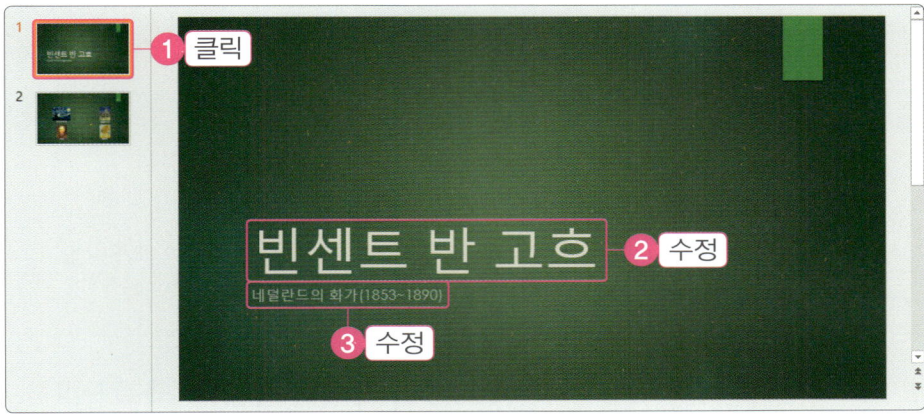

11 슬라이드 보기 창에서 **2번 슬라이드를 선택**한 후 **다음과 같이 제목을 입력**합니다.

12 제목이 입력되면 **다음과 같이 앨범을 저장**합니다.
- 앨범 저장 : 위치(문서), 파일 이름(빈센트 반 고흐)

Chapter 11
SmartArt 활용하기

POWERPOINT 2016

요소 간의 관계나 어떤 단계 등을 일정한 양식의 그림으로 나타낸 것을 '다이어그램'이라고 하는데요. 파워포인트에서는 SmartArt를 활용하면 다이어그램을 쉽고 빠르게 작성할 수 있습니다. 그럼, SmartArt를 활용하는 방법에 대해 알아보겠습니다.

Preview

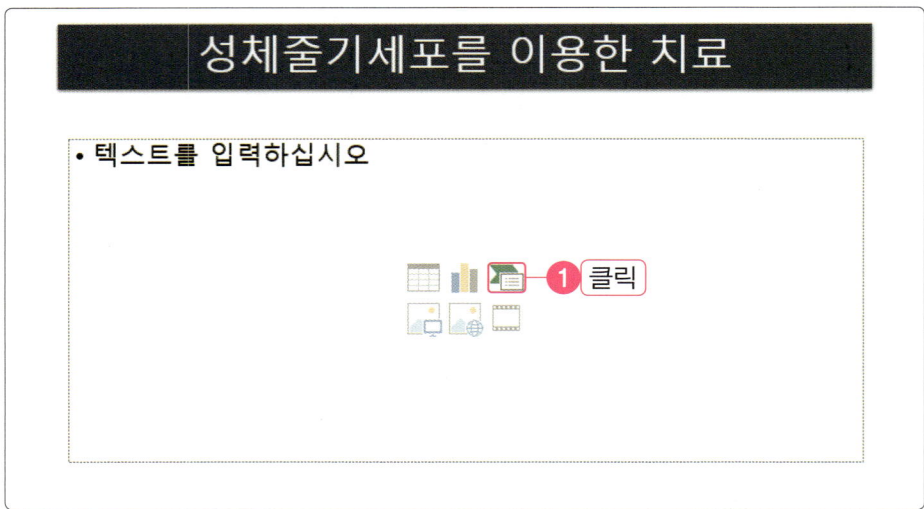

C:\단계학습\파워포인트\예제파일\Ch11.pptx

01 SmartArt 삽입하기

1 SmartArt를 삽입하기 위해 슬라이드에서 📊[SmartArt 그래픽 삽입]을 클릭합니다.

> [삽입] 탭-[일러스트레이션] 그룹에서 [SmartArt]를 클릭하여 SmartArt를 삽입할 수도 있습니다.

2 [SmartArt 그래픽 선택] 대화상자가 나타나면 [목록형]에서 [세로 상자 목록형]을 선택한 후 [확인] 단추를 클릭합니다.

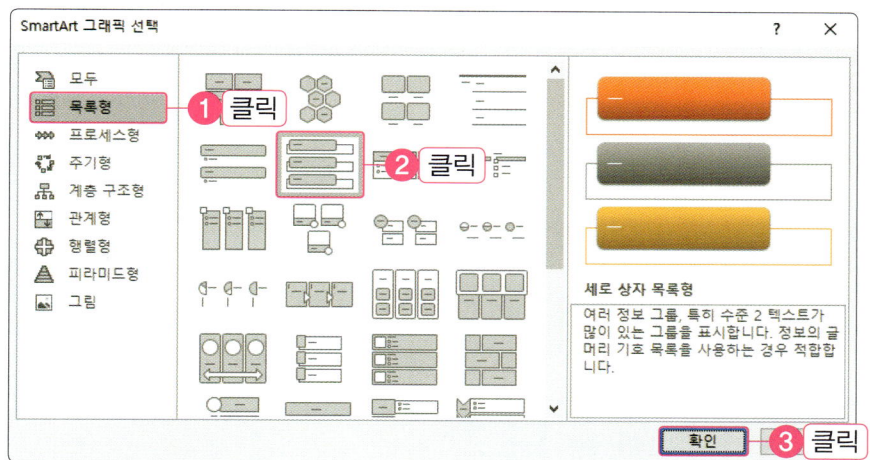

알고 넘어갑시다!

SmartArt 종류
- [목록형] : 비순차 정보를 표시하는 경우에 주로 사용합니다.
- [프로세스형] : 순차 정보를 표시하는 경우에 주로 사용합니다.
- [주기형] : 순환 정보를 표시하는 경우에 주로 사용합니다.
- [계층 구조형] : 계층 정보를 표시하는 경우에 주로 사용합니다.
- [관계형] : 정보 사이의 관계를 표시하는 경우에 주로 사용합니다.
- [행렬형] : 전체 정보에 대한 각 정보의 관계를 표시하는 경우에 주로 사용합니다.
- [피라미드형] : 정보 사이의 관계를 상대적으로 표시하는 경우에 주로 사용합니다.
- [그림] : 그림을 활용하여 정보를 표시하는 경우에 주로 사용합니다.

3 SmartArt가 삽입되면 **다음과 같이 SmartArt를 이동**한 후 SmartArt의 크기를 조정하기 위해 SmartArt의 크기 조정 핸들(○)을 드래그합니다.

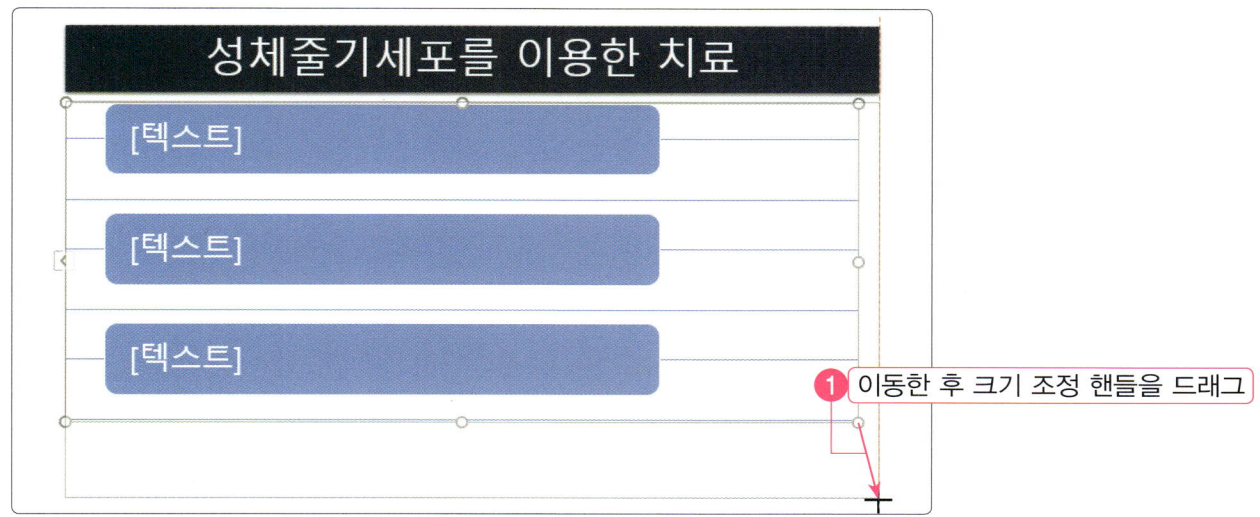

도형을 선택한 후 SmartArt의 테두리를 클릭하면 SmartArt를 선택할 수 있는데요. SmartArt를 선택한 후 SmartArt의 테두리를 드래그하면 SmartArt를 이동할 수 있습니다.

4 도형을 추가하기 위해 **수준 1의 첫 번째 도형을 선택**한 후 [SmartArt 도구] 정황 탭-[디자인] 탭-[그래픽 만들기] 그룹에서 **[도형 추가]의 ▼[목록] 단추를 클릭**한 다음 **[뒤에 도형 추가]를 클릭**합니다.

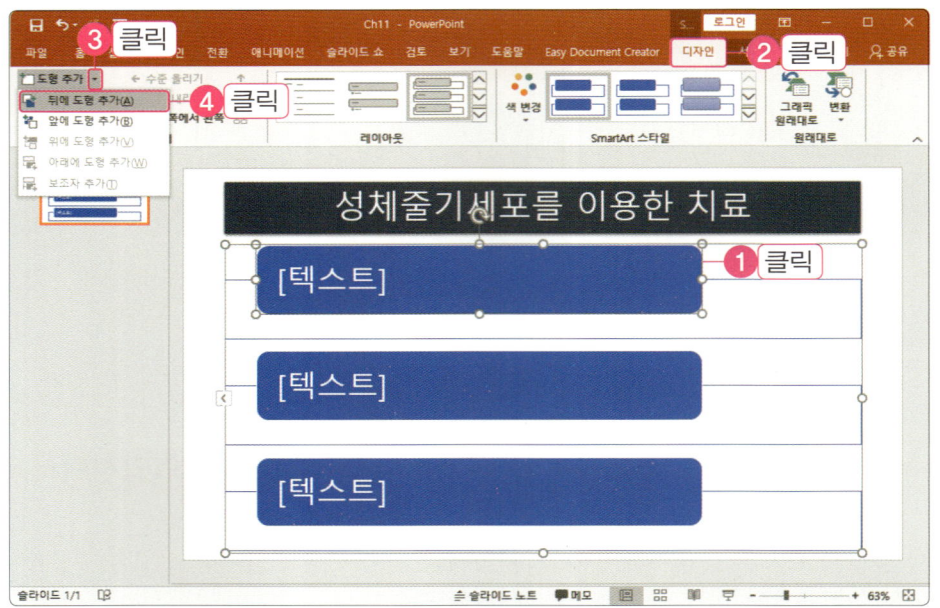

- 세로 상자 목록형 SmartArt에서 수준 1 도형은 위쪽에 있는 도형을 말하고, 수준 2 도형은 아래쪽에 있는 도형을 말합니다.
- 다른 수준 1 도형을 선택(수준 2 도형을 선택하면 도형을 추가할 수 없습니다)한 후 [SmartArt 도구] 정황 탭-[디자인] 탭-[그래픽 만들기] 그룹에서 [도형 추가]의 ▼[목록] 단추를 클릭한 다음 [뒤에 도형 추가]/[앞에 도형 추가]를 클릭하여 도형을 추가할 수도 있습니다.
- 세로 상자 목록형 SmartArt에서는 도형을 추가하면 수준 1 도형과 수준 2 도형이 함께 추가됩니다.

5 도형이 추가되면 **다음과 같이 SmartArt 텍스트를 입력**합니다.

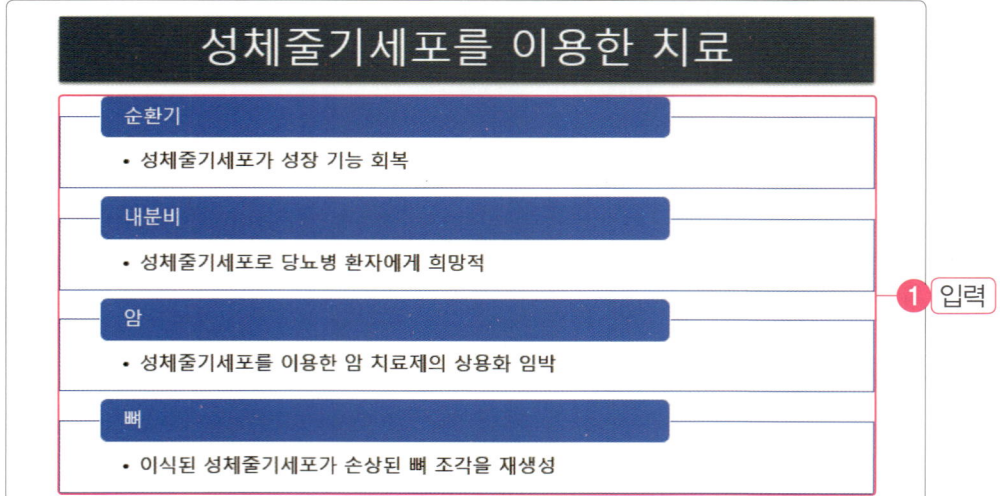

02 SmartArt 편집하기

1 SmartArt 스타일을 지정하기 위해 **SmartArt를 선택**한 후 [SmartArt 도구] 정황 탭-[디자인] 탭-[SmartArt 스타일] 그룹에서 **[자세히] 단추를 클릭**합니다.

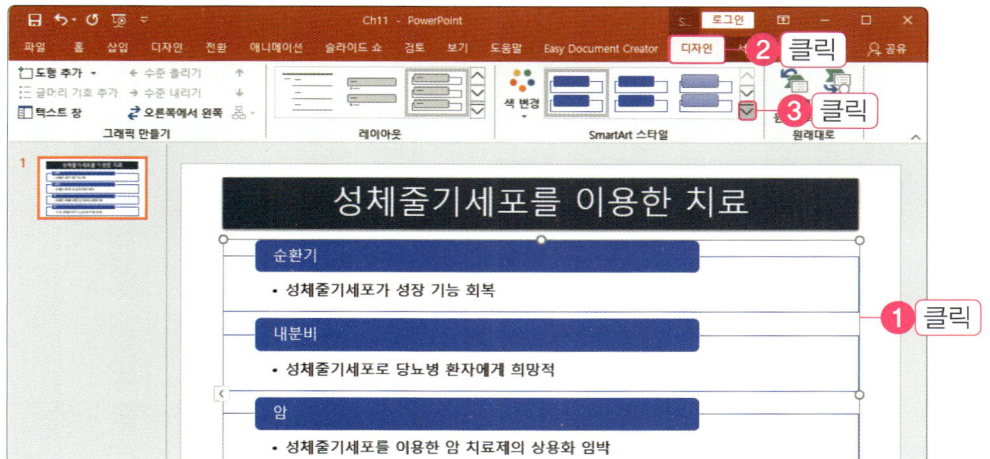

2 SmartArt 스타일 목록이 나타나면 **[강한 효과]를 클릭**합니다.

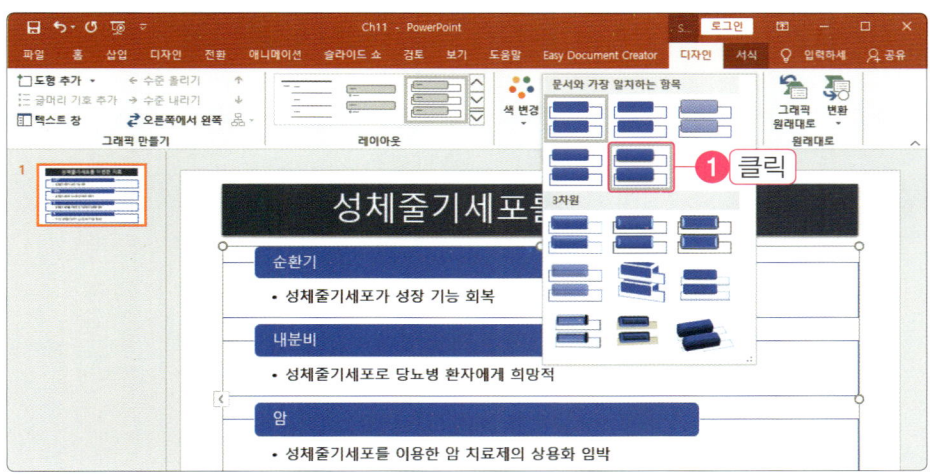

3 SmartArt 색을 변경하기 위해 [SmartArt 도구] 정황 탭-[디자인] 탭-[SmartArt 스타일] 그룹에서 **[색 변경]을 클릭**한 후 **[색상형 범위 - 강조색 4 또는 5]를 클릭**합니다.

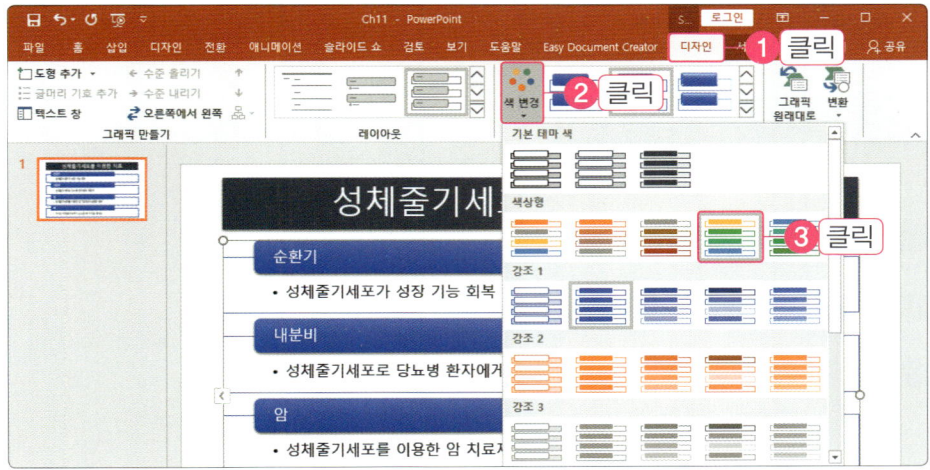

4 다음과 같이 SmartArt 색이 변경됩니다.

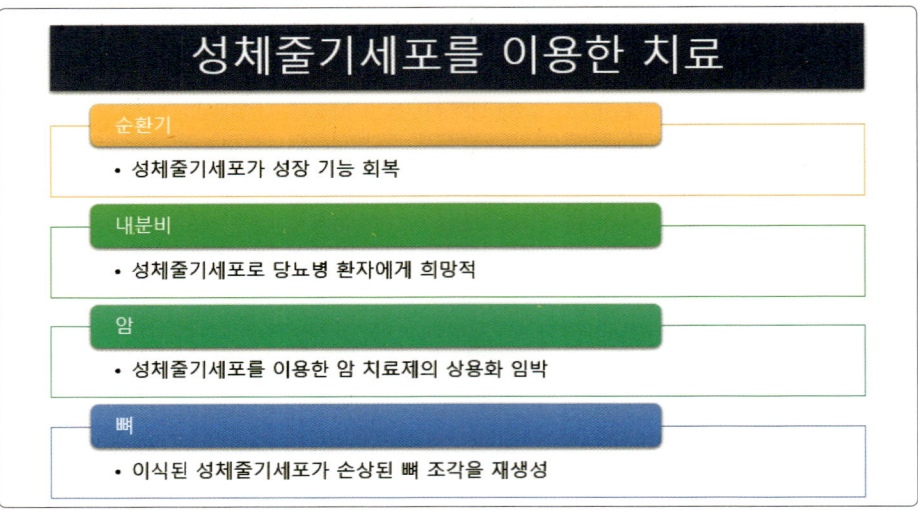

- 세로 상자 목록형 SmartArt에서는 수준 1 도형을 선택(수준 2 도형을 선택하면 도형을 지울 수 없습니다)한 후 Delete 를 누르면 도형을 지울 수 있습니다.
- 세로 상자 목록형 SmartArt에서는 수준 1 도형을 지우면 수준 1 도형과 수준 2 도형이 함께 지워집니다.

알고 넘어갑시다!

도형의 모양 변경하기

다음과 같이 도형을 선택한 후 [SmartArt 도구] 정황 탭–[서식] 탭–[도형] 그룹에서 [도형 모양 변경]을 클릭한 다음 도형을 선택하면 도형의 모양을 변경할 수 있습니다.

72 파워포인트 2016

POWERPOINT 2016 연습문제

📄 C:\단계학습\파워포인트\연습파일\Ch11-연습.pptx

1 다음과 같이 SmartArt를 삽입해 보세요.
- SmartArt 삽입 : SmartArt 종류([목록형]-[세로 갈매기형 수장 목록형])

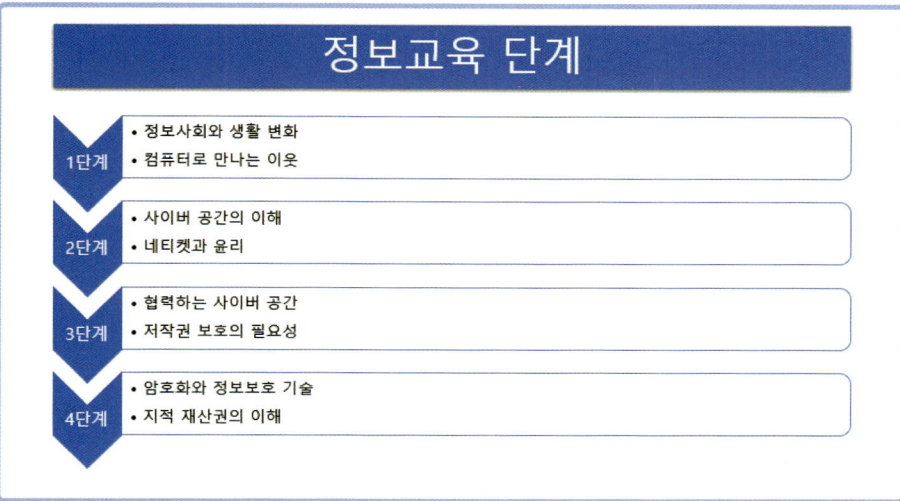

2 다음과 같이 SmartArt를 편집해 보세요.
- SmartArt 스타일 지정 : [만화]
- SmartArt 색 변경 : [색상형 - 강조색]

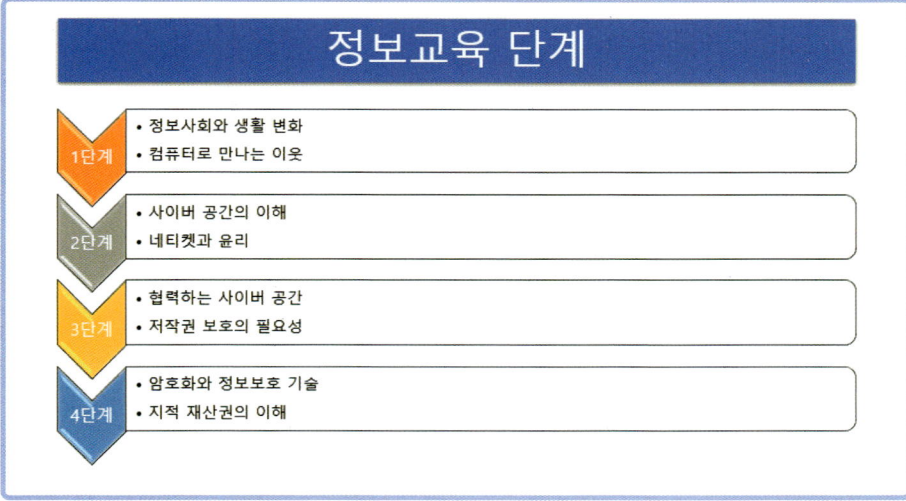

> **Hint**
> SmartArt를 선택한 후 [SmartArt 도구] 정황 탭-[디자인] 탭-[SmartArt 스타일] 그룹에서 [색 변경]을 클릭한 다음 [색상형 - 강조색]을 클릭하면 SmartArt 색을 변경할 수 있습니다.

Chapter 11 - SmartArt 활용하기

표 작성하기

POWERPOINT 2016

내용을 표로 정리하면 일목요연하게 보여 줄 수 있는데요. 최근에는 표 대신 도형을 사용하여 시각적이고 입체적인 표를 작성하는 경우도 많습니다. 그럼, 표를 작성하는 방법에 대해 알아보겠습니다.

Preview

[표 이미지: 상품특성에 따른 경쟁우위]

C:\단계학습\파워포인트\예제파일\Ch12.pptx

01 표 삽입하기

1 표를 삽입하기 위해 슬라이드에서 [표 삽입]을 클릭합니다.

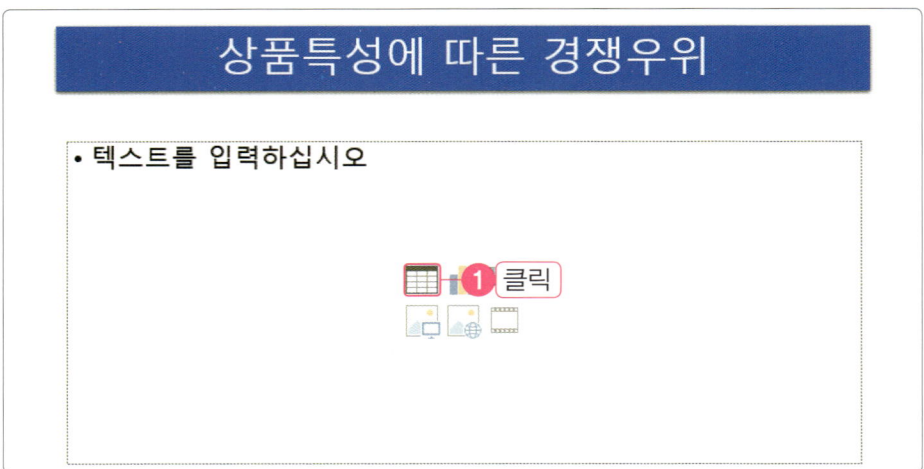

[삽입] 탭-[표] 그룹에서 [표]를 클릭한 후 [표 삽입]을 클릭하여 표를 삽입할 수도 있습니다.

2 [표 삽입] 대화상자가 나타나면 **열 개수 (5)와 행 개수(5)를 입력**한 후 [확인] 단추를 클릭합니다.

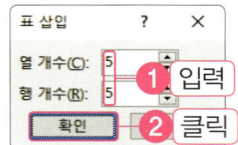

74 파워포인트 2016

3 표가 삽입되면 **다음과 같이 표를 이동**한 후 표의 크기를 조정하기 위해 **표의 크기 조정 핸들(○)을 드래그**합니다.

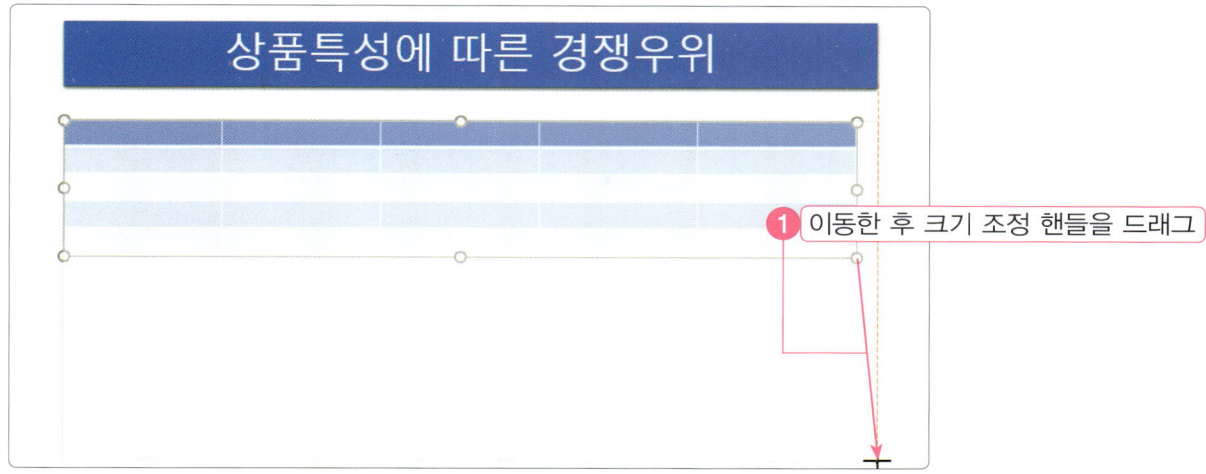

> 셀을 클릭한 후 표의 테두리를 클릭하면 표를 선택할 수 있는데요. 표를 선택한 후 표의 테두리를 드래그하면 표를 이동할 수 있습니다.

알고 넘어갑시다!

셀

표에서 행과 열이 교차하면서 생긴 영역을 '셀'이라고 하는데요. 셀은 행과 열을 조합하여 '1행2열'과 같이 나타냅니다.

	1열	2열	3열
1행	1행1열	1행2열	1행3열
2행	2행1열	2행2열	2행3열

4 셀을 병합하기 위해 **2행2열과 2행3열을 선택**한 후 [표 도구] 정황 탭-[레이아웃] 탭-[병합] 그룹에서 **[셀 병합]을 클릭**합니다.

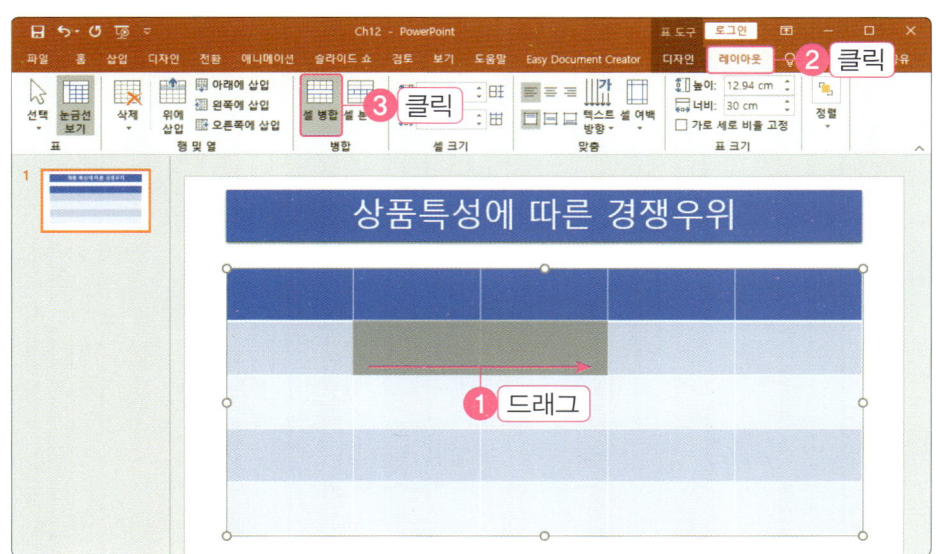

> 여러 개의 셀을 합쳐서 하나의 셀로 만드는 것을 '셀 병합'이라고 하고, 하나의 셀을 나누어서 여러 개의 셀로 만드는 것을 '셀 분할'이라고 합니다.

Chapter 12 - 표 작성하기

5 같은 방법으로 **다음과 같이 2행4열과 2행5열, 5행2열과 5행3열, 5행4열과 5행5열을 병합**합니다.

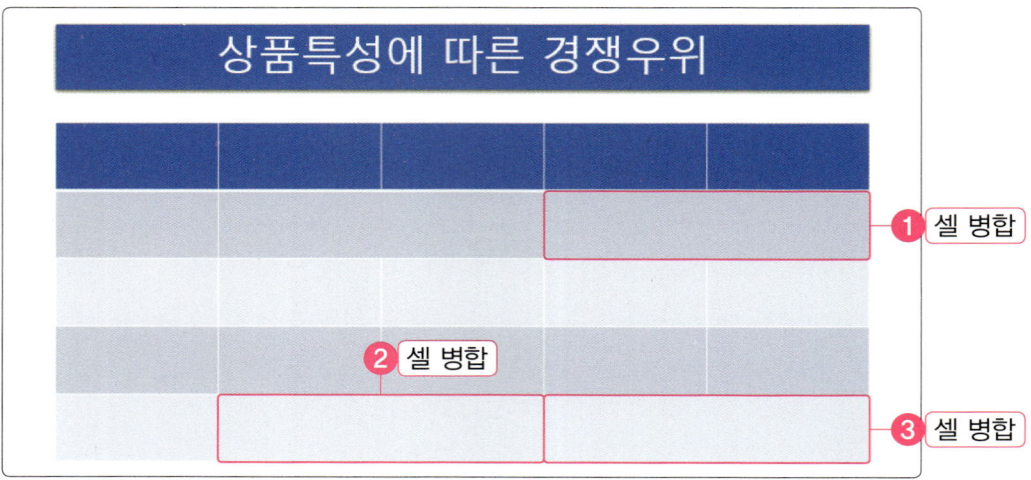

알고 넘어갑시다!

표 그리기
표를 선택한 후 [표 도구] 정황 탭–[디자인] 탭–[테두리 그리기] 그룹에서 [표 그리기]를 클릭(마우스 포인터가 ✎ 모양으로 변경됩니다)한 다음 표에서 드래그하면 셀 선을 그려 셀을 분할할 수 있습니다.

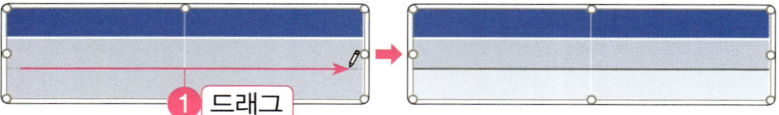

지우개
표를 선택한 후 [표 도구] 정황 탭–[디자인] 탭–[테두리 그리기] 그룹에서 [지우개]를 클릭(마우스 포인터가 ⌫ 모양으로 변경됩니다)한 다음 표에서 드래그하면 셀 선을 지워 셀을 병합할 수 있습니다.

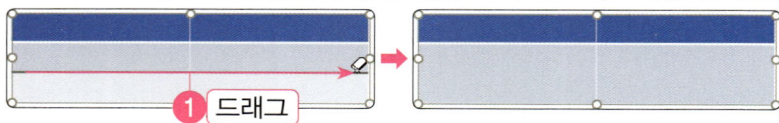

6 셀이 병합되면 **다음과 같이 표 내용을 입력**합니다.

상품특성에 따른 경쟁우위

항목	A타입	B타입	C타입	D타입
상품특성	정형품		비정형품	
소비특성	비일상품	일상품	비일상품	일상품
상품군	전자제품 브랜드PC	생활용품 식음료품	여행서비스 의류	수산물 축산물
핵심경쟁력	가격경쟁력		전문성	

셀로 마우스 포인터를 가져가서 마우스 포인터가 I 모양으로 변경되었을 때 클릭한 후 내용을 입력하면 표 내용을 입력할 수 있습니다.

02 표 편집하기

1 표 스타일을 지정하기 위해 **표를 선택**한 후 [표 도구] 정황 탭-[디자인] 탭-[표 스타일] 그룹에서 ▽**[자세히] 단추를 클릭**합니다.

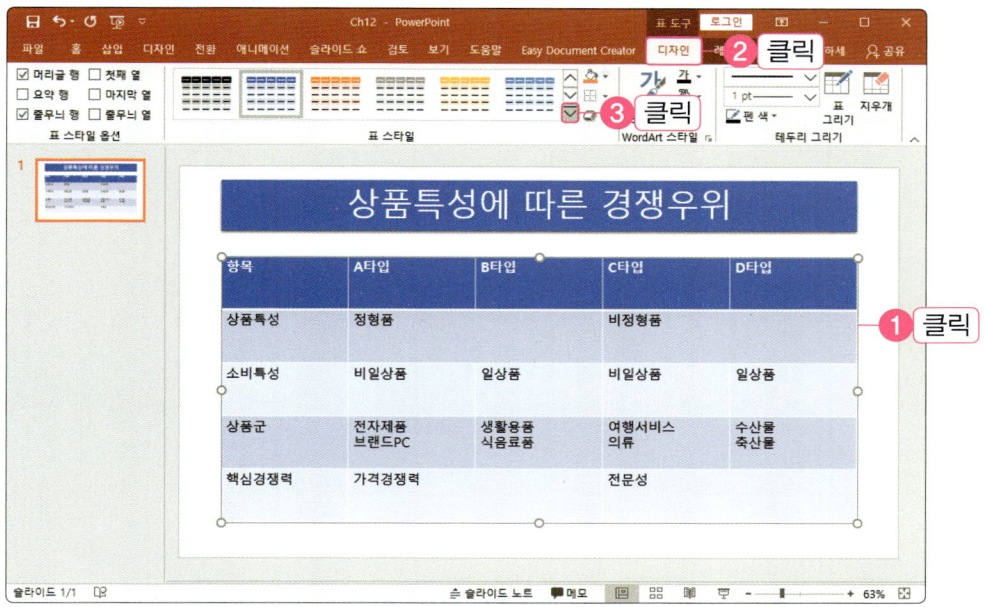

2 표 스타일 목록이 나타나면 [보통 스타일 2 - 강조 5]를 **클릭**합니다.

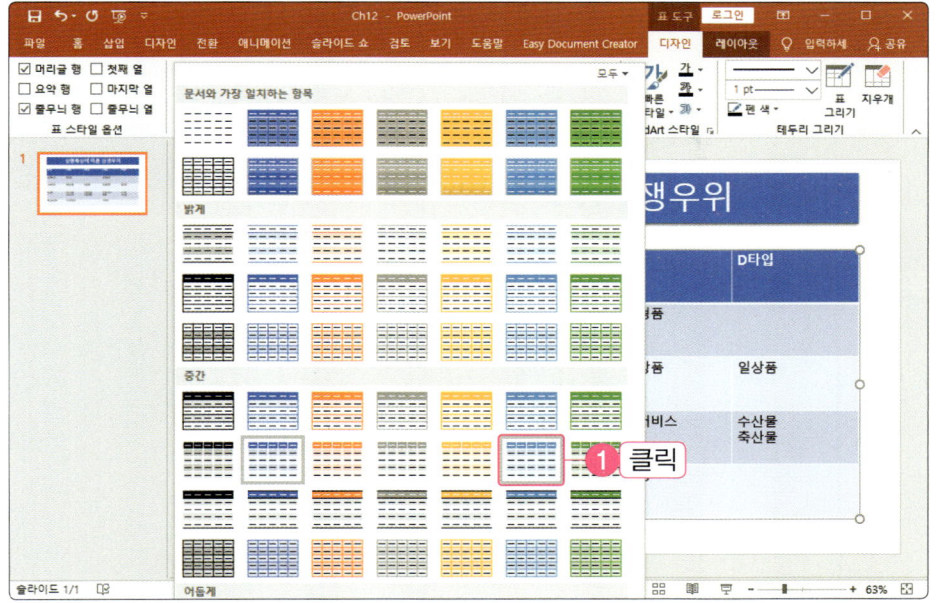

알고 넘어갑시다!

표에 테두리 지정하기
표를 선택한 후 [표 도구] 정황 탭-[디자인] 탭-[표 스타일] 그룹에서 [테두리]의 ▼[목록] 단추를 클릭한 다음 테두리를 선택하면 표에 테두리를 지정할 수 있습니다.

3 표 내용에 글꼴 서식을 지정하기 위해 **모든 셀을 선택**한 후 [홈] 탭-[글꼴] 그룹에서 **글꼴(HY수평선M)을 선택**한 다음 **글꼴 크기(22)를 입력**합니다.

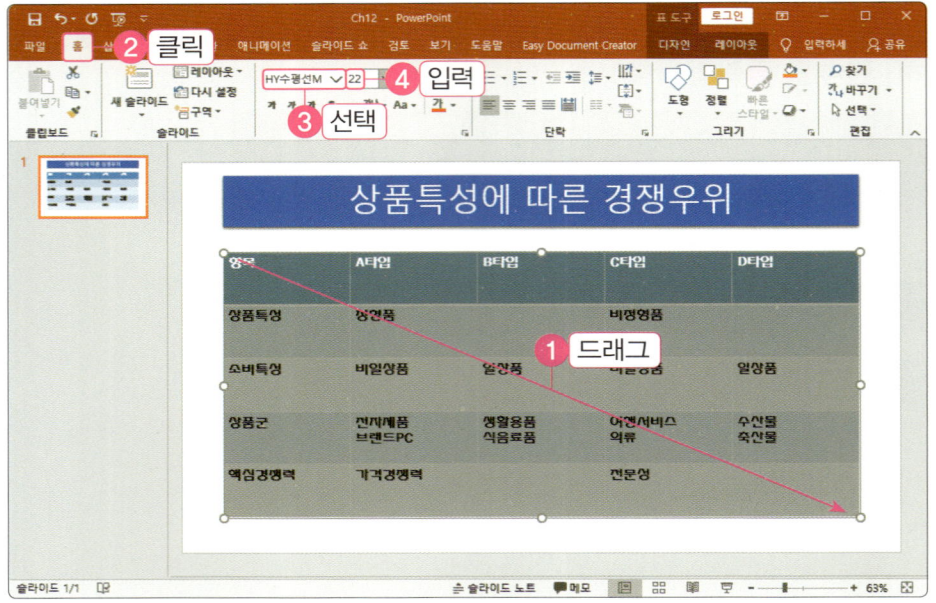

> 표 내용에 글꼴 서식을 지정한 후 표 스타일을 지정하면 지정한 표 스타일과 관련 있는 글꼴 서식으로 다시 지정되므로 먼저 표 스타일을 지정한 후 표 내용에 글꼴 서식을 지정합니다.

4 표 내용에 맞춤 서식을 지정하기 위해 [표 도구] 정황 탭-[레이아웃] 탭-[맞춤] 그룹에서 [가운데 맞춤]을 **클릭**한 후 [세로 가운데 맞춤]을 **클릭**합니다.

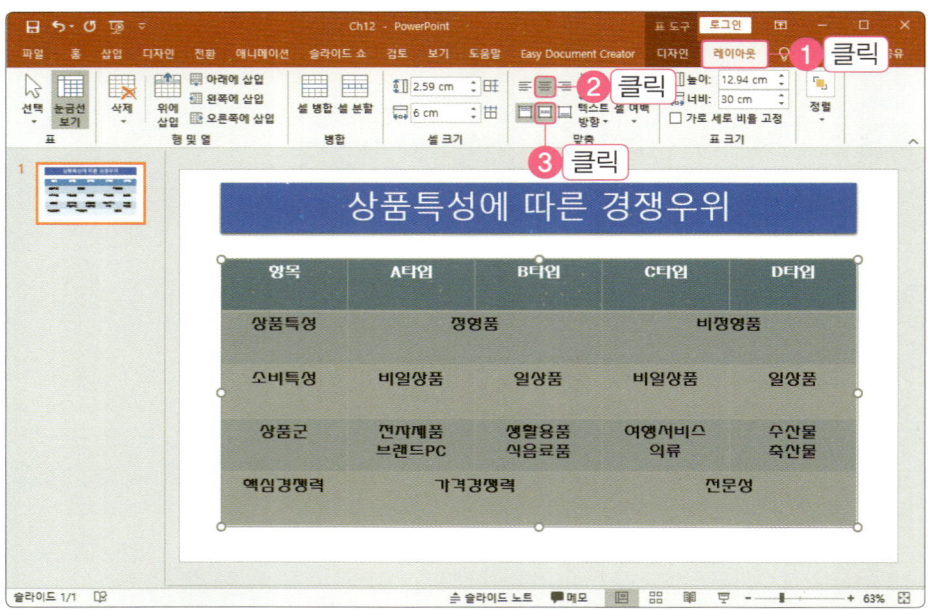

> - [세로 가운데 맞춤]은 세로 방향으로 셀의 가운데에 맞추어 표 내용을 표시합니다.
> - [홈] 탭-[단락] 그룹에서 [가운데 맞춤]을 클릭한 후 [텍스트 맞춤]을 클릭한 다음 [중간]을 클릭하여 표 내용에 맞춤 서식을 지정할 수도 있습니다.

5 표 스타일 옵션을 지정하기 위해 **표를 선택**한 후 [표 도구] 정황 탭-[디자인] 탭-[표 스타일 옵션] 그룹에서 **[첫째 열]을 선택**합니다.

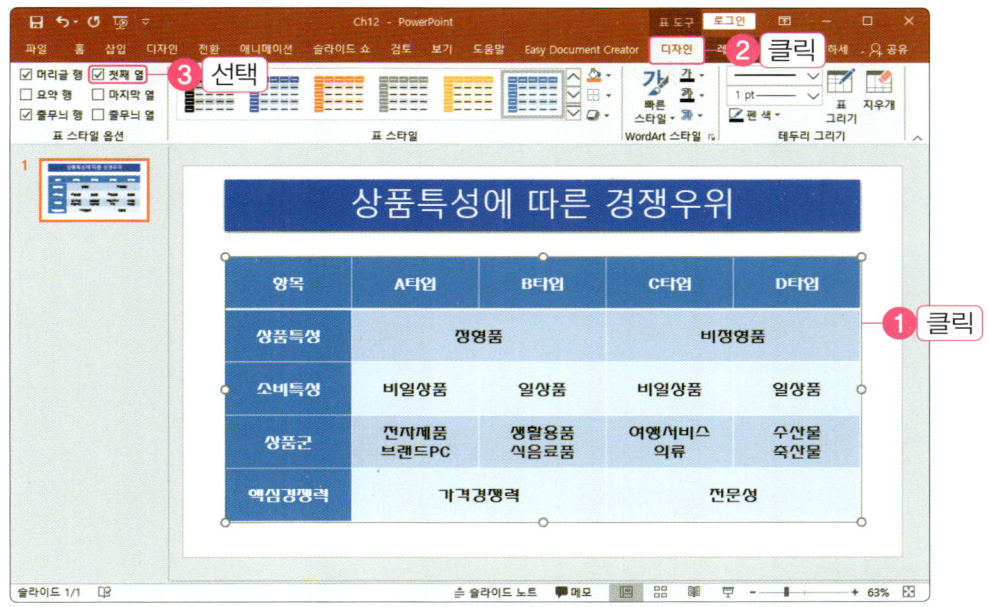

6 셀에 셀 입체 효과를 지정하기 위해 **4행2열~4행5열을 선택**한 후 [표 도구] 정황 탭-[디자인] 탭-[표 스타일] 그룹에서 ◯[효과]를 클릭한 다음 [**셀 입체 효과**]-◻[**기울기**]를 클릭합니다.

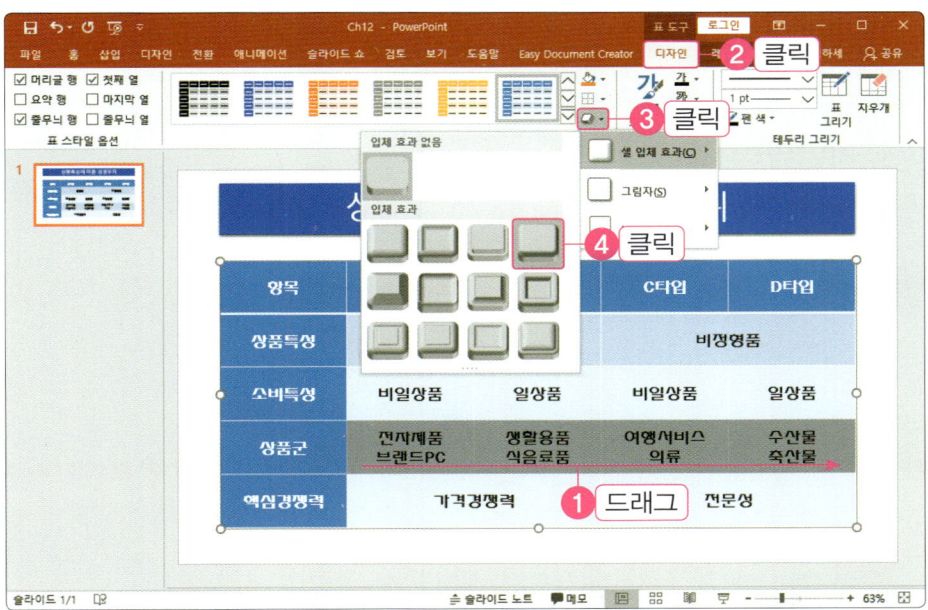

7 셀에 셀 입체 효과가 지정됩니다.

알고 넘어갑시다!

셀에 채우기 색 지정하기

다음과 같이 셀을 선택한 후 [표 도구] 정황 탭–[디자인] 탭–[표 스타일] 그룹에서 [음영]의 [목록] 단추를 클릭한 다음 채우기 색을 선택하면 셀에 채우기 색을 지정할 수 있습니다.

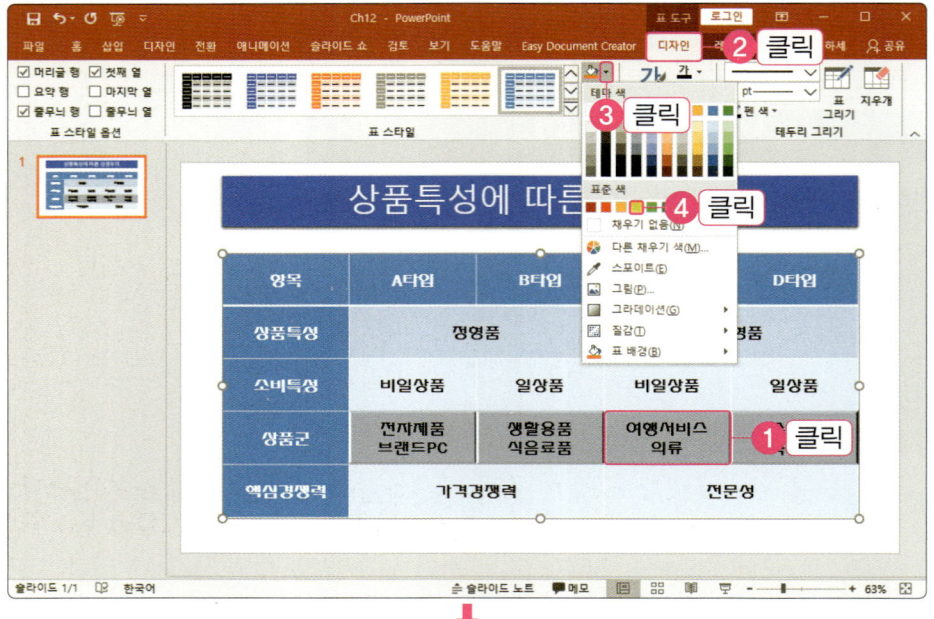

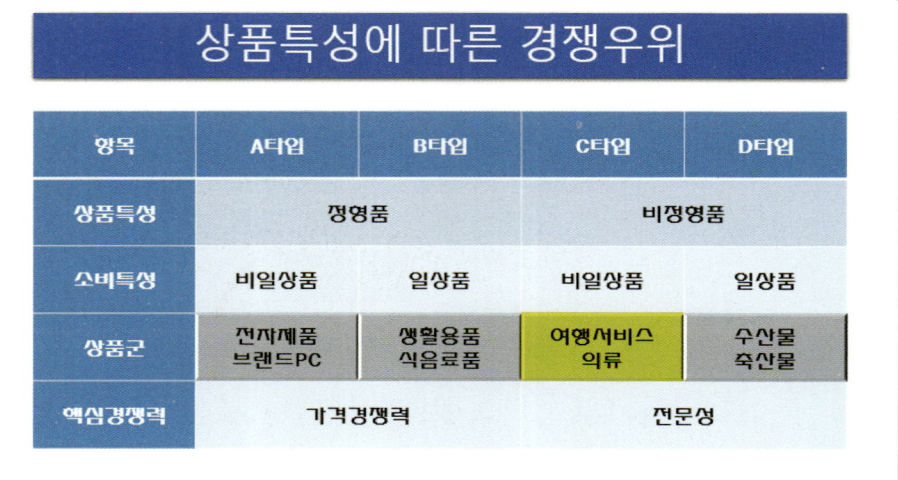

연습문제

POWERPOINT 2016

C:\단계학습\파워포인트\연습파일\Ch12-연습.pptx

1 다음과 같이 표를 삽입해 보세요.
- 표 삽입 : 행 개수(7), 열 개수(4)
- 셀 병합 : 4행3열과 4행4열/5행1열~7행1열/6행2열과 7행2열/6행4열과 7행4열

BSC의 성공 사례

항목	A사	B사	C사
개발 연도	2020년	2021년	2020년
KPI 수	250개	123개	260개
특징	KM과 연동	1차와 2차로 나누어 개발	
구축 효과	KPI 중심의 전략	실질적 성과 평가	정보의 투명성
	조직간 의사 소통 향상	지표의 일원화	경영과 분석의 신뢰 향상
		투명 경영 실천	

2 다음과 같이 표를 편집해 보세요.
- 표 스타일 지정 : [보통 스타일 2 - 강조 6]
- 표 내용에 글꼴과 맞춤 서식 지정 : 글꼴(맑은 고딕), 글꼴 크기(22), [가운데 맞춤], [세로 가운데 맞춤]
- 2행1열~7행1열 : 채우기 색(녹색, 강조 6, 40% 더 밝게)

BSC의 성공 사례

항목	A사	B사	C사
개발 연도	2020년	2021년	2020년
KPI 수	250개	123개	260개
특징	KM과 연동	1차와 2차로 나누어 개발	
구축 효과	KPI 중심의 전략	실질적 성과 평가	정보의 투명성
	조직간 의사 소통 향상	지표의 일원화	경영과 분석의 신뢰 향상
		투명 경영 실천	

Hint

2행1열~7행1열을 선택한 후 [표 도구] 상황 탭-[디자인] 탭-[표 스타일] 그룹에서 [음영]의 [목록] 단추를 클릭한 다음 [녹색, 강조 6, 40% 더 밝게]를 클릭하면 2행1열~7행1열에 채우기 색을 지정할 수 있습니다.

Chapter 13 차트 작성하기

POWERPOINT 2016

차트는 매입량이나 매출량 등의 수치 데이터를 분석하여 그 관계를 일정한 양식의 그림으로 나타낸 것인데요. 파워포인트에서는 차트 데이터(차트로 작성될 데이터)를 파워포인트 차트에서 입력합니다. 그럼, 차트를 작성하는 방법에 대해 알아보겠습니다.

Preview

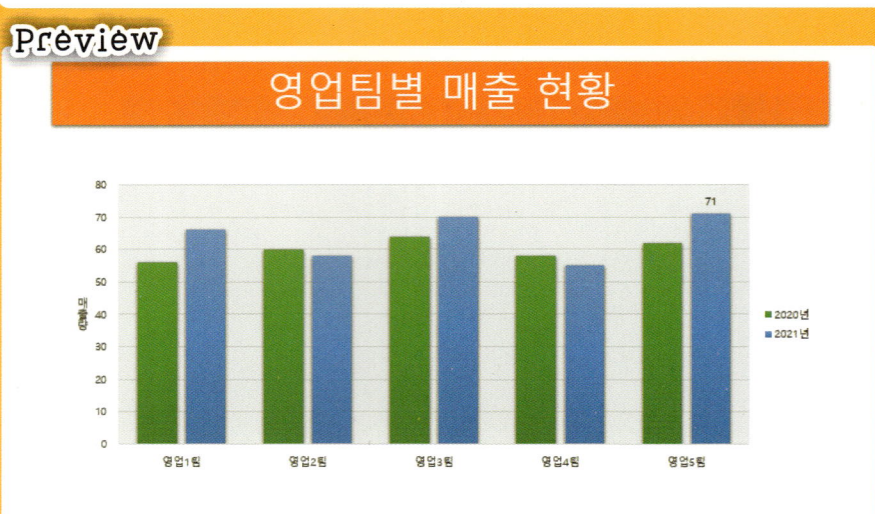

C:\단계학습\파워포인트\예제파일\Ch13.pptx

01 차트 삽입하기

1 차트를 삽입하기 위해 슬라이드에서 **[차트 삽입]을 클릭**합니다.

[삽입] 탭-[일러스트레이션] 그룹에서 [차트]를 클릭하여 차트를 삽입할 수도 있습니다.

2 [차트 삽입] 대화상자가 나타나면 [세로 막대형]에서 [묶은 세로 막대형]을 클릭한 후 [확인] 단추를 클릭합니다.

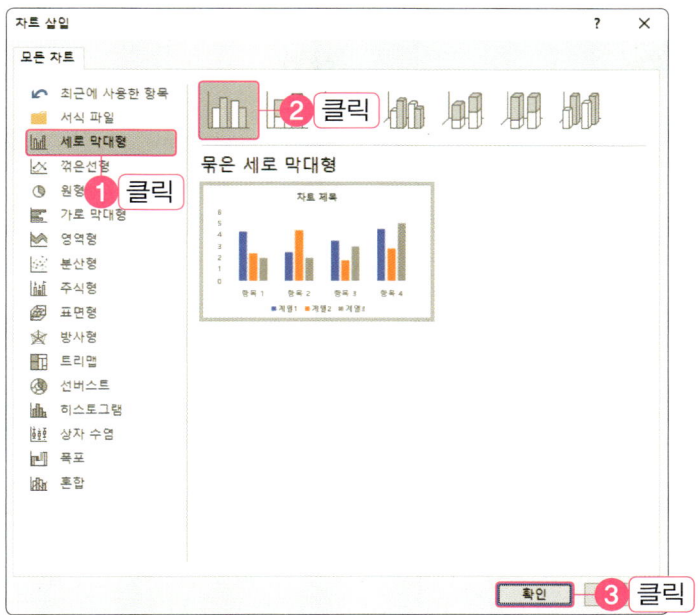

3 파워포인트 차트가 나타나면 차트 데이터 범위를 조정하기 위해 **다음과 같이 차트 데이터 범위의 오른쪽 아래 모서리(　)를 드래그**합니다.

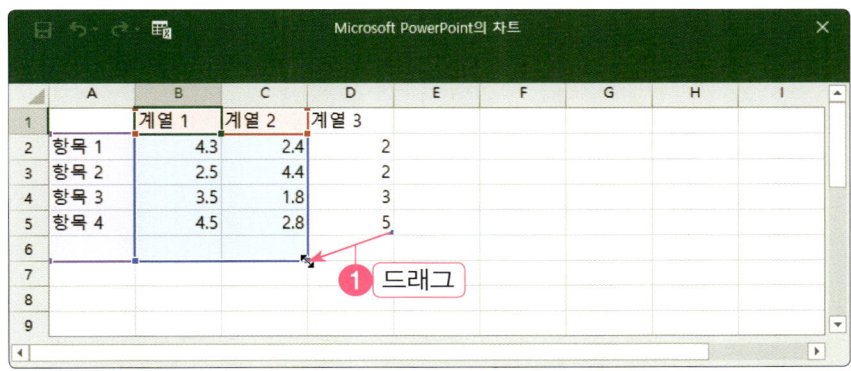

> **알고 넘어갑시다!**
>
> **파워포인트 차트의 화면 구성**
>
>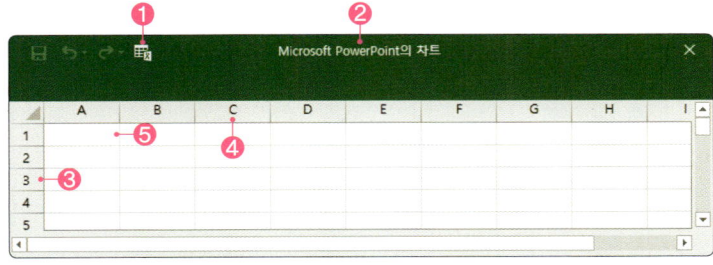
>
> ❶ Microsoft Excel에서 데이터 편집 : 엑셀을 실행하여 차트 데이터를 편집할 수 있는 도구입니다.
> ❷ 제목 표시줄 : 프로그램의 이름(Microsoft PowerPoint의 차트)이 표시되는 곳입니다.
> ❸ 행 머리글 : 행(가로 방향)을 나타내는 숫자가 표시되는 곳입니다.
> ❹ 열 머리글 : 열(세로 방향)을 나타내는 문자가 표시되는 곳입니다.
> ❺ 셀 : 행과 열이 교차하면서 생긴 영역입니다.

4 차트 데이터 범위가 조정되면 **다음과 같이 차트 데이터를 입력**한 후 [닫기] 단추를 클릭합니다.

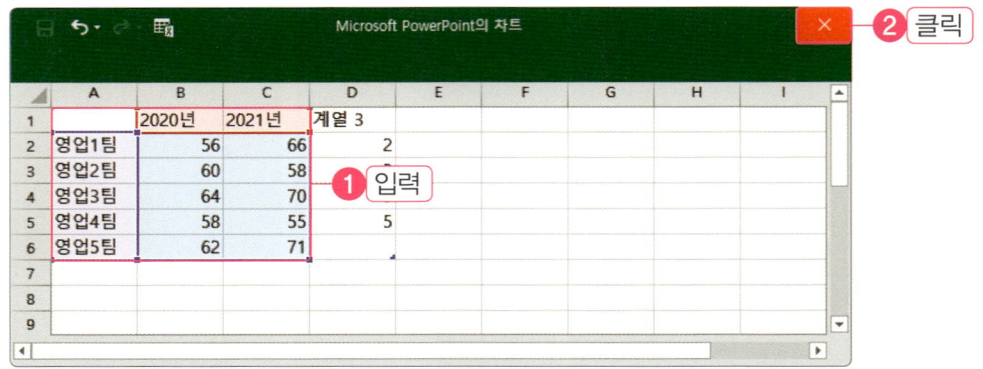

셀을 선택한 후 차트 데이터를 입력한 다음 Enter를 누르면 차트 데이터를 입력할 수 있고, 셀을 더블클릭하거나 셀을 선택한 후 F2를 누르면 차트 데이터를 수정할 수 있습니다.

5 차트가 삽입됩니다.

알고 넘어갑시다!

차트의 구성

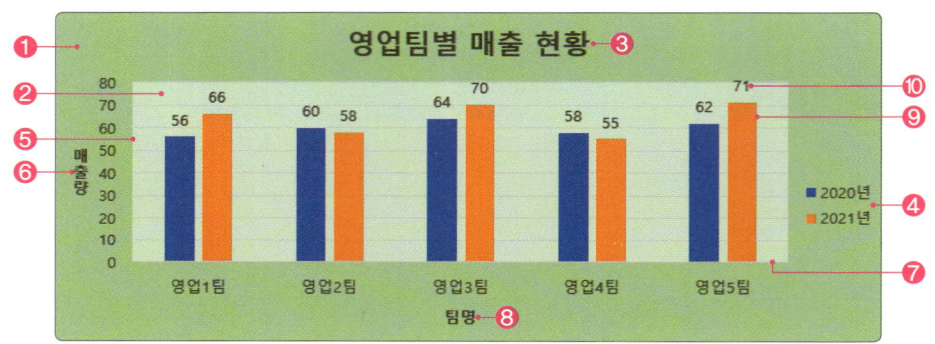

❶ **차트 영역** : 모든 차트 요소(차트 영역, 그림 영역, 차트 제목 등)를 포함한 차트 전체입니다.
❷ **그림 영역** : 2차원 차트에서는 데이터 계열을 포함한 축으로 둘러싸인 영역이고, 3차원 차트에서는 세로 축, 세로 축 제목, 가로 축, 가로 축 제목을 포함합니다.
❸ **차트 제목** : 차트의 제목입니다.
❹ **범례** : 데이터 계열을 구분하는 색과 이름을 표시하는 상자입니다.
❺ **세로 축** : 데이터 계열의 값을 표시하는 축입니다.
❻ **세로 축 제목** : 세로 축의 제목입니다.
❼ **가로 축** : 데이터 계열의 이름을 표시하는 축입니다.
❽ **가로 축 제목** : 가로 축의 제목입니다.
❾ **데이터 계열** : 관련 있는 데이터 요소의 집합입니다. 데이터 계열은 '계열', 데이터 요소는 '요소'라고도 합니다.
❿ **데이터 레이블** : 데이터 요소의 계열 이름, 항목 이름, 값을 표시합니다.

02 차트 편집하기

1 차트 스타일을 지정하기 위해 **차트를 선택**한 후 [차트 도구] 정황 탭-[디자인] 탭-[차트 스타일] 그룹에서 ☑**[자세히] 단추를 클릭**합니다.

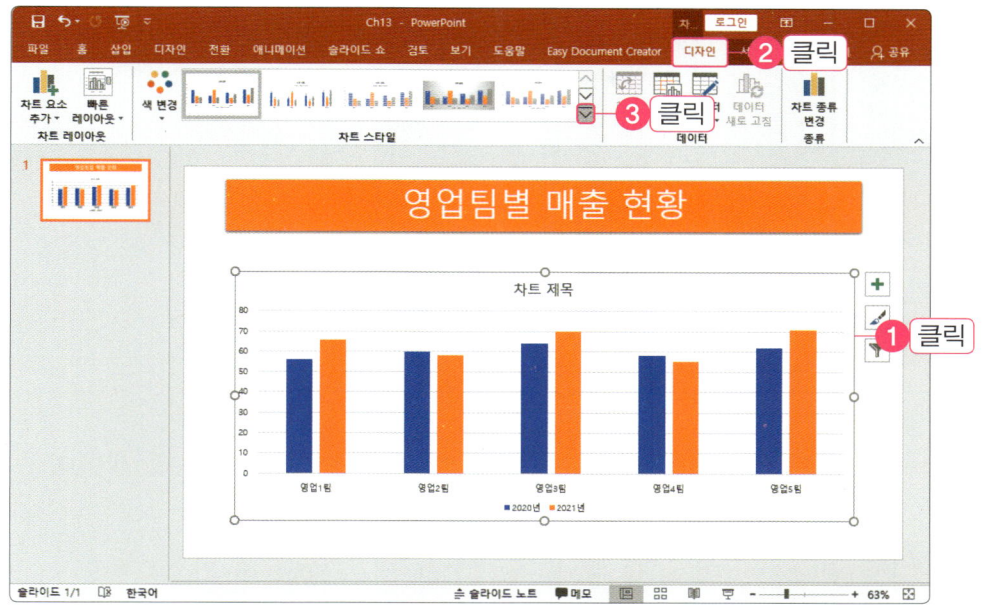

차트 영역을 클릭하면 차트를 선택할 수 있습니다.

2 차트 스타일 목록이 나타나면 [스타일 14]를 클릭합니다.

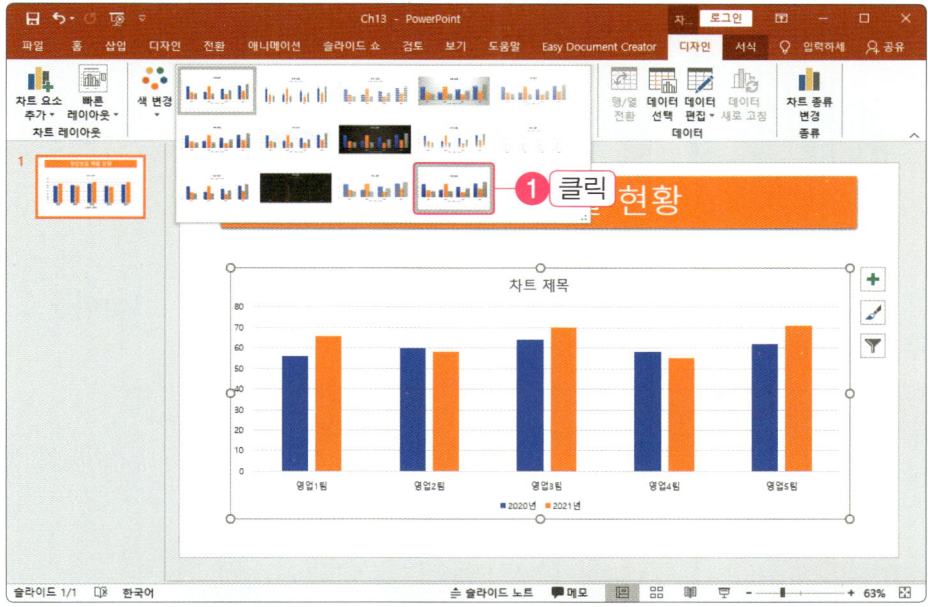

3 차트 색을 변경하기 위해 [차트 도구] 정황 탭-[디자인] 탭-[차트 스타일] 그룹에서 [색 변경]을 클릭한 후 [다양한 색상표 4]를 클릭합니다.

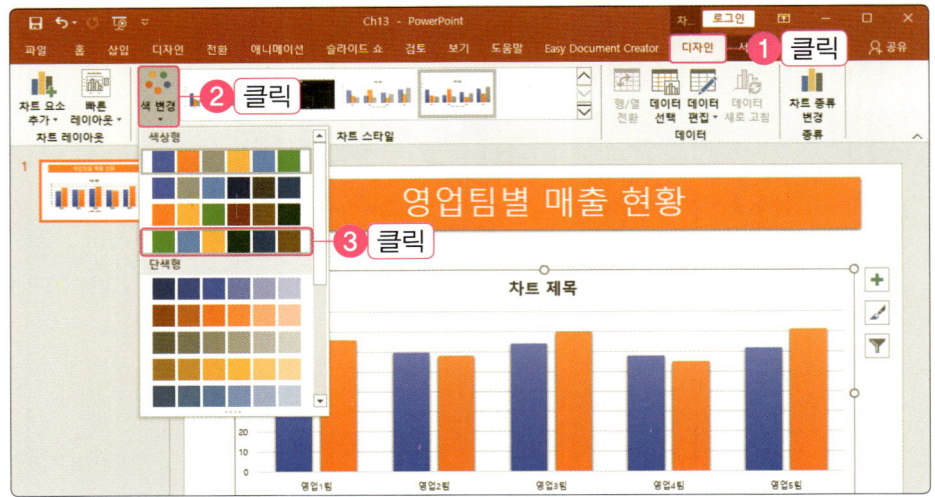

4 차트 제목을 표시하지 않기 위해 [차트 도구] 정황 탭-[디자인] 탭-[차트 레이아웃] 그룹에서 [차트 요소 추가]를 클릭한 후 [차트 제목]-[없음]을 클릭합니다.

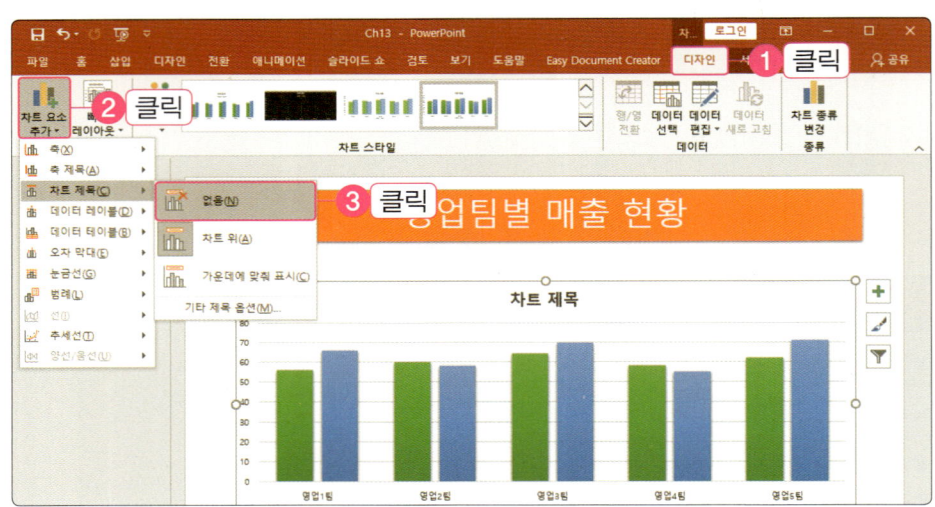

5 세로 축 제목을 표시하기 위해 [차트 도구] 정황 탭-[디자인] 탭-[차트 레이아웃] 그룹에서 [차트 요소 추가]를 클릭한 후 [축 제목]-[기본 세로]를 클릭합니다.

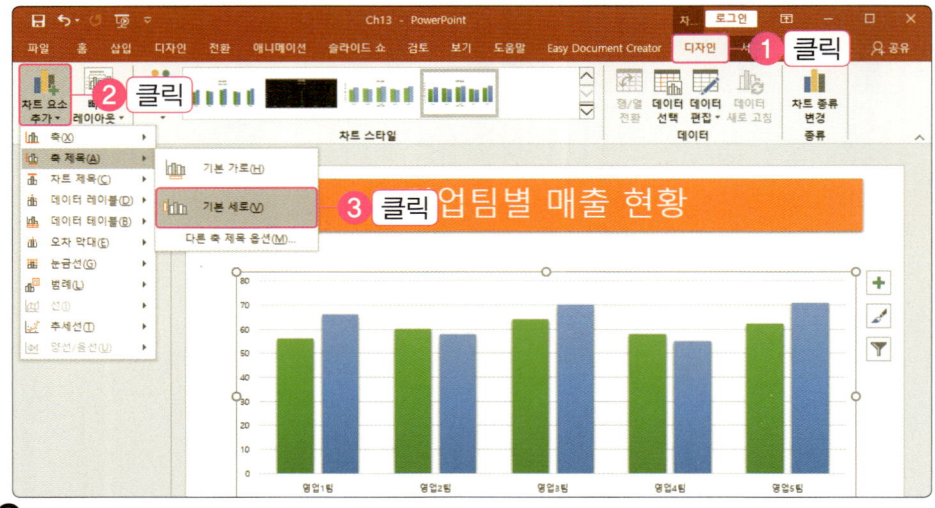

6 세로 축 제목(**매출량**)을 **입력**한 후 세로 축 제목 서식을 지정하기 위해 **세로 축 제목을 선택**한 다음 [차트 도구] 정황 탭–[서식] 탭–[현재 선택 영역] 그룹에서 [**선택 영역 서식**]을 **클릭**합니다.

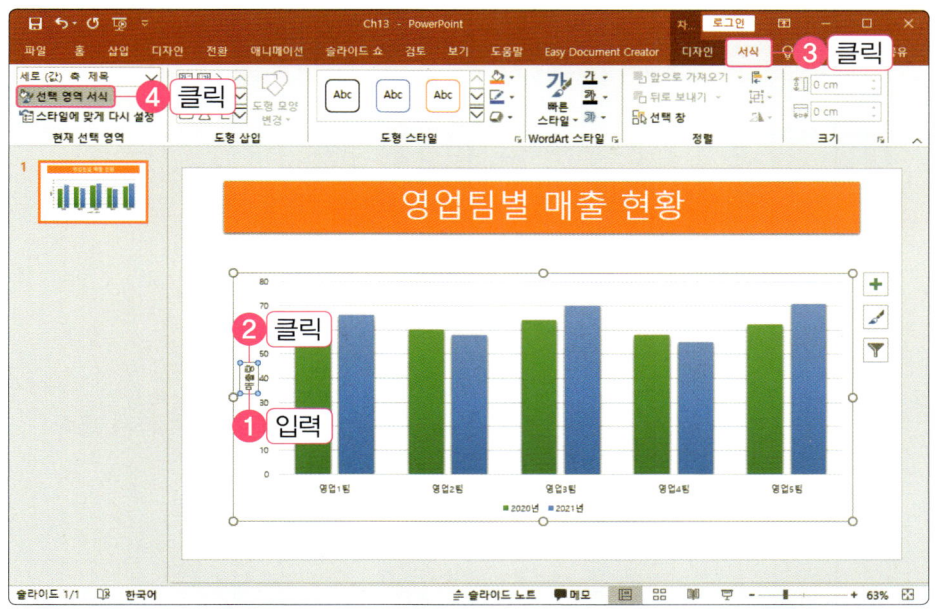

> **알고 넘어갑시다!**
>
> **차트 요소 선택하기**
> - **방법1** : 차트를 선택한 후 [차트 도구] 정황 탭–[서식] 탭–[현재 선택 영역] 그룹에서 [차트 요소]의 ∨[목록] 단추를 클릭한 다음 차트 요소(차트 영역, 그림 영역, 차트 제목 등)를 클릭합니다. 이 방법을 사용하면 한 번에 선택하기 힘든 차트 요소를 쉽고 빠르게 선택할 수 있습니다.
> - **방법2** : 차트 요소로 마우스 포인터를 가져가서 마우스 포인터가 ✥ 모양이나 ▷ 모양으로 변경되었을 때 클릭합니다.

7 [축 제목 서식] 작업 창이 나타나면 [제목 옵션]–[크기 및 속성]–[맞춤]에서 **텍스트 방향(세로)을 선택**한 후 [닫기]를 **클릭**합니다.

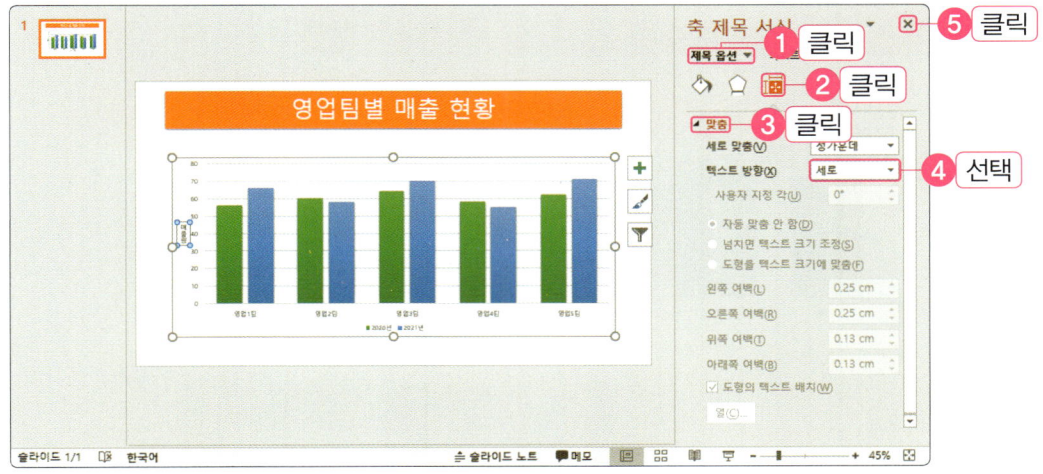

8 '2021년' 데이터 계열의 '영업5팀' 데이터 요소만 데이터 레이블을 표시하기 위해 **'2021년' 데이터 계열의 '영업5팀' 데이터 요소만 선택**한 후 [차트 도구] 정황 탭–[디자인] 탭–[차트 레이아웃] 그룹에서 **[차트 요소 추가]를 클릭**한 다음 **[데이터 레이블]–[바깥쪽 끝에]를 클릭**합니다.

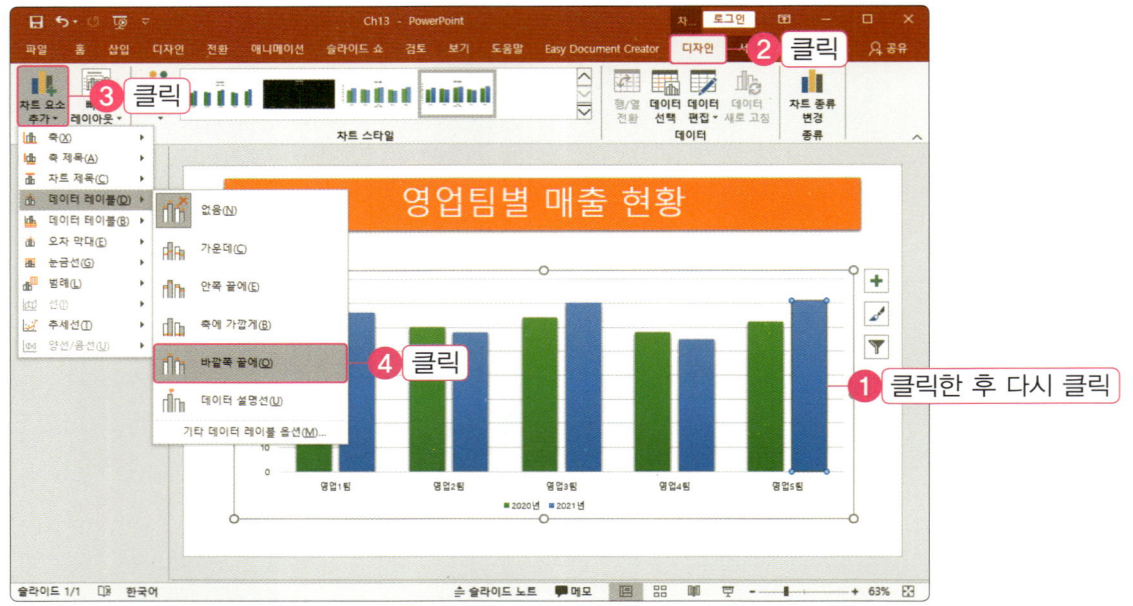

'2021년' 데이터 계열의 '영업5팀' 데이터 요소를 클릭한 후 다시 클릭하면 '2021년' 데이터 계열의 '영업5팀' 데이터 요소만 선택할 수 있습니다.

9 범례의 위치를 변경하기 위해 **차트를 선택**한 후 [차트 도구] 정황 탭–[디자인] 탭–[차트 레이아웃] 그룹에서 **[차트 요소 추가]를 클릭**한 다음 **[범례]–[오른쪽]을 클릭**합니다.

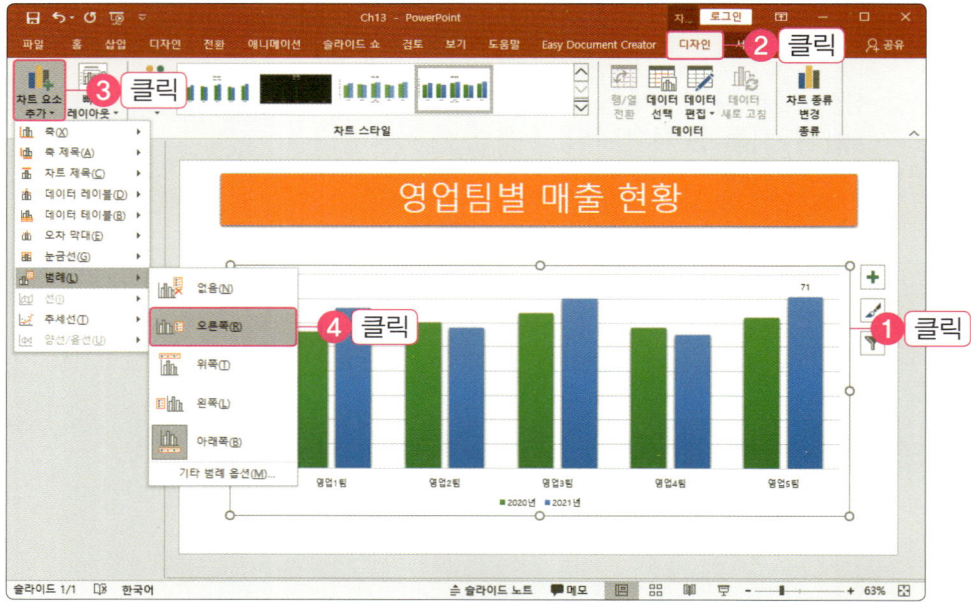

10 그림 영역 서식을 지정하기 위해 **그림 영역을 선택**한 후 [차트 도구] 정황 탭-[서식] 탭-[현재 선택 영역] 그룹에서 **[선택 영역 서식]을 클릭**합니다.

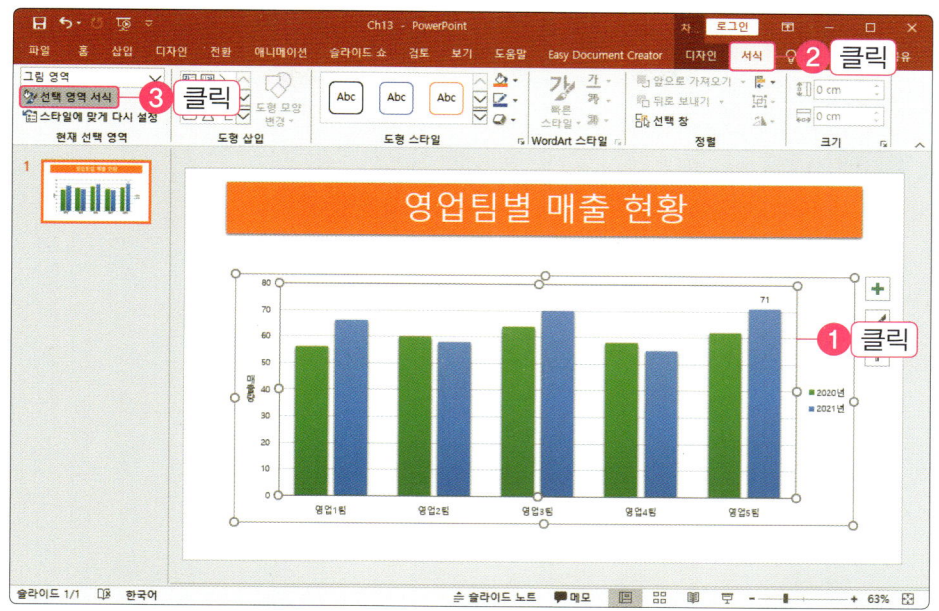

> 차트 영역 서식이나 그림 영역 서식 등을 지정한 후 차트 스타일을 지정하면 지정한 차트 스타일과 관련 있는 차트 영역 서식이나 그림 영역 서식 등으로 다시 지정되므로 먼저 차트 스타일을 지정한 후 차트 영역 서식이나 그림 영역 서식 등을 지정합니다.

11 [그림 영역 서식] 작업 창이 나타나면 [그림 영역 옵션]-[채우기 및 선]-[채우기]에서 **[단색 채우기]를 선택**한 후 **색(회색, 강조 3, 80% 더 밝게)을 선택**한 다음 [닫기]를 클릭합니다.

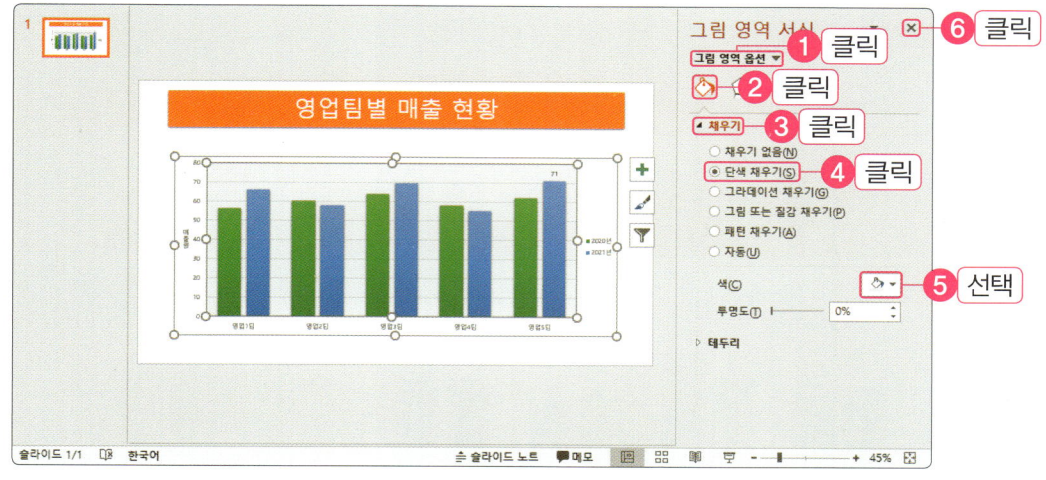

12 그림 영역 서식이 지정됩니다.

알고 넘어갑시다!

차트 데이터 수정하기

다음과 같이 차트를 선택한 후 [차트 도구] 정황 탭-[디자인] 탭-[데이터] 그룹에서 [데이터 편집]을 클릭하면 차트 데이터를 수정할 수 있습니다.

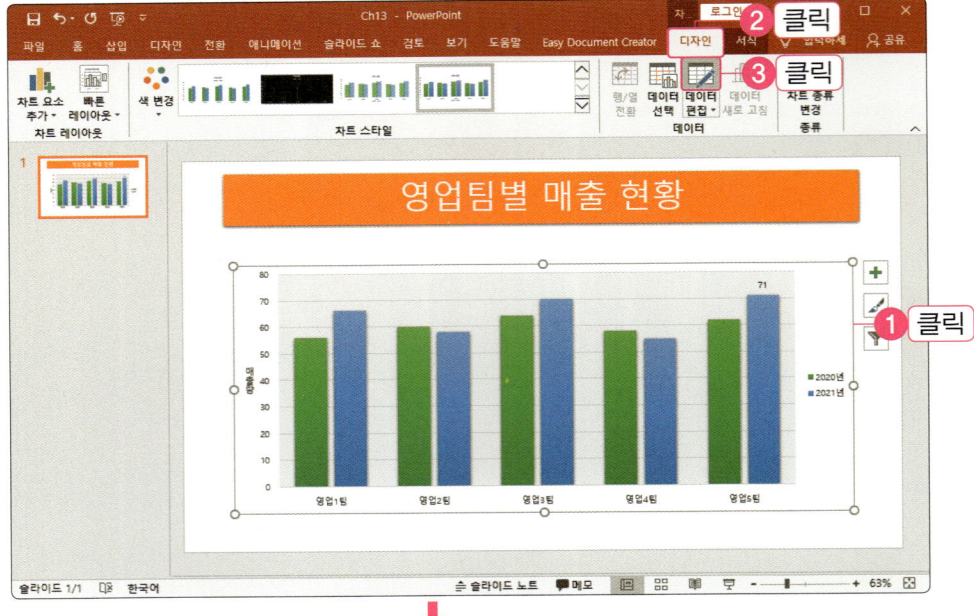

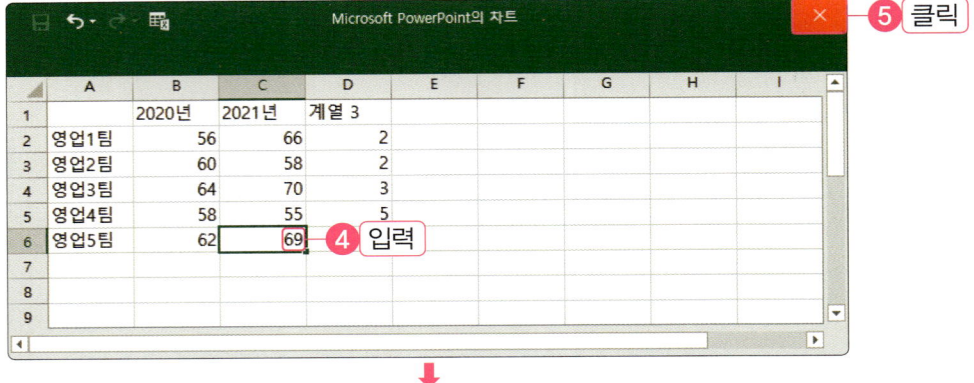

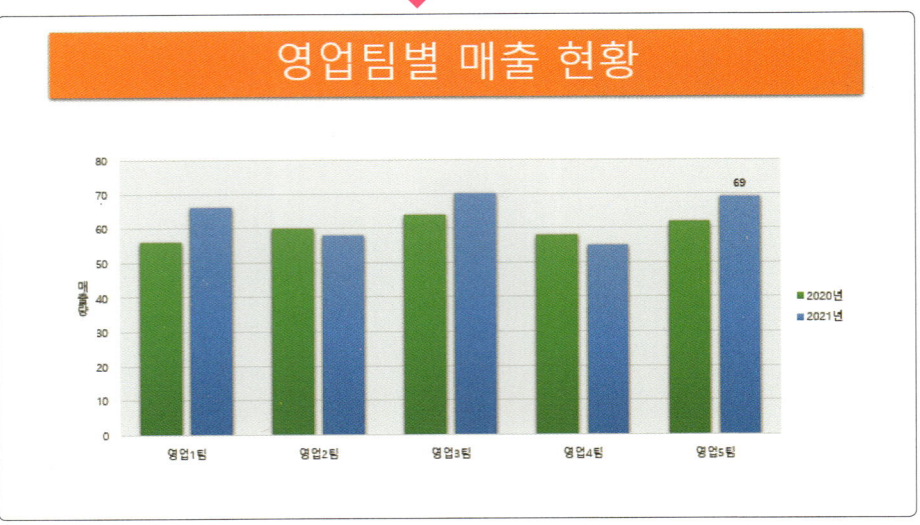

POWERPOINT 2016 연습문제

📄 C:\단계학습\파워포인트\연습파일\Ch13-연습.pptx

1 다음과 같이 차트를 삽입해 보세요.
- **차트 삽입** : 차트 종류(◔[원형]-◎[도넛형])

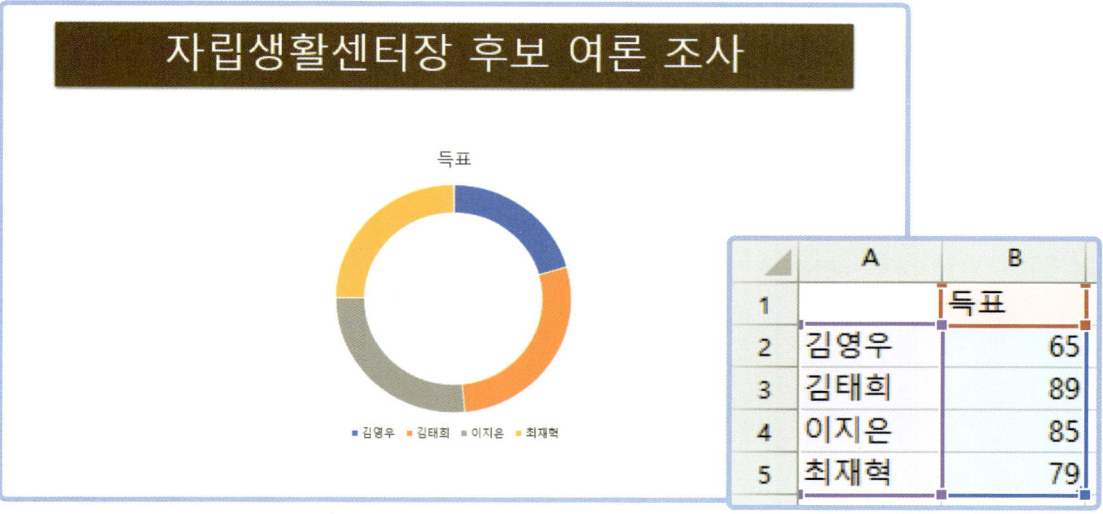

2 다음과 같이 차트를 편집해 보세요.
- **차트 스타일 지정** : ◎ [스타일 6]
- **차트 색 변경** : ▮▮▮▮▮ [다양한 색상표 3]
- **차트 제목 표시** : 없음
- **범례 표시** : 없음

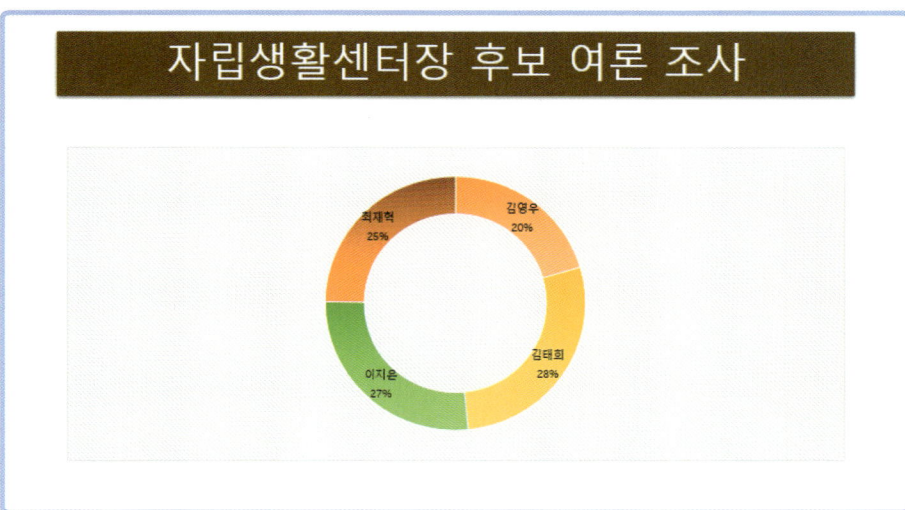

> **Hint**
> 차트를 선택한 후 [차트 도구] 정황 탭-[디자인] 탭-[차트 레이아웃] 그룹에서 [차트 요소 추가]를 클릭한 다음 [차트 제목]-[없음]을 클릭하면 차트 제목을 표시하지 않을 수 있습니다.

동영상 활용하기

POWERPOINT 2016

프레젠테이션을 할 때 그림을 보여주는 것보다 동영상을 보여주면 생동감이 있어서 자신의 의견을 청중에게 더 효과적으로 전달할 수 있습니다. 그럼, 동영상을 활용하는 방법에 대해 알아보겠습니다.

Preview

C:\단계학습\파워포인트\예제파일\Ch14.pptx

01 동영상 삽입하기

1 동영상을 삽입하기 위해 슬라이드에서 [비디오 삽입]을 클릭합니다.

[삽입] 탭-[미디어] 그룹에서 [비디오]를 클릭한 후 [내 PC의 비디오]를 클릭하여 동영상을 삽입할 수도 있습니다.

2 [비디오 삽입] 대화상자가 나타나면 **위치(C:\단계학습\파워포인트\예제파일)**를 **선택**한 후 **파일(영화가 좋다)**을 선택한 다음 [삽입] 단추를 클릭합니다.

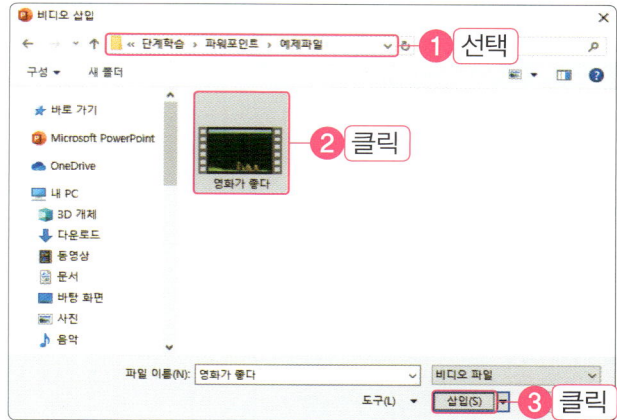

3 동영상이 삽입되면 동영상을 재생하기 위해 ▶[재생/일시 중지] 단추를 클릭합니다.

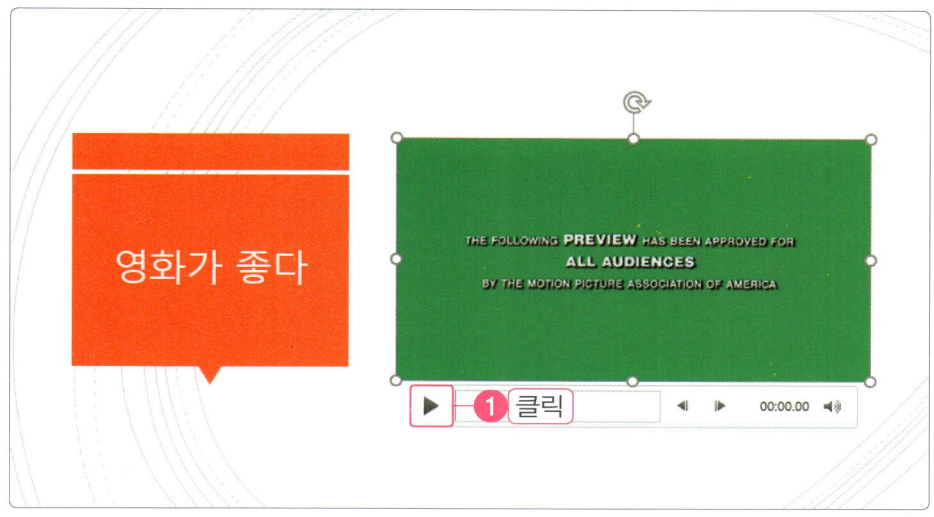

[비디오 도구] 정황 탭–[서식] 탭–[미리 보기] 그룹에서 [재생]을 클릭하여 동영상을 재생할 수도 있습니다.

4 다음과 같이 동영상이 재생됩니다.

Chapter 14 – 동영상 활용하기

02 동영상 편집하기

1 비디오 스타일을 지정하기 위해 **동영상을 선택**한 후 [비디오 도구] 정황 탭-[서식] 탭-[비디오 스타일] 그룹에서 ☑[자세히] 단추를 클릭합니다.

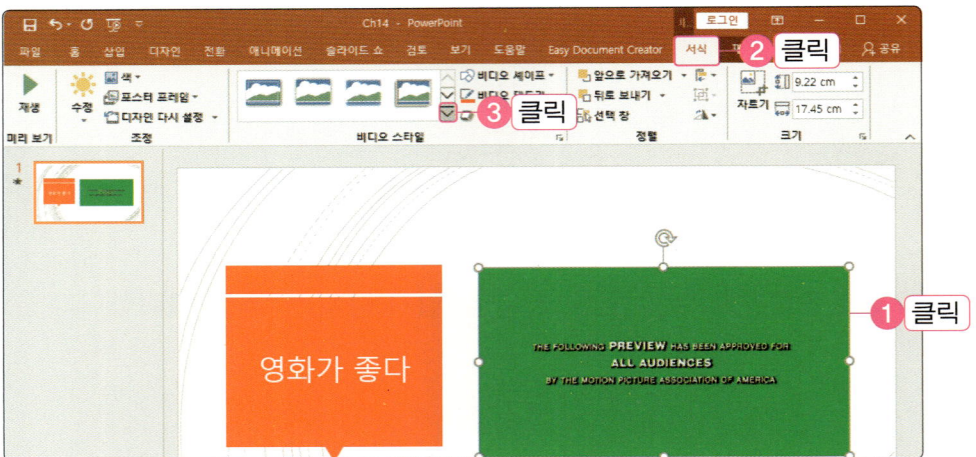

2 비디오 스타일 목록이 나타나면 [일반 프레임, 그라데이션]을 클릭합니다.

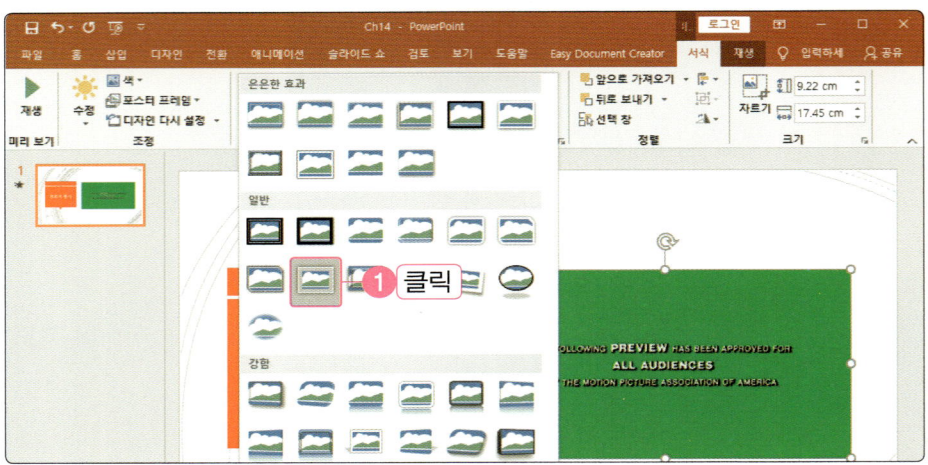

3 비디오 테두리를 지정하기 위해 [비디오 도구] 정황 탭-[서식] 탭-[비디오 스타일] 그룹에서 [비디오 테두리]의 ▼[목록] 단추를 클릭한 후 [바다색, 강조 5]를 클릭합니다.

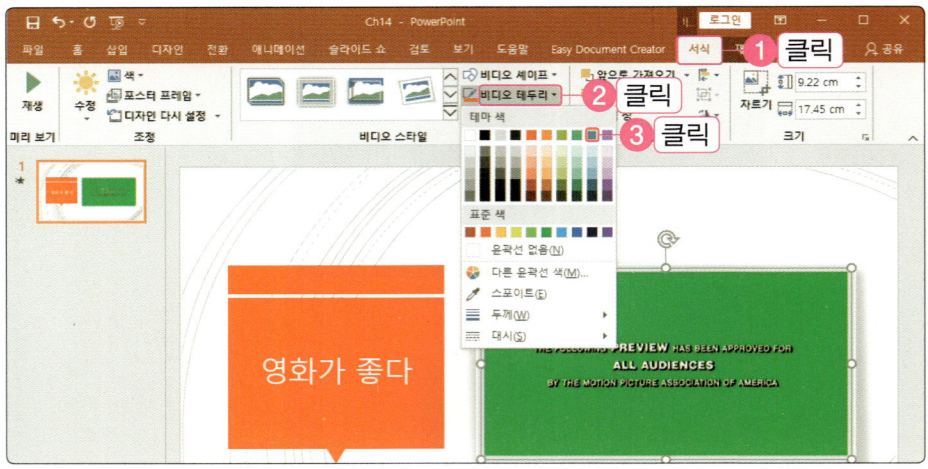

4 동영상의 미리 보기 이미지를 지정하기 위해 [비디오 도구] 정황 탭-[서식] 탭-[조정] 그룹에서 **[포스터 프레임]을 클릭**한 후 **[파일의 이미지]**를 클릭합니다.

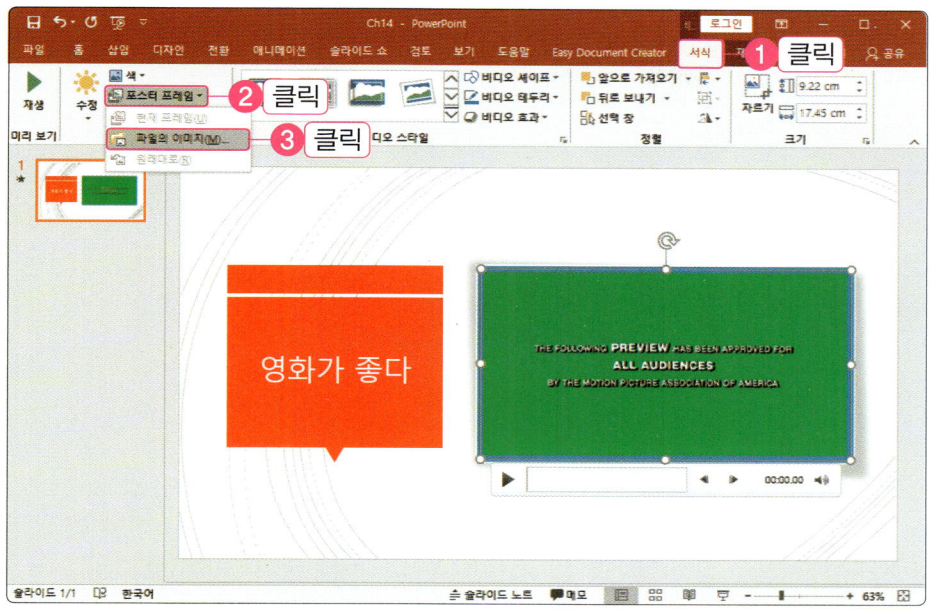

5 [그림 삽입] 창이 나타나면 **[파일에서 찾아보기]를 클릭**합니다.

6 [그림 삽입] 대화상자가 나타나면 **위치(C:\단계학습\파워포인트\예제파일)를 선택**한 후 **파일(영화가 좋다)을 선택**한 다음 **[삽입] 단추를 클릭**합니다.

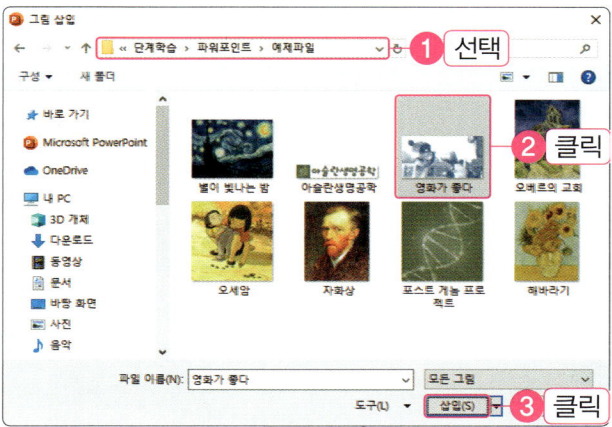

Chapter 14 – 동영상 활용하기 **95**

7 다음과 같이 동영상의 미리 보기 이미지가 지정됩니다.

동영상을 선택한 후 [비디오 도구] 정황 탭-[서식] 탭-[조정] 그룹에서 [포스터 프레임]을 클릭한 다음 [원래대로]를 클릭하면 동영상의 미리 보기 이미지를 제거할 수 있습니다.

알고 넘어갑시다!

비디오 색 지정하기

다음과 같이 동영상을 선택한 후 [비디오 도구] 정황 탭-[서식] 탭-[조정] 그룹에서 [색]을 클릭한 다음 비디오 색을 선택하면 비디오 색을 지정할 수 있습니다.

1 다음과 같이 동영상을 삽입한 후 재생해 보세요.
- 동영상 삽입 : 위치(C:\단계학습\파워포인트\연습파일), 파일 이름(영화산책)

2 다음과 같이 동영상을 편집해 보세요.
- 비디오 스타일 지정 : [사각형 가운데 그림자]
- 동영상의 미리 보기 이미지 지정 : 위치(C:\단계학습\파워포인트\연습파일), 파일 이름(영화산책)

Hint

동영상을 선택한 후 [비디오 도구] 정황 탭-[서식] 탭-[조정] 그룹에서 [포스터 프레임]을 클릭한 다음 [파일의 이미지]를 클릭합니다. 그런 다음 [그림 삽입] 창에서 [파일에서 찾아보기]를 클릭한 후 [그림 삽입] 대화상자에서 위치(C:\단계학습\파워포인트\연습파일)를 선택한 다음 파일(영화산책)을 선택하고 [삽입] 단추를 클릭하면 동영상의 미리 보기 이미지를 지정할 수 있습니다.

슬라이드 마스터와 유인물 마스터 설정하기

POWERPOINT 2016

슬라이드 마스터를 설정하면 제목이나 내용 등의 서식을 모든 슬라이드에 동일하게 적용하여 일관성 있는 프레젠테이션을 작성할 수 있고, 유인물 마스터를 설정하면 유인물의 디자인을 변경할 수 있습니다. 그럼, 슬라이드 마스터와 유인물 마스터를 설정하는 방법에 대해 알아보겠습니다.

Preview

> **개요**
>
> 포스트 게놈 프로젝트는 일반적으로 인간 게놈 프로젝트(HGP)의 유전자 지도 작성 이후의 프로젝트를 의미한다.
>
> 2003년 인간 유전자 지도를 99.9% 완성한 인간 게놈 프로젝트(HGP)가 31억 개의 DNA 염기 서열을 밝혀내는 것이 목표였다면 포스트 게놈 프로젝트는 이 유전자 지도를 토대로 약 3만여 개의 유전자 기능을 규명하는 것이다.

C:\단계학습\파워포인트\예제파일\Ch15.pptx

01 슬라이드 마스터 설정하기

1 슬라이드 마스터를 설정하기 위해 [보기] 탭-[마스터 보기] 그룹에서 **[슬라이드 마스터]**를 클릭합니다.

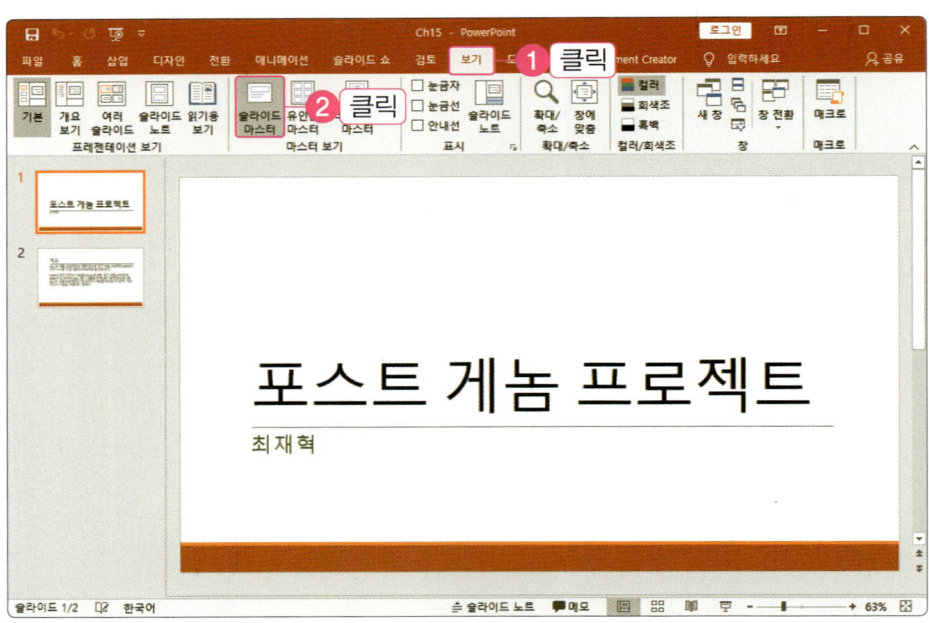

Shift 를 누른 상태에서 보기 바로 가기에 있는 [기본]을 클릭하여 슬라이드 마스터를 설정할 수도 있습니다.

2 슬라이드 마스터 화면이 나타나면 슬라이드 마스터에서 글꼴 서식을 지정하기 위해 **[마스터 텍스트 스타일을 편집하려면 클릭] 개체를 선택**한 후 [홈] 탭-[글꼴] 그룹에서 **글꼴(휴먼편지체)을 선택**합니다.

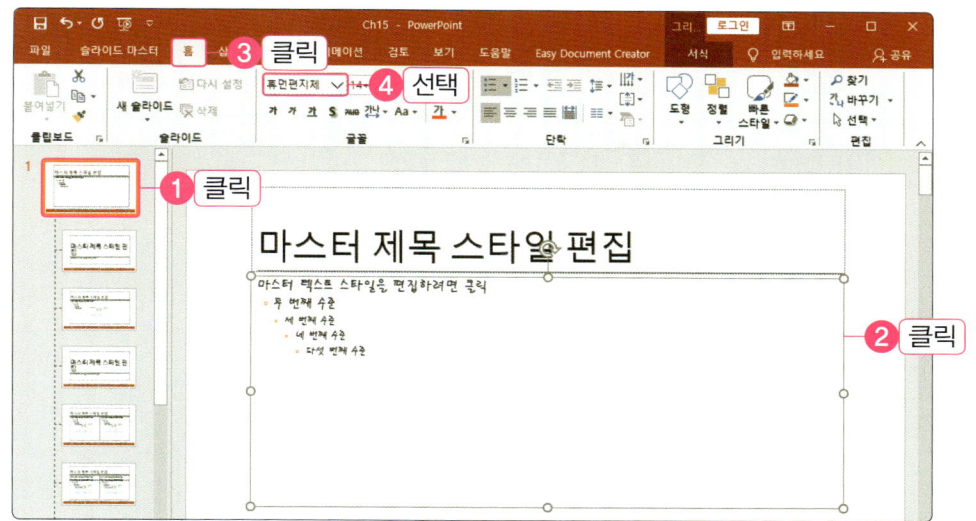

> **알고 넘어갑시다!**
>
> **슬라이드 마스터와 제목 슬라이드 레이아웃**
>
> 슬라이드 마스터는 슬라이드 마스터와 제목 슬라이드 레이아웃, 제목 및 내용 레이아웃, 구역 머리글 레이아웃 등 11종류의 레이아웃으로 구성되어 있는데요. 슬라이드 마스터를 설정하면 모든 슬라이드에 적용되고, 제목 슬라이드 레이아웃을 설정하면 제목 슬라이드에만 적용됩니다.
>
>
>
> ◀ 슬라이드 마스터
>
> ◀ 제목 슬라이드 레이아웃
>
> ◀ 제목 및 내용 레이아웃

3 그림을 삽입하기 위해 [삽입] 탭-[이미지] 그룹에서 **[그림]을 클릭**합니다.

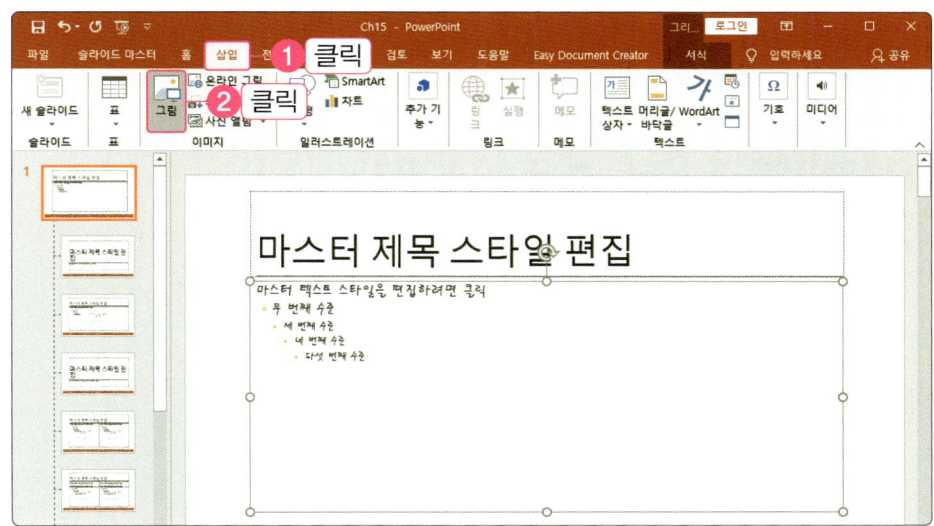

4 [그림 삽입] 대화상자가 나타나면 **위치(C:\단계학습\파워포인트\예제파일)**를 선택한 후 **파일(포스트 게놈 프로젝트)**을 선택한 다음 [삽입] 단추를 클릭합니다.

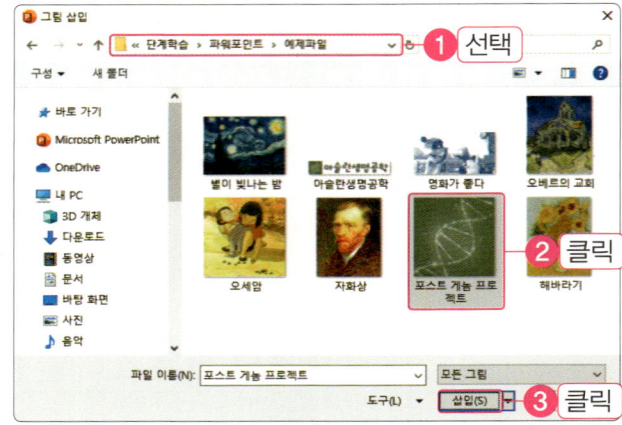

5 그림이 삽입되면 **다음과 같이 그림을 이동**합니다.

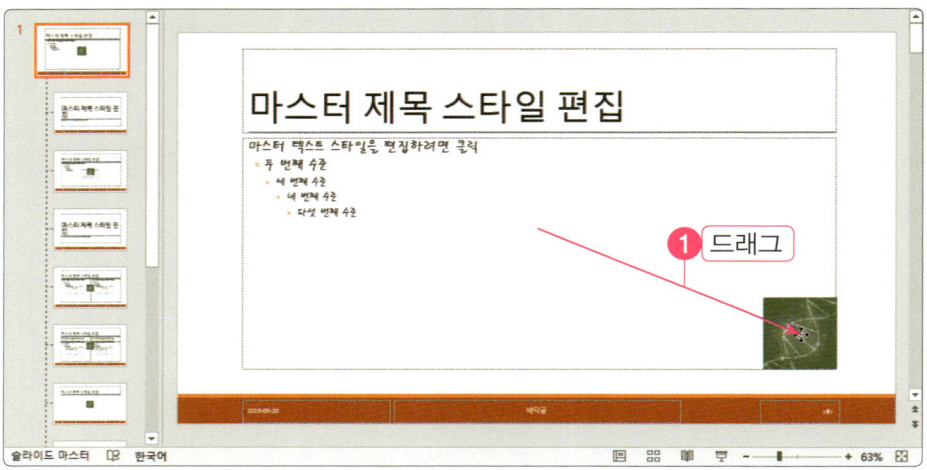

6 제목 슬라이드 레이아웃에서 글꼴 서식을 지정하기 위해 [마스터 제목 스타일 편집] 개체를 선택한 후 [홈] 탭-[글꼴] 그룹에서 **글꼴(휴먼엑스포)**과 **글꼴 크기(72)**를 선택한 다음 S[텍스트 그림자]를 클릭합니다.

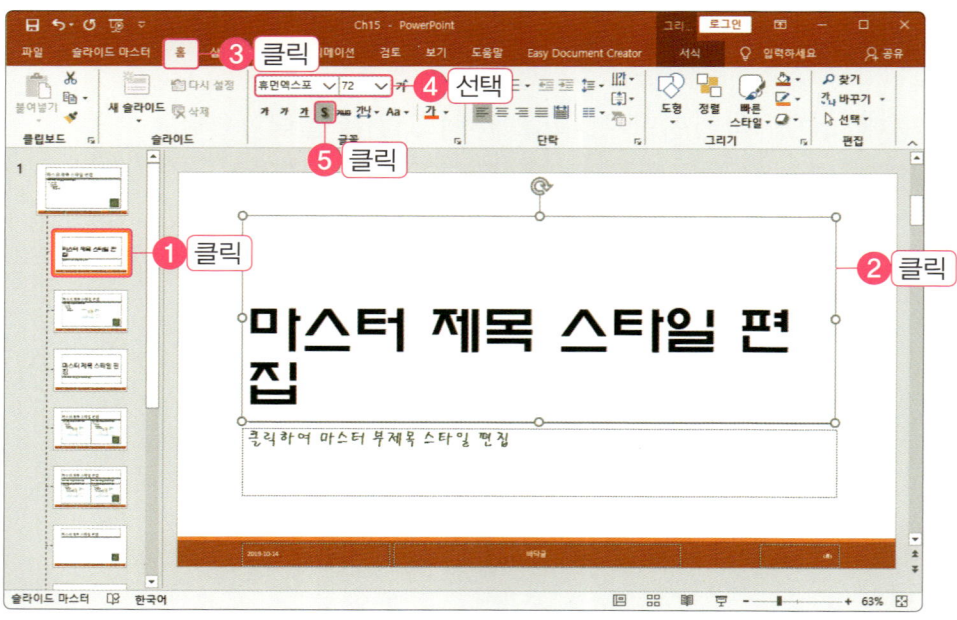

7 슬라이드 마스터 화면을 닫기 위해 [슬라이드 마스터] 탭-[닫기] 그룹에서 [**마스터 보기 닫기**]를 **클릭**합니다.

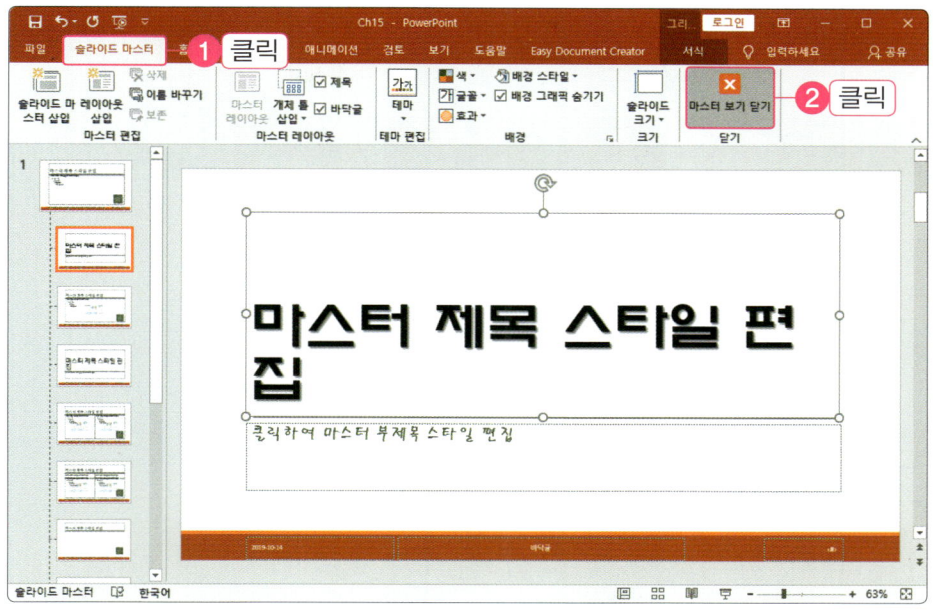

8 **슬라이드 보기 창에서 슬라이드를 선택**하면 다음과 같이 슬라이드에 슬라이드 마스터가 적용된 것을 확인할 수 있습니다.

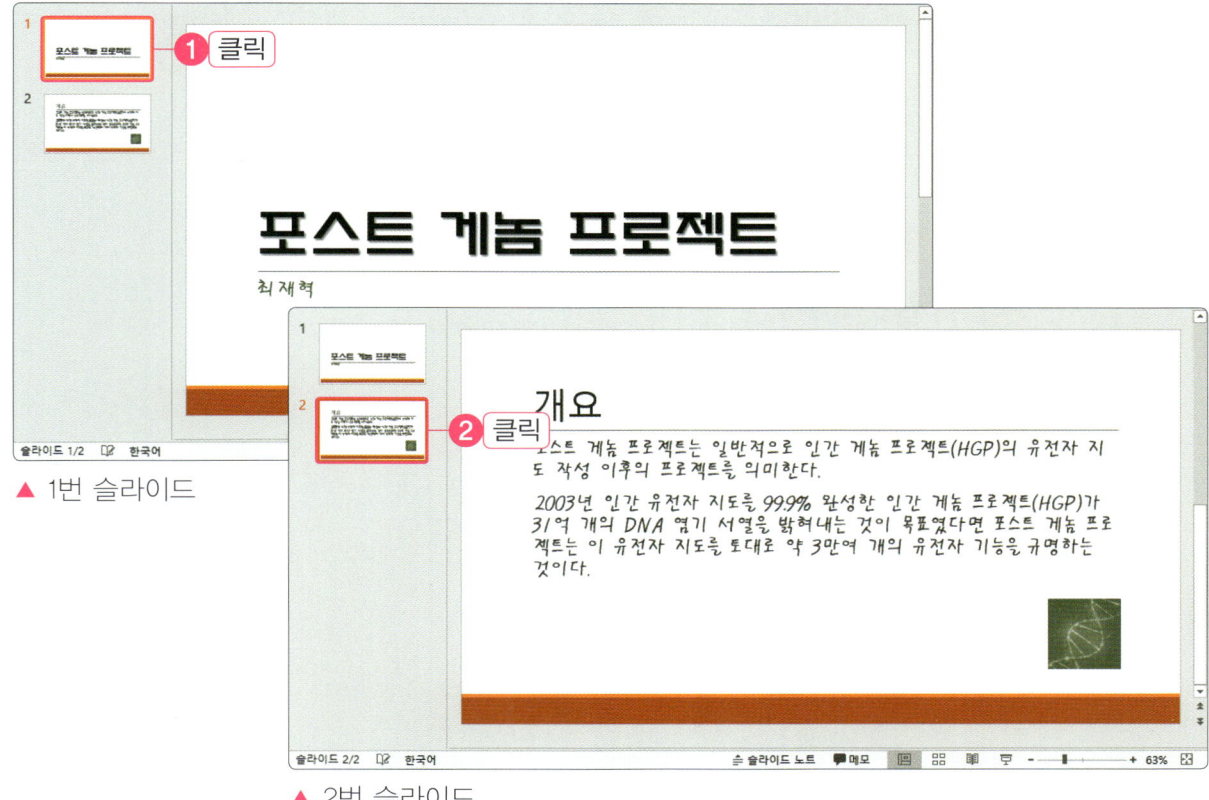

▲ 1번 슬라이드

▲ 2번 슬라이드

> 슬라이드에서 직접 제목이나 내용 등의 서식을 지정한 경우에는 슬라이드 마스터가 적용되지 않습니다.

Chapter 15 - 슬라이드 마스터와 유인물 마스터 설정하기

02 유인물 마스터 설정하기

1. 유인물 마스터를 설정하기 위해 [보기] 탭-[마스터 보기] 그룹에서 **[유인물 마스터]**를 클릭합니다.

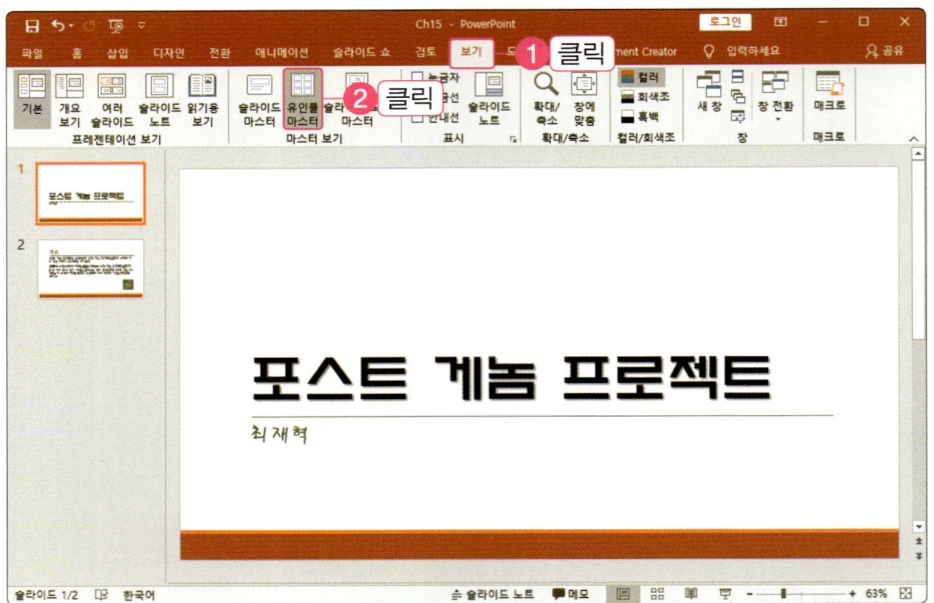

> Shift를 누른 상태에서 보기 바로 가기에 있는 🔳[여러 슬라이드]를 클릭하여 유인물 마스터를 설정할 수도 있습니다.

2. 유인물 마스터 화면이 나타나면 그림을 삽입하기 위해 [삽입] 탭-[이미지] 그룹에서 **[그림]**을 클릭합니다.

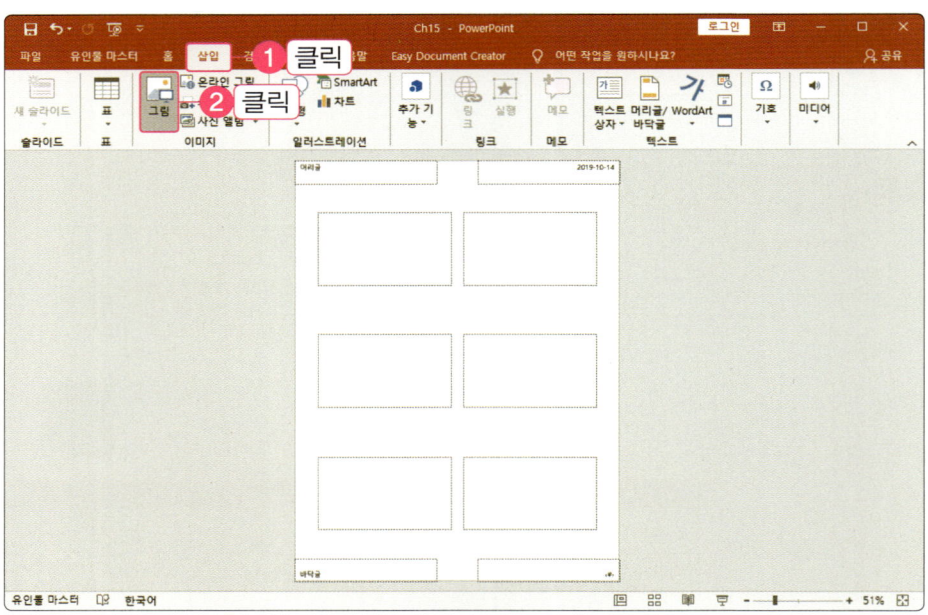

3 [그림 삽입] 대화상자가 나타나면 **위치(C:\단계학습\파워포인트\예제파일)**를 **선택**한 후 **파일(아슬란생명공학)**을 선택한 다음 **[삽입]** 단추를 클릭합니다.

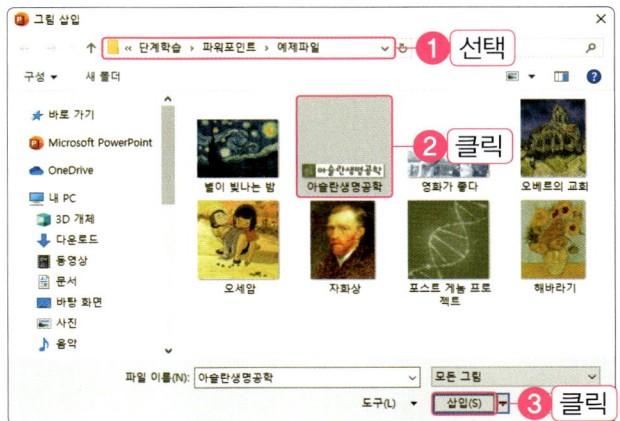

4 그림이 삽입되면 밝기/대비를 지정하기 위해 **그림을 선택**한 후 [그림 도구] 정황 탭-[서식] 탭-[조정] 그룹에서 **[수정]**을 클릭한 다음 **[밝기: +20% 대비: +20%]**를 클릭합니다.

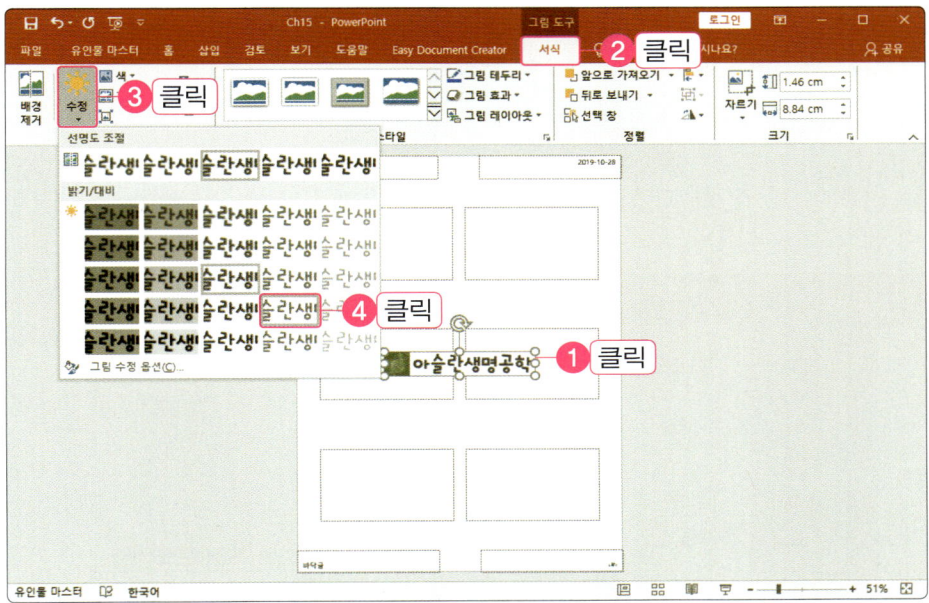

5 밝기/대비가 지정되면 **다음과 같이 그림을 이동**합니다.

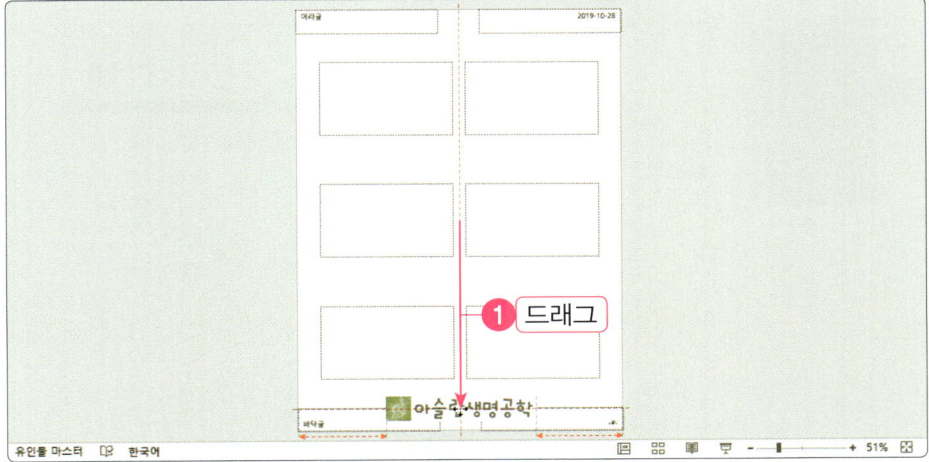

6 유인물 마스터 화면을 닫기 위해 [유인물 마스터] 탭-[닫기] 그룹에서 **[마스터 보기 닫기]를 클릭**합니다.

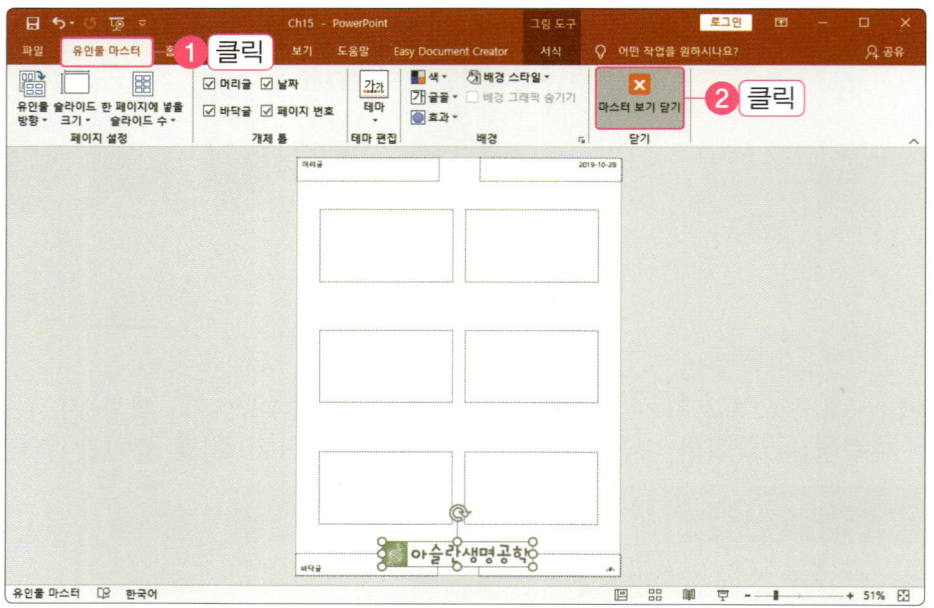

7 **[파일] 탭-[인쇄]를 클릭**한 후 **인쇄 대상(2슬라이드)을 선택**하면 다음과 같이 유인물에 유인물 마스터가 적용된 것을 확인할 수 있습니다.

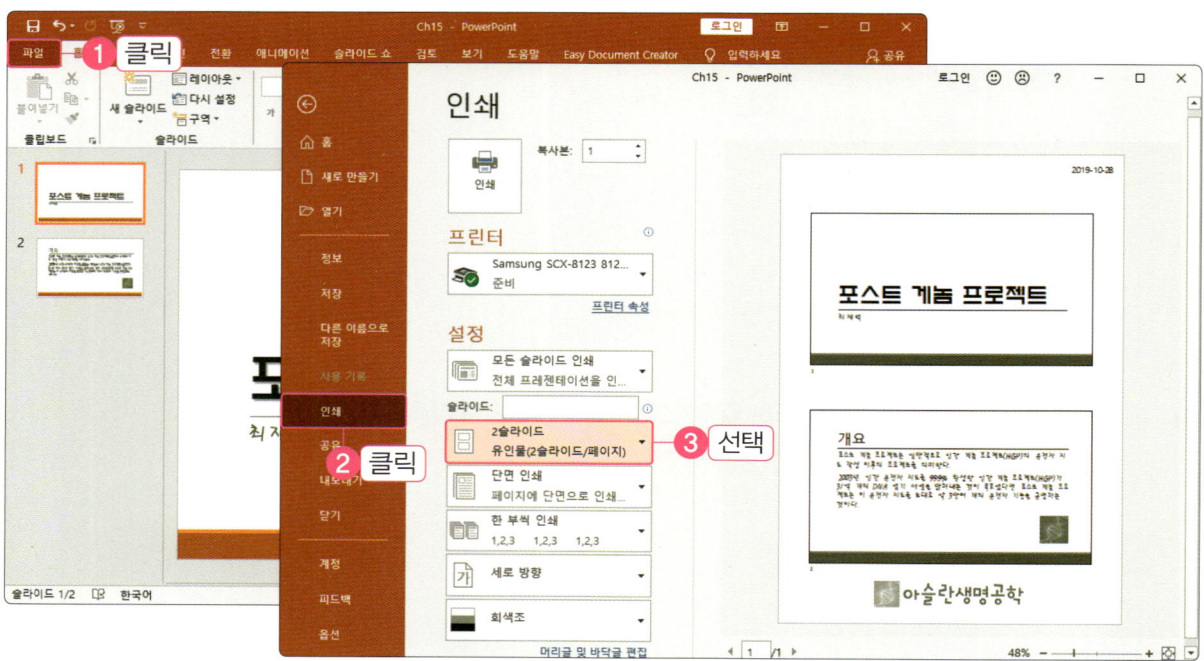

POWERPOINT 2016 연습문제

C:\단계학습\파워포인트\연습파일\Ch15-연습.pptx

1 다음과 같이 슬라이드 마스터를 설정해 보세요.
- 슬라이드 마스터 : [마스터 텍스트 스타일을 편집하려면 클릭] 개체(글꼴(맑은 고딕))
- 제목 슬라이드 레이아웃 : [마스터 제목 스타일 편집] 개체(글꼴(휴먼엑스포), 글꼴 크기(48)), [클릭하여 마스터 부제목 스타일 편집] 개체(글꼴(맑은 고딕), ☰[가운데 맞춤])

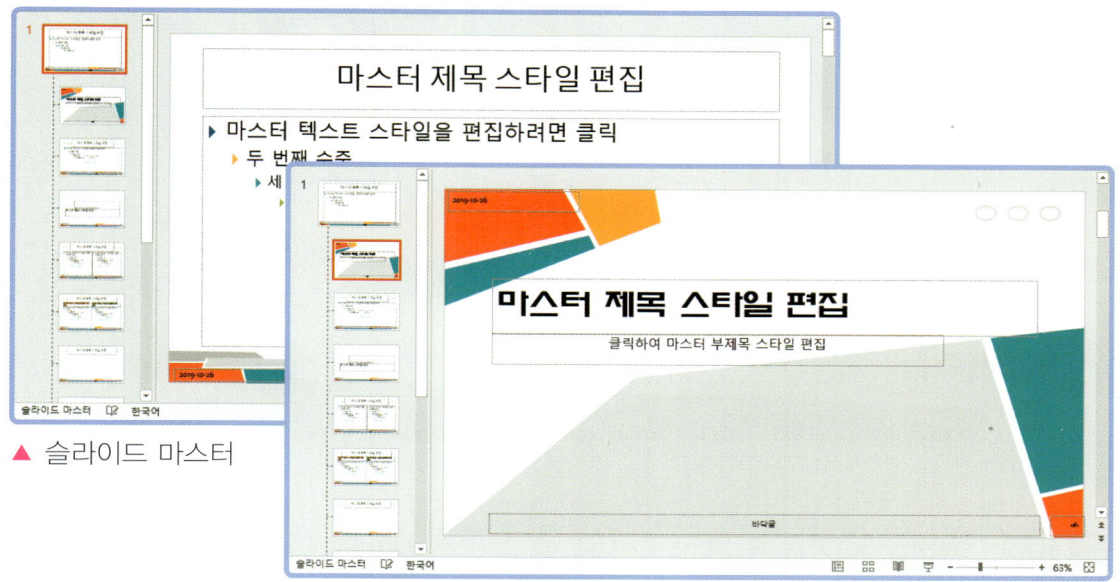

▲ 슬라이드 마스터

▲ 제목 슬라이드 레이아웃

2 다음과 같이 유인물 마스터를 설정해 보세요.
- 유인물 마스터 : 그림 삽입(위치(C:\단계학습\파워포인트\연습파일), 파일 이름(유네스코))

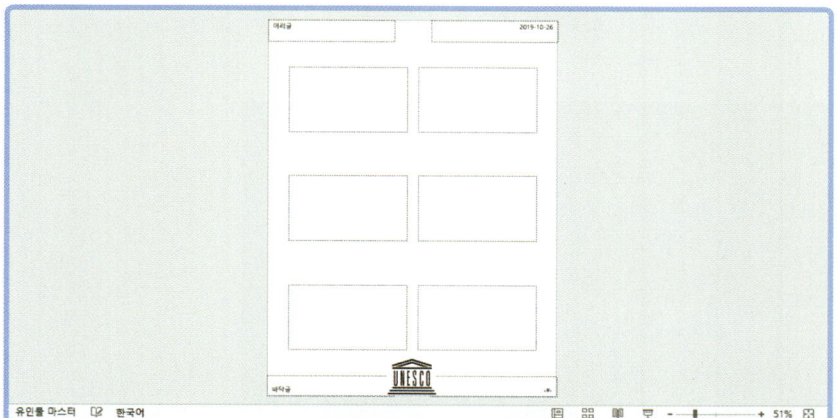

3 1번 슬라이드와 2번 슬라이드에 슬라이드 마스터가 적용된 것을 확인한 후 유인물에 유인물 마스터가 적용된 것을 확인해 보세요.

Chapter 15 - 슬라이드 마스터와 유인물 마스터 설정하기

화면 전환 효과 지정하고 슬라이드 쇼 시작하기

POWERPOINT 2016

화면 전환 효과는 한 슬라이드에서 다른 슬라이드로 이동할 때 다른 슬라이드가 나타나는 방식을 말하는데요. 화면 전환 효과를 지정하면 생동감이 있어서 청중이 관심을 갖고 집중할 수 있도록 할 수 있습니다. 그럼, 화면 전환 효과를 지정하고 슬라이드 쇼를 시작하는 방법에 대해 알아보겠습니다.

Preview

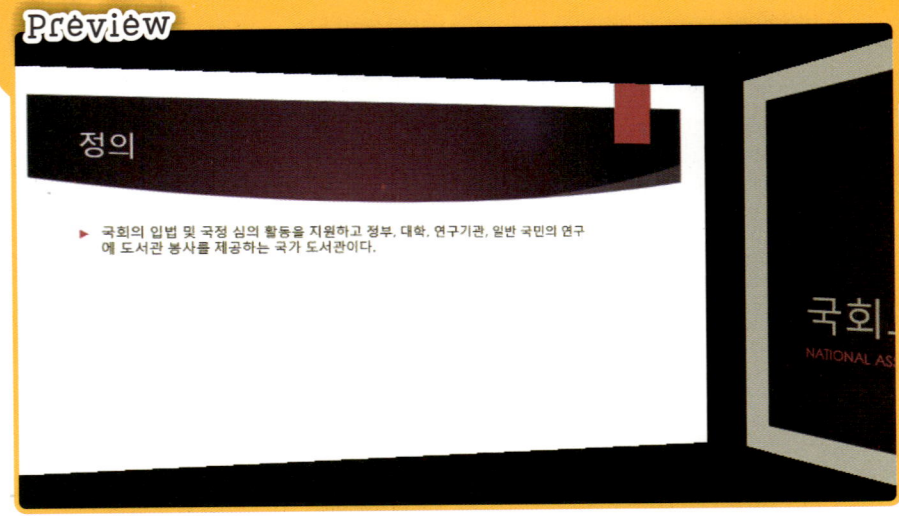

C:\단계학습\파워포인트\예제파일\Ch16.pptx

01 화면 전환 효과 지정하기

1 화면 전환 효과를 지정하기 위해 슬라이드 보기 창에서 **1번 슬라이드를 선택**한 후 [전환] 탭-[슬라이드 화면 전환] 그룹에서 ▽[자세히] 단추를 클릭합니다.

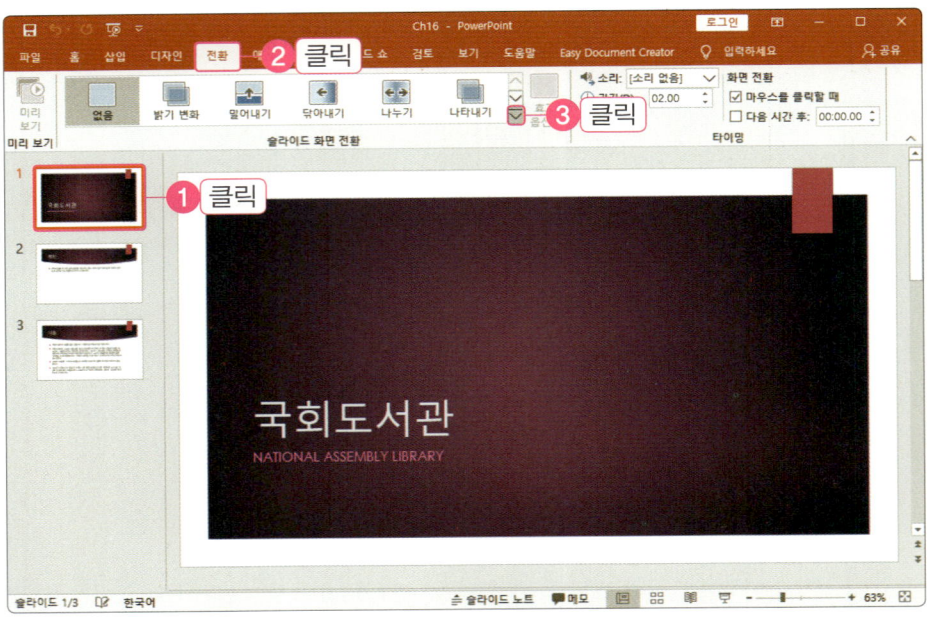

106 파워포인트 2016

2 화면 전환 효과 목록이 나타나면 [화려한 효과]-[상자]를 클릭합니다.

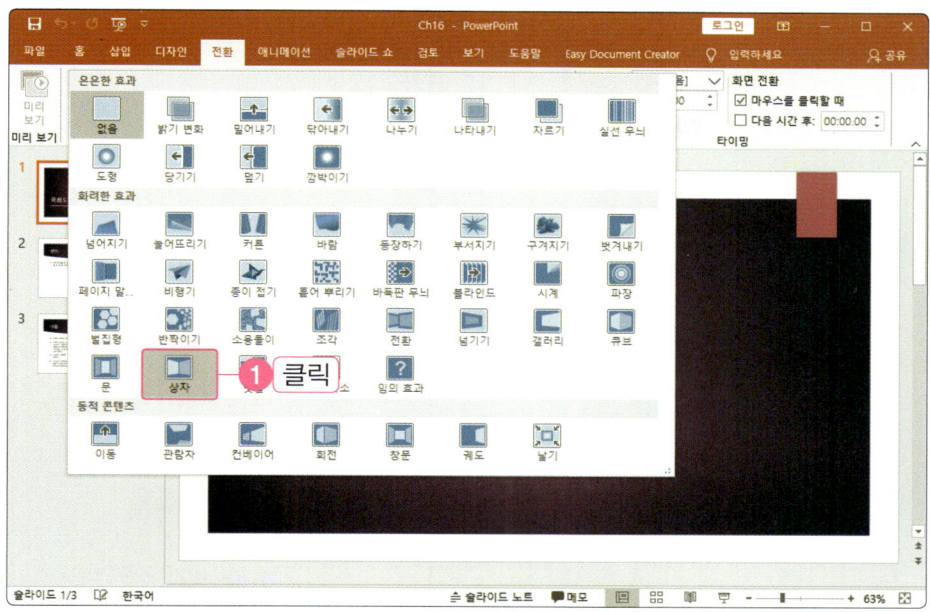

3 1번 슬라이드에 화면 전환 효과가 지정되면 화면 전환 효과 옵션을 지정하기 위해 [전환] 탭-[슬라이드 화면 전환] 그룹에서 [효과 옵션]을 클릭한 후 [왼쪽에서]를 클릭합니다.

- 화면 전환 효과를 지정하면 해당 슬라이드 번호 아래에 ★[애니메이션 실행] 아이콘이 표시됩니다.
- 화면 전환 효과 옵션은 화면 전환 효과마다 다른데요. 예를 들어 '상자' 화면 전환 효과 옵션에는 오른쪽에서나 왼쪽에서 등이 있지만 '흩어 뿌리기' 화면 전환 효과 옵션에는 어떤 화면 전환 효과 옵션도 없습니다.
- 슬라이드 보기 창에서 화면 전환 효과가 지정된 슬라이드를 선택한 후 [전환] 탭-[슬라이드 화면 전환] 그룹에서 ▽[자세히] 단추를 클릭한 다음 [없음]을 클릭하면 지정된 화면 전환 효과를 제거할 수 있습니다.

4 기간을 지정하기 위해 [전환] 탭-[타이밍] 그룹에서 **기간(२)을 입력**한 후 모든 슬라이드에 화면 전환 효과를 지정하기 위해 **[모두 적용]을 클릭**합니다.

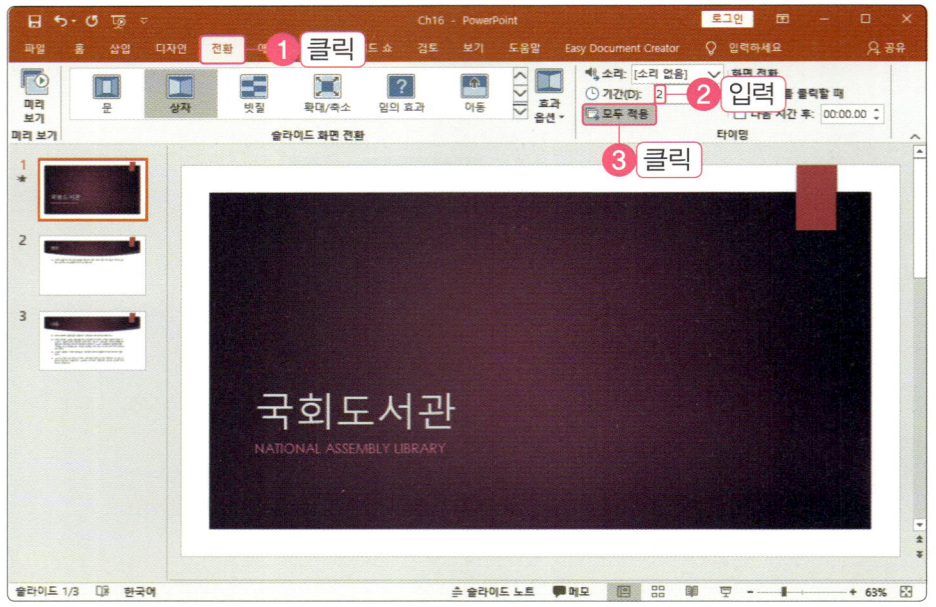

- 기간은 화면이 전환되는 시간을 말합니다.
- [소리]를 클릭하면 화면을 전환하는 동안 재생할 소리를 선택할 수 있습니다.

5 모든 슬라이드에 화면 전환 효과가 지정됩니다.

알고 넘어갑시다!

화면 전환 효과 확인하기

슬라이드 보기 창에서 화면 전환 효과가 지정된 슬라이드를 선택한 후 [전환] 탭-[미리 보기] 그룹에서 [미리 보기]를 클릭하거나 다음과 같이 ★[애니메이션 실행] 아이콘을 클릭하면 지정된 화면 전환 효과를 확인할 수 있습니다.

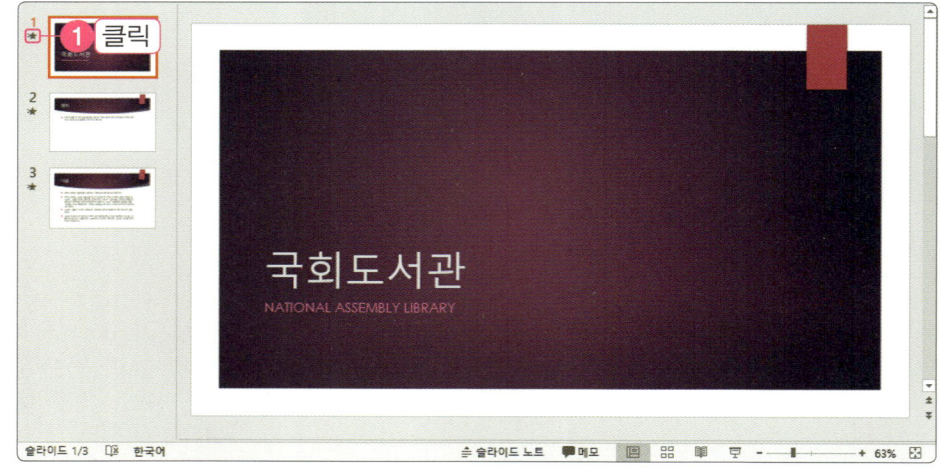

02 슬라이드 쇼 시작하기

1 슬라이드 쇼를 시작하기 위해 [슬라이드 쇼] 탭-[슬라이드 쇼 시작] 그룹에서 **[처음부터]** 를 클릭합니다.

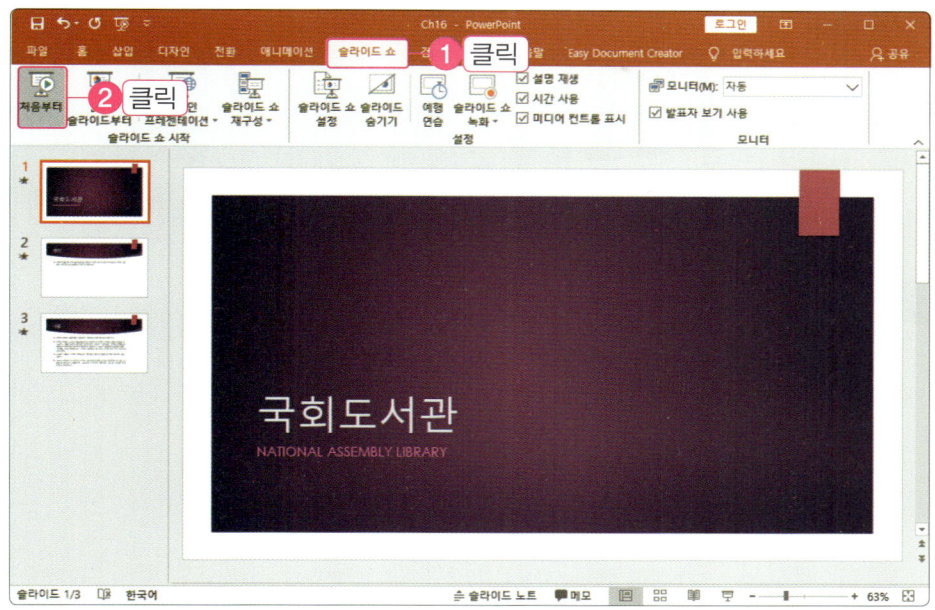

- F5를 눌러 슬라이드 쇼를 시작할 수도 있습니다.
- [슬라이드 쇼] 탭-[슬라이드 쇼 시작] 그룹에서 [처음부터]를 클릭하거나 F5를 누르면 1번 슬라이드부터 슬라이드 쇼를 시작하고, 슬라이드 보기 창에서 2번 슬라이드를 선택한 후 [슬라이드 쇼] 탭-[슬라이드 쇼 시작] 그룹에서 [현재 슬라이드부터]를 클릭하거나 Shift+F5를 누르면 2번 슬라이드부터 슬라이드 쇼를 시작합니다.

2 1번 슬라이드가 전체 화면으로 나타나면 다음 슬라이드로 이동하기 위해 **슬라이드를 클릭**합니다.

Chapter 16 – 화면 전환 효과 지정하고 슬라이드 쇼 시작하기 **109**

3 2번 슬라이드가 전체 화면으로 나타나면 슬라이드 쇼를 종료하기 위해 Esc를 누릅니다.

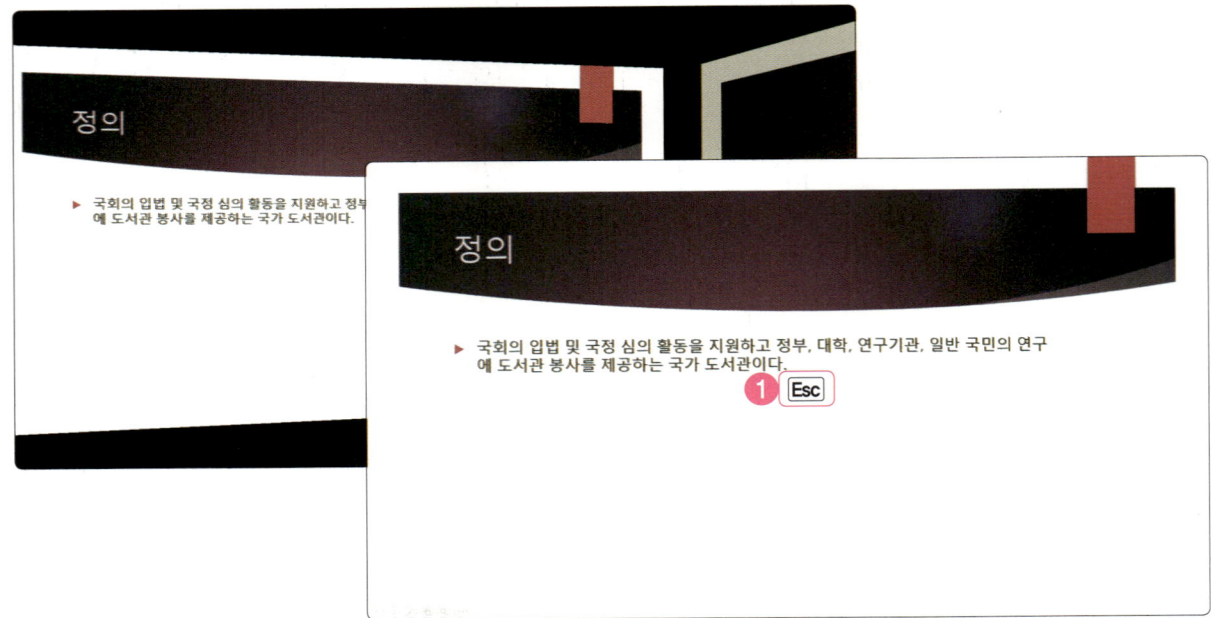

4 슬라이드 쇼가 종료됩니다.

알고 넘어갑시다!

슬라이드 쇼에서 키보드를 사용하여 슬라이드 이동하기
- 다음 슬라이드로 이동 : Enter, SpaceBar, PageDown, →, ↓
- 이전 슬라이드로 이동 : BackSpace, PageUp, ←, ↑

POWERPOINT 2016 연습문제

C:\단계학습\파워포인트\연습파일\Ch16-연습.pptx

1 다음과 같이 화면 전환 효과를 지정해 보세요.
- **화면 전환 효과 지정** : 화면 전환 효과([화려한 효과]-[바둑판 무늬]), 화면 전환 효과 옵션(위에서), 기간(5), 모두 적용

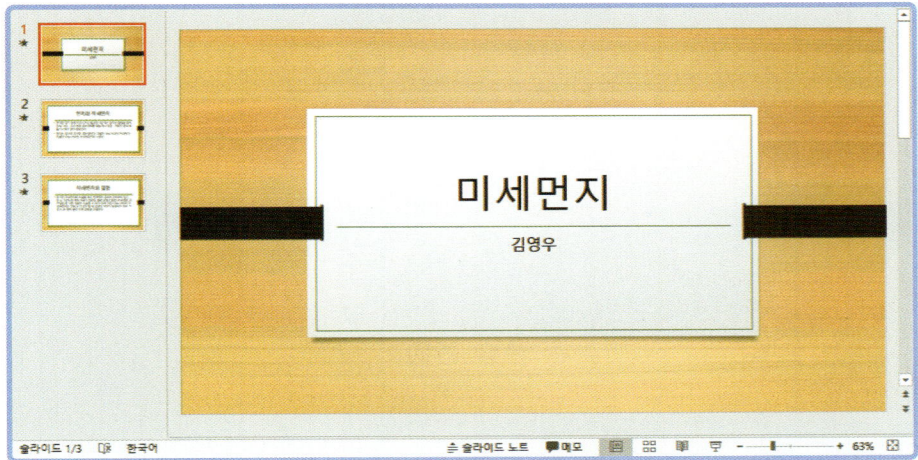

2 다음과 같이 2번 슬라이드부터 슬라이드 쇼를 시작해 보세요.

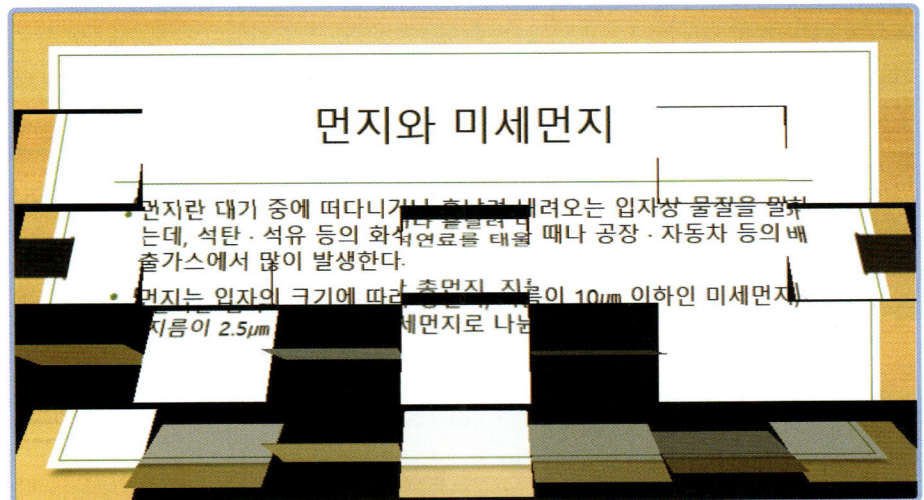

Hint

슬라이드 보기 창에서 2번 슬라이드를 선택한 후 [슬라이드 쇼] 탭-[슬라이드 쇼 시작] 그룹에서 [현재 슬라이드부터]를 클릭하면 2번 슬라이드부터 슬라이드 쇼를 시작할 수 있습니다.

Chapter 16 - 화면 전환 효과 지정하고 슬라이드 쇼 시작하기

애니메이션 지정하기

POWERPOINT 2016

애니메이션은 개체나 단락에 지정할 수 있는데요. 애니메이션을 너무 많이 지정하면 산만하여 내용을 이해할 수 없게 만들 수 있으므로 주의해야 합니다. 그럼, 애니메이션을 지정하는 방법에 대해 알아보겠습니다.

Preview

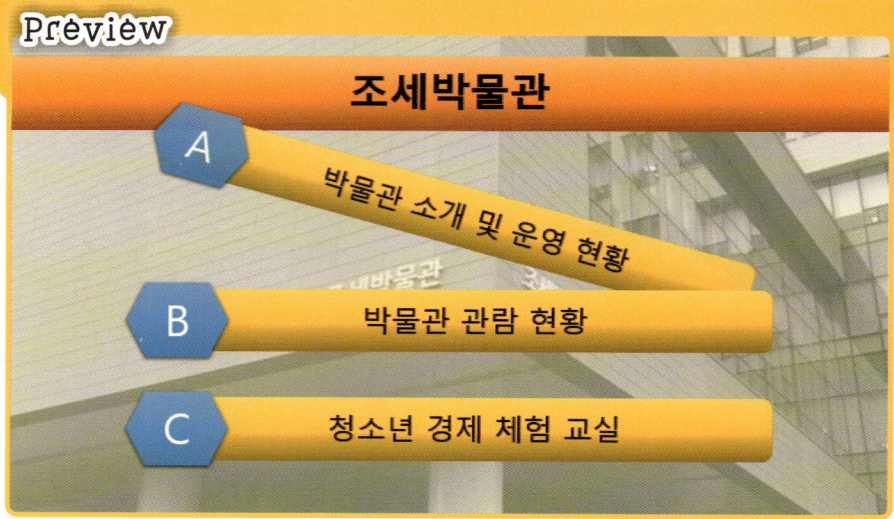

C:\단계학습\파워포인트\예제파일\Ch17.pptx

01 애니메이션 지정하기

1 애니메이션을 지정하기 위해 **첫 번째 도형을 선택**한 후 [애니메이션] 탭-[애니메이션] 그룹에서 **[자세히] 단추를 클릭**합니다.

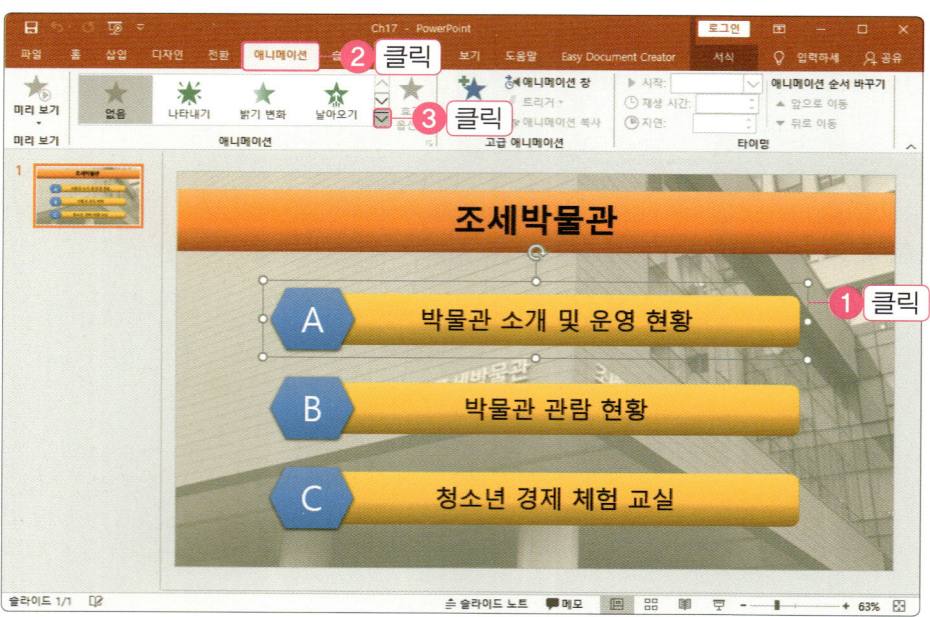

2 애니메이션 목록이 나타나면 [나타내기]-[날아오기]를 클릭합니다.

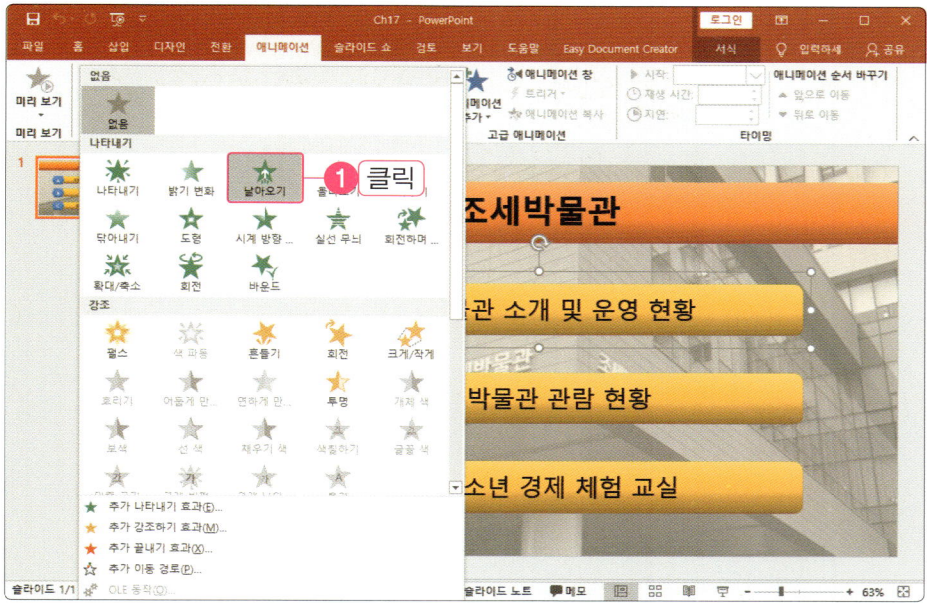

3 첫 번째 도형에 애니메이션이 지정되면 애니메이션 효과 옵션을 지정하기 위해 [애니메이션] 탭-[애니메이션] 그룹에서 **[효과 옵션]**을 클릭한 후 **[위에서]**를 클릭합니다.

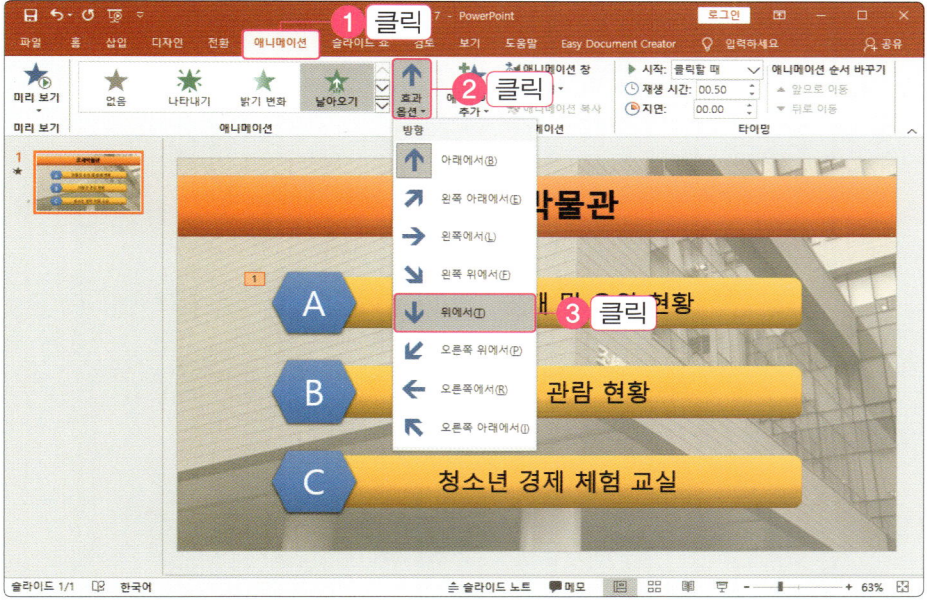

- 애니메이션을 지정하면 해당 개체나 단락의 왼쪽 위에 애니메이션 번호가 표시되고, 해당 슬라이드 번호 아래에 ★[애니메이션 실행] 아이콘이 표시됩니다.
- 애니메이션 효과 옵션은 애니메이션마다 다른데요. 예를 들어 '날아오기' 애니메이션 효과 옵션에는 아래에서나 위에서 등이 있지만 '나누기' 애니메이션 효과 옵션에는 가로 안쪽으로나 가로 바깥쪽으로 등이 있습니다.
- 애니메이션 번호를 선택한 후 [애니메이션] 탭-[애니메이션] 그룹에서 ▽[자세히] 단추를 클릭한 다음 [없음]을 클릭하면 지정된 애니메이션을 제거할 수 있습니다.

Chapter 17 - 애니메이션 지정하기 **113**

4 재생 시간과 지연을 지정하기 위해 [애니메이션] 탭-[타이밍] 그룹에서 **재생 시간(2)과 지연(1)을 입력**합니다.

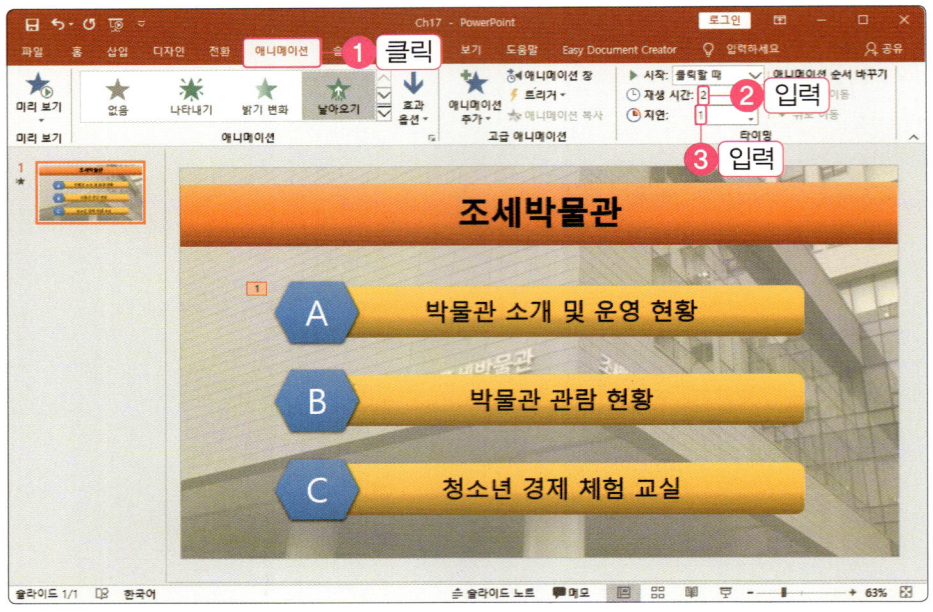

> 재생 시간은 애니메이션이 실행되는 시간을 말하고, 지연은 애니메이션이 실행되기 전에 대기하는 시간을 말합니다.

5 같은 방법으로 **다음과 같이 두 번째 도형과 세 번째 도형에 애니메이션을 지정**합니다.
- 두 번째 도형 : 애니메이션 지정([나타내기]-[날아오기]), 효과 옵션(왼쪽에서), 재생 시간(2), 지연(1)
- 세 번째 도형 : 애니메이션 지정([나타내기]-[날아오기]), 효과 옵션(아래에서), 재생 시간(2), 지연(1)

알고 넘어갑시다!

애니메이션 확인하기

슬라이드 보기 창에서 애니메이션이 지정된 개체나 단락이 있는 슬라이드를 선택한 후 [애니메이션] 탭-[미리 보기] 그룹에서 [미리 보기]를 클릭하거나 다음과 같이 ★[애니메이션 실행] 아이콘을 클릭하면 지정된 애니메이션을 확인할 수 있는데요. 애니메이션을 지정하지 않은 개체나 단락은 애니메이션을 지정한 개체나 단락보다 먼저 나타납니다.

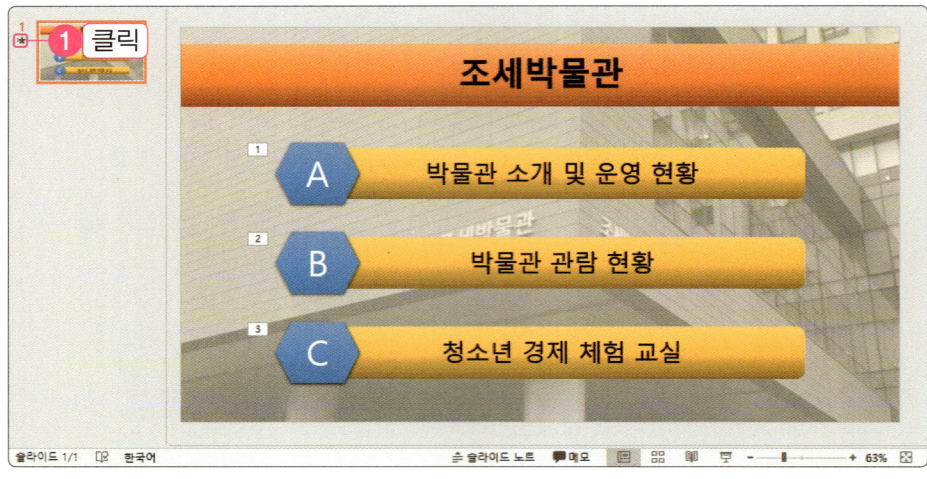

02 애니메이션 추가하기

1 애니메이션을 추가하기 위해 **첫 번째 도형을 선택**한 후 [애니메이션] 탭-[고급 애니메이션] 그룹에서 **[애니메이션 추가]를 클릭**한 다음 **[추가 나타내기 효과]를 클릭**합니다.

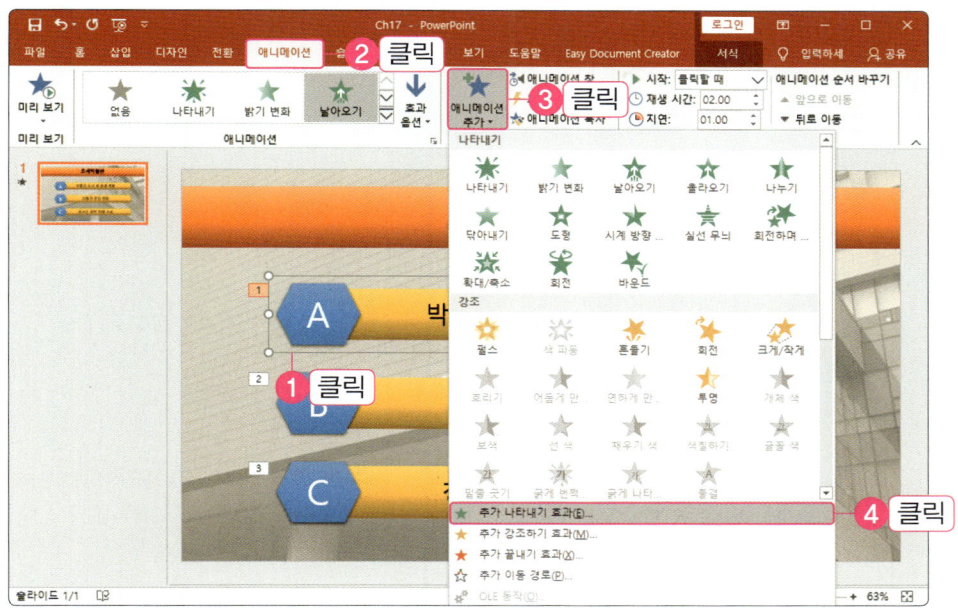

2 [나타내기 효과 추가] 대화상자가 나타나면 **[온화한 효과]-[돌기]를 선택**한 후 [확인] 단추를 클릭합니다.

3 같은 방법으로 **다음과 같이 두 번째 도형과 세 번째 도형에 애니메이션을 추가**합니다.
- 두 번째 도형/세 번째 도형 : 애니메이션 추가([추가 나타내기 효과]-[온화한 효과]-[돌기])

애니메이션이 실행되는 순서 바꾸기

다음과 같이 애니메이션 번호를 선택한 후 [애니메이션] 탭–[타이밍] 그룹에서 [앞으로 이동]을 클릭하면 선택한 애니메이션을 지금보다 일찍 실행할 수 있고, [뒤로 이동]을 클릭하면 선택한 애니메이션을 지금보다 늦게 실행할 수 있습니다.

C:\단계학습\파워포인트\연습파일\Ch17-연습.pptx

1 다음과 같이 도형에 애니메이션을 지정해 보세요.
- **첫 번째 도형/두 번째 도형/세 번째 도형** : 애니메이션 지정([나타내기]-[바운드]), 재생 시간(2), 지연(1)

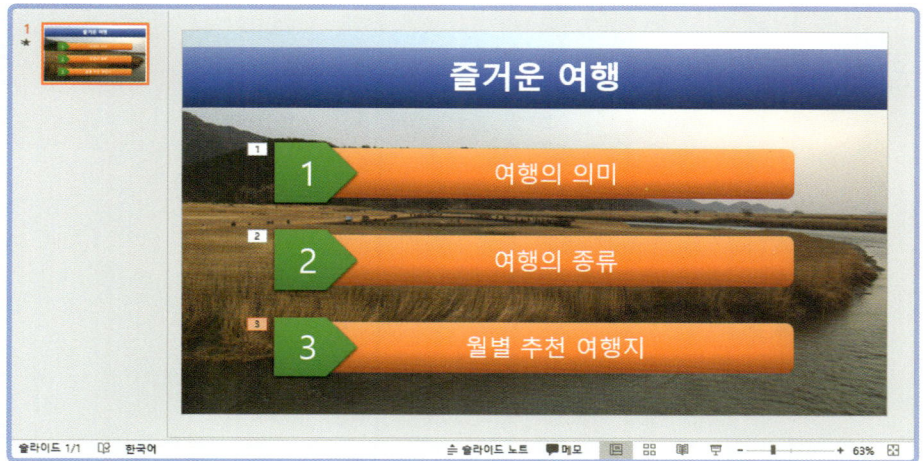

2 다음과 같이 도형에 애니메이션을 추가해 보세요.
- **첫 번째 도형/두 번째 도형/세 번째 도형** : 애니메이션 추가([추가 강조하기 효과]-[화려한 효과]-[깜박이기])

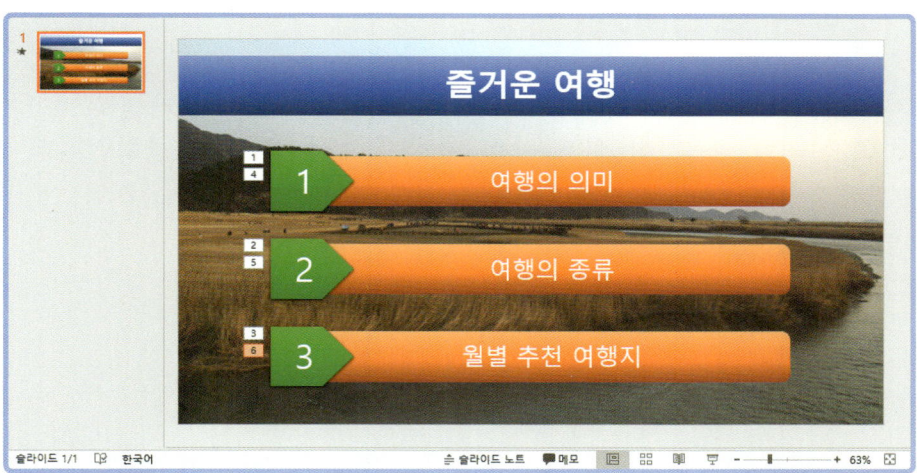

3 애니메이션을 확인해 보세요.

하이퍼링크와 실행 단추 삽입하기

하이퍼링크와 실행 단추는 슬라이드 쇼를 진행하다가 다른 슬라이드로 바로 이동할 수 있는 기능인데요. 하이퍼링크와 실행 단추를 삽입하면 슬라이드 쇼를 매끄럽게 진행하여 효과적인 프레젠테이션을 할 수 있습니다. 그럼, 하이퍼링크와 실행 단추를 삽입하는 방법에 대해 알아보겠습니다.

Preview

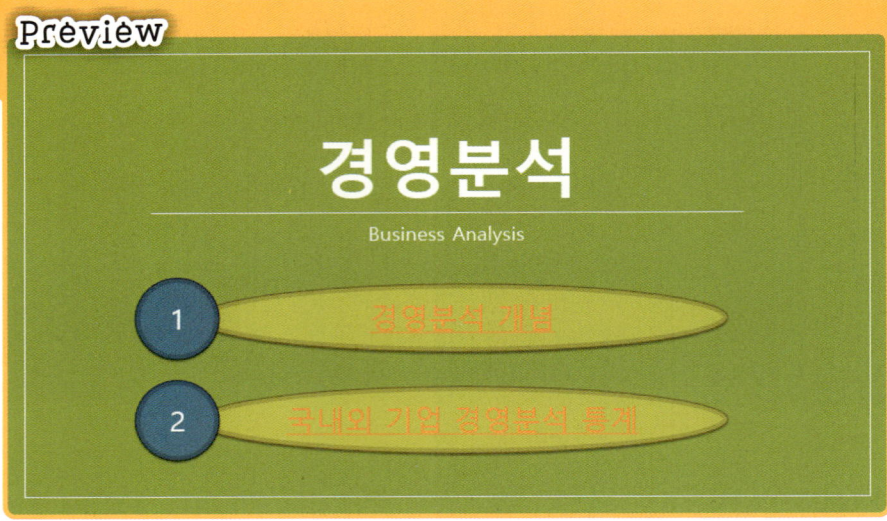

C:\단계학습\파워포인트\예제파일\Ch18.pptx

01 하이퍼링크 삽입하기

1 하이퍼링크를 삽입하기 위해 슬라이드 보기 창에서 **1번 슬라이드를 선택**한 후 '**경영분석 개념**'을 드래그하여 선택한 다음 [삽입] 탭-[링크] 그룹에서 [링크]를 클릭합니다.

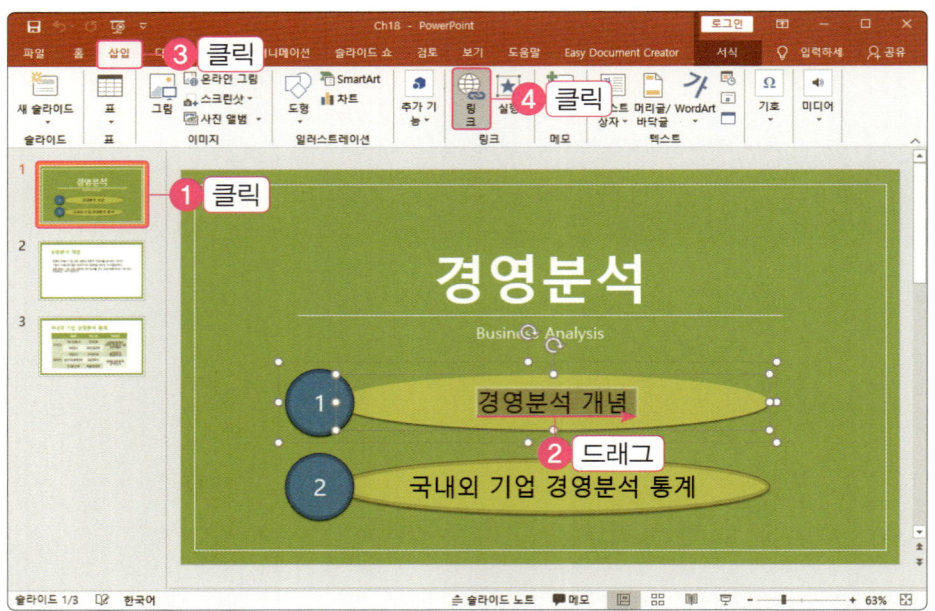

2 [하이퍼링크 삽입] 대화상자가 나타나면 **연결 대상(현재 문서)을 선택**한 후 **이 문서에서 위치(2. 경영분석 개념)를 선택**한 다음 [확인] 단추를 클릭합니다.

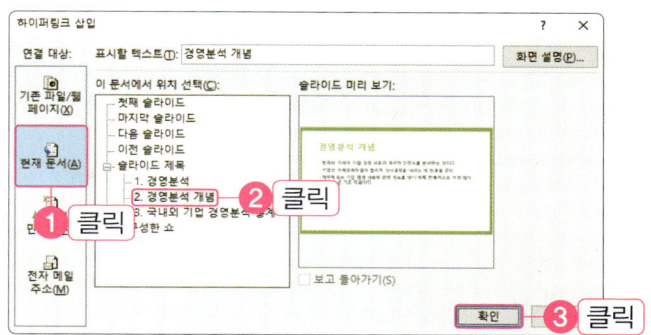

3 같은 방법으로 **다음과 같이 1번 슬라이드의 '국내외 기업 경영분석 통계'에 하이퍼링크를 삽입**합니다.

- 1번 슬라이드의 '국내외 기업 경영분석 통계' : 하이퍼링크 삽입(연결 대상(현재 문서), 이 문서에서 위치(3. 국내외 기업 경영분석 통계))

4 슬라이드 쇼를 시작하기 위해 [슬라이드 쇼] 탭-[슬라이드 쇼 시작] 그룹에서 **[처음부터]**를 클릭합니다.

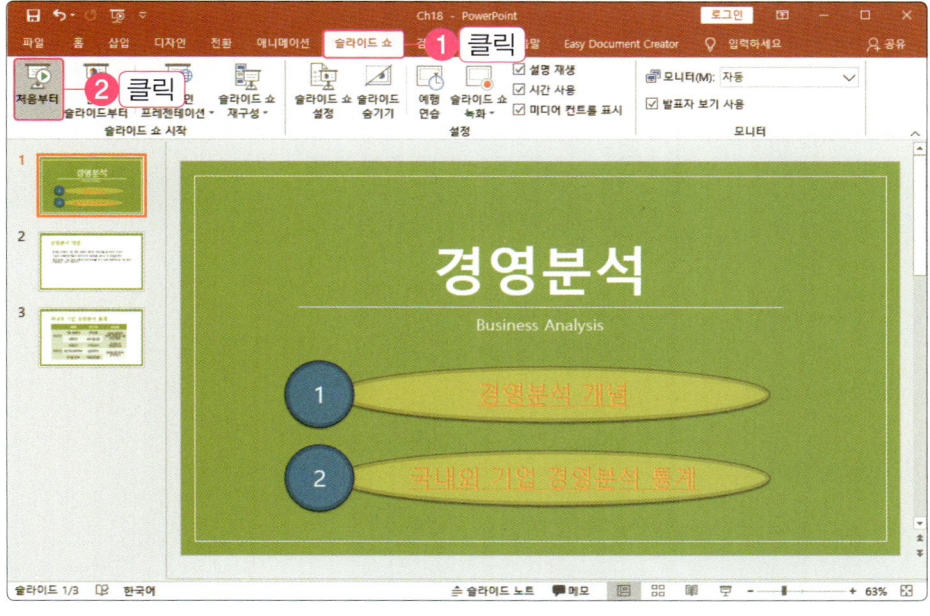

Chapter 18 – 하이퍼링크와 실행 단추 삽입하기 **119**

5 1번 슬라이드가 전체 화면으로 나타나면 **'경영분석 개념'**을 클릭합니다.

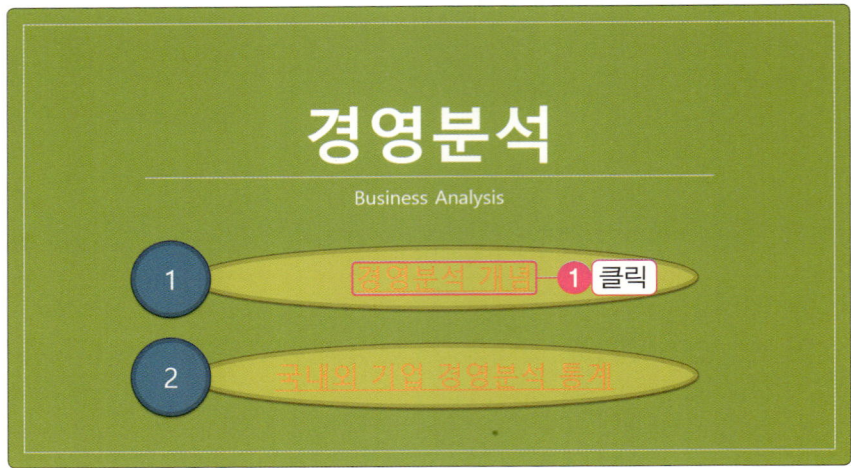

6 2번 슬라이드가 전체 화면으로 나타나면 이전 슬라이드로 이동하기 위해 BackSpace 를 누릅니다.

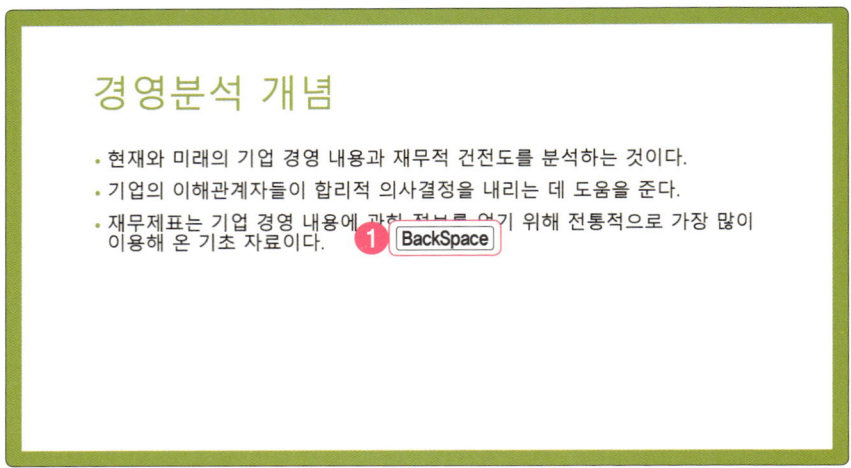

1번 슬라이드의 '경영분석 개념'에 2번 슬라이드로 이동하는 하이퍼링크가 삽입되어 있기 때문에 2번 슬라이드가 전체 화면으로 나타납니다.

7 1번 슬라이드가 전체 화면으로 나타나면 **'국내외 기업 경영분석 통계'**를 클릭합니다.

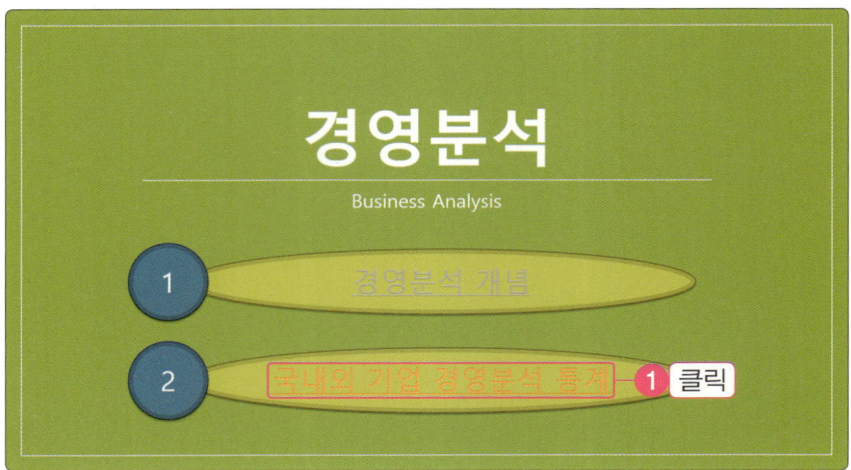

8 3번 슬라이드가 전체 화면으로 나타나면 슬라이드 쇼를 종료하기 위해 Esc를 **누릅니다.**

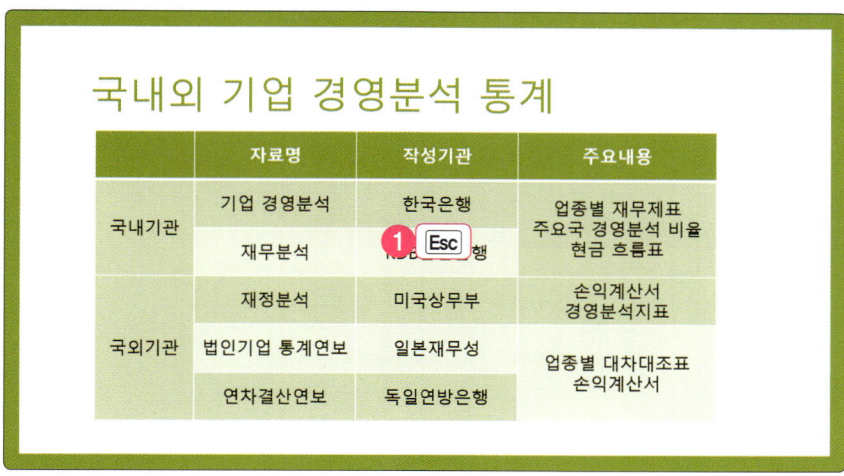

1번 슬라이드의 '국내외 기업 경영분석 통계'에 3번 슬라이드로 이동하는 하이퍼링크가 삽입되어 있기 때문에 3번 슬라이드가 전체 화면으로 나타납니다.

9 슬라이드 쇼가 종료됩니다.

> 알고 넘어갑시다!

하이퍼링크 제거하기

하이퍼링크가 삽입되어 있는 텍스트를 드래그하여 선택한 후 [삽입] 탭–[링크] 그룹에서 [링크]를 클릭하면 [하이퍼링크 편집] 대화상자가 나타나는데요. 다음과 같이 [하이퍼링크 편집] 대화상자에서 [링크 제거] 단추를 클릭하면 하이퍼링크를 제거할 수 있습니다.

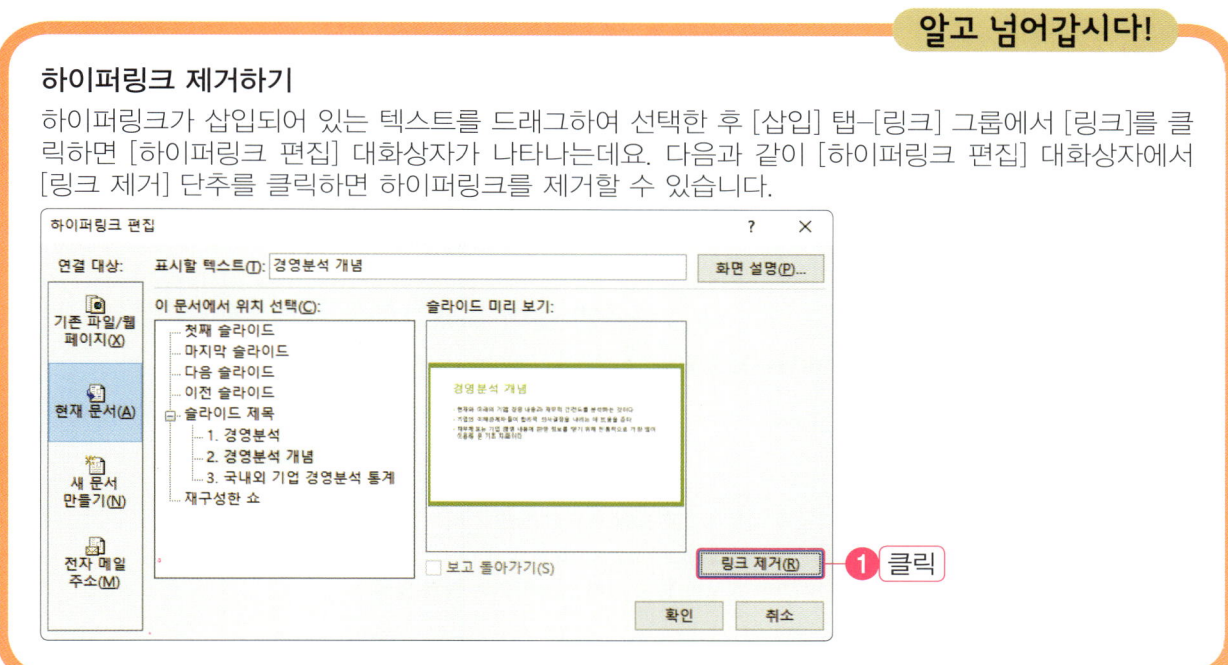

Chapter 18 – 하이퍼링크와 실행 단추 삽입하기 **121**

02 실행 단추 삽입하기

1 실행 단추를 삽입하기 위해 슬라이드 보기 창에서 **2번 슬라이드를 선택**한 후 [삽입] 탭-[일러스트레이션] 그룹에서 **[도형]을 클릭**한 다음 [실행 단추: 홈으로 이동]을 클릭합니다.

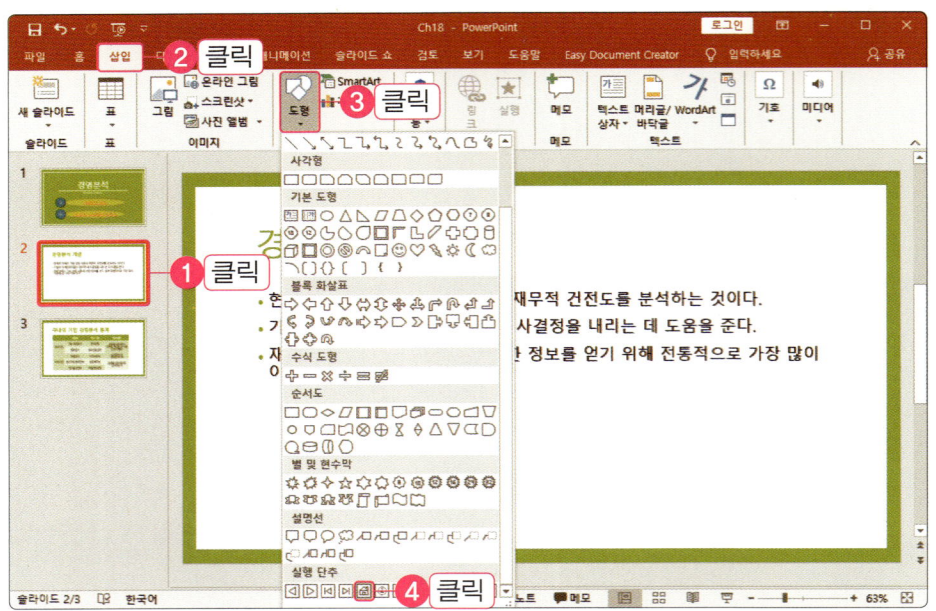

> 실행 단추는 슬라이드를 이동할 수 있는 하이퍼링크(이전 슬라이드, 다음 슬라이드, 첫째 슬라이드, 마지막 슬라이드 등)가 삽입되어 있는 도형인데요. [실행 단추: 홈으로 이동]에는 기본적으로 첫째 슬라이드(1번 슬라이드)로 이동하는 하이퍼링크가 삽입되어 있습니다.

2 마우스 포인터가 + 모양으로 변경되면 **다음과 같이 드래그**하여 실행 단추를 그립니다.

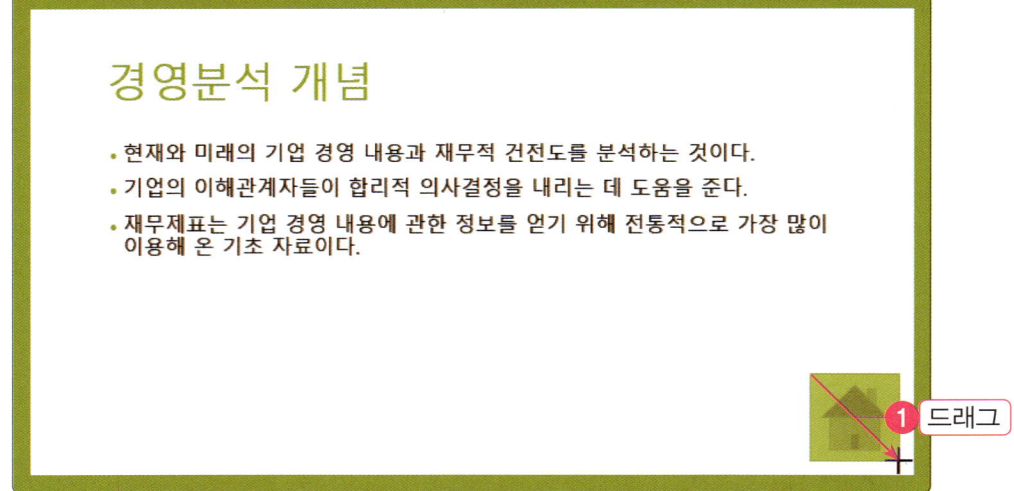

3 [실행 설정] 대화상자가 나타나면 [마우스를 클릭할 때] 탭에서 **하이퍼링크가 '첫째 슬라이드'로 선택되어 있는 것을 확인**한 후 [확인] 단추를 클릭합니다.

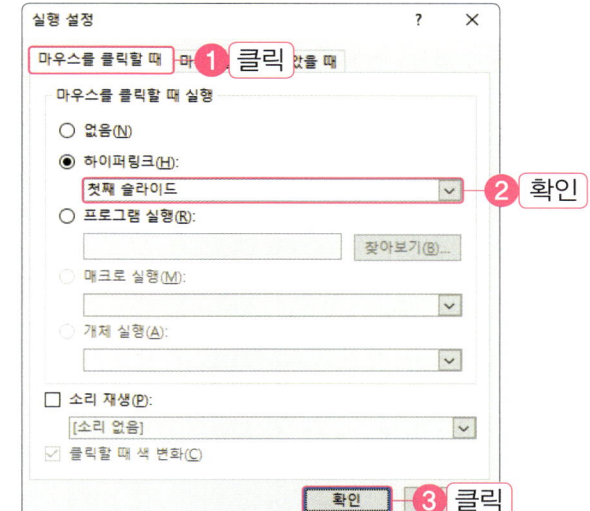

[실행 설정] 대화상자는 실행 단추를 삽입하자마자 나타납니다.

4 같은 방법으로 **다음과 같이 3번 슬라이드에 실행 단추를 삽입**합니다.

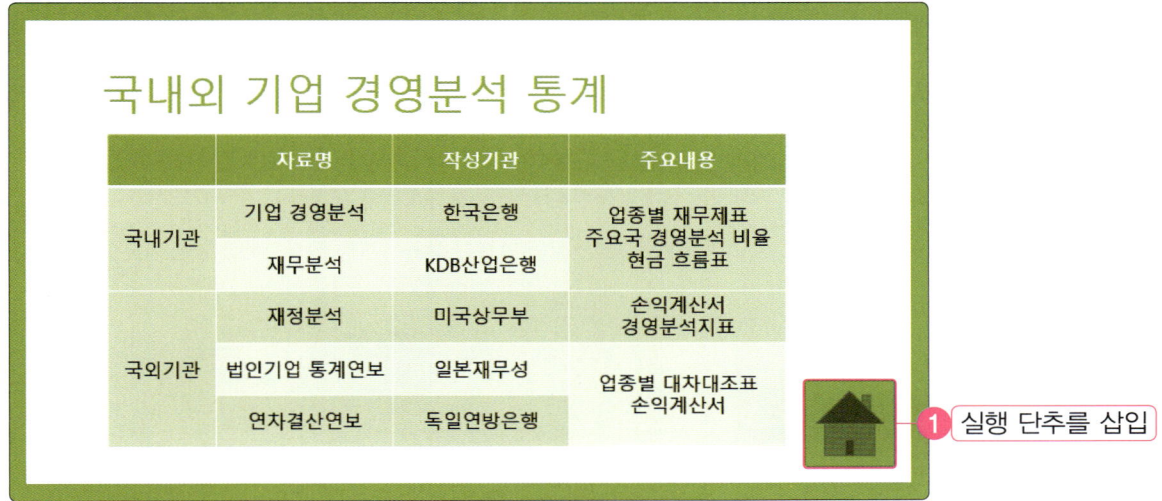

슬라이드의 🏠을 선택한 후 [삽입] 탭-[링크] 그룹에서 [링크]를 클릭하면 슬라이드의 🏠에 삽입되어 있는 하이퍼링크를 수정할 수 있습니다.

알고 넘어갑시다!

실행 단추에 기본적으로 삽입되어 있는 하이퍼링크
- ◁[실행 단추: 뒤로 또는 앞으로 이동] : 이전 슬라이드
- ▷[실행 단추: 앞으로 또는 다음으로 이동] : 다음 슬라이드
- ◁|[실행 단추: 처음으로 이동] : 첫째 슬라이드
- |▷[실행 단추: 끝으로 이동] : 마지막 슬라이드
- 🏠[실행 단추: 홈으로 이동] : 첫째 슬라이드
- ↩[실행 단추: 돌아가기] : 마지막으로 본 슬라이드

5 슬라이드 쇼를 시작하기 위해 [슬라이드 쇼] 탭-[슬라이드 쇼 시작] 그룹에서 [**처음부터**]를 클릭합니다.

6 1번 슬라이드가 전체 화면으로 나타나면 **'경영분석 개념'을 클릭**합니다.

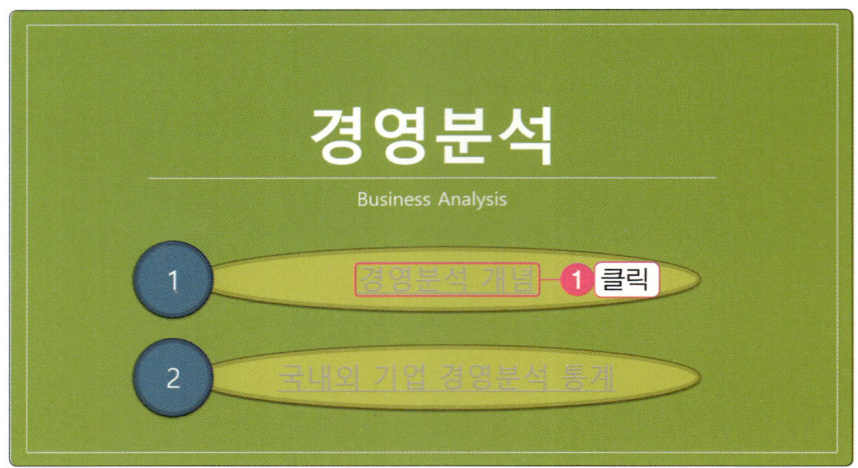

7 2번 슬라이드가 전체 화면으로 나타나면 1번 슬라이드로 이동하기 위해 🏠**를 클릭**합니다.

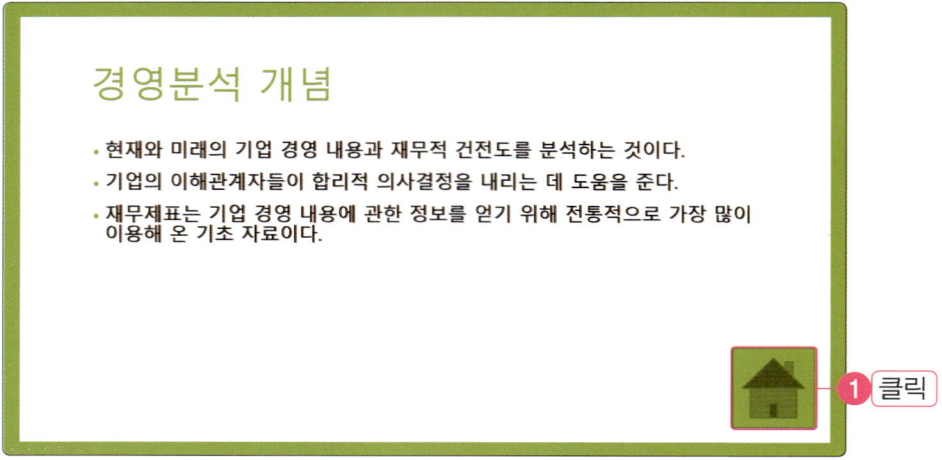

8 1번 슬라이드가 전체 화면으로 나타나면 슬라이드 쇼를 종료하기 위해 Esc**를 누릅니다.**

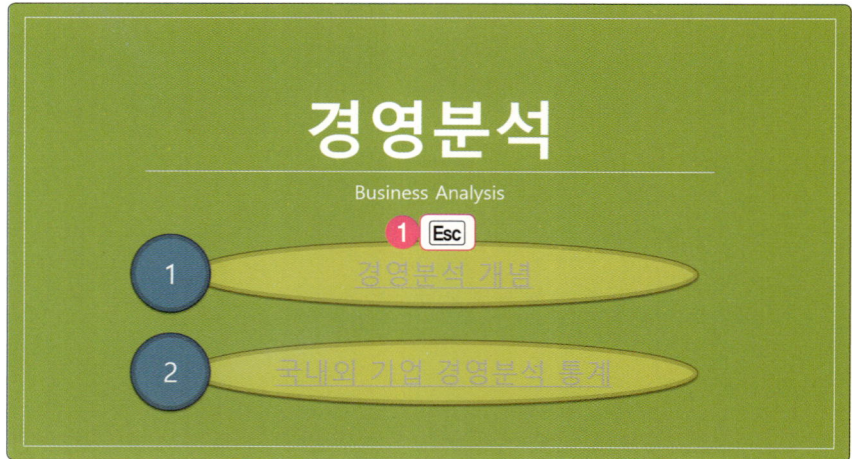

> 2번 슬라이드의 🏠에 1번 슬라이드로 이동하는 하이퍼링크가 삽입되어 있기 때문에 1번 슬라이드가 전체 화면으로 나타납니다.

9 슬라이드 쇼가 종료됩니다.

POWERPOINT 2016 연습문제

📎 C:\단계학습\파워포인트\연습파일\Ch18-연습.pptx

1 다음과 같이 하이퍼링크와 실행 단추를 삽입해 보세요.
- 1번 슬라이드의 '규모와 진도' : 하이퍼링크 삽입(연결 대상(현재 문서), 이 문서에서 위치(2. 규모와 진도))
- 1번 슬라이드의 '국내 지진 규모별 순위' : 하이퍼링크 삽입(연결 대상(현재 문서), 이 문서에서 위치(3. 국내 지진 규모별 순위))
- 2번 슬라이드/3번 슬라이드 : 실행 단추 삽입(🏠[실행 단추: 홈으로 이동])

◀ 1번 슬라이드

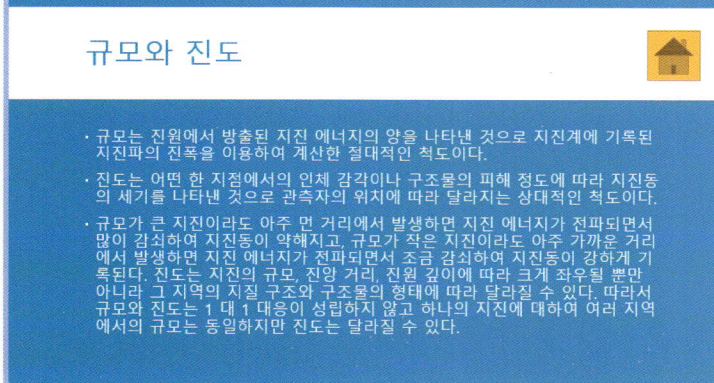

◀ 2번 슬라이드

◀ 3번 슬라이드

2 1번 슬라이드부터 슬라이드 쇼를 시작하여 삽입된 하이퍼링크와 실행 단추를 확인해 보세요.

슬라이드 숨기고 슬라이드 쇼 재구성하기

POWERPOINT 2016

프레젠테이션을 작성한 후 슬라이드 쇼를 진행하다 보면 필요 없는 슬라이드가 있을 수 있는데요. 이런 경우, 필요 없는 슬라이드를 숨기거나 슬라이드 쇼를 재구성하면 필요 없는 슬라이드가 나타나지 않게 할 수 있습니다. 그럼, 슬라이드를 숨기고 슬라이드 쇼를 재구성하는 방법에 대해 알아보겠습니다.

Preview

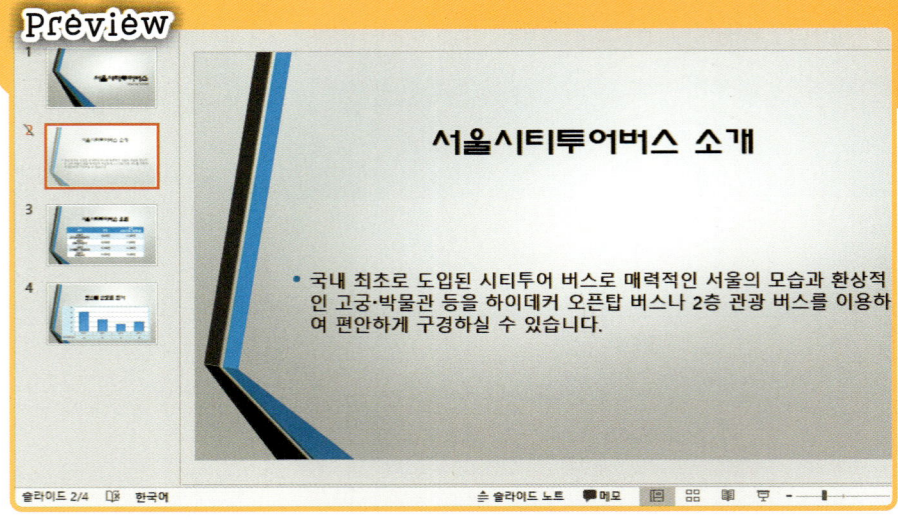

C:\단계학습\파워포인트\예제파일\Ch19.pptx

01 슬라이드 숨기기

1 슬라이드를 숨기기 위해 슬라이드 보기 창에서 **2번 슬라이드를 선택**한 후 [슬라이드 쇼] 탭-[설정] 그룹에서 **[슬라이드 숨기기]**를 선택합니다.

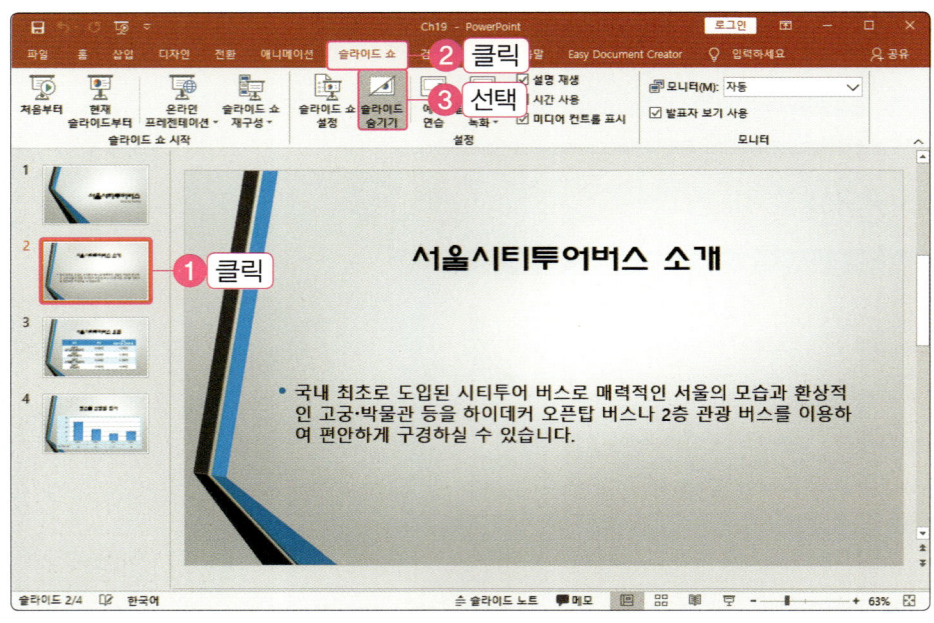

[슬라이드 숨기기]는 클릭하면 선택되고, 다시 클릭하면 선택 해제됩니다.

2 슬라이드가 숨겨지면 슬라이드 쇼를 시작하기 위해 [슬라이드 쇼] 탭-[슬라이드 쇼 시작] 그룹에서 **[처음부터]를 클릭**합니다.

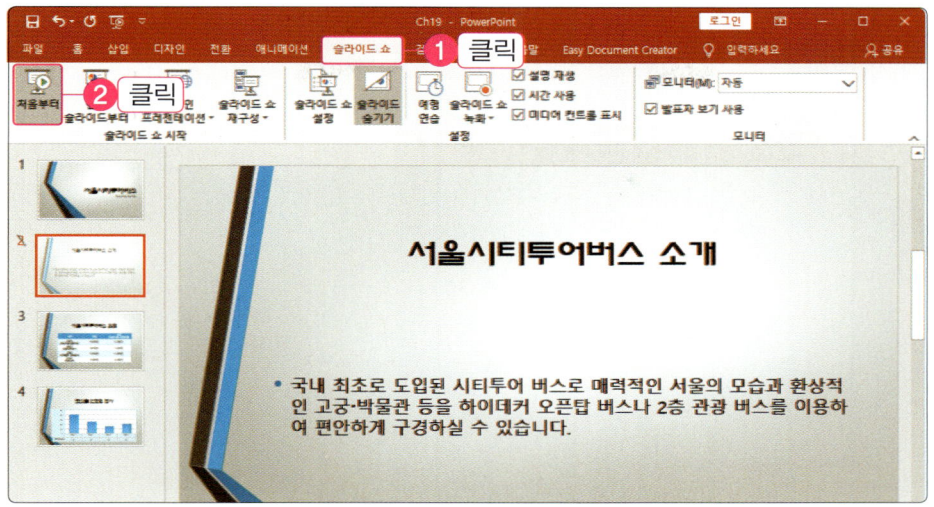

3 1번 슬라이드가 전체 화면으로 나타나면 다음 슬라이드로 이동하기 위해 **슬라이드를 클릭**합니다.

4 3번 슬라이드가 전체 화면으로 나타나면 슬라이드 쇼를 종료하기 위해 Esc를 **누릅니다.**

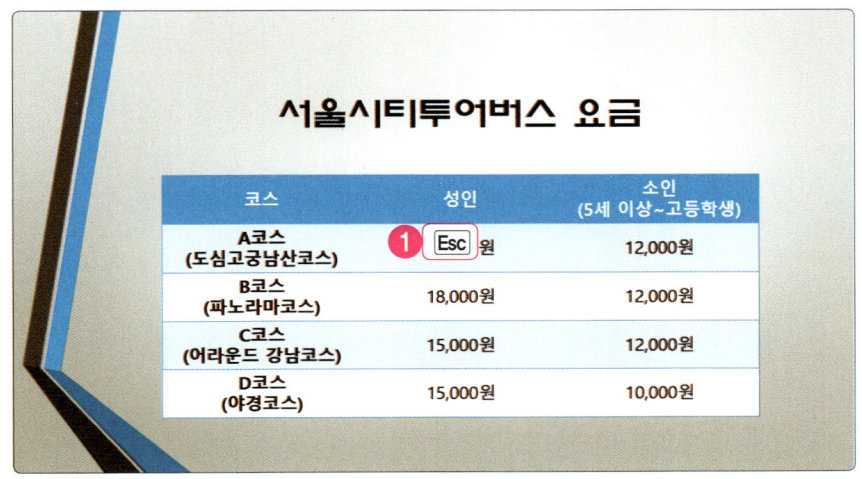

2번 슬라이드가 숨겨져 있기 때문에 3번 슬라이드가 전체 화면으로 나타납니다.

5 슬라이드 쇼가 종료되면 숨긴 슬라이드를 다시 표시하기 위해 슬라이드 보기 창에서 **2번 슬라이드를 선택**한 후 [슬라이드 쇼] 탭-[설정] 그룹에서 **[슬라이드 숨기기]를 선택 해제**합니다.

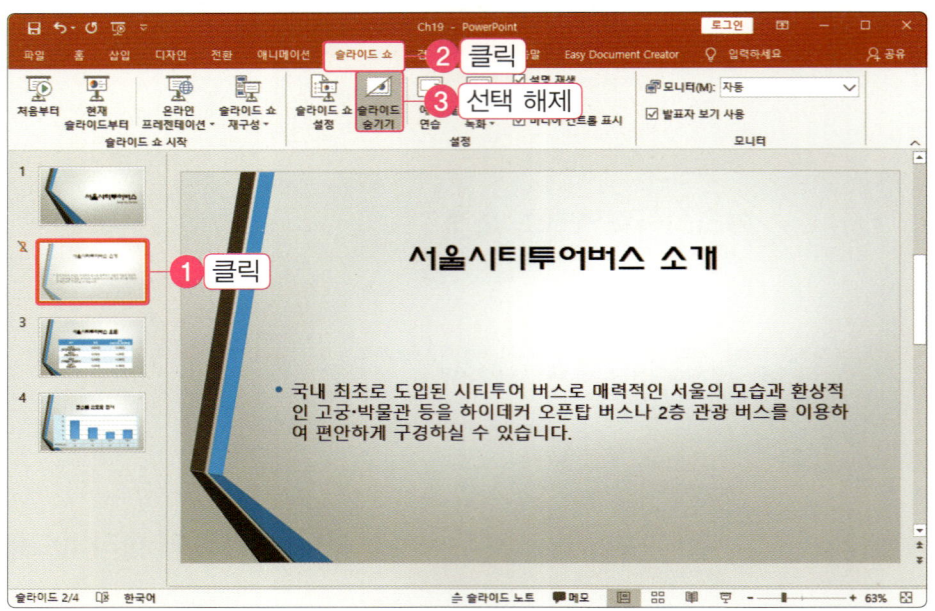

6 숨긴 슬라이드가 다시 표시됩니다.

02 슬라이드 쇼 재구성하기

1 슬라이드 쇼를 재구성하기 위해 [슬라이드 쇼] 탭-[슬라이드 쇼 시작] 그룹에서 [슬라이드 쇼 재구성]을 클릭한 후 [쇼 재구성]을 클릭합니다.

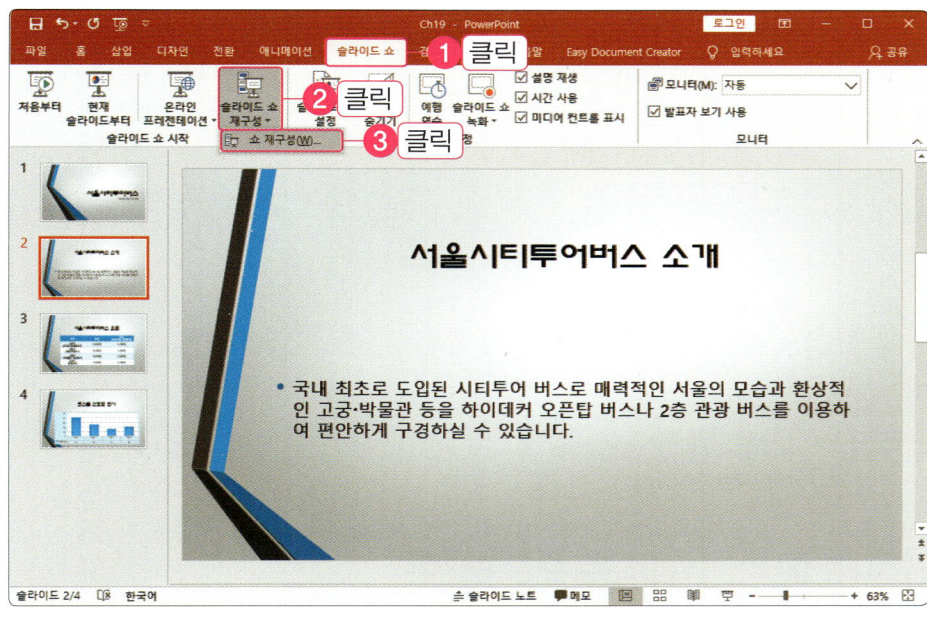

2 [쇼 재구성] 대화상자가 나타나면 [새로 만들기] 단추를 클릭합니다.

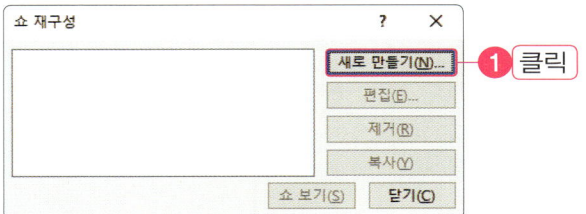

3 [쇼 재구성하기] 대화상자가 나타나면 슬라이드 쇼 이름(서울시티투어버스)을 입력한 후 프레젠테이션에 있는 슬라이드에서 1번 슬라이드와 3번 슬라이드를 선택한 다음 [추가] 단추를 클릭합니다. 그런 다음 1번 슬라이드와 3번 슬라이드가 재구성한 쇼에 있는 슬라이드에 추가되면 [확인] 단추를 클릭합니다.

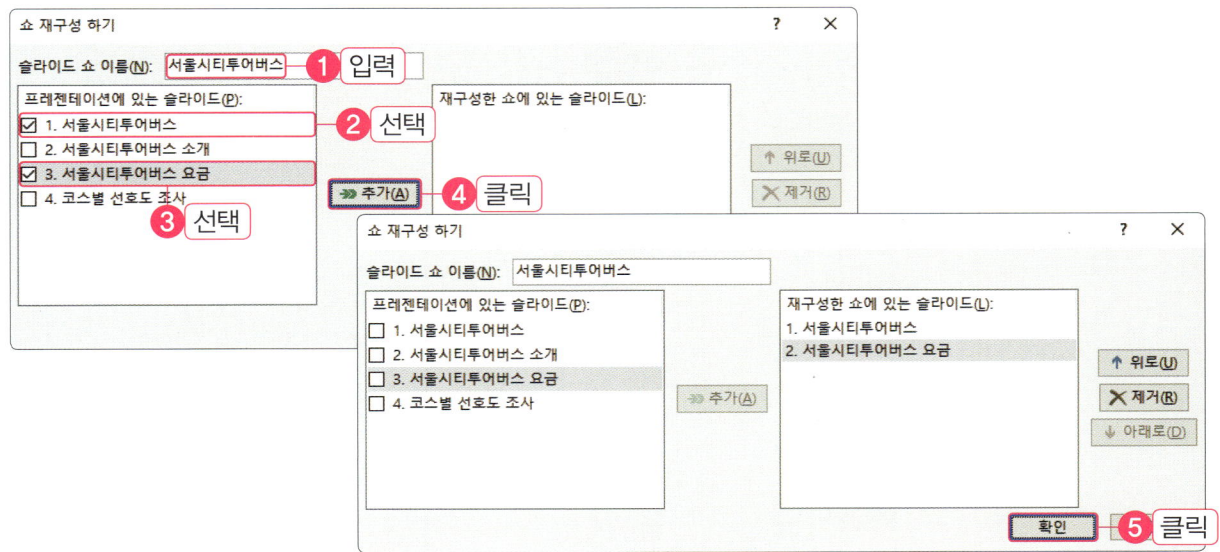

Chapter 19 – 슬라이드 숨기고 슬라이드 쇼 재구성하기

4 [쇼 재구성] 대화상자가 다시 나타나면 재구성한 쇼를 보기 위해 [쇼 보기] 단추를 클릭합니다.

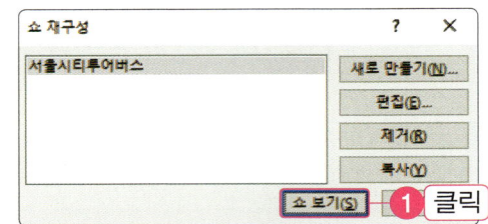

재구성한 쇼를 선택한 후 [편집] 단추를 클릭하면 재구성한 쇼를 수정할 수 있고, [제거] 단추를 클릭하면 재구성한 쇼를 제거할 수 있습니다.

5 1번 슬라이드가 전체 화면으로 나타나면 다음 슬라이드로 이동하기 위해 **슬라이드를 클릭**합니다.

6 2번 슬라이드가 전체 화면으로 나타나면 슬라이드 쇼를 종료하기 위해 Esc를 누릅니다.

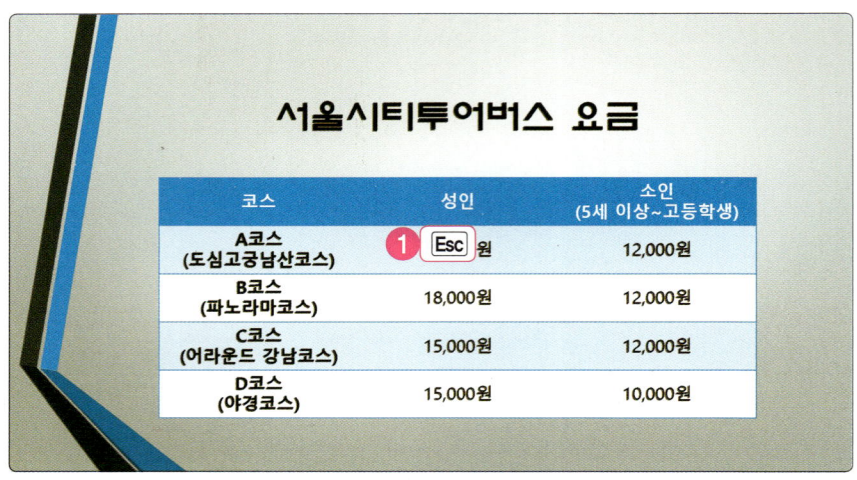

재구성한 쇼에 있는 슬라이드만 표시되는 것을 확인할 수있습니다.

7 슬라이드 쇼가 종료됩니다.

알고 넘어갑시다!

재구성한 쇼 보기

다음과 같이 [슬라이드 쇼] 탭-[슬라이드 쇼 시작] 그룹에서 [슬라이드 쇼 재구성]을 클릭한 후 재구성한 쇼(슬라이드 쇼를 재구성하면 표시됩니다)를 클릭하여 재구성한 쇼를 볼 수도 있습니다.

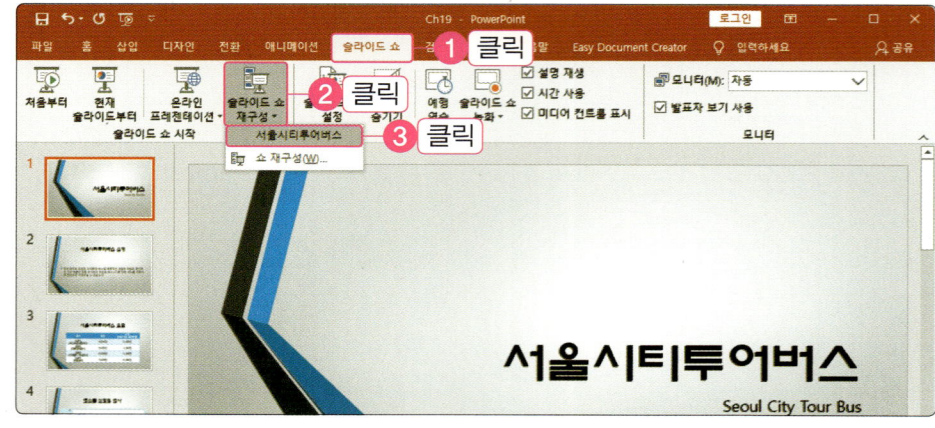

POWERPOINT 2016 연습문제

C:\단계학습\파워포인트\연습파일\Ch19-연습.pptx

1 다음과 같이 4번 슬라이드를 숨겨 보세요.

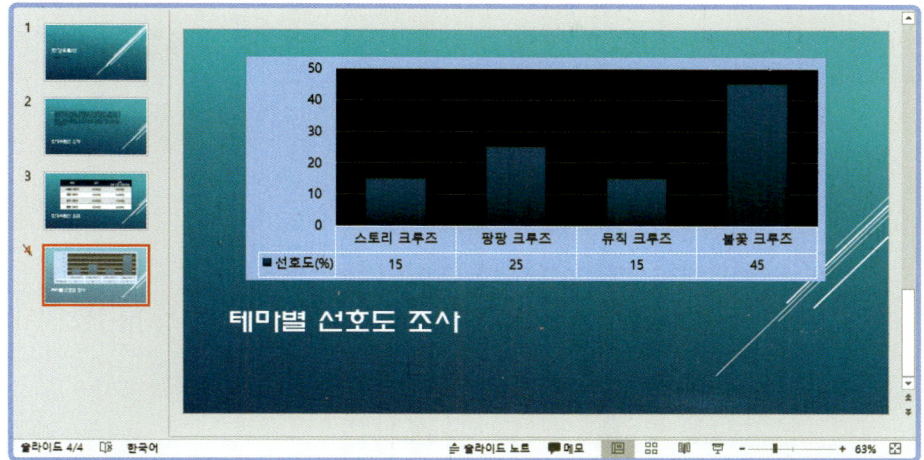

2 1번 슬라이드부터 슬라이드 쇼를 시작하여 숨긴 슬라이드가 표시되지 않는 것을 확인한 후 숨긴 슬라이드를 다시 표시해 보세요.

3 다음과 같이 슬라이드 쇼를 재구성해 보세요.
- **슬라이드 쇼 재구성** : 슬라이드 쇼 이름(한강유람선), 재구성한 쇼에 있는 슬라이드(프레젠테이션에 있는 슬라이드에서 1번 슬라이드/3번 슬라이드/4번 슬라이드 선택)

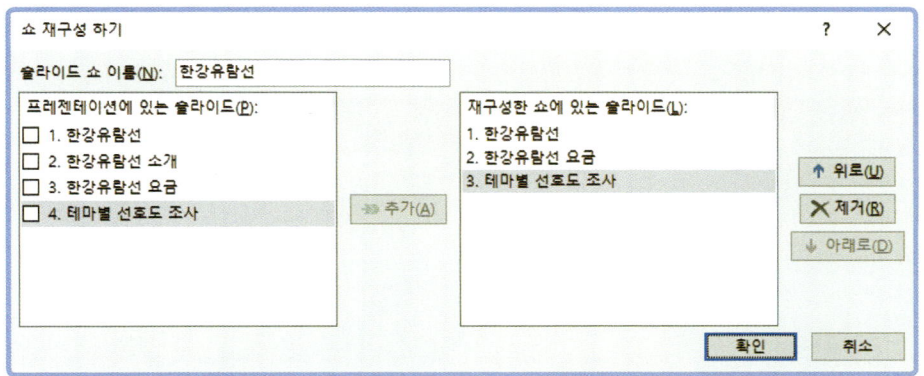

4 재구성한 쇼를 봐 보세요.

> **Hint**
> [슬라이드 쇼] 탭-[슬라이드 쇼 시작] 그룹에서 [슬라이드 쇼 재구성]을 클릭한 후 [한강유람선]을 클릭하면 재구성한 쇼를 볼 수 있습니다.

Chapter 20 슬라이드 쇼 진행하고 예행 연습하기

POWERPOINT 2016

예행 연습은 슬라이드 쇼를 매끄럽게 진행하기 위해 미리 슬라이드 쇼를 진행해 볼 수 있는 기능인데요. 슬라이드 쇼를 진행할 때 필요한 기능을 익히고 예행 연습을 충분히 한다면 훌륭한 프레젠테이션을 할 수 있을 것입니다. 그럼, 슬라이드 쇼를 진행하고 예행 연습을 하는 방법에 대해 알아보겠습니다.

Preview

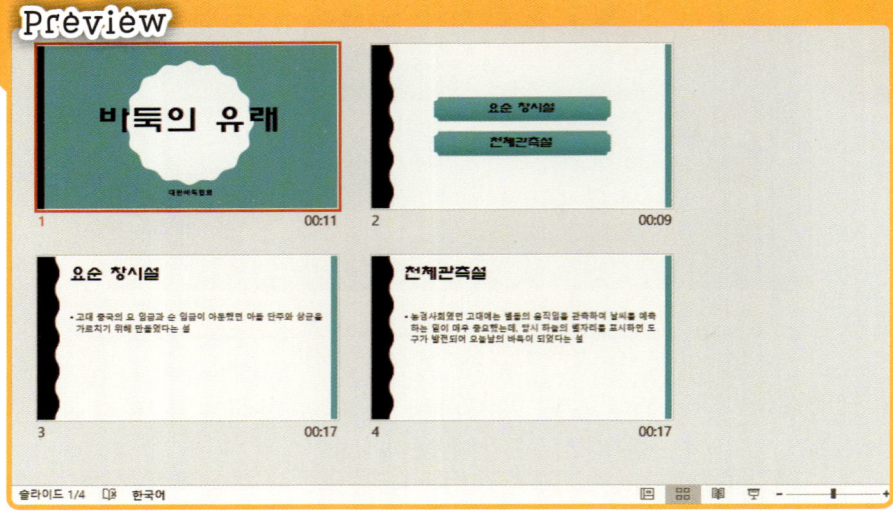

C:\단계학습\파워포인트\예제파일\Ch20.pptx

01 슬라이드 쇼 진행하기

1 슬라이드 쇼를 진행하기 위해 [슬라이드 쇼] 탭-[슬라이드 쇼 시작] 그룹에서 **[처음부터]**를 클릭합니다.

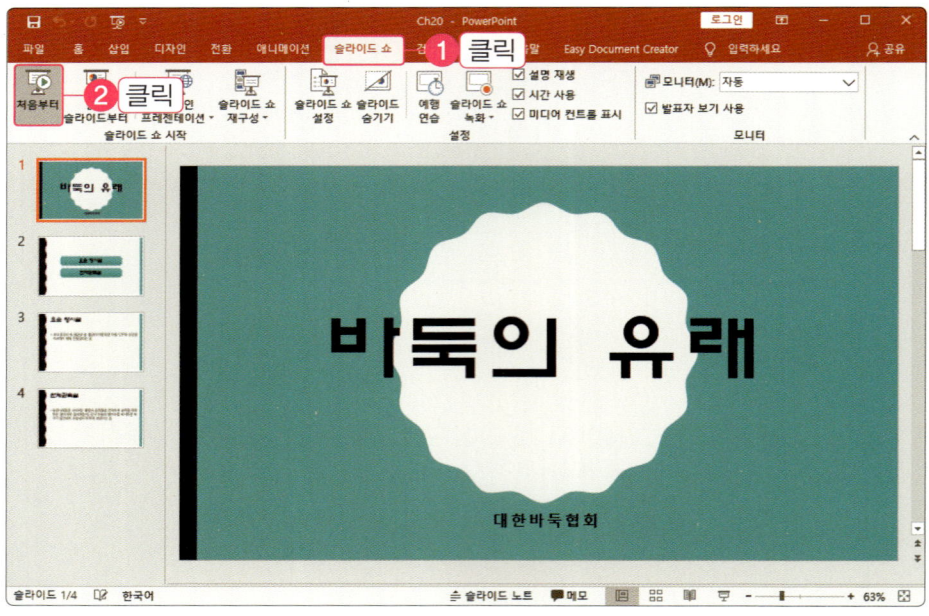

2 1번 슬라이드가 전체 화면으로 나타나면 3번 슬라이드로 이동하기 위해 **3을 누른 후 Enter를 누릅니다.**

> 슬라이드 번호를 누른 후 Enter를 누르면 해당 슬라이드로 바로 이동할 수 있습니다.

3 3번 슬라이드가 전체 화면으로 나타나면 형광펜으로 주요 내용을 표시하기 위해 **슬라이드의 바로 가기 메뉴에서 [포인터 옵션]-[형광펜]을 클릭**합니다.

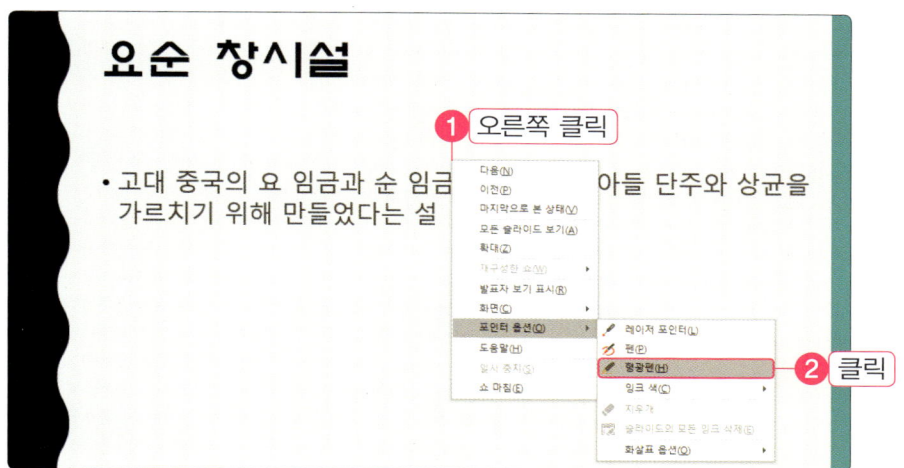

알고 넘어갑시다!

포인터 옵션

❶ 레이저 포인터/펜/형광펜 : 마우스 포인터를 레이저 포인터 모양/펜 모양/형광펜 모양으로 변경합니다.
❷ 잉크 색 : 펜이나 형광펜의 색을 지정합니다.
❸ 지우개 : 마우스 포인터를 지우개 모양으로 변경합니다. 드래그하면 잉크 주석(펜이나 형광펜으로 표시한 흔적)을 지울 수 있습니다.
❹ 슬라이드의 모든 잉크 삭제 : 슬라이드 쇼를 진행하면서 주요 내용에 표시한 모든 잉크 주석을 지웁니다.
❺ 화살표 옵션 : 마우스 포인터를 표시하거나 숨깁니다.

4 마우스 포인터가 형광펜 모양으로 변경되면 **다음과 같이 드래그하여 주요 내용을 표시한 후 4번 슬라이드로 이동하기 위해 Enter를 누릅니다.**

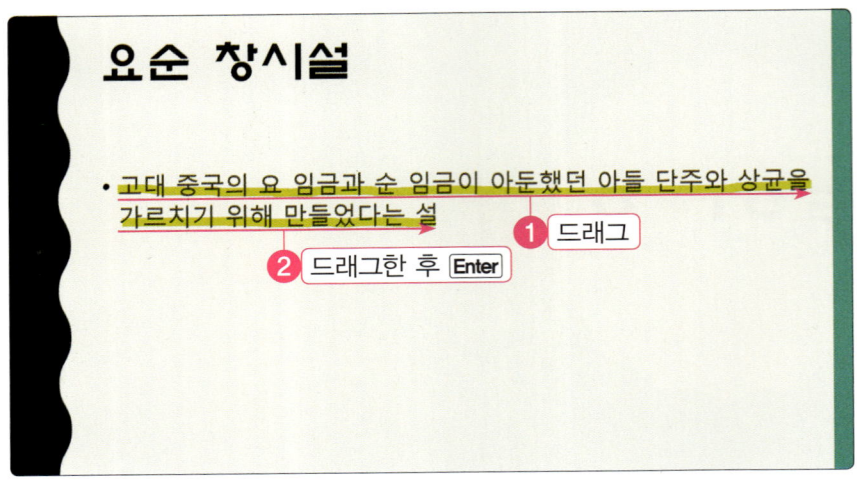

> 펜이나 형광펜을 사용하면 클릭하여 다음 슬라이드로 이동할 수 없기 때문에 Enter를 눌러 다음 슬라이드로 이동해야 합니다.

5 4번 슬라이드가 전체 화면으로 나타나면 슬라이드 쇼를 종료하기 위해 Esc를 **누릅니다.**

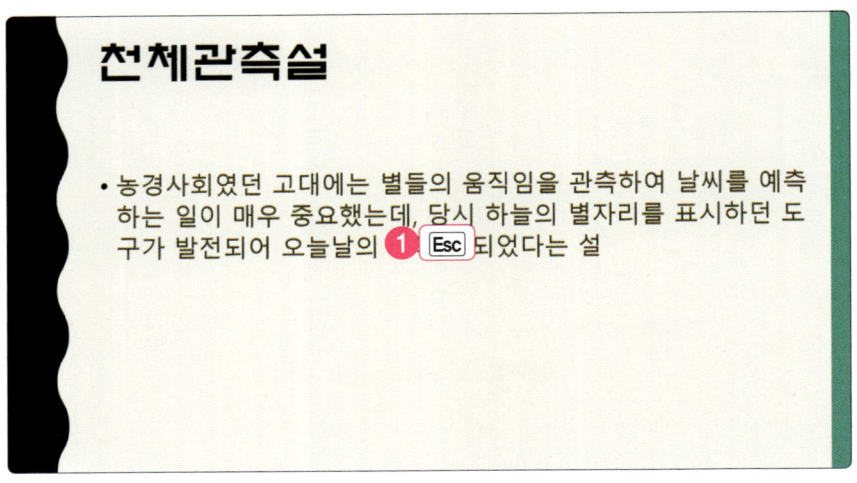

6 '잉크 주석을 유지하시겠습니까?'라고 묻는 대화상자가 나타나면 **[아니오] 단추를 클릭**합니다.

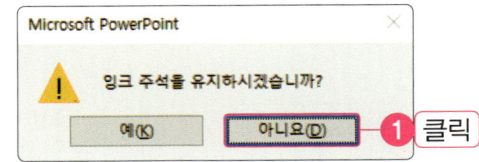

> [예] 단추를 클릭하면 잉크 주석이 슬라이드에 도형을 그린 것처럼 삽입됩니다.

7 슬라이드 쇼가 종료됩니다.

알고 넘어갑시다!

슬라이드 쇼 화면 확대하기

다음과 같이 슬라이드 쇼를 진행하다가 슬라이드의 바로 가기 메뉴에서 [확대]를 클릭하면 슬라이드 쇼 화면을 확대할 수 있습니다.

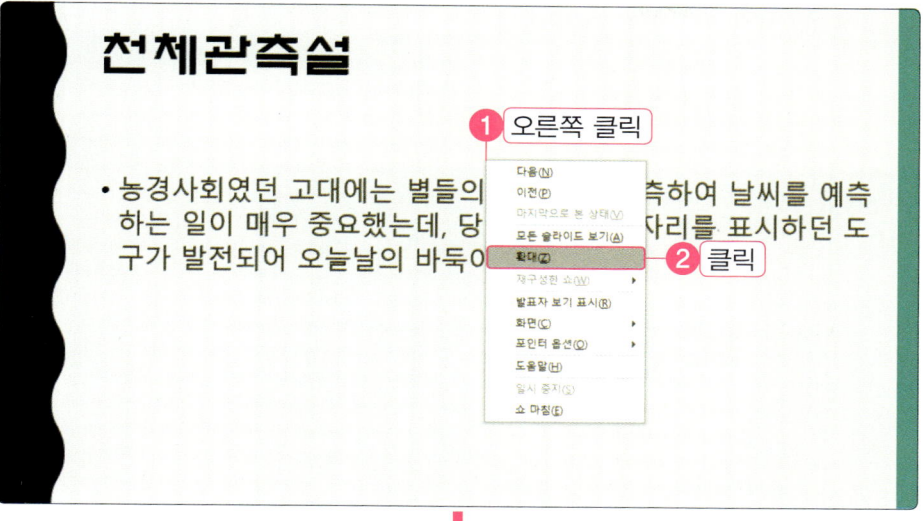

02 예행 연습하기

1 예행 연습을 하기 위해 [슬라이드 쇼] 탭-[설정] 그룹에서 **[예행 연습]**을 **클릭**합니다.

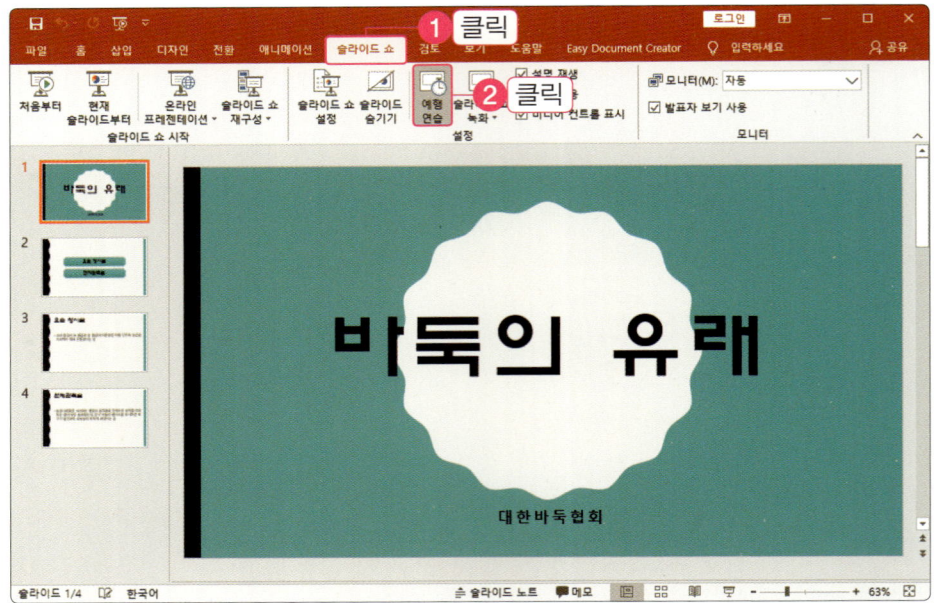

2 [녹화] 도구 모음과 함께 1번 슬라이드가 전체 화면으로 나타나면 **슬라이드 쇼를 진행**합니다.

> [녹화] 도구 모음은 슬라이드 시간(슬라이드 쇼의 진행 시간)을 기록하는데요. 슬라이드 쇼를 일시 중지한 시간이나 펜이나 형광펜을 선택하는 시간 등은 슬라이드 시간에 포함되지 않습니다.

알고 넘어갑시다!

슬라이드 쇼 일시 중지하기
- 방법1 : `,`를 누르면(흰 화면이 됩니다) 슬라이드 쇼를 일시 중지할 수 있고, 다시 `,`를 누르면 슬라이드 쇼를 진행할 수 있습니다.
- 방법2 : `.`를 누르면(검은 화면이 됩니다) 슬라이드 쇼를 일시 중지할 수 있고, 다시 `.`를 누르면 슬라이드 쇼를 진행할 수 있습니다.

3 슬라이드 쇼를 종료한 후 '새 슬라이드 시간을 저장하시겠습니까?'라고 묻는 대화상자가 나타나면 **[예] 단추를 클릭**합니다.

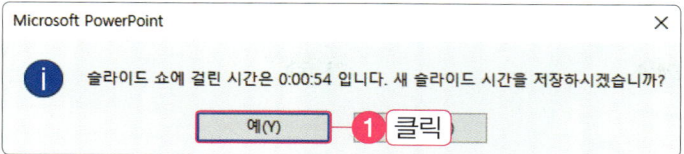

4 프레젠테이션 보기를 여러 슬라이드 보기로 전환하기 위해 [보기] 탭-[프레젠테이션 보기] 그룹에서 **[여러 슬라이드]를 클릭**합니다.

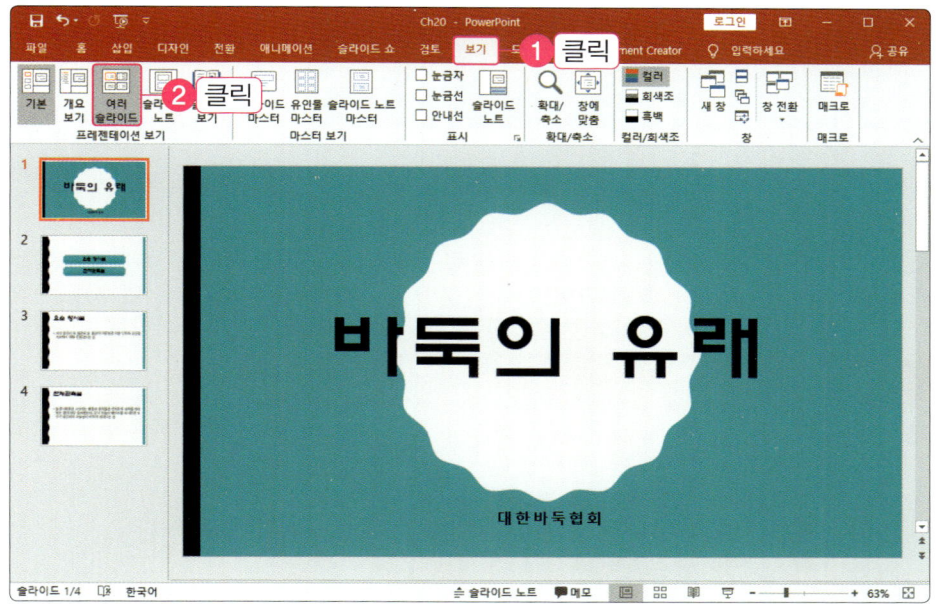

> 프레젠테이션 보기를 여러 슬라이드 보기로 전환하면 슬라이드별로 슬라이드 시간을 확인할 수 있습니다.

5 슬라이드 시간대로 슬라이드 쇼가 진행되는지 확인하기 위해 [슬라이드 쇼] 탭-[슬라이드 쇼 시작] 그룹에서 **[처음부터]를 클릭**합니다.

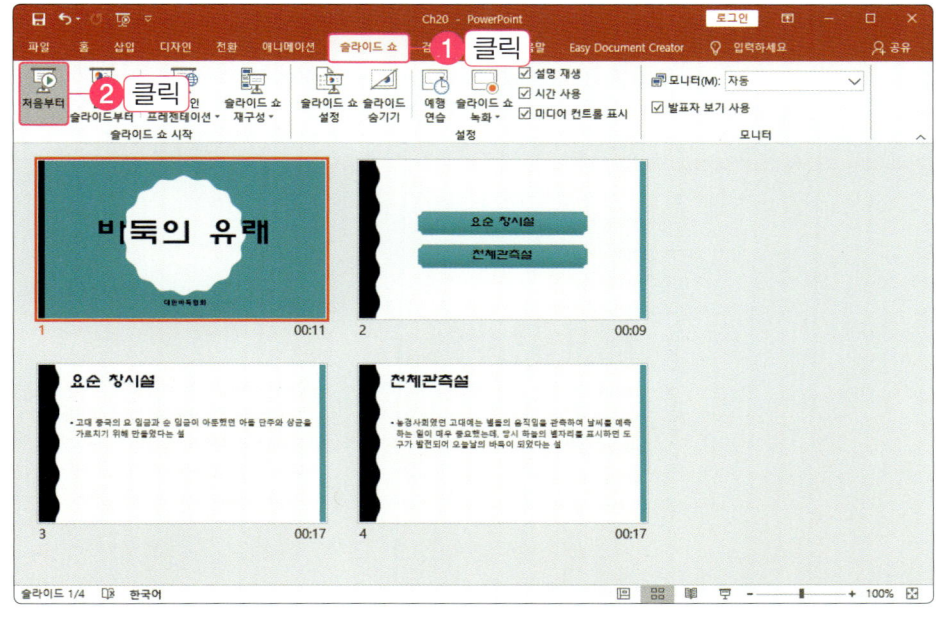

6 다음과 같이 슬라이드 시간대로 슬라이드 쇼가 진행되는 것을 확인할 수 있습니다.

알고 넘어갑시다!

슬라이드 시간 사용하지 않기

다음과 같이 슬라이드를 선택한 후 [전환] 탭-[타이밍] 그룹을 보면 [다음 시간 후]가 선택되어 있는 것을 확인할 수 있습니다. 예행 연습을 한 후 슬라이드 시간을 저장하면 [다음 시간 후]가 자동으로 선택되는 것인데요. [다음 시간 후]를 선택 해제하면 슬라이드 시간을 사용하지 않을 수 있습니다.

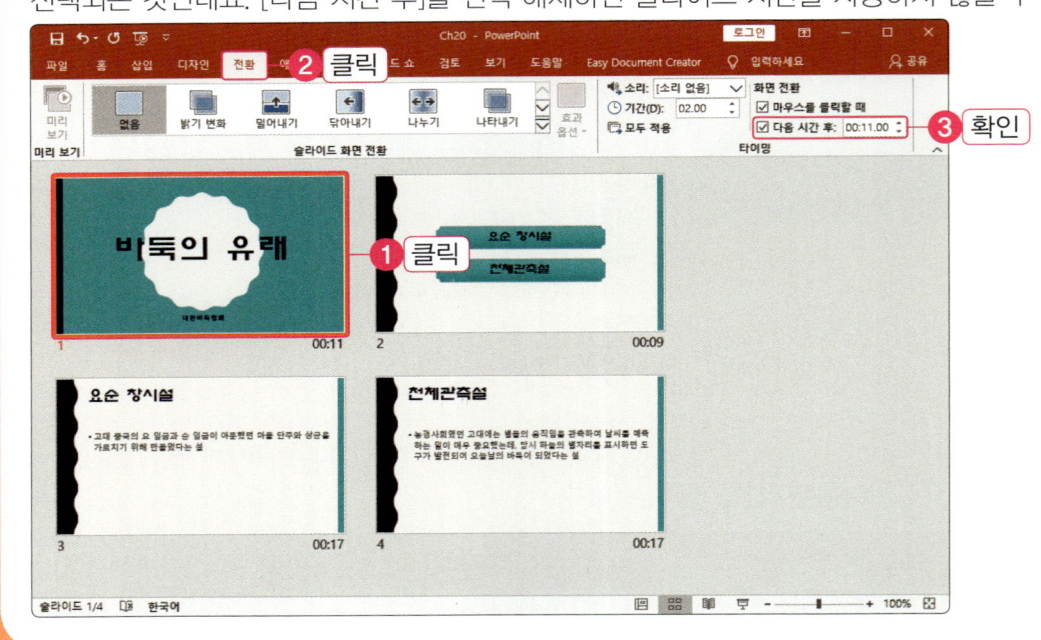

C:\단계학습\파워포인트\연습파일\Ch20-연습.pptx

1 다음과 같이 슬라이드 쇼를 진행하면서 펜으로 주요 내용을 표시해 보세요.

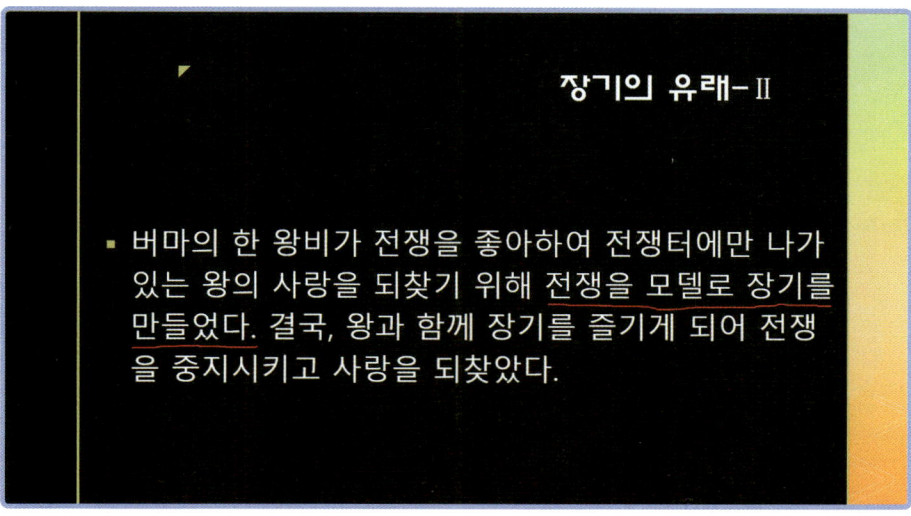

2 다음과 같이 예행 연습을 한 후 슬라이드별로 슬라이드 시간을 확인해 보세요.

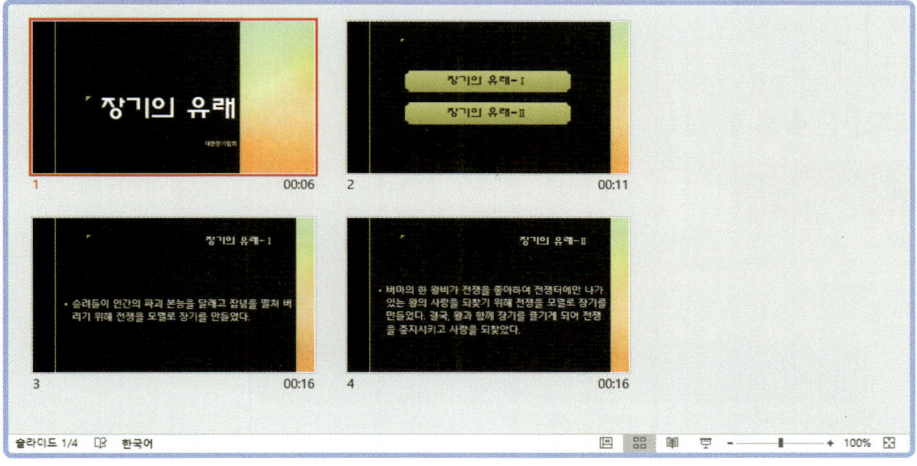

> **Hint**
> 프레젠테이션 보기를 여러 슬라이드 보기로 전환하면 슬라이드별로 슬라이드 시간을 확인할 수 있습니다.

POWERPOINT 2016

차트 애니메이션 지정하기

파워포인트에서는 차트에 나타내기, 밝기 변화, 날아오기 등의 애니메이션을 지정하여 차트의 특정 요소를 강조하거나 단계적으로 표시할 수 있습니다. 그럼, 차트 애니메이션을 지정하는 방법에 대해 알아보겠습니다.

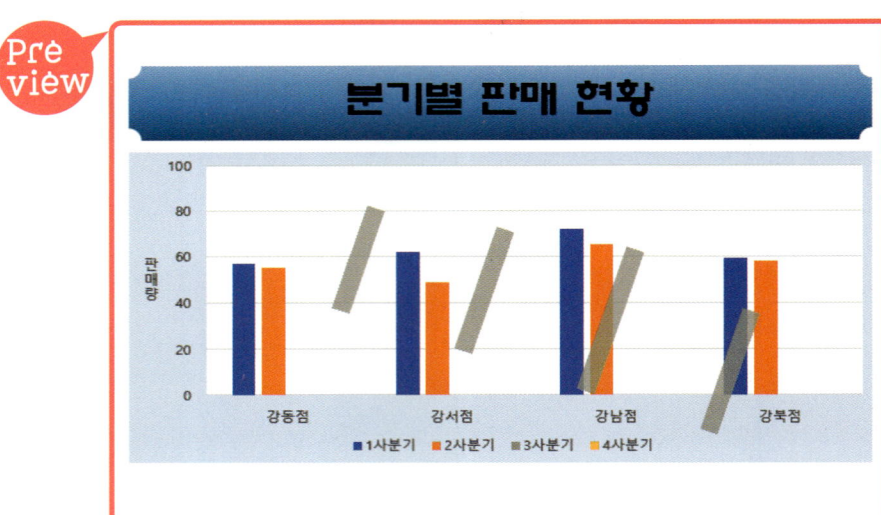

C:\단계학습\파워포인트\예제파일\Sp02.pptx

1 차트 애니메이션을 지정하기 위해 **차트를 선택**한 후 [애니메이션] 탭-[애니메이션] 그룹에서 **[자세히] 단추를 클릭**합니다.

POWERPOINT 2016

2 애니메이션 목록이 나타나면 [나타내기]-[회전하며 밝기 변화]를 클릭합니다.

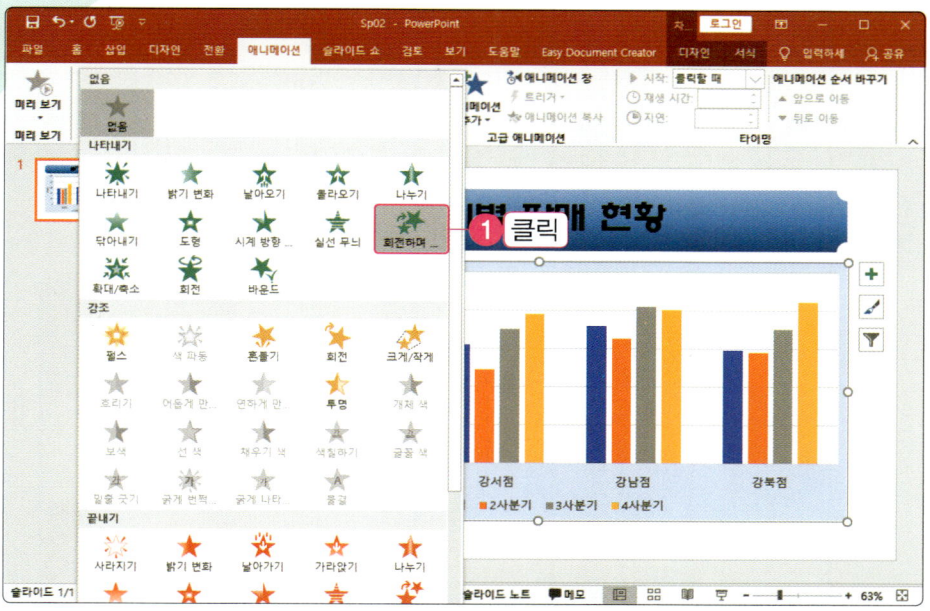

3 애니메이션 효과 옵션을 지정하기 위해 [애니메이션] 탭-[애니메이션] 그룹에서 [효과 옵션]을 클릭한 후 [계열별로]를 클릭합니다.

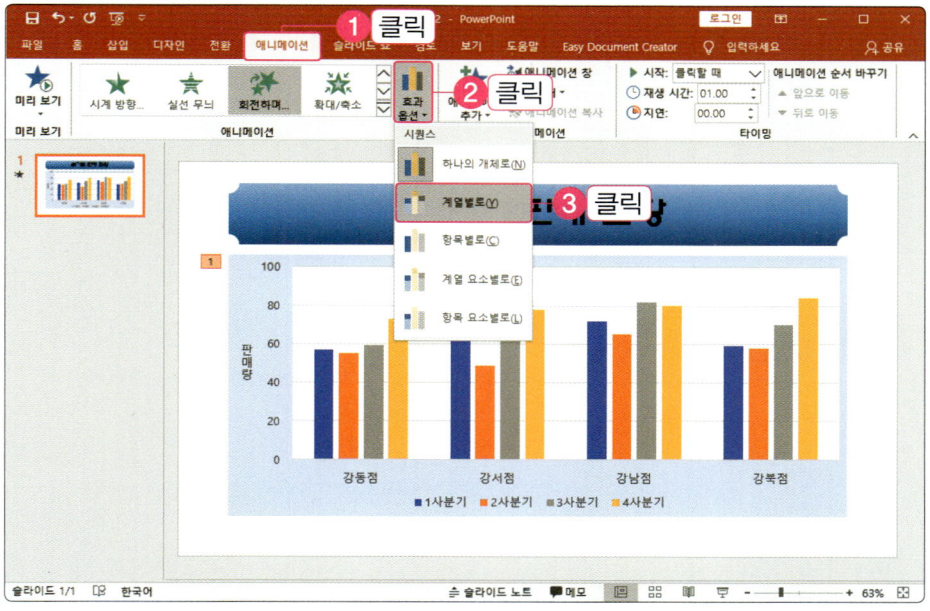

[계열별로]를 선택하면 1사분기, 2사분기, 3사분기, 4사분기 순으로 나타나고, [항목별로]를 선택하면 강동점, 강서점, 강남점, 강북점 순으로 나타납니다.

Special page - 차트 애니메이션 지정하기 **141**

POWERPOINT 2016

Special page

4 시작을 지정하기 위해 [애니메이션] 탭-[타이밍] 그룹에서 **시작(이전 효과 다음에)**을 선택합니다.

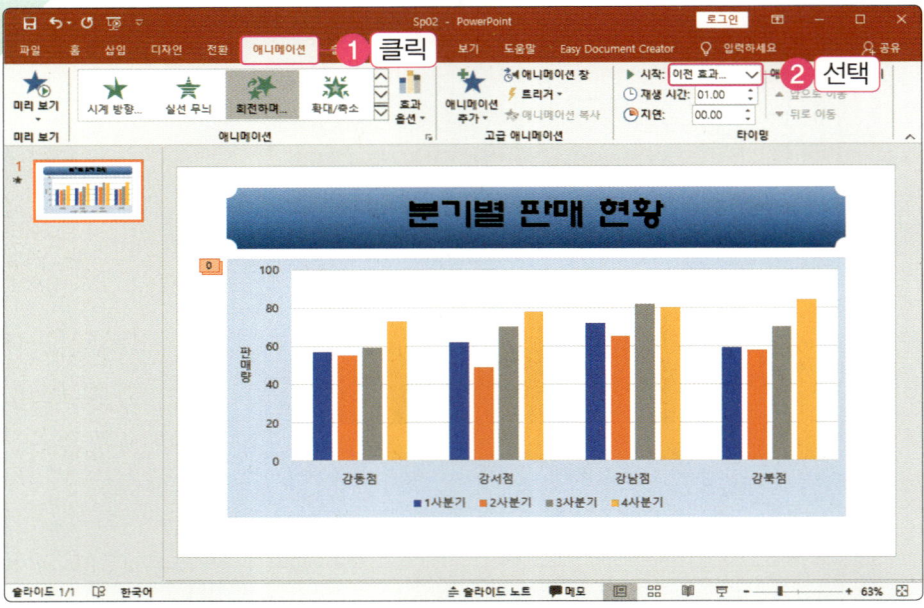

> 시작은 애니메이션이 실행되는 시점을 말합니다.

5 애니메이션을 추가하기 위해 [애니메이션] 탭-[고급 애니메이션] 그룹에서 **[애니메이션 추가]**를 클릭한 후 **[추가 강조하기 효과]**를 클릭합니다.

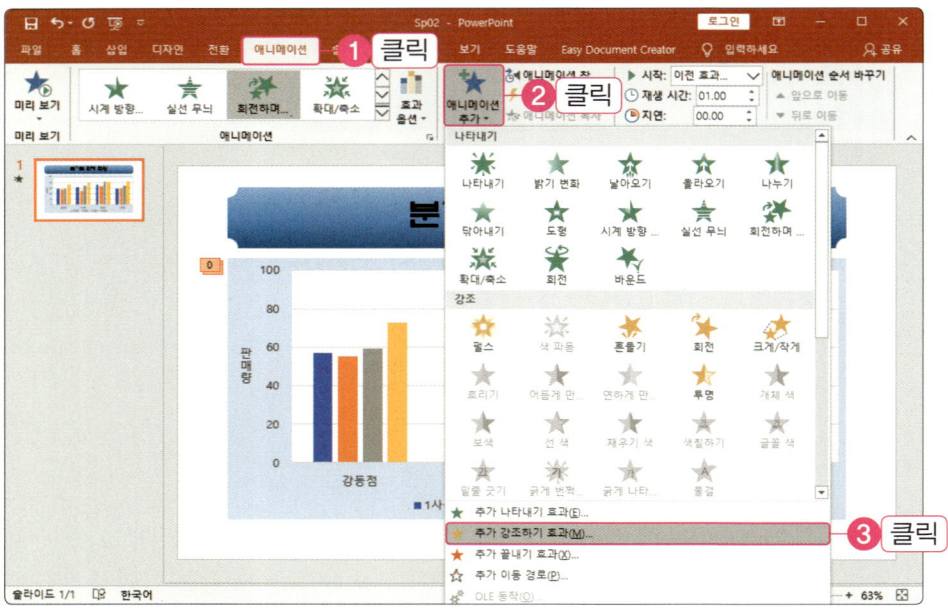

6 [강조하기 효과 추가] 대화상자가 나타나면 [화려한 효과]-[깜박이기]를 선택한 후 [확인] 단추를 클릭합니다.

7 애니메이션이 추가되면 [애니메이션] 탭-[애니메이션] 그룹에서 [추가 옵션]을 클릭합니다.

8 [깜박이기] 대화상자가 나타나면 [타이밍] 탭에서 **시작(클릭할 때)과 재생 시간(2초(중간))을 선택**한 후 [차트 애니메이션] 탭을 클릭합니다. 그런 다음 [깜박이기] 대화상자의 [차트 애니메이션] 탭이 나타나면 [차트 배경을 그리면서 애니메이션 실행]을 선택 해제한 후 [확인] 단추를 클릭합니다.

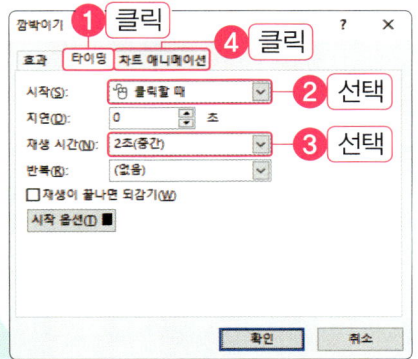 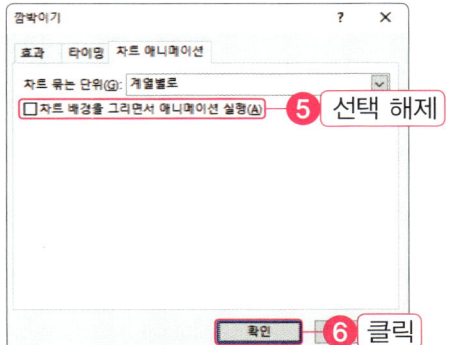

[차트 배경을 그리면서 애니메이션 실행]을 선택 해제하면 데이터 계열만 애니메이션이 실행됩니다.

Special page

9 슬라이드 쇼를 시작하기 위해 [슬라이드 쇼] 탭-[슬라이드 쇼 시작] 그룹에서 **[처음부터]를 클릭**합니다.

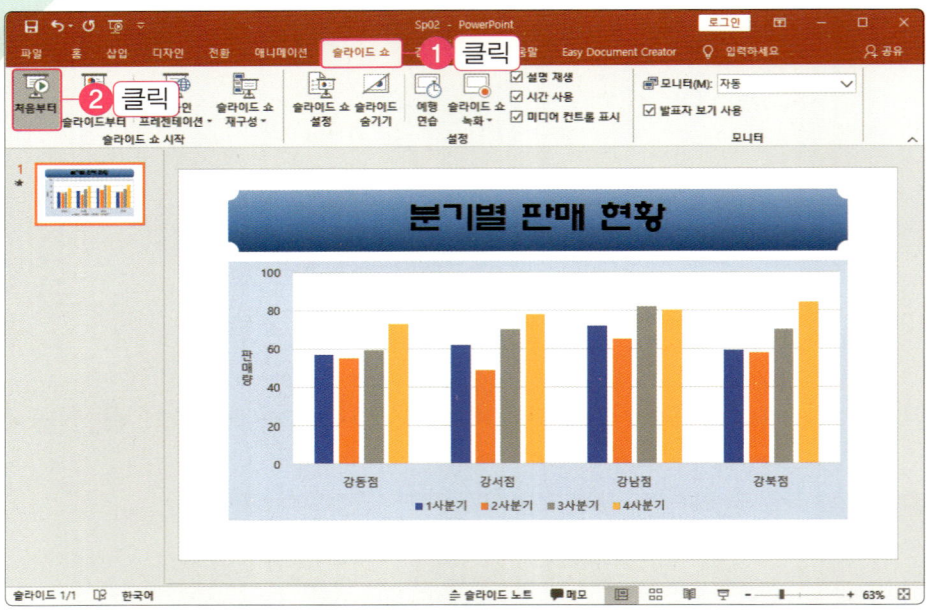

여기서는 차트 애니메이션이 슬라이드 쇼에서 어떻게 실행되는지 확인합니다.

10 다음과 같이 차트 애니메이션이 실행됩니다.

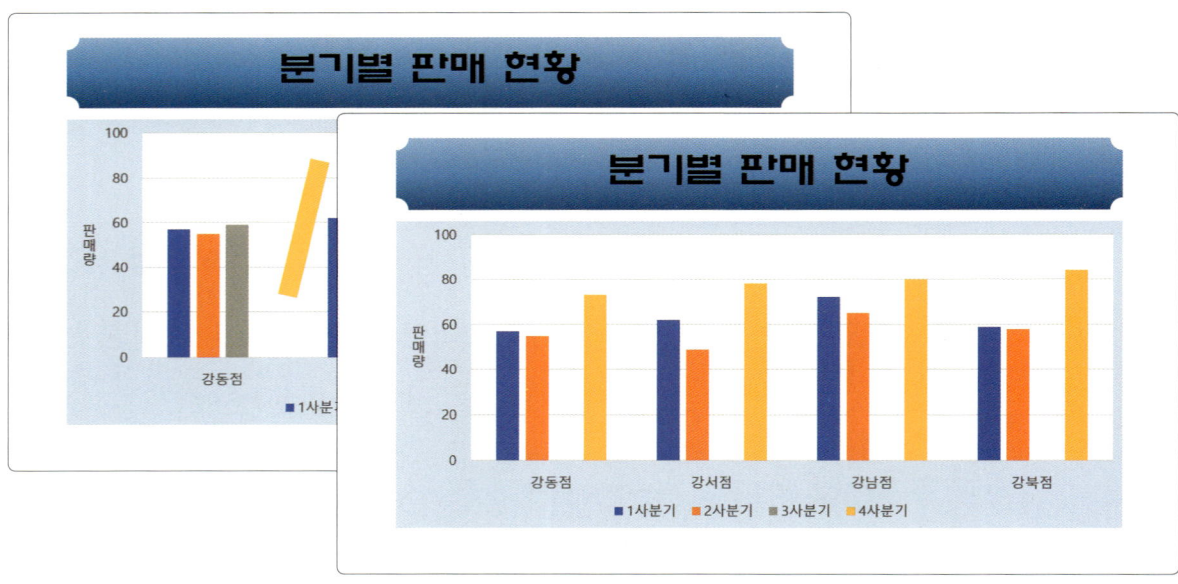

- '회전하며 밝기 변화' 애니메이션은 시작을 '이전 효과 다음에'로 지정하였기 때문에 슬라이드가 전체 화면으로 나타난 후 자동으로 애니메이션이 실행됩니다.
- '깜박이기' 애니메이션은 시작을 '클릭할 때'로 지정하였고 [차트 배경을 그리면서 애니메이션 실행]을 선택 해제하였기 때문에 '회전하며 밝기 변화' 애니메이션이 실행된 후 슬라이드를 클릭할 때마다 데이터 계열만 1사분기, 2사분기, 3사분기, 4사분기 순으로 애니메이션이 실행됩니다.

POWERPOINT 2016

실무 Project

01 사업계획서 작성하기 2
02 회사소개서의 회사 연혁 작성하기 16
03 상품소개서 작성하기 26
04 제안서 작성하기 38
05 IR 자료의 매출 및 영업 이익 현황 작성하기 46
06 기획서의 시장 점유율 분석 차트 작성하기 56
07 보고서의 매출 및 영업 이익 추이 작성하기 64
08 영업부용 세미나 자료 작성하기 74

사업계획서 작성하기

POWERPOINT 2016

사업계획서는 사업과 관련된 사항을 기술해 놓은 문서로 회사 현황, 사업 실적 및 평가, 사업 계획 등으로 구성되어 있습니다. 그럼, 슬라이드 마스터를 설정하여 사업계획서를 작성하는 방법에 대해 알아보겠습니다.

Preview

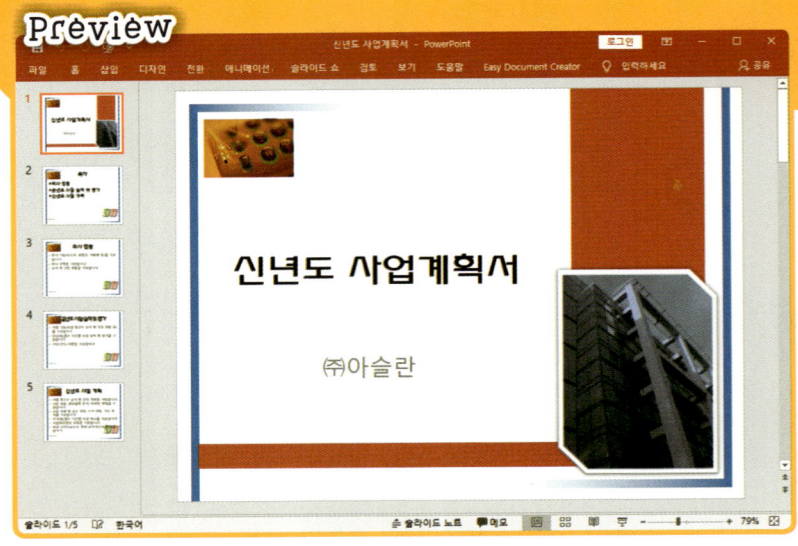

C:\단계학습\파워포인트\프로젝트파일\신년도 사업계획서.pptx

01 슬라이드 마스터에 그림 삽입하기

1 슬라이드 마스터를 설정하기 위해 [보기] 탭-[마스터 보기] 그룹에서 **[슬라이드 마스터]** 를 클릭합니다.

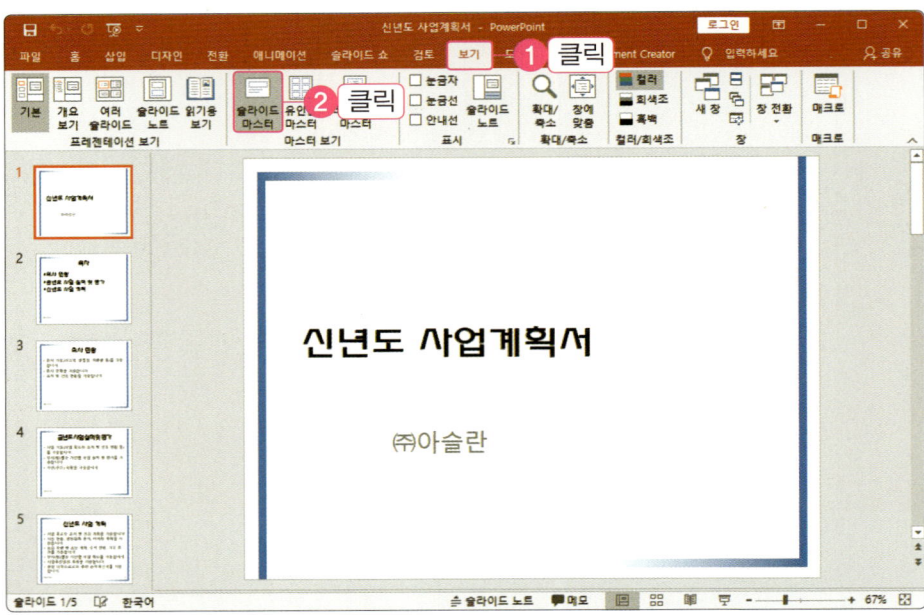

2 ▶ 파워포인트 2016 실무 Project

2 슬라이드 마스터 화면이 나타나면 슬라이드 마스터에서 그림을 삽입하기 위해 [삽입] 탭-[이미지] 그룹에서 **[그림]을 클릭**합니다.

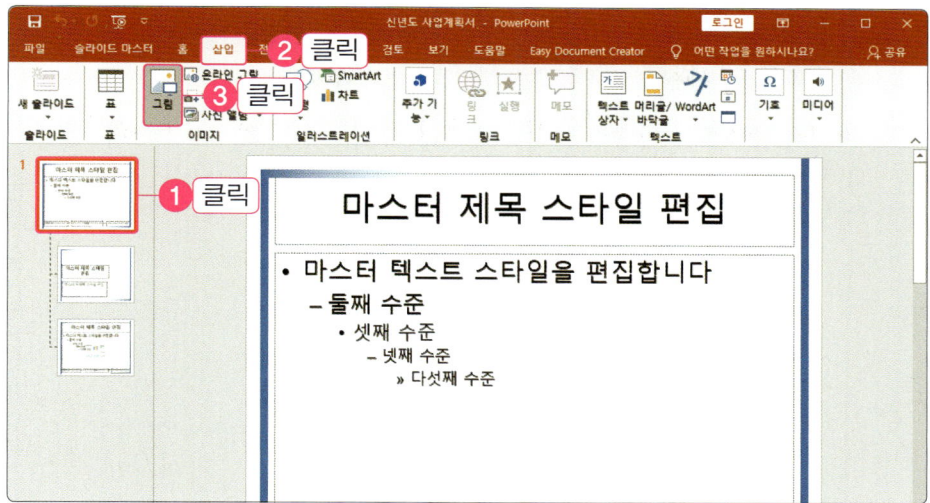

3 [그림 삽입] 대화상자가 나타나면 **위치(C:\단계학습\파워포인트\프로젝트파일)를 선택**한 후 **파일(전화기)을 선택**한 다음 **[삽입] 단추를 클릭**합니다.

4 그림이 삽입되면 다시 칠하기를 지정하기 위해 **그림을 선택**한 후 [그림 도구] 정황 탭-[서식] 탭-[조정] 그룹에서 **[색]을 클릭**한 다음 **[바다색, 밝은 강조색 5]를 클릭**합니다.

> 슬라이드 마스터에 삽입된 그림은 제목 슬라이드 레이아웃과 제목 및 내용 레이아웃에도 표시됩니다.

Chapter 01 - 사업계획서 작성하기 **3**

5 다시 칠하기가 지정되면 **다음과 같이 그림을 이동**한 후 그림의 크기를 조정하기 위해 **그림의 크기 조정 핸들(○)을 드래그**합니다.

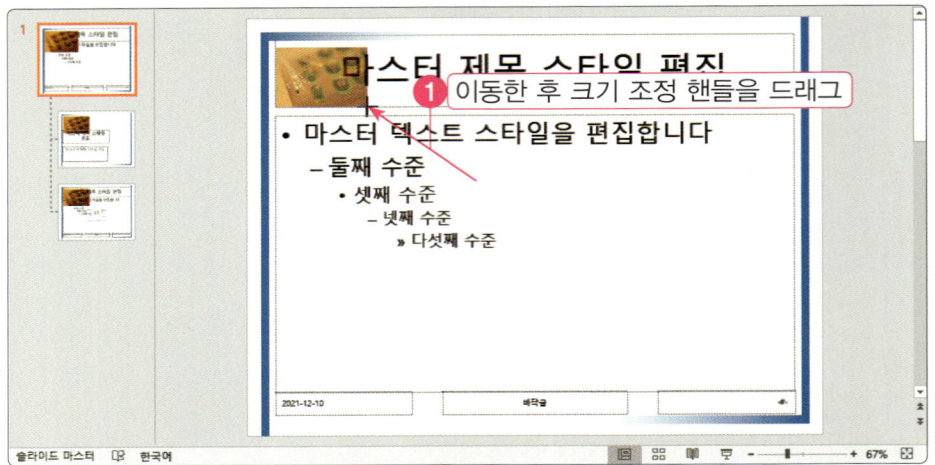

6 다음과 같이 그림의 크기가 조정됩니다.

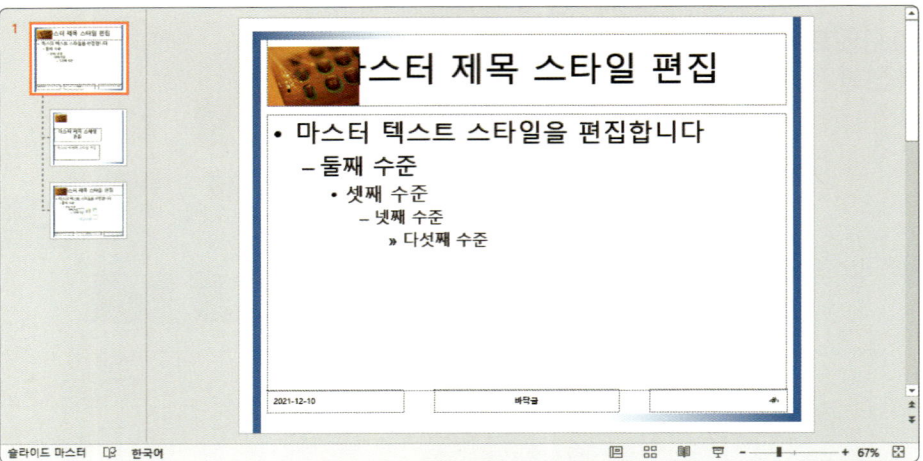

02 제목 슬라이드 레이아웃에 도형 삽입하기

1 제목 슬라이드 레이아웃에서 도형을 삽입하기 위해 [삽입] 탭-[일러스트레이션] 그룹에서 [도형]을 클릭한 후 □[직사각형]을 클릭합니다.

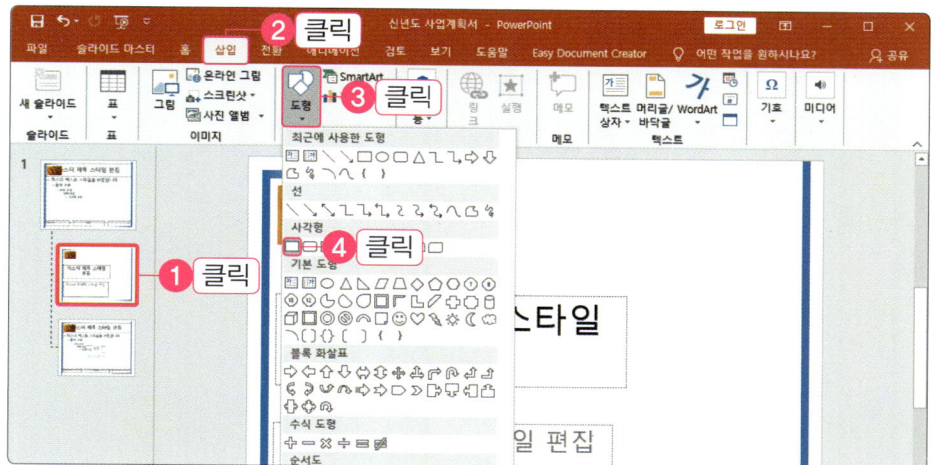

2 마우스 포인터가 + 모양으로 변경되면 **다음과 같이 드래그**하여 도형을 그립니다.

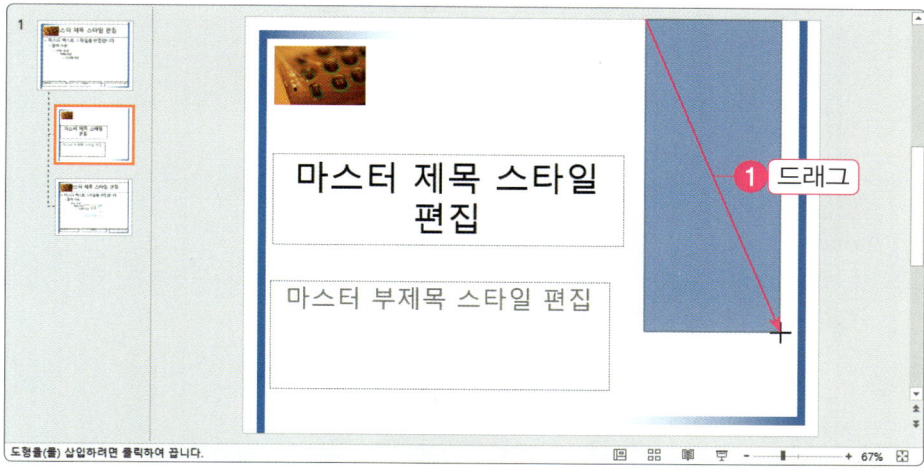

3 도형 채우기를 지정하기 위해 **도형을 선택**한 후 [그리기 도구] 정황 탭-[서식] 탭-[도형 스타일] 그룹에서 [**도형 채우기**]의 ▾[목록] 단추를 클릭한 다음 [**빨강, 강조 2**]를 클릭합니다.

4 도형 윤곽선을 지정하기 위해 [그리기 도구] 정황 탭-[서식] 탭-[도형 스타일] 그룹에서 **[도형 윤곽선]**의 ▼**[목록] 단추를 클릭**한 후 **[윤곽선 없음]**을 클릭합니다.

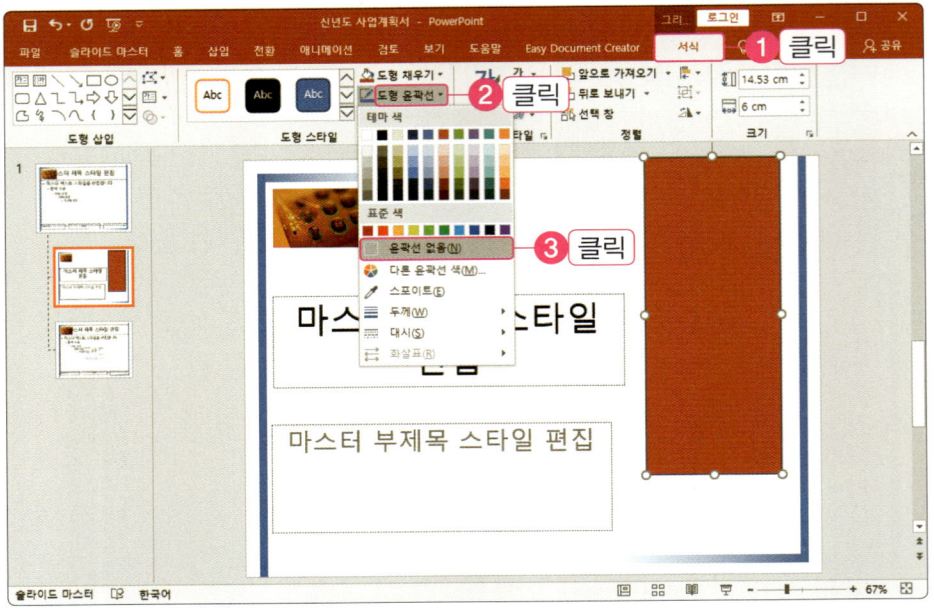

5 같은 방법으로 **다음과 같이 도형을 1개 더 삽입**한 후 **도형을 편집**합니다.
- 도형 삽입 : ▭[직사각형]
- 도형 채우기 지정 : 채우기 색(빨강, 강조 2)
- 도형 윤곽선 지정 : 윤곽선 없음

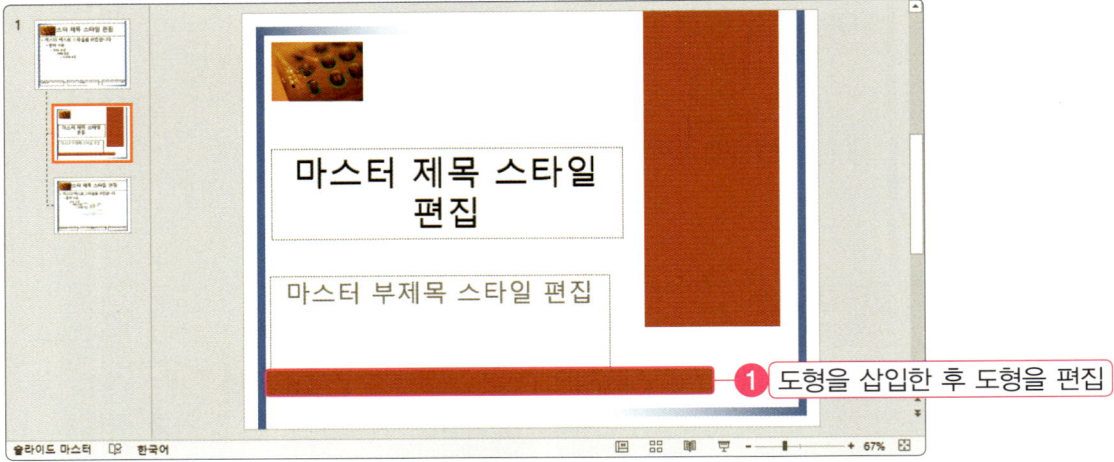

03 제목 슬라이드 레이아웃에 그림 삽입하기

1 제목 슬라이드 레이아웃에서 그림을 삽입하기 위해 [삽입] 탭-[이미지] 그룹에서 **[그림]**을 **클릭**합니다.

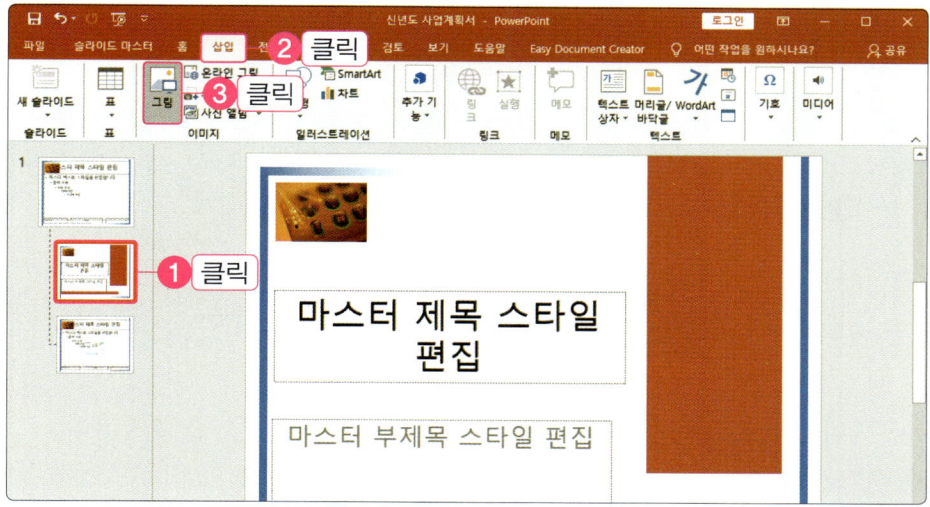

2 [그림 삽입] 대화상자가 나타나면 **위치(C:\단계학습\파워포인트\프로젝트파일)를 선택**한 후 **파일(건물1)을 선택**한 다음 **[삽입] 단추를 클릭**합니다.

3 그림이 삽입되면 다시 칠하기를 지정하기 위해 **그림을 선택**한 후 [그림 도구] 정황 탭-[서식] 탭-[조정] 그룹에서 **[색]을 클릭**한 다음 ■**[진한 파랑, 텍스트 색 2 어둡게]를 클릭**합니다.

Chapter 01 - 사업계획서 작성하기 **7**

4 그림 스타일을 지정하기 위해 [그림 도구] 정황 탭-[서식] 탭-[그림 스타일] 그룹에서 ▽[자세히] 단추를 클릭합니다.

5 그림 스타일 목록이 나타나면 [대각선 방향의 모서리 잘림, 흰색]을 클릭합니다.

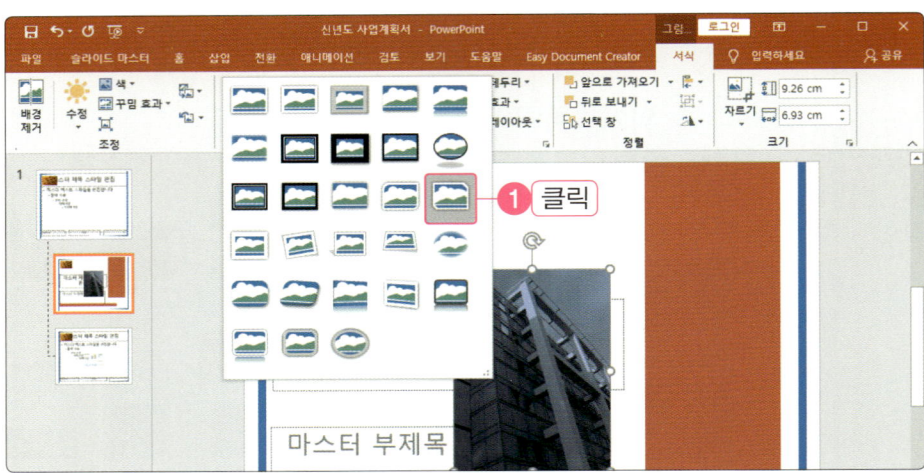

6 그림 스타일이 지정되면 **다음과 같이 그림을 이동**합니다.

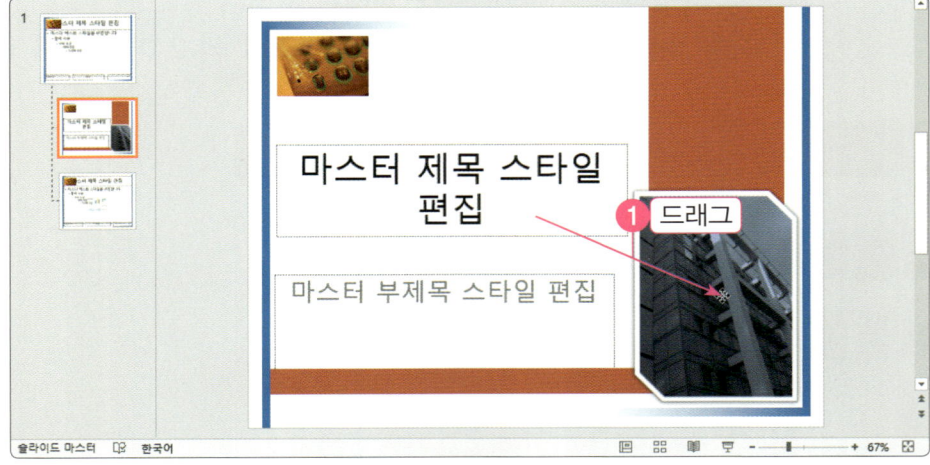

7 그림이 이동됩니다.

알고 넘어갑시다!

밝기/대비 지정하기

밝기는 그림의 상대적인 밝기를 말하고, 대비는 그림에서 가장 어두운 부분과 가장 밝은 부분 간의 차이를 말하는데요. 다음과 같이 그림을 선택한 후 [그림 도구] 정황 탭–[서식] 탭–[조정] 그룹에서 [수정]을 클릭한 다음 밝기/대비를 선택하면 밝기/대비를 지정할 수 있습니다.

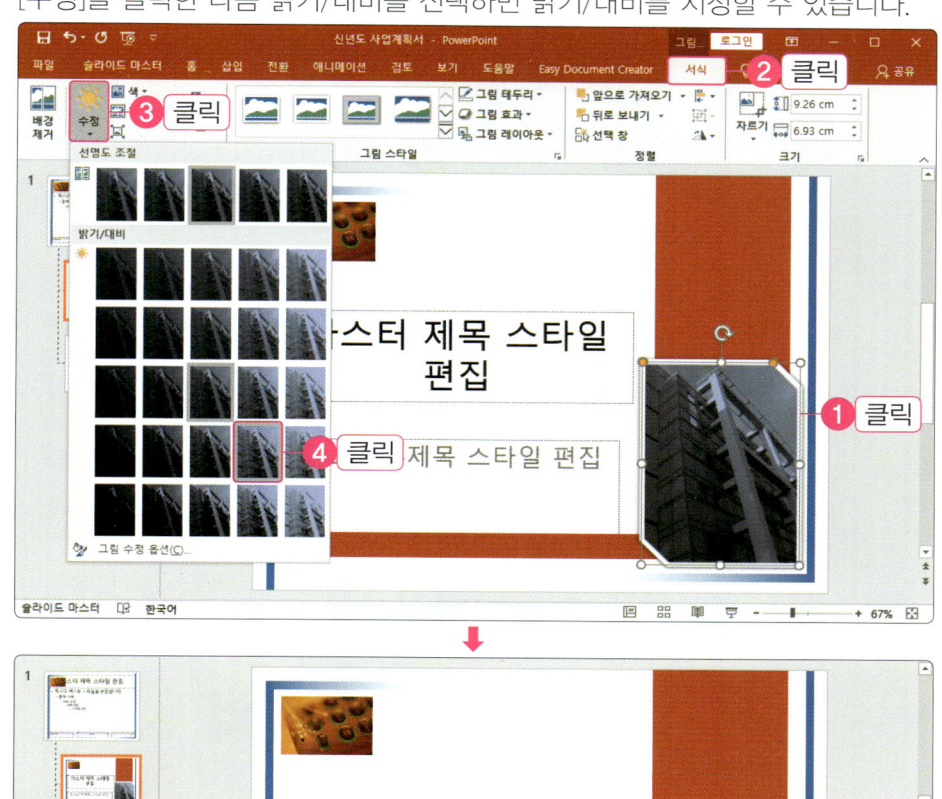

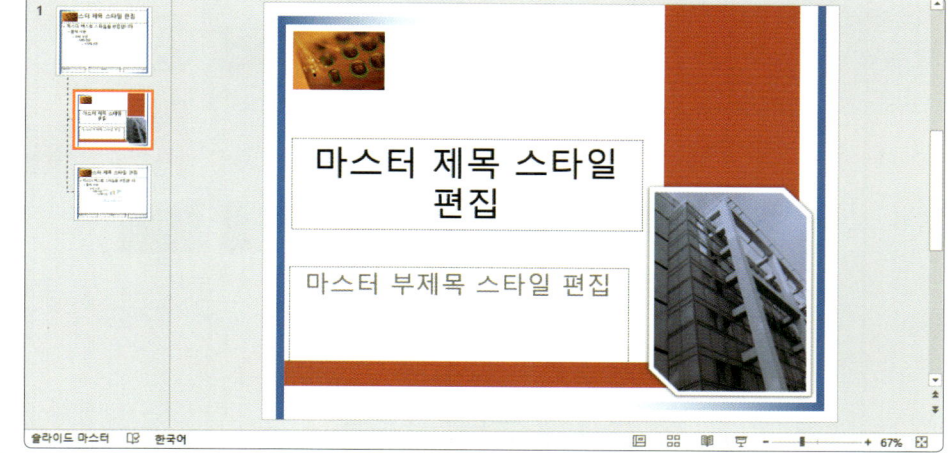

04 제목 및 내용 레이아웃에 그림 삽입하기

1 제목 및 내용 레이아웃에서 그림을 삽입하기 위해 [삽입] 탭-[이미지] 그룹에서 **[그림]**을 클릭합니다.

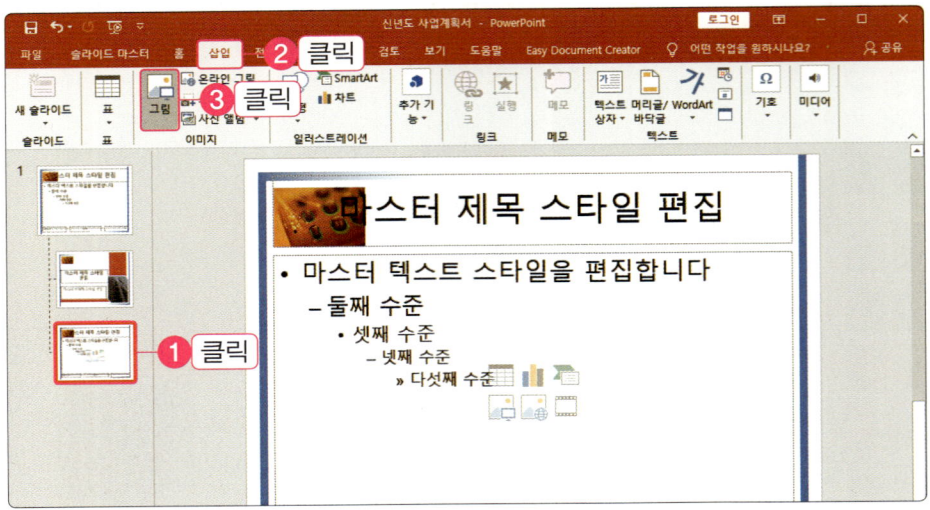

2 [그림 삽입] 대화상자가 나타나면 **위치(C:\단계학습\파워포인트\프로젝트파일)**를 **선택**한 후 **파일(전화선1)**을 **선택**한 다음 [삽입] 단추를 클릭합니다.

3 그림이 삽입되면 다시 칠하기를 지정하기 위해 **그림을 선택**한 후 [그림 도구] 정황 탭-[서식] 탭-[조정] 그룹에서 **[색]**을 **클릭**한 다음 **[빨강, 밝은 강조색 2]**를 **클릭**합니다.

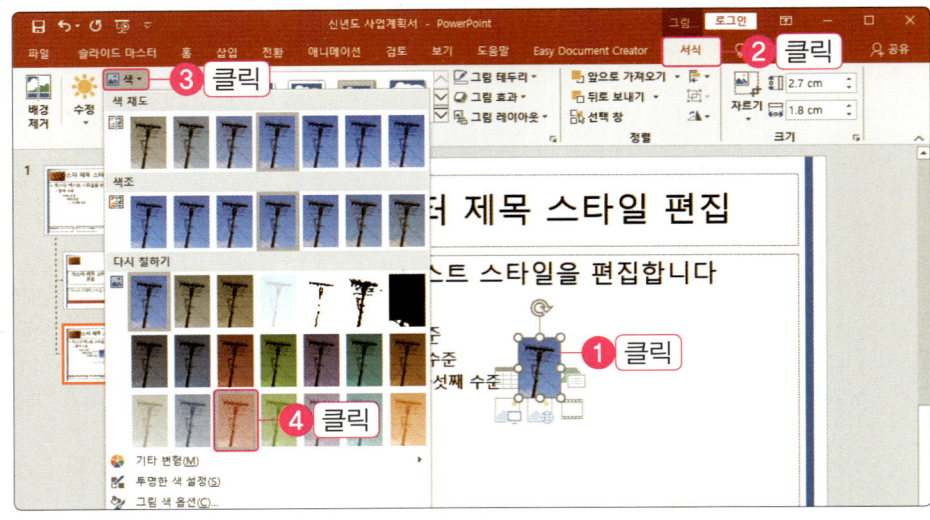

4 그림 스타일을 지정하기 위해 [그림 도구] 정황 탭-[서식] 탭-[그림 스타일] 그룹에서 ☑[자세히] 단추를 클릭합니다.

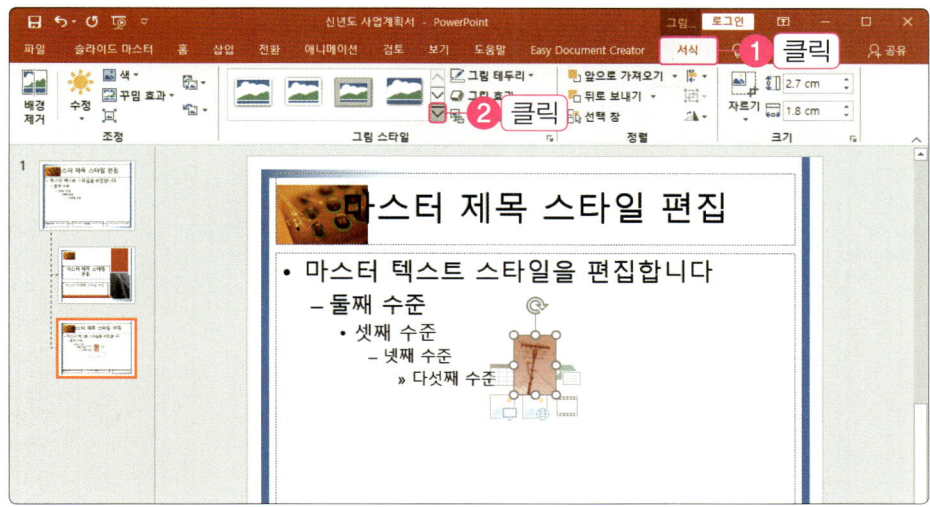

5 그림 스타일 목록이 나타나면 [입체 원근감]을 클릭합니다.

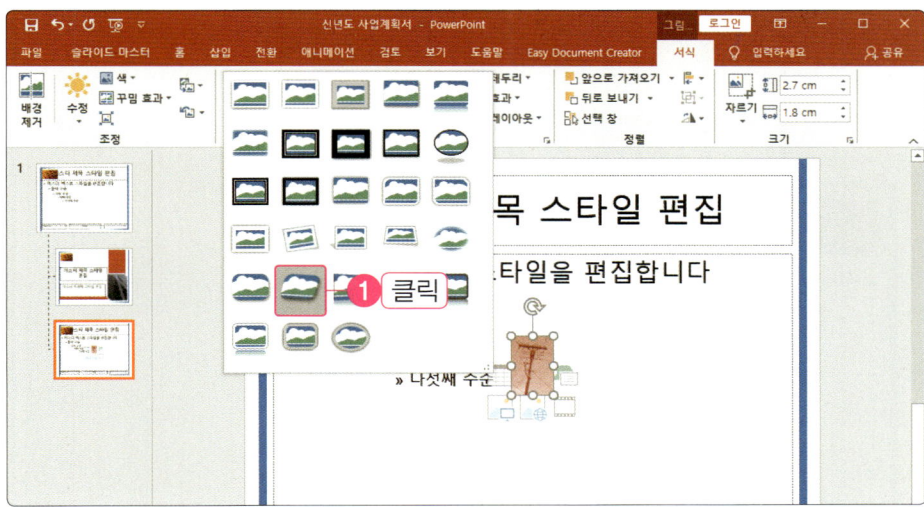

6 그림의 크기를 조정하기 위해 [그림 도구] 정황 탭-[서식] 탭-[크기] 그룹에서 [추가 옵션]을 클릭합니다.

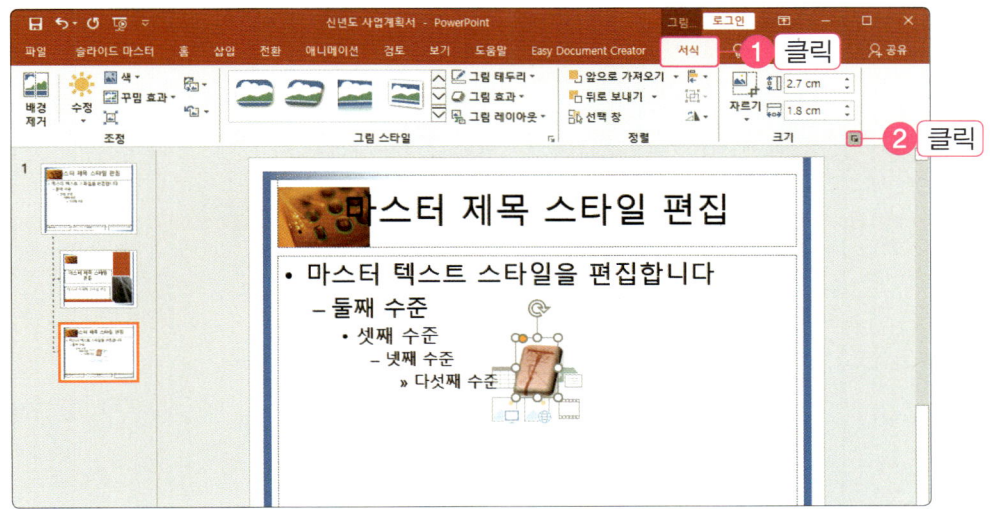

7 [그림 서식] 작업 창이 나타나면 [크기 및 속성]-[크기]에서 **[가로 세로 비율 고정]**과 **[원래 크기에 비례하여]**가 선택되어 있는지 확인한 후 **높이 조절(120%)**을 입력한 다음 [닫기]를 클릭합니다.

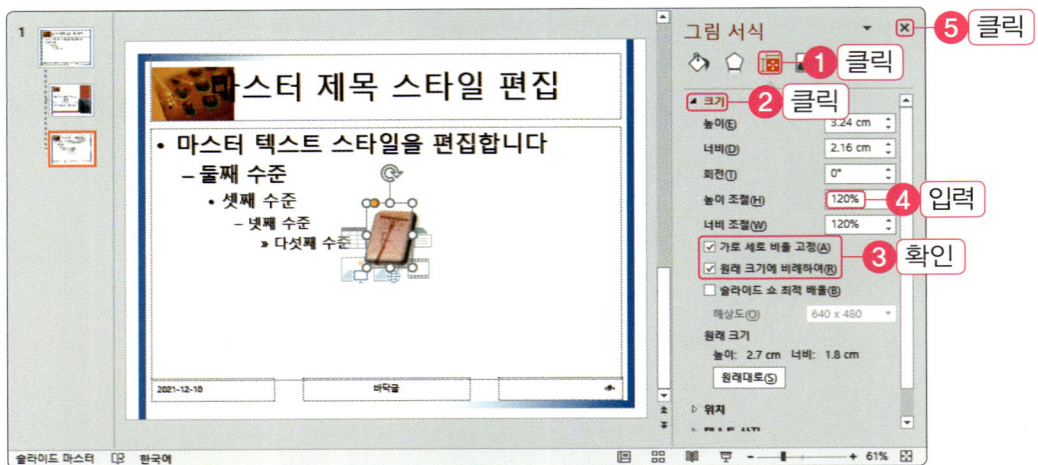

[가로 세로 비율 고정]이 선택되어 있으면 높이 조절(세로 크기)만 입력해도 너비 조절(가로 크기)이 같은 비율로 변경되고, [원래 크기에 비례하여]가 선택되어 있으면 원래 크기에 비례하여 높이 조절과 너비 조절만큼 확대되거나 축소됩니다.

8 그림의 크기가 조정되면 **다음과 같이 그림을 이동**합니다.

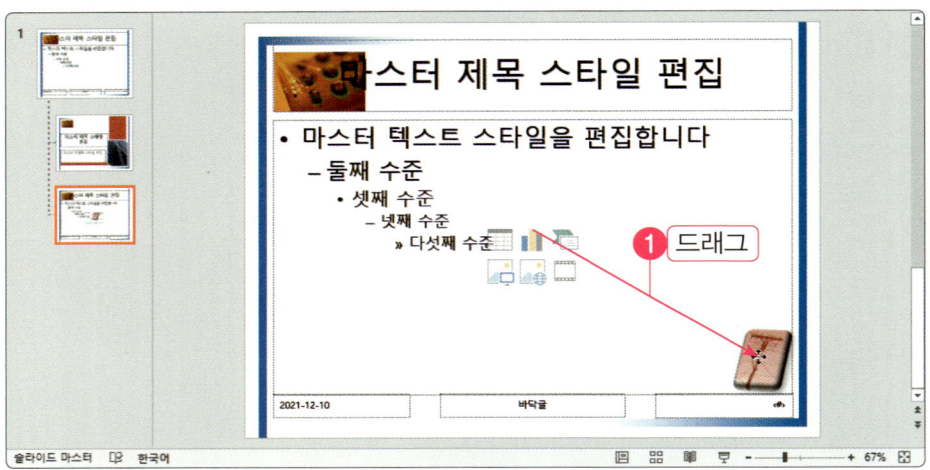

알고 넘어갑시다!

그림 원래대로

그림을 선택한 후 [그림 도구] 정황 탭-[서식] 탭-[조정] 그룹에서 [그림 원래대로]의 [목록] 단추를 클릭한 다음 [그림 원래대로]를 클릭하면 그림에 지정한 서식을 제거할 수 있고, [그림 및 크기 다시 설정]을 클릭하면 그림을 원래대로 되돌릴 수 있습니다.

9 같은 방법으로 **다음과 같이 그림을 1개 더 삽입**한 후 **그림을 편집**합니다.
- 그림 삽입 : 위치(C:\단계학습\파워포인트\프로젝트파일), 파일(전화선2)
- 다시 칠하기 지정 : [황록색, 밝은 강조색 3]
- 그림 스타일 지정 : [입체 원근감]
- 그림의 크기 조정 : 높이 조절(120%), [가로 세로 비율 고정] 선택, [원래 크기에 비례하여] 선택

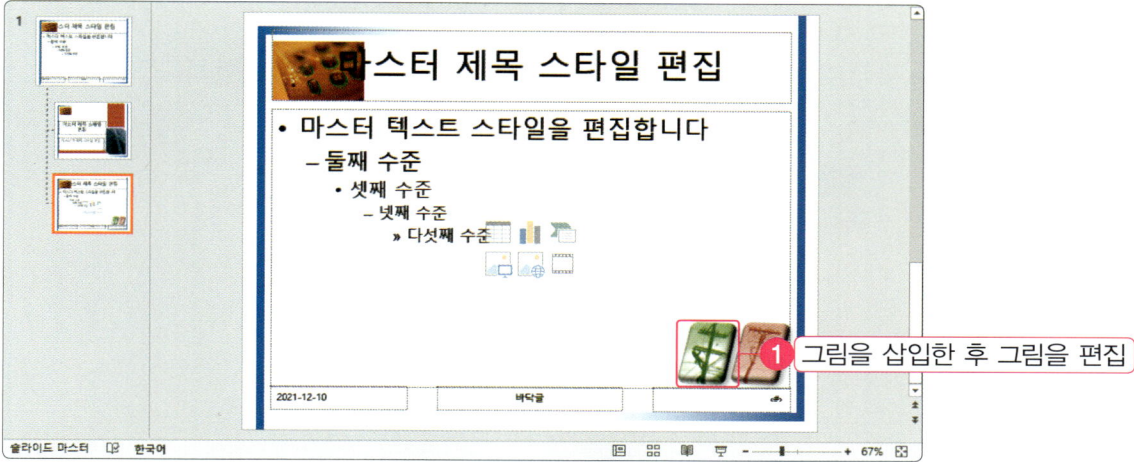

10 슬라이드 마스터 화면을 닫기 위해 [슬라이드 마스터] 탭-[닫기] 그룹에서 **[마스터 보기 닫기]를 클릭**합니다.

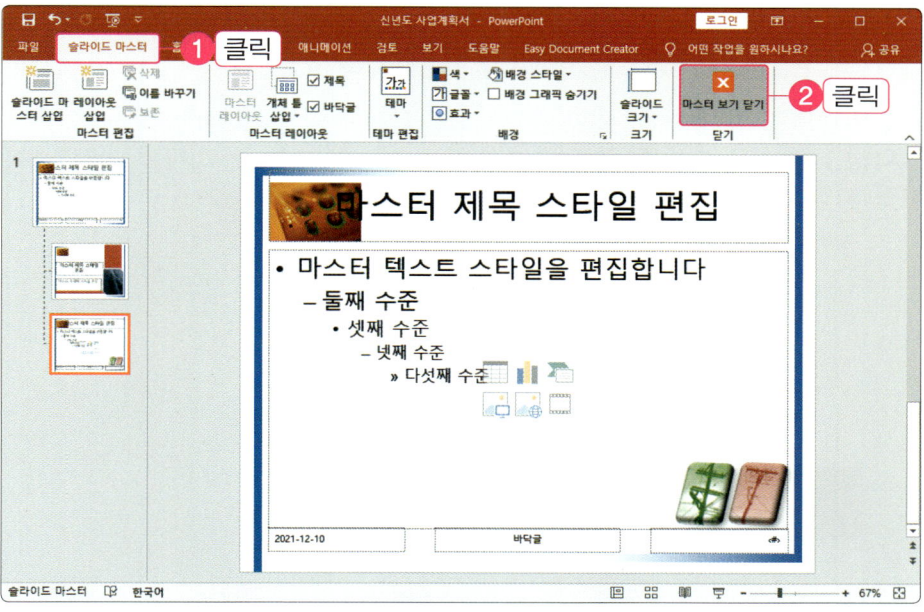

11 **슬라이드 보기 창에서 슬라이드를 선택**하면 슬라이드에 슬라이드 마스터가 적용된 것을 확인할 수 있습니다.

연습문제

POWERPOINT 2016

C:\단계학습\파워포인트\프로젝트파일\소상공인 사업계획서.pptx

1 다음과 같이 슬라이드 마스터에 도형을 삽입해 보세요.
- 도형 삽입 : ▢[직사각형]
- 도형 채우기 지정 : ❶ 채우기 색(주황, 강조 6) ❷ 채우기 색(황록색, 강조 3)
- 도형 윤곽선 지정 : 윤곽선 없음

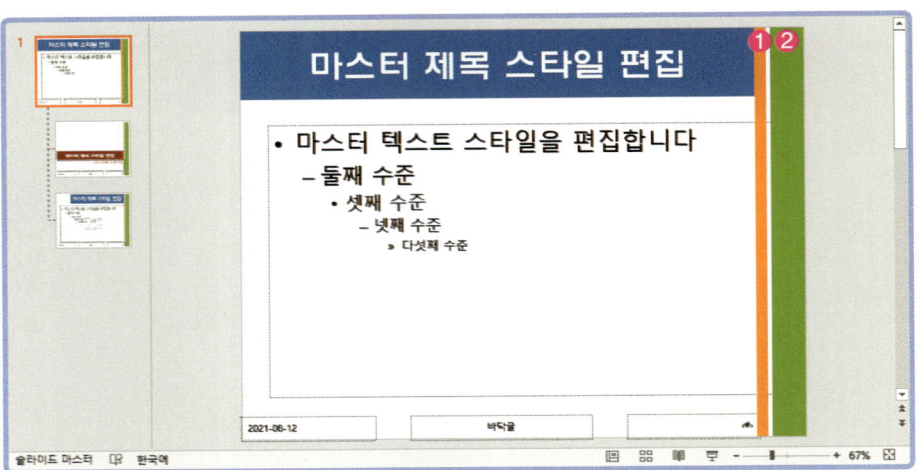

2 다음과 같이 제목 슬라이드 레이아웃에 그림을 삽입해 보세요.
- 그림 삽입 : 위치(C:\단계학습\파워포인트\프로젝트파일), 파일(건물2)
- 다시 칠하기 지정 : [파랑, 밝은 강조색 1]
- 반사 그림 효과 지정 : [전체 반사: 8 pt 오프셋]

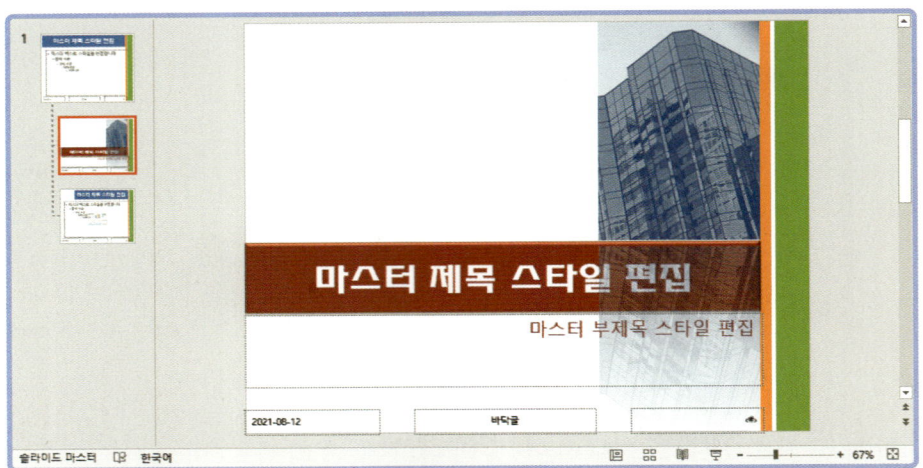

Hint

그림을 선택한 후 [그림 도구] 정황 탭-[서식] 탭-[그림 스타일] 그룹에서 [그림 효과]를 클릭한 다음 [반사]-[전체 반사: 8 pt 오프셋]을 클릭하면 반사 그림 효과를 지정할 수 있습니다.

3 다음과 같이 제목 및 내용 레이아웃에 그림을 삽입해 보세요.
- **그림 삽입** : 위치(C:\단계학습\파워포인트\프로젝트파일), 파일(건물3)
- **다시 칠하기 지정** : [빨강, 밝은 강조색 2]
- **그림자 그림 효과 지정** : [오프셋: 오른쪽 아래]

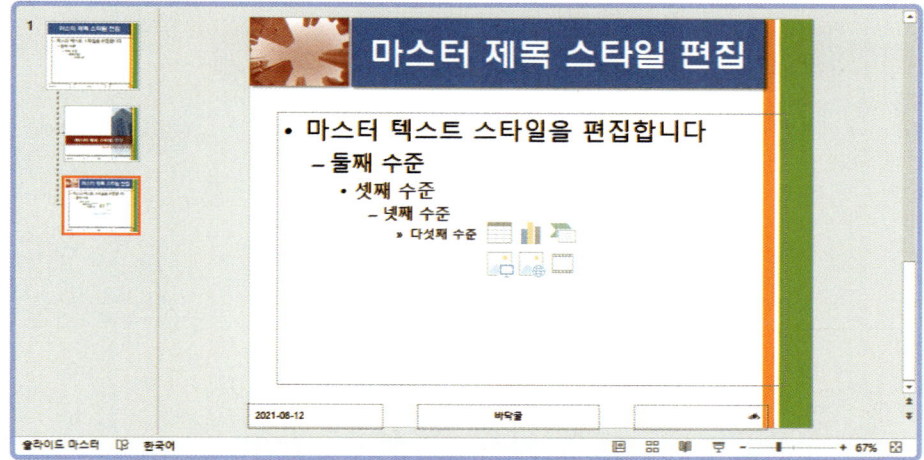

> **Hint**
> 그림을 선택한 후 [그림 도구] 정황 탭–[서식] 탭–[그림 스타일] 그룹에서 [그림 효과]를 클릭한 다음 [그림자]–[오프셋: 오른쪽 아래]를 클릭하면 그림자 그림 효과를 지정할 수 있습니다.

4 다음과 같이 제목 및 내용 레이아웃에 그림을 삽입한 후 슬라이드에 슬라이드 마스터가 적용된 것을 확인해 보세요.
- **그림 삽입** : 위치(C:\단계학습\파워포인트\프로젝트파일), 파일(실내장식1/실내장식2/실내장식3)
- **다시 칠하기 지정** : ❶ [황록색, 밝은 강조색 3] ❷ [자주, 밝은 강조색 4] ❸ [바다색, 밝은 강조색 5]
- **그림의 크기 조정** : 높이 조절(120%), [가로 세로 비율 고정] 선택, [원래 크기에 비례하여] 선택)

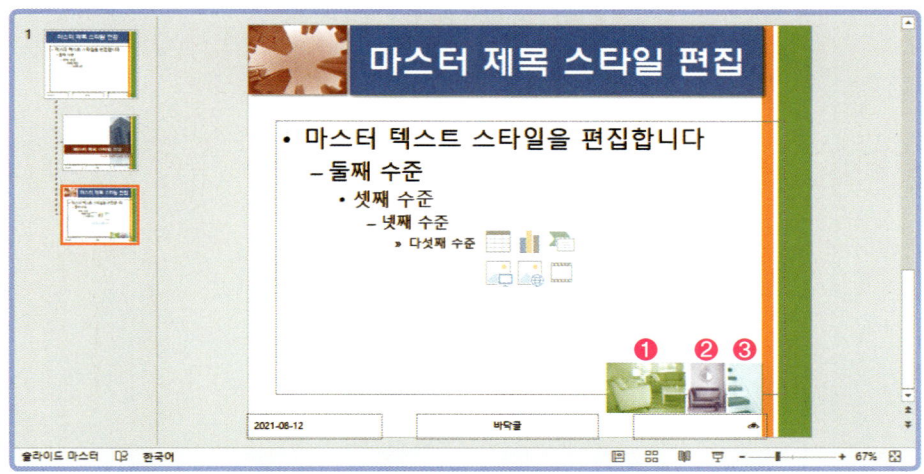

회사소개서의 회사 연혁 작성하기

POWERPOINT 2016

회사소개서는 회사와 관련된 사항을 기술해 놓은 문서로 회사 개요, 회사 연혁, 조직 및 인원 현황 등으로 구성되어 있습니다. 그럼, SmartArt를 활용하여 회사소개서의 회사 연혁을 작성하는 방법에 대해 알아보겠습니다.

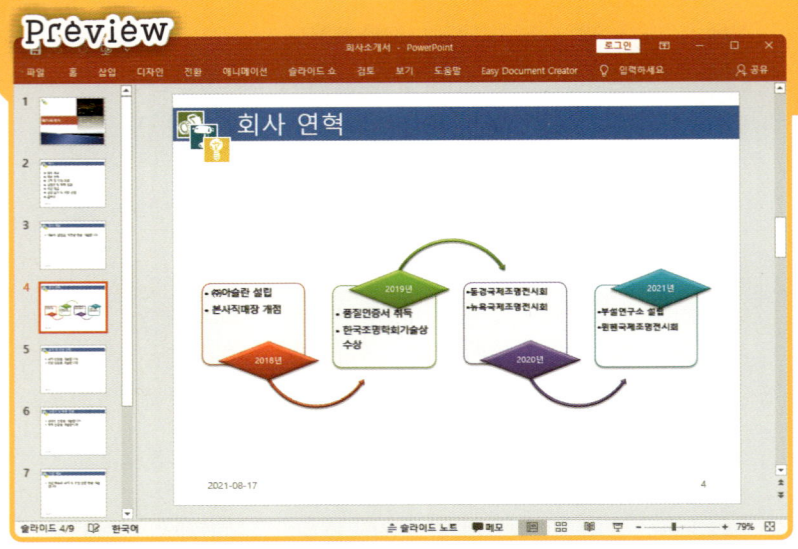

C:\단계학습\파워포인트\프로젝트파일\회사소개서.pptx

01 SmartArt 삽입하기

1 SmartArt를 삽입하기 위해 슬라이드 보기 창에서 **4번 슬라이드를 선택**한 후 슬라이드에서 [SmartArt 그래픽 삽입]을 클릭합니다.

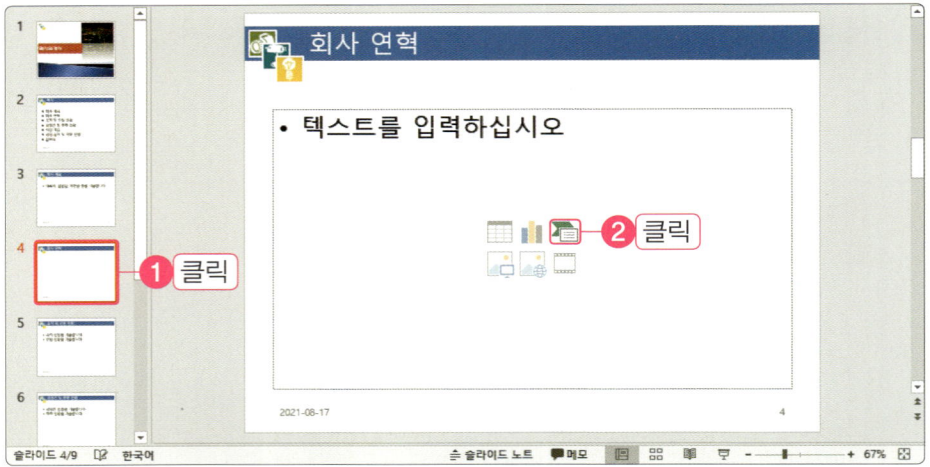

2 [SmartArt 그래픽 선택] 대화상자가 나타나면 [프로세스형]에서 [교대 흐름형]을 선택한 후 [확인] 단추를 클릭합니다.

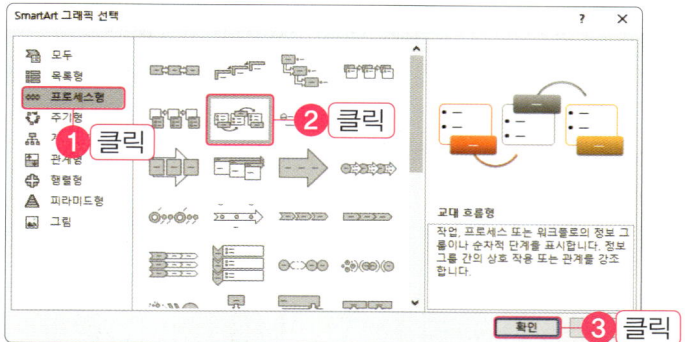

3 SmartArt가 삽입되면 도형을 추가하기 위해 **수준 1의 첫 번째 도형을 선택**한 후 [SmartArt 도구] 정황 탭-[디자인] 탭-[그래픽 만들기] 그룹에서 [도형 추가]의 ▾[목록] 단추를 클릭한 다음 [뒤에 도형 추가]를 클릭합니다.

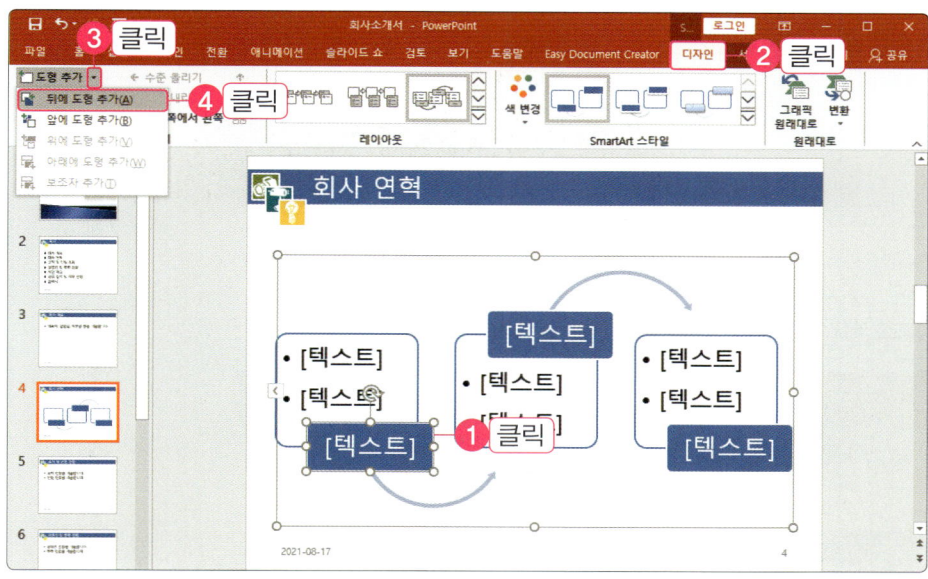

4 도형이 추가되면 **다음과 같이 SmartArt 텍스트를 입력**합니다.

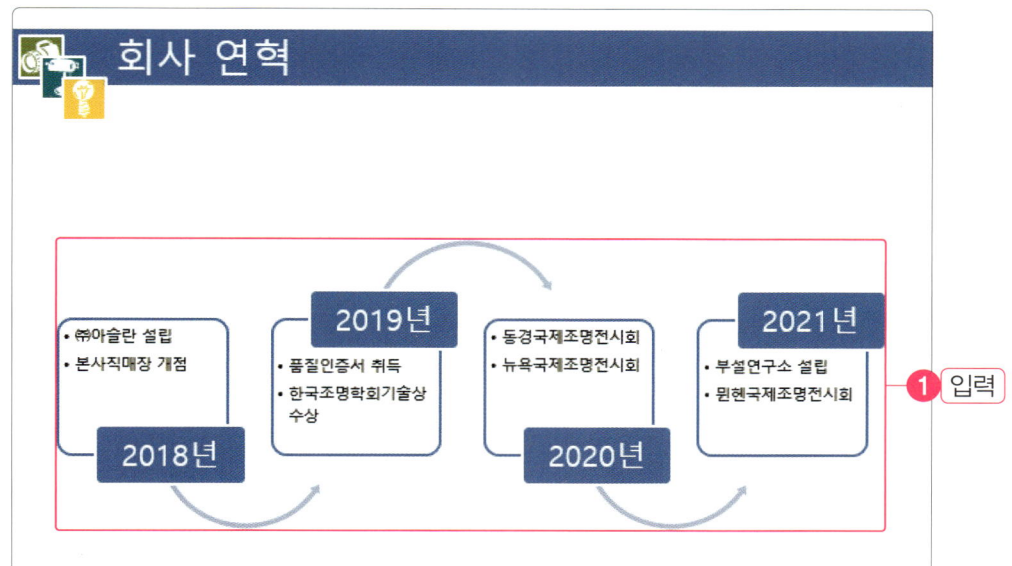

02 도형의 모양 변경하고 도형의 크기 조정하기

1 모든 수준 1 도형의 모양을 변경하기 위해 **모든 수준 1 도형을 선택**한 후 [SmartArt 도구] 정황 탭-[서식] 탭-[도형] 그룹에서 **[도형 모양 변경]**을 클릭한 다음 ◇**[다이아몬드]**를 클릭합니다.

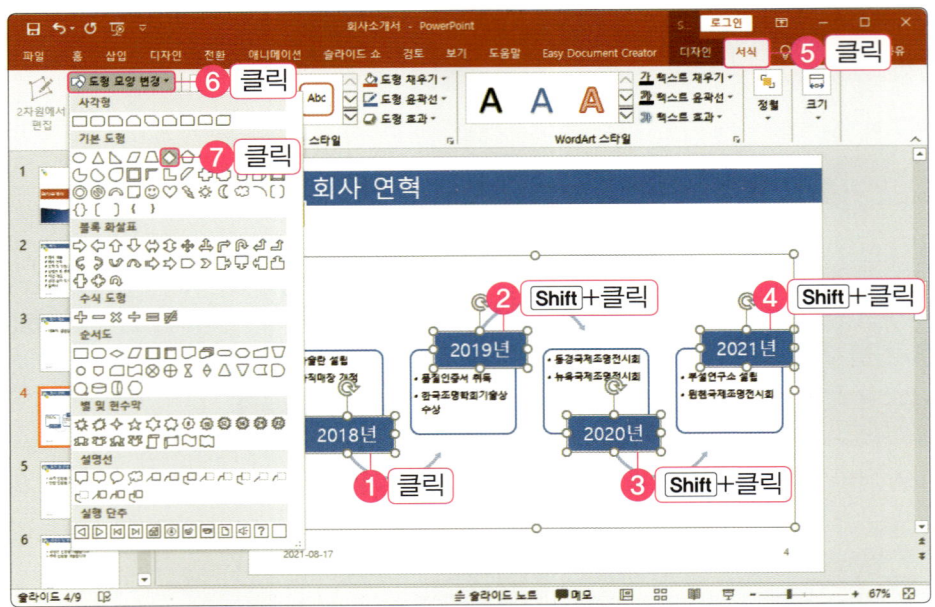

2 모든 수준 1 도형의 크기를 조정하기 위해 [SmartArt 도구] 정황 탭-[서식] 탭-[도형] 그룹에서 **[크게]**를 두 번 클릭합니다.

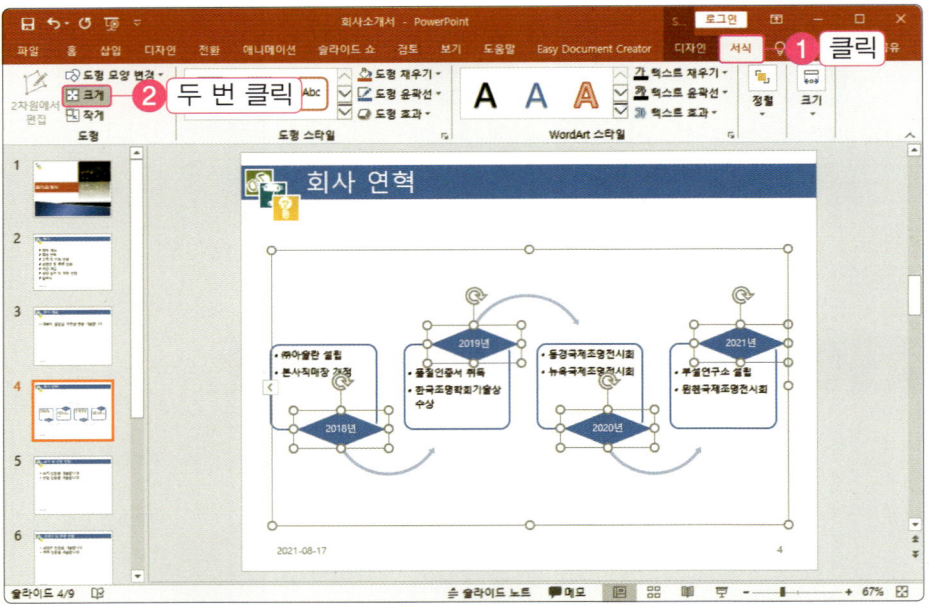

3 모든 수준 2 도형의 크기를 조정하기 위해 **모든 수준 2 도형을 선택**한 후 [SmartArt 도구] 정황 탭-[서식] 탭-[도형] 그룹에서 **[크게]**를 **클릭**합니다.

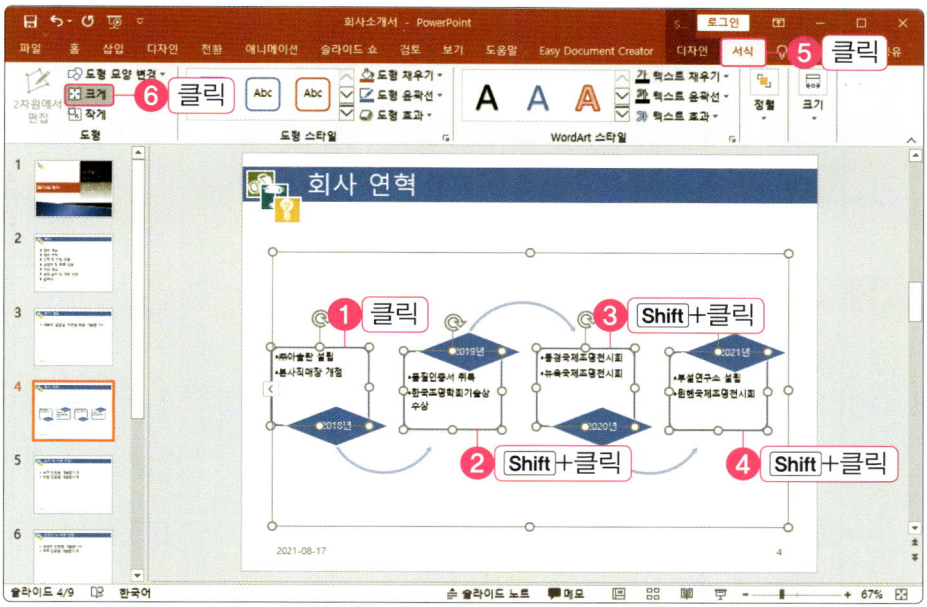

4 다음과 같이 모든 수준 2 도형의 크기가 조정됩니다.

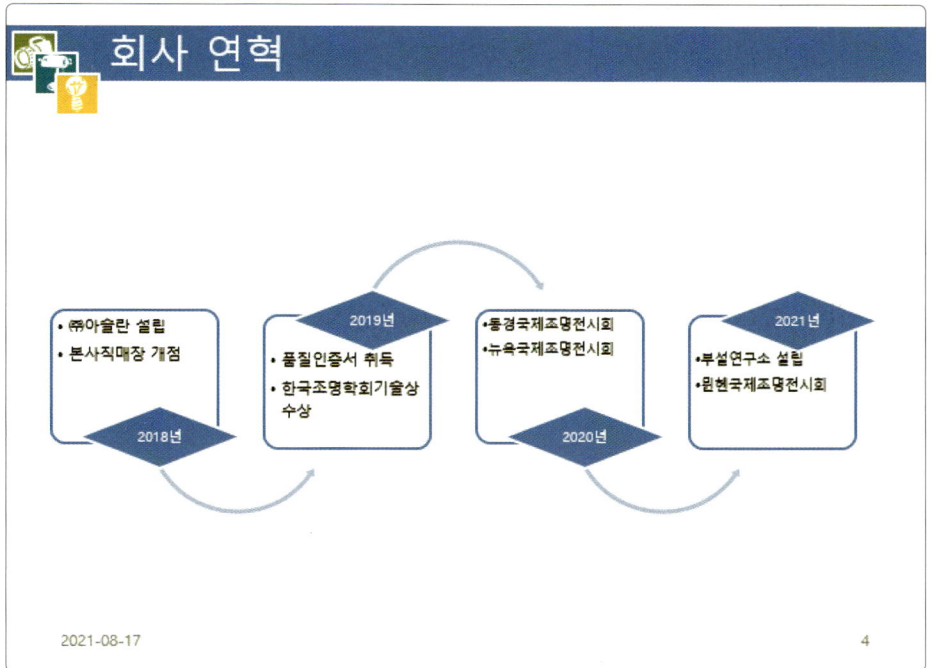

03 SmartArt 스타일 지정하기

1 SmartArt 스타일을 지정하기 위해 **SmartArt를 선택**한 후 [SmartArt 도구] 정황 탭-[디자인] 탭-[SmartArt 스타일] 그룹에서 ▽[자세히] 단추를 클릭합니다.

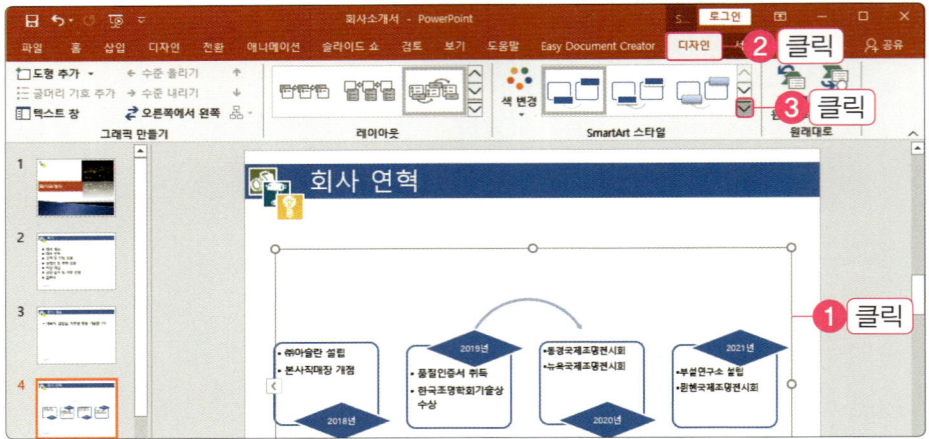

2 SmartArt 스타일 목록이 나타나면 [강한 효과]를 클릭합니다.

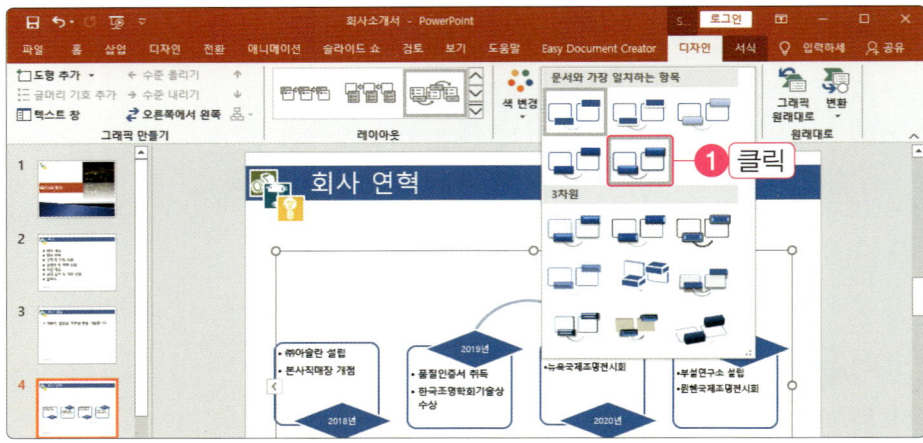

3 다음과 같이 SmartArt 스타일이 지정됩니다.

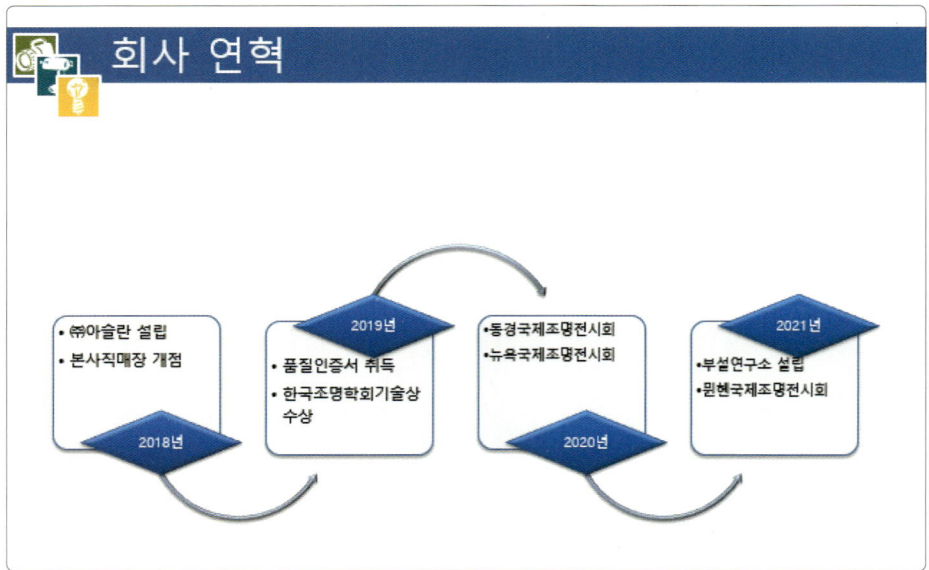

SmartArt의 방향 전환하기

다음과 같이 SmartArt를 선택한 후 [SmartArt 도구] 정황 탭-[디자인] 탭-[그래픽 만들기] 그룹에서 [오른쪽에서 왼쪽]을 클릭하면 SmartArt의 방향을 오른쪽에서 왼쪽으로 전환할 수 있고, 다시 클릭하면 SmartArt의 방향을 왼쪽에서 오른쪽으로 전환할 수 있습니다.

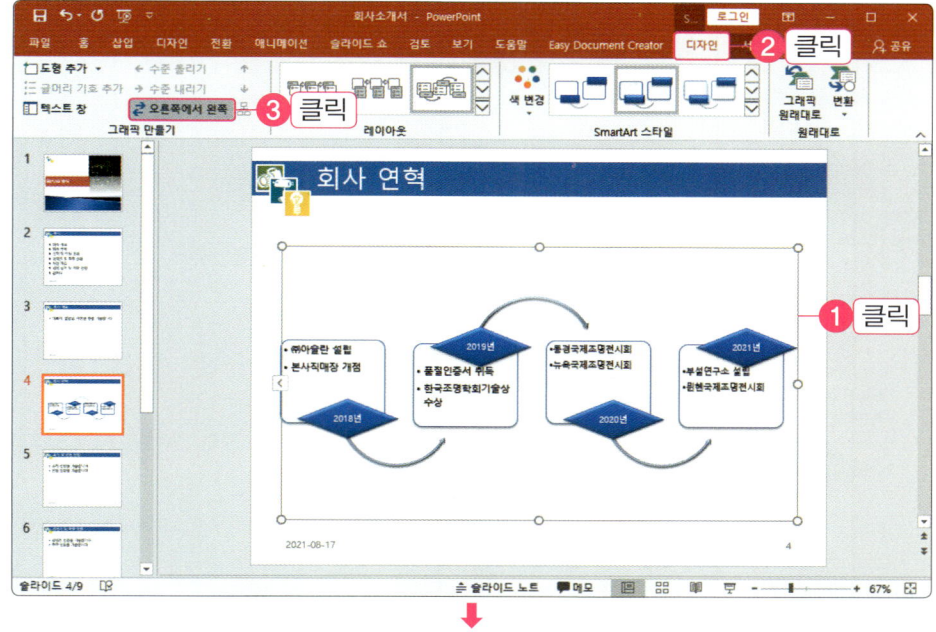

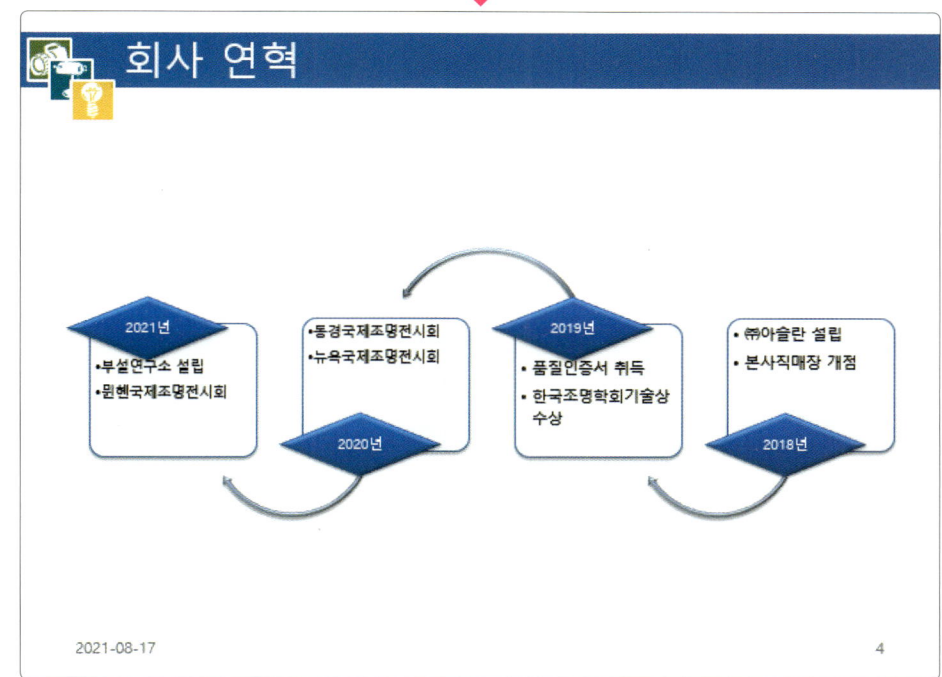

04 SmartArt 색 변경하기

1 SmartArt 색을 변경하기 위해 **SmartArt를 선택**한 후 [SmartArt 도구] 정황 탭–[디자인] 탭–[SmartArt 스타일] 그룹에서 **[색 변경]**을 클릭한 다음 **[색상형 – 강조색]**을 클릭합니다.

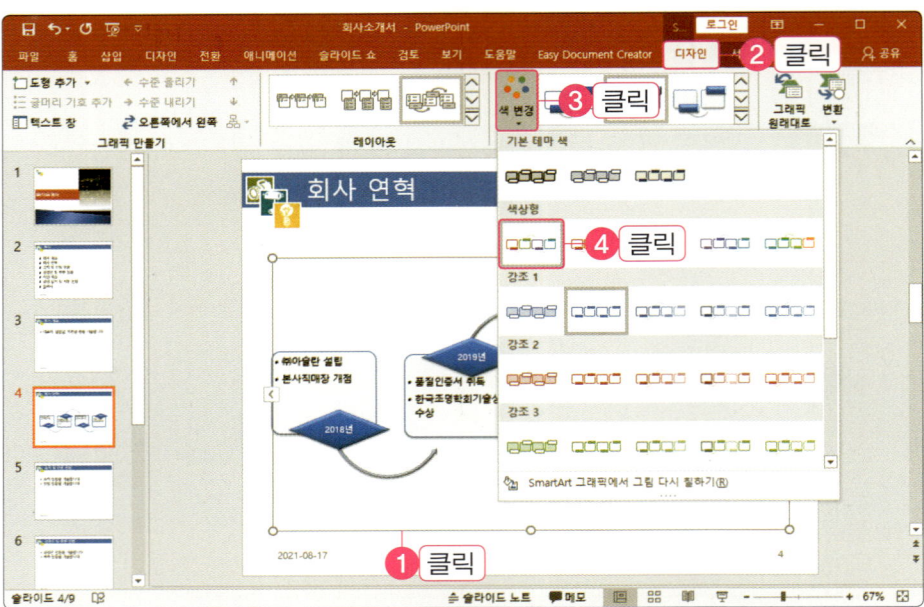

2 다음과 같이 SmartArt 색이 변경됩니다.

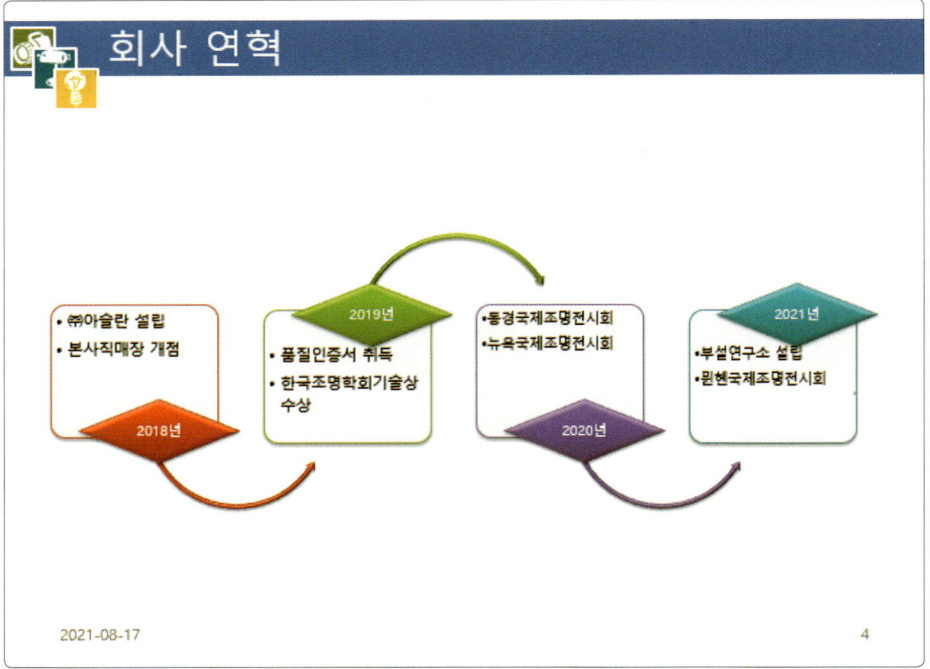

SmartArt 종류 변경하기

다음과 같이 SmartArt를 선택한 후 [SmartArt 도구] 정황 탭–[디자인] 탭–[레이아웃] 그룹에서 ☑[자세히] 단추를 클릭한 다음 SmartArt를 선택하면 SmartArt 종류를 변경할 수 있습니다.

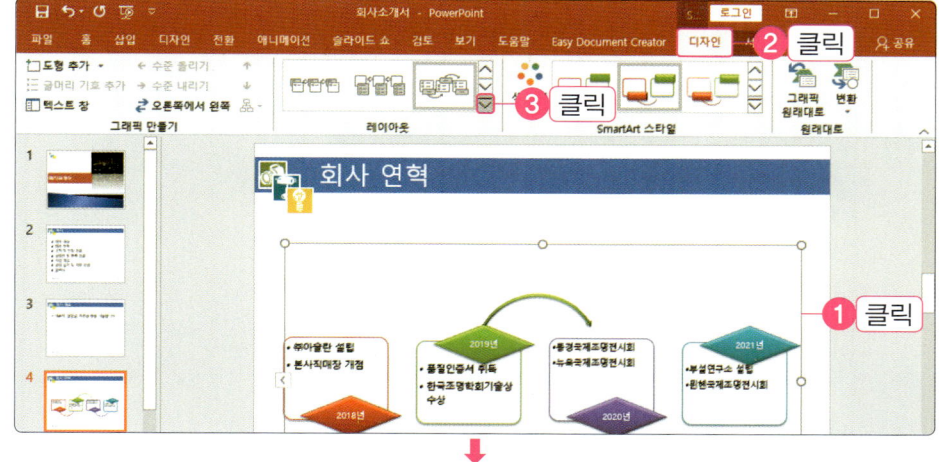

연습문제

POWERPOINT 2016

C:\단계학습\파워포인트\프로젝트파일\센터소개서.pptx

1 다음과 같이 4번 슬라이드에 SmartArt를 삽입해 보세요.
- SmartArt 삽입 : SmartArt 종류([프로세스형]-[연속 블록 프로세스형])

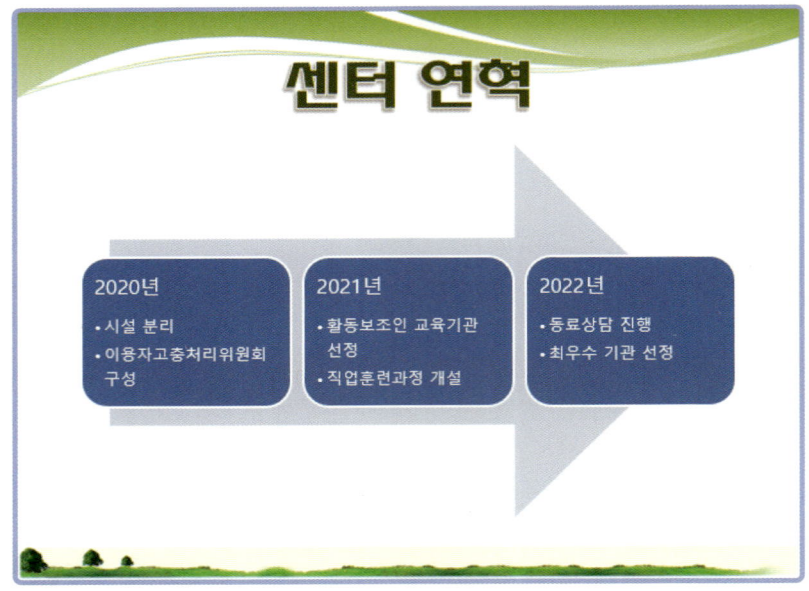

Hint 수준 1 텍스트(연도)를 입력한 후 [SmartArt 도구] 정황 탭-[디자인] 탭-[그래픽 만들기] 그룹에서 [글머리 기호 추가]를 클릭하면 수준 2 텍스트(내용)를 입력할 수 있습니다.

2 다음과 같이 도형의 모양을 변경해 보세요.
- 도형의 모양 변경 : [사각형: 모서리가 접힌 도형]

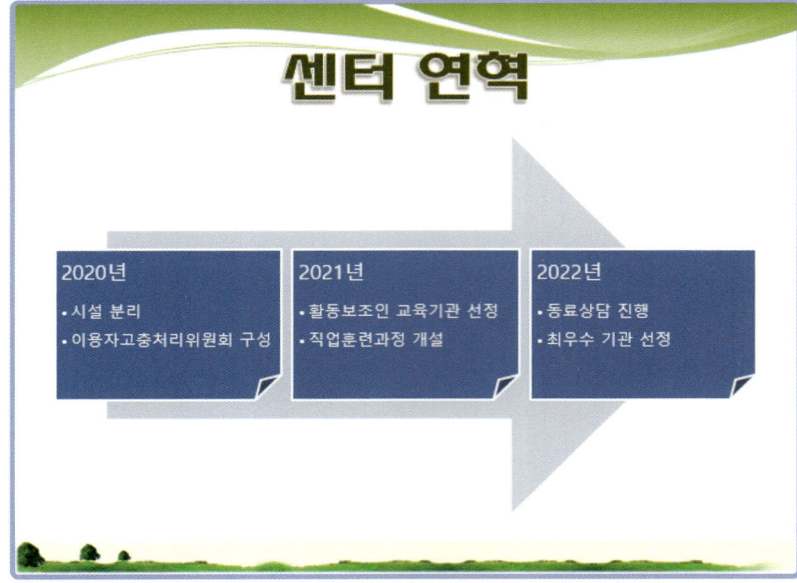

3 다음과 같이 SmartArt 스타일을 지정해 보세요.
  • SmartArt 스타일 지정 : [광택 처리]

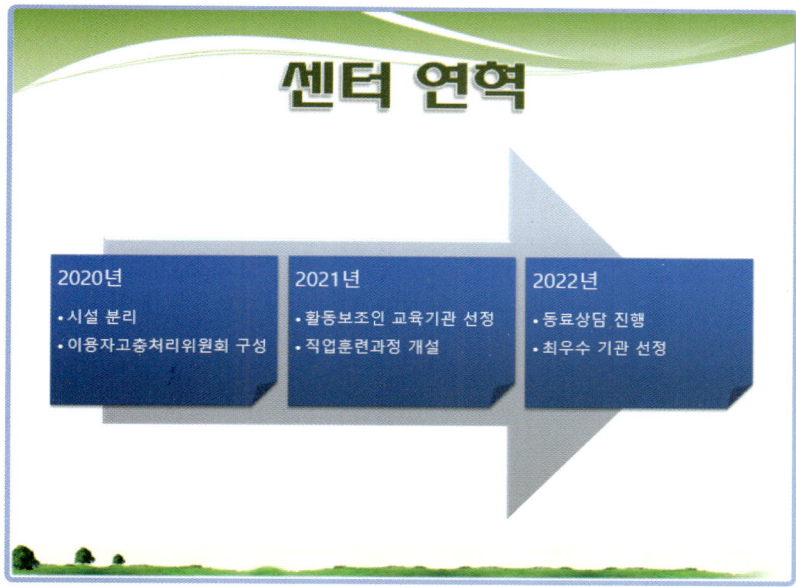

4 다음과 같이 SmartArt 색을 변경해 보세요.
  • SmartArt 색 변경 : [색상형 범위 – 강조색 4 또는 5]

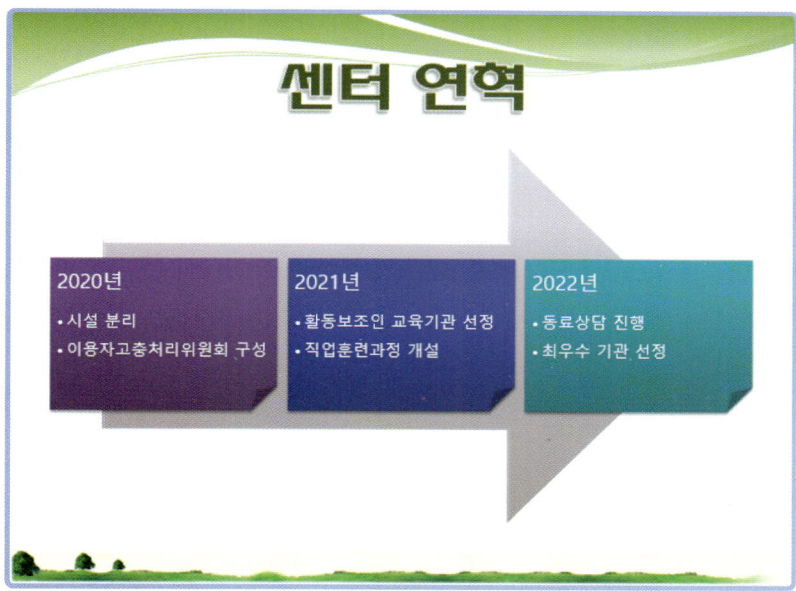

상품소개서 작성하기

POWERPOINT 2016

상품소개서는 상품과 관련된 사항을 기술해 놓은 문서로 상품명이나 상품 개요 등으로 구성되어 있습니다. 그럼, 사진 앨범을 활용하여 상품소개서를 작성하는 방법에 대해 알아보겠습니다.

01 앨범 만들기

1 파워포인트를 실행하기 위해 작업 표시줄에서 [시작] 단추를 클릭한 후 앱 뷰에서 [Power Point]를 클릭합니다.

2 파워포인트가 실행되면 앨범을 만들기 위해 [삽입] 탭-[이미지] 그룹에서 **[사진 앨범]**을 클릭합니다.

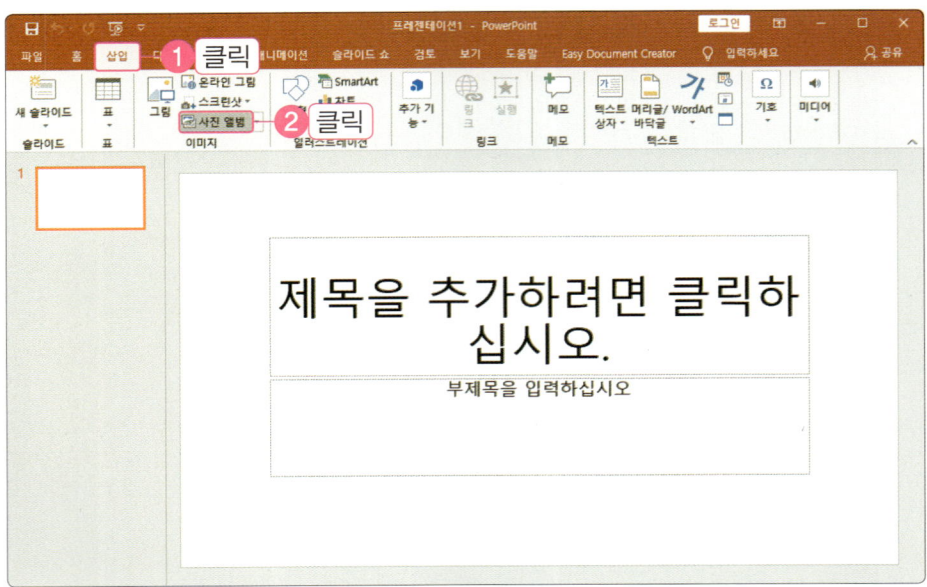

3 [사진 앨범] 대화상자가 나타나면 그림을 삽입하기 위해 [파일/디스크] 단추를 클릭합니다.

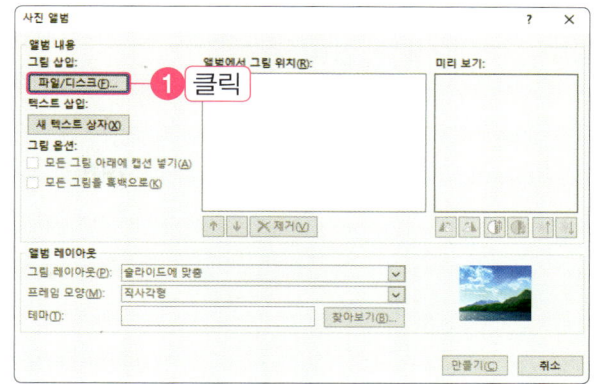

4 [새 그림 삽입] 대화상자가 나타나면 위치(C:\단계학습\파워포인트\프로젝트파일)를 선택한 후 파일(프랑스1/프랑스2/프랑스3/프랑스4)을 선택한 다음 [삽입] 단추를 클릭합니다.

5 [사진 앨범] 대화상자가 다시 나타나면 그림 레이아웃(제목을 가진 그림 4개)과 프레임 모양(모서리가 둥근 직사각형)을 선택한 후 테마를 지정하기 위해 [찾아보기] 단추를 클릭합니다.

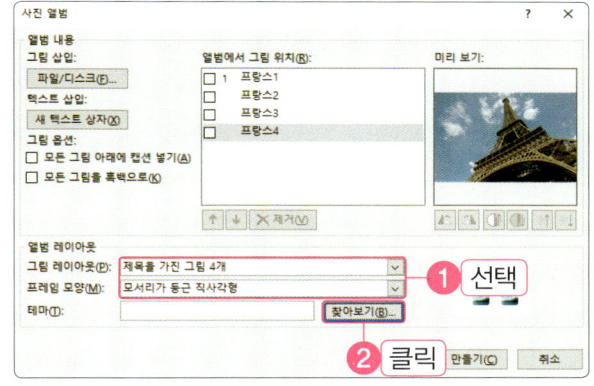

6 [테마 선택] 대화상자가 나타나면 테마(Facet)를 선택한 후 [선택] 단추를 클릭합니다.

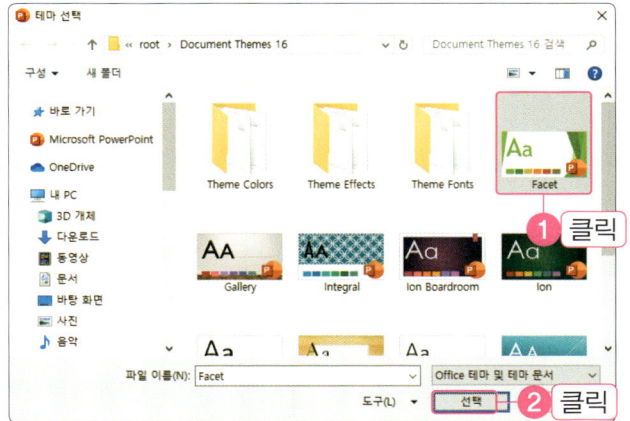

7 [사진 앨범] 대화상자가 다시 나타나면 [만들기] 단추를 클릭합니다.

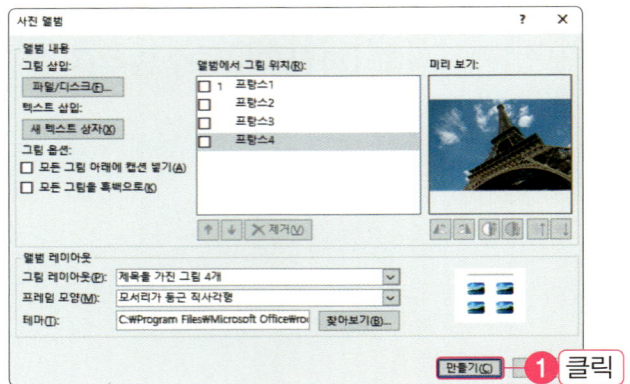

8 다음과 같이 앨범이 만들어집니다.

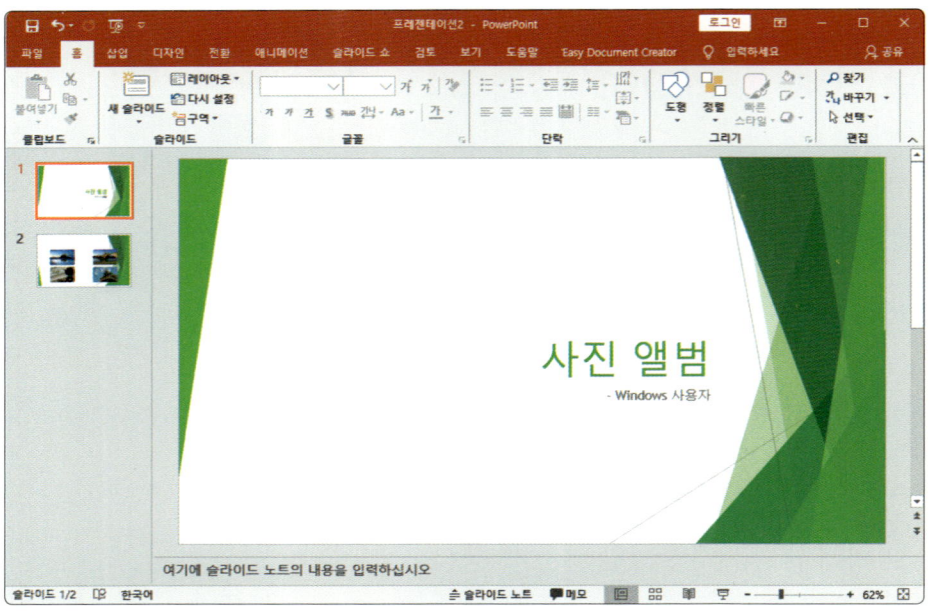

앨범은 새 프레젠테이션에 만들어집니다.

02 테마 색과 테마 글꼴 변경하기

1 테마 색을 변경하기 위해 [디자인] 탭-[적용] 그룹에서 ▽[자세히] 단추를 클릭합니다.

2 적용 목록이 나타나면 [색]-[다홍색]을 클릭합니다.

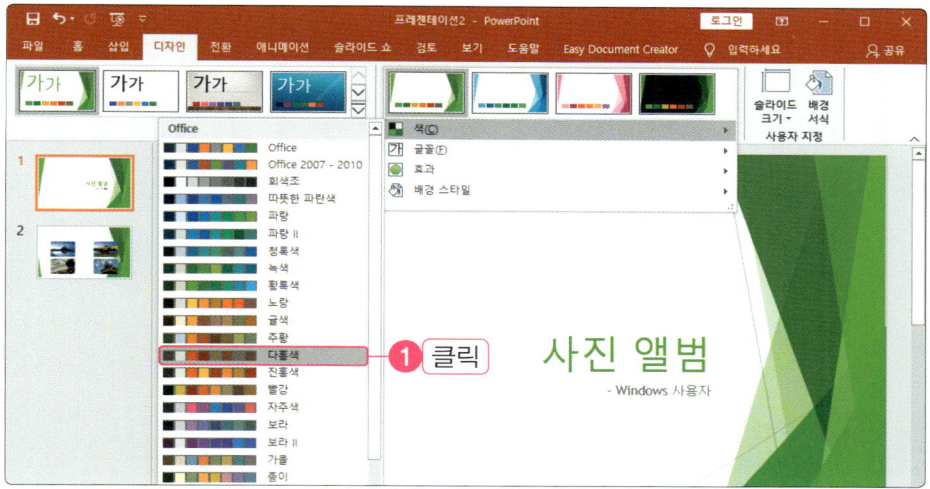

3 테마 글꼴을 변경하기 위해 [디자인] 탭-[적용] 그룹에서 ▽[자세히] 단추를 클릭합니다.

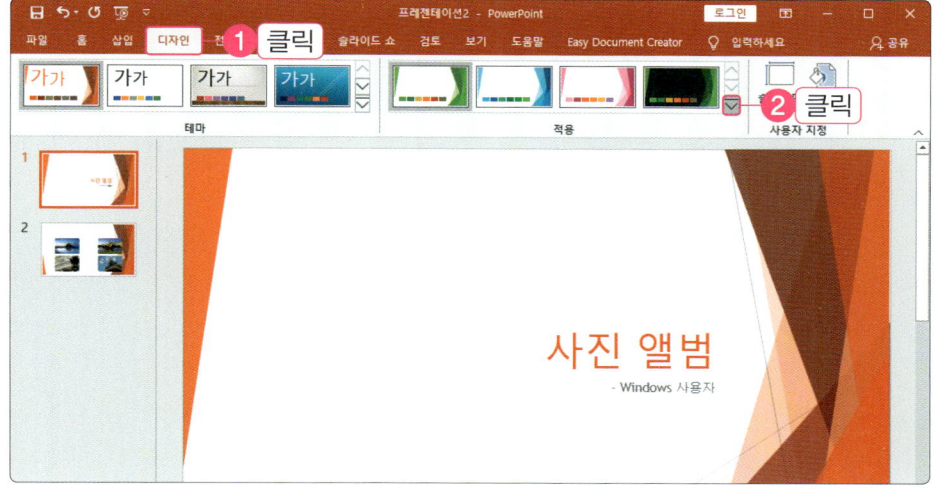

4 적용 목록이 나타나면 [글꼴]-[Office]를 클릭합니다.

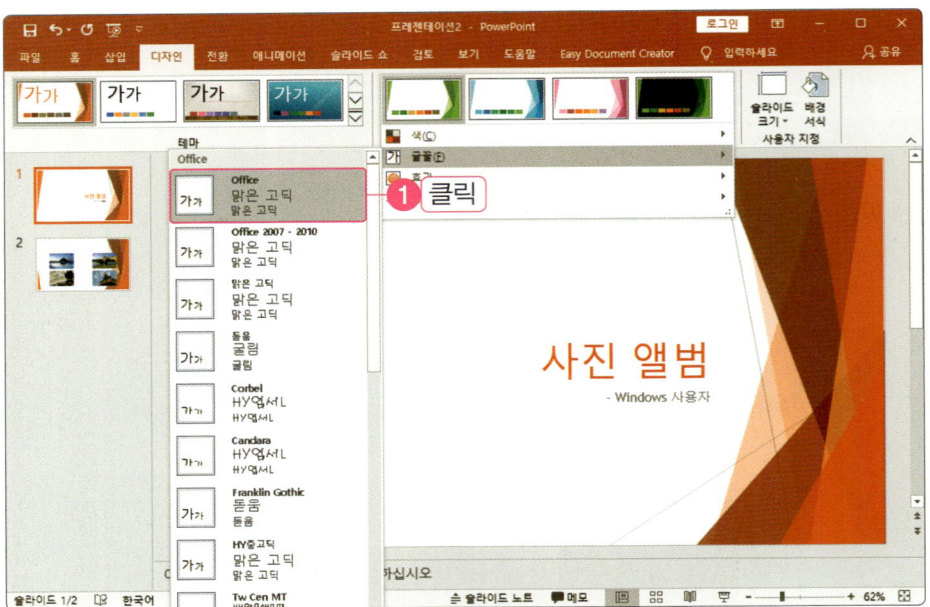

5 다음과 같이 테마 글꼴이 변경됩니다.

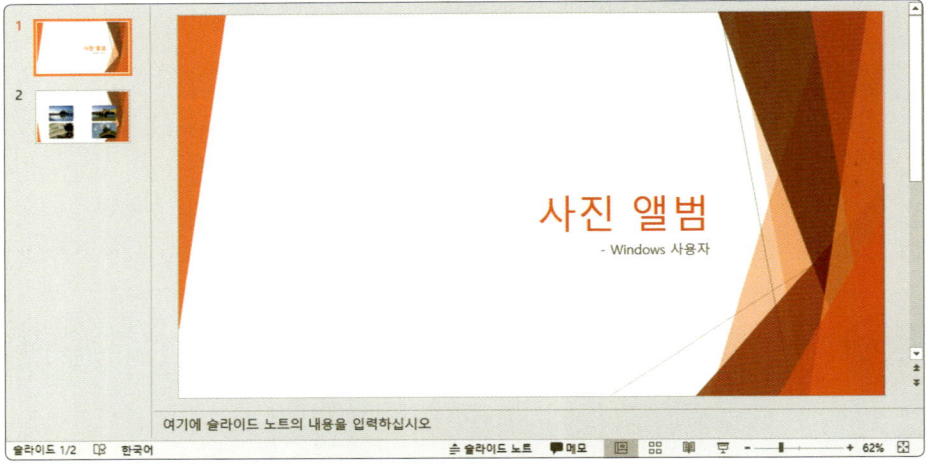

03 배경 서식 지정하기

1 배경 서식을 지정하기 위해 슬라이드 보기 창에서 **1번 슬라이드를 선택**한 후 [디자인] 탭-[사용자 지정] 그룹에서 **[배경 서식]**을 클릭합니다.

2 [배경 서식] 작업 창이 나타나면 [채우기]-[채우기]에서 **[단색 채우기]를 선택**한 후 **색(검정, 텍스트 1)을 선택**한 다음 **[닫기]를 클릭**합니다.

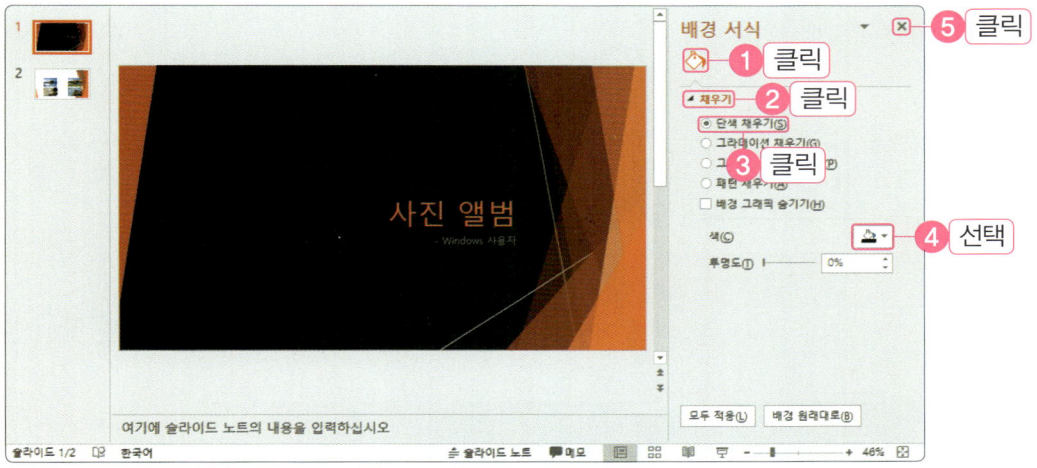

3 다음과 같이 배경 서식이 지정됩니다.

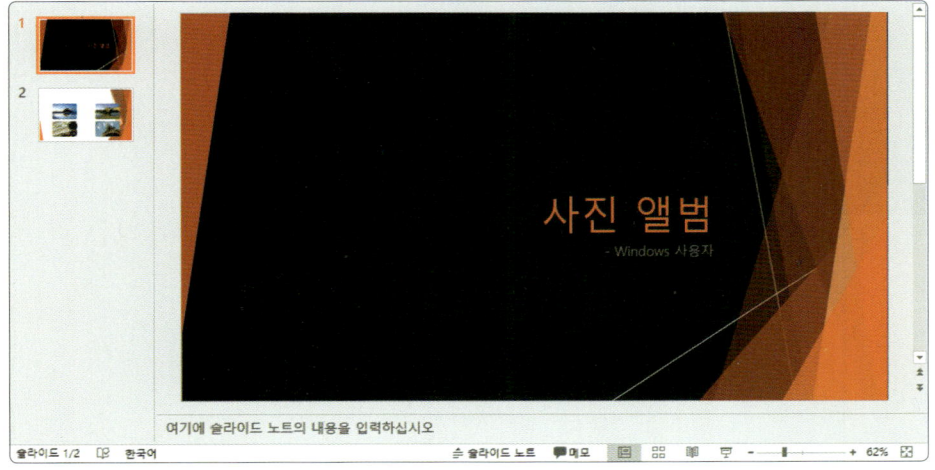

04 도형 활용하여 상품 개요 작성하기

1 슬라이드 보기 창에서 **1번 슬라이드를 선택**한 후 **다음과 같이 제목을 수정**합니다. 그런 다음 제목에 글꼴과 맞춤 서식을 지정하기 위해 **제목을 드래그하여 선택**한 후 [홈] 탭-[글꼴] 그룹에서 **글꼴 색(흰색, 배경 1)을 선택**한 다음 [단락] 그룹에서 ≡[가운데 맞춤]을 클릭합니다.

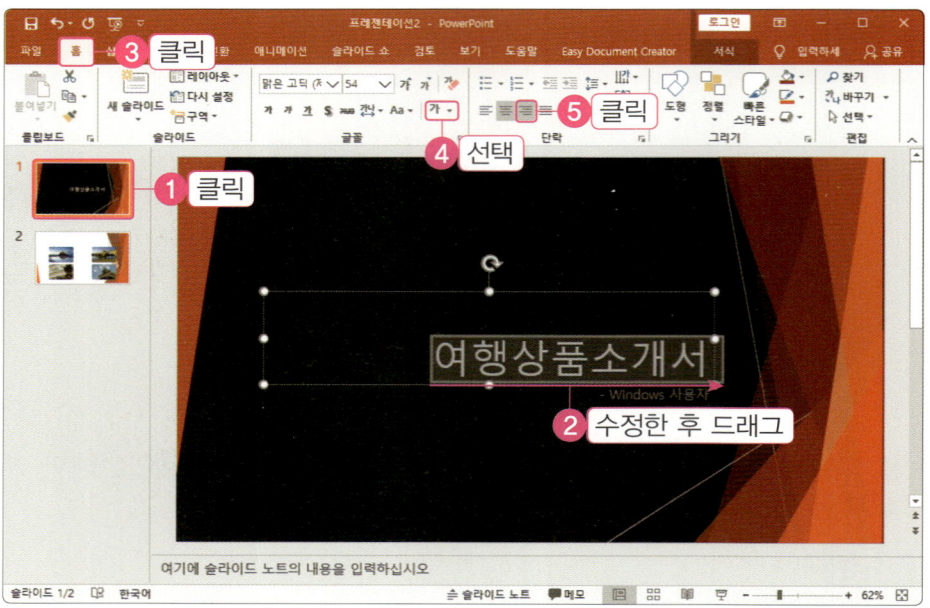

2 다음과 같이 부제목을 수정합니다. 그런 다음 부제목에 글꼴과 맞춤 서식을 지정하기 위해 **부제목을 드래그하여 선택**한 후 [홈] 탭-[글꼴] 그룹에서 **글꼴 색(흰색, 배경 1)을 선택**한 다음 [단락] 그룹에서 ≡[가운데 맞춤]을 클릭합니다.

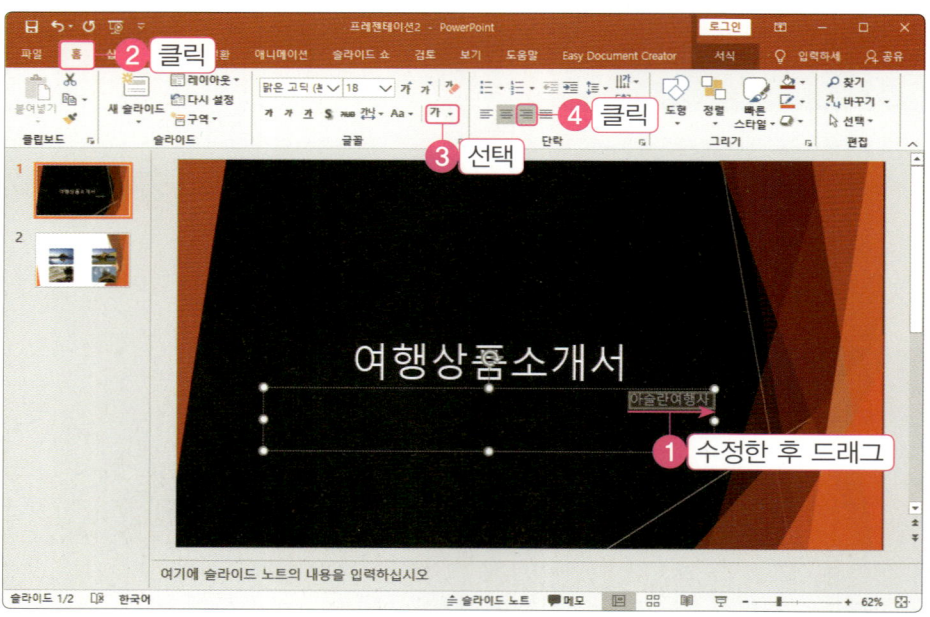

3 슬라이드 보기 창에서 **2번 슬라이드를 선택**한 후 **다음과 같이 제목을 입력**합니다.

4 도형을 삽입하기 위해 [삽입] 탭-[일러스트레이션] 그룹에서 **[도형]을 클릭**한 후 **[별: 꼭짓점 8개]를 클릭**합니다.

5 마우스 포인터가 + 모양으로 변경되면 **다음과 같이 드래그**하여 도형을 그립니다.

6 도형 채우기를 지정하기 위해 **도형을 선택**한 후 [그리기 도구] 정황 탭-[서식] 탭-[도형 스타일] 그룹에서 [도형 채우기]의 ▼[목록] 단추를 클릭한 다음 [그라데이션]-[어두운 그라데이션]-[가운데에서]를 클릭합니다.

> 그라데이션은 채우기 색이 점진적으로 한 채우기 색에서 다른 채우기 색으로 변해 가는 것을 말합니다.

7 도형 윤곽선을 지정하기 위해 [그리기 도구] 정황 탭-[서식] 탭-[도형 스타일] 그룹에서 **[도형 윤곽선]**의 ▼[목록] 단추를 클릭한 후 [윤곽선 없음]을 클릭합니다.

8 다음과 같이 상품 개요를 **입력**합니다.

9 상품 가격에 글꼴 서식을 지정하기 위해 '2,490,000'을 드래그하여 **선택**한 후 [홈] 탭-[글꼴] 그룹에서 **글꼴 크기(44)를 선택**한 다음 **가[굵게]를 클릭**하고 **S[텍스트 그림자]를 클릭**합니다.

10 상품 가격에 글꼴 서식이 지정되면 **다음과 같이 상품소개서를 저장**합니다.
- **상품소개서 저장** : 위치(문서), 파일 이름(여행상품소개서)

Chapter 03 – 상품소개서 작성하기 **35**

1 다음과 같이 앨범을 만들어 보세요.
- **그림 삽입** : 위치(C:\단계학습\파워포인트\프로젝트파일), 파일(공구1/공구2)
- **그림 레이아웃** : 그림 2개
- **프레임 모양** : 모서리가 둥근 직사각형
- **테마** : Ion Boardroom

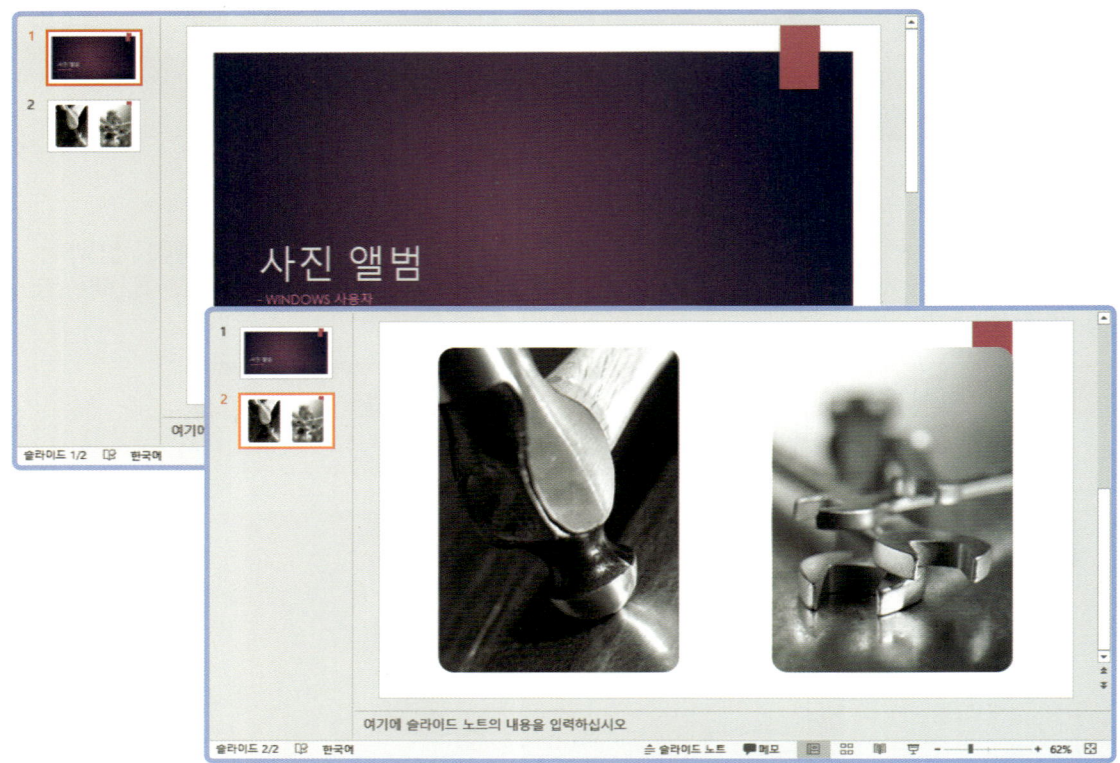

2 다음과 같이 테마 색과 테마 글꼴을 변경해 보세요.
- **테마 색 변경** : 녹색
- **테마 글꼴 변경** : 돋움

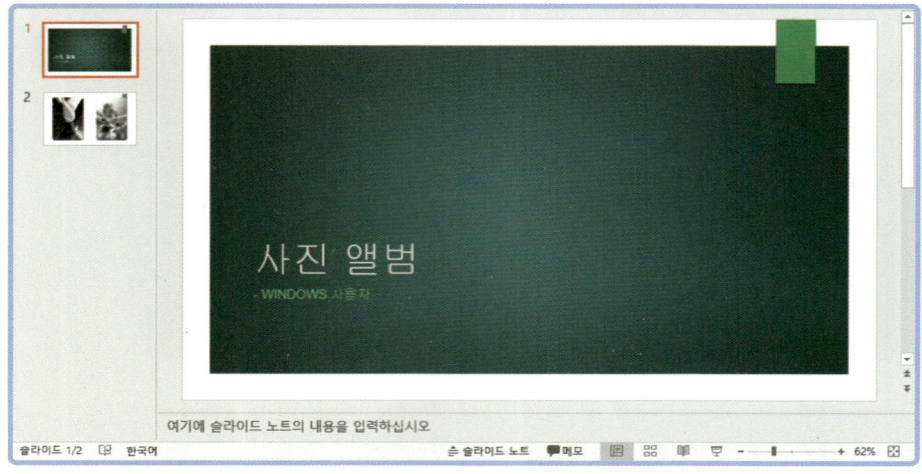

연습문제

3 다음과 같이 2번 슬라이드에 배경 서식을 지정해 보세요.
- 배경 서식 지정 : 단색 채우기(색(검정, 텍스트 1))

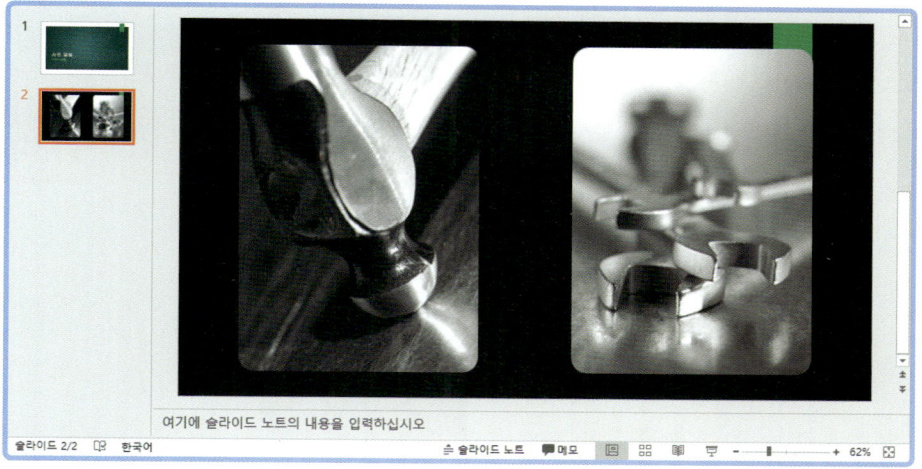

4 다음과 같이 1페이지에서 제목과 부제목을 수정한 후 도형을 활용하여 제품 개요를 작성한 다음 제품소개서를 저장해 보세요.
- 도형 삽입 : [사각형: 잘린 대각선 방향 모서리]
- 도형 채우기 지정 : ❶ [녹색, 강조 1] ❷ [진한 청록, 강조 4]
- 도형 윤곽선 지정 : 윤곽선 없음
- 제품 가격에 글꼴 서식 지정 : 글꼴 크기(28), 가[굵게]
- 제품소개서 저장 : 위치(문서), 파일 이름(공구제품소개서)

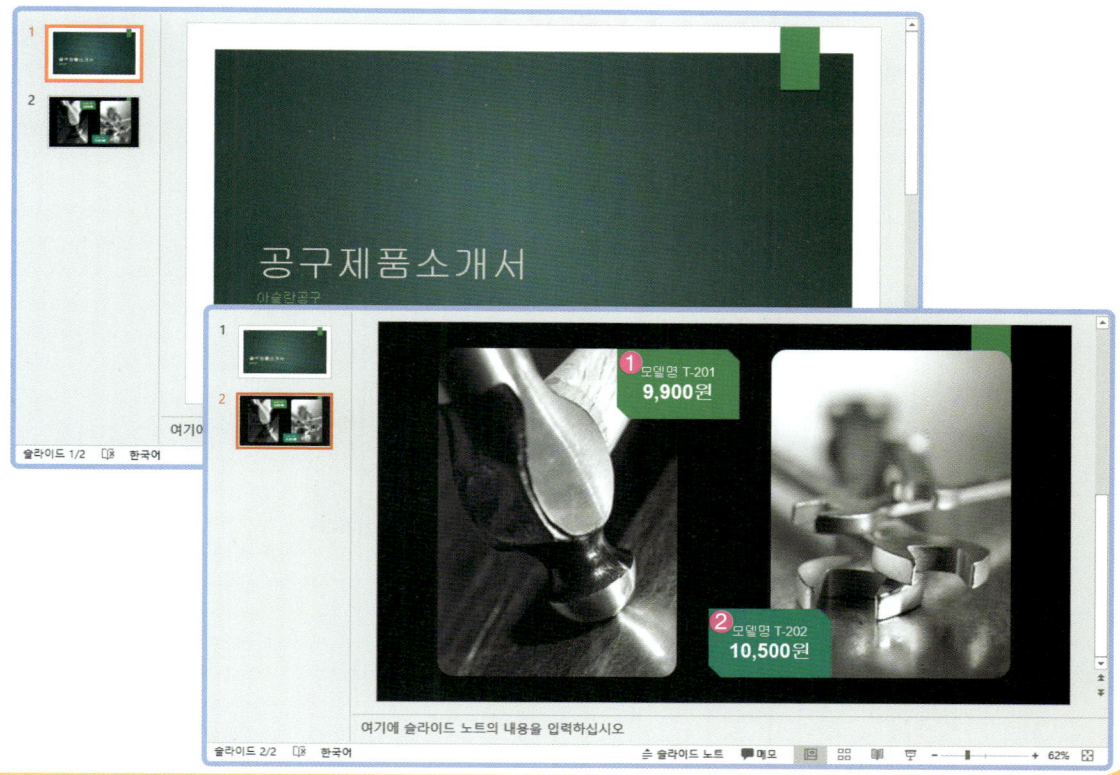

Chapter 03 – 상품소개서 작성하기

제안서 작성하기

POWERPOINT 2016

제안서는 사업을 하기 위해 제안하는 문서로 회사 현황, 사업 및 제품 개요, 매출 및 추진 계획 등으로 구성되어 있습니다. 그럼, 가로 텍스트 상자를 활용하여 제안서를 작성하는 방법에 대해 알아보겠습니다.

Preview

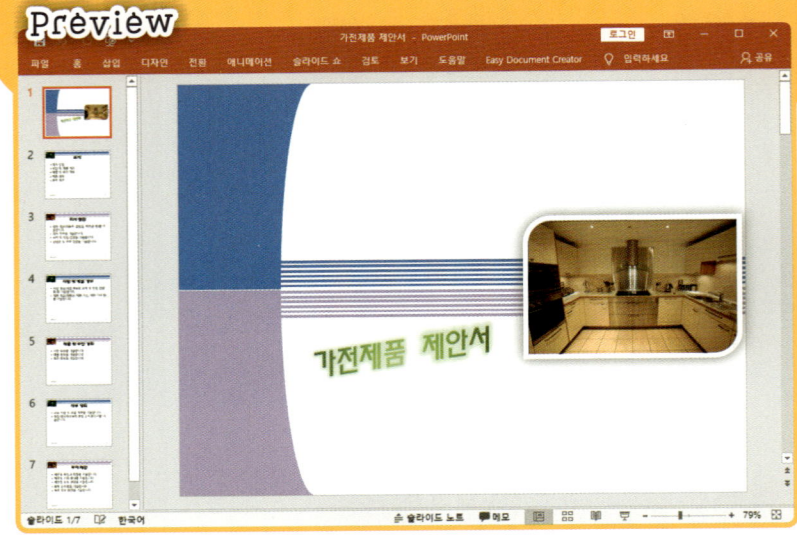

C:\단계학습\파워포인트\프로젝트파일\가전제품 제안서.pptx

01 가로 텍스트 상자 삽입하기

1 가로 텍스트 상자를 삽입하기 위해 슬라이드 보기 창에서 **1번 슬라이드를 선택**한 후 [삽입] 탭-[텍스트] 그룹에서 **[텍스트 상자]의 ▼[목록] 단추를 클릭**한 다음 **[가로 텍스트 상자 그리기]를 클릭**합니다.

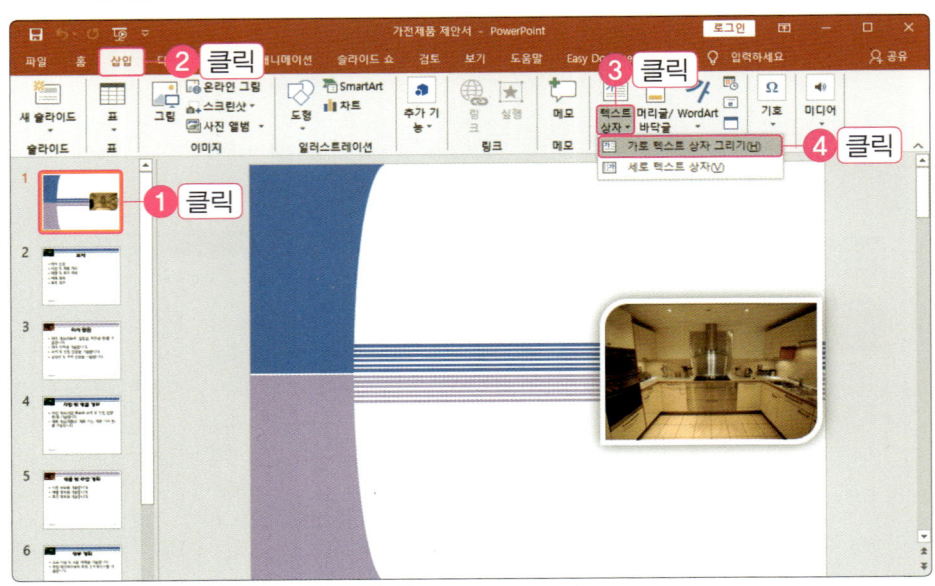

[삽입] 탭-[텍스트] 그룹에서 [텍스트 상자]의 ▼[목록] 단추를 클릭한 후 [세로 텍스트 상자]를 클릭하면 세로 텍스트 상자를 삽입할 수 있습니다.

2 마우스 포인터가 ↓ 모양으로 변경되면 **다음과 같이 클릭하여 가로 텍스트 상자를 삽입**한 후 **가로 텍스트 상자에 제목을 입력**합니다.

3 제목에 글꼴 서식을 지정하기 위해 **제목을 드래그하여 선택**한 후 [홈] 탭-[글꼴] 그룹에서 **글꼴(휴먼모음T)과 글꼴 크기(40)를 선택**합니다.

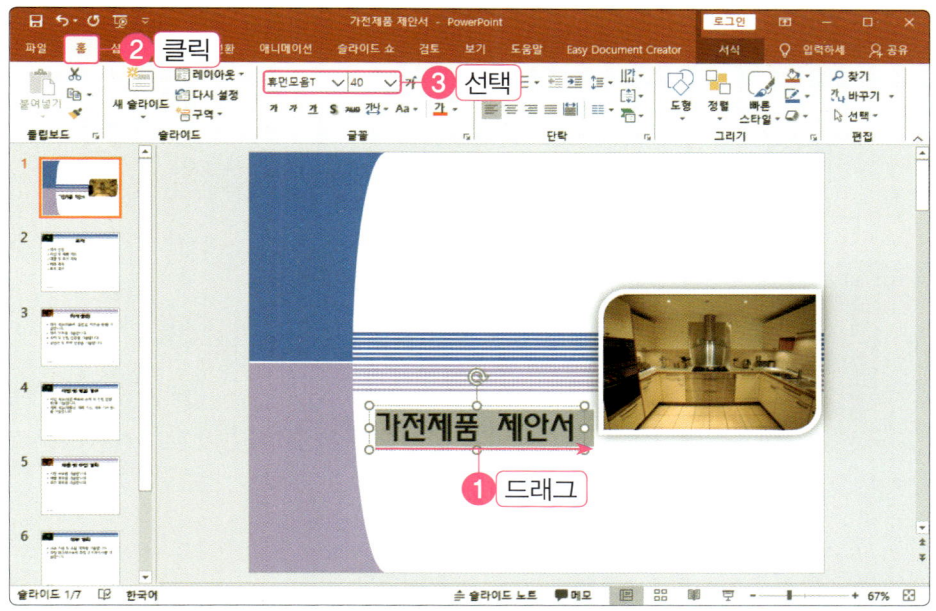

4 제목에 글꼴 서식이 지정됩니다.

02 텍스트 채우기 지정하기

1 텍스트 채우기를 지정하기 위해 **가로 텍스트 상자를 선택**한 후 [그리기 도구] 정황 탭-[서식] 탭-[WordArt 스타일] 그룹에서 **[추가 옵션]을 클릭**합니다.

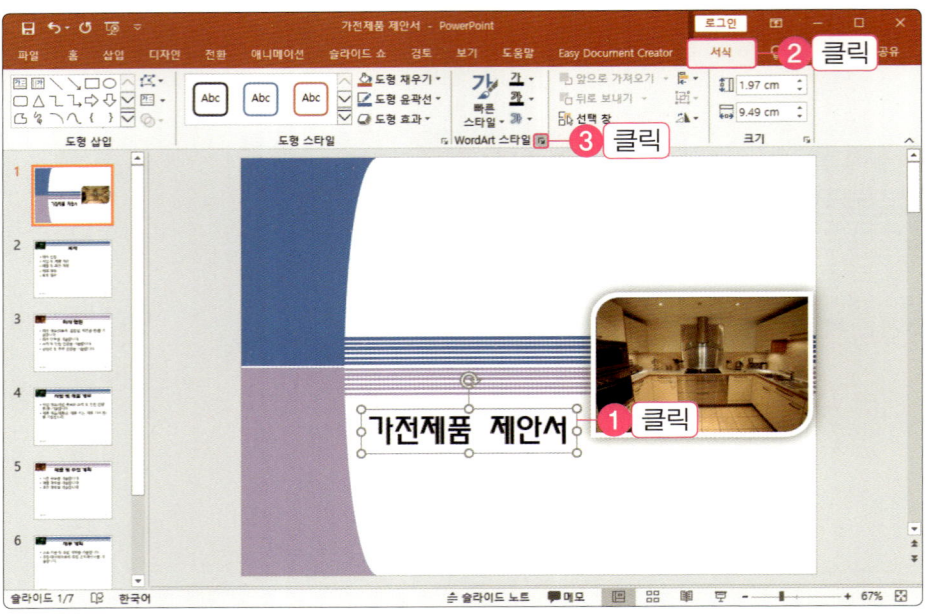

2 [도형 서식] 작업 창이 나타나면 [텍스트 옵션]-[텍스트 채우기 및 윤곽선]-[텍스트 채우기]에서 **[그라데이션 채우기]를 선택**한 후 그라데이션 미리 설정([아래쪽 스포트라이트 - 강조 3])을 **선택**한 다음 [닫기]를 클릭합니다.

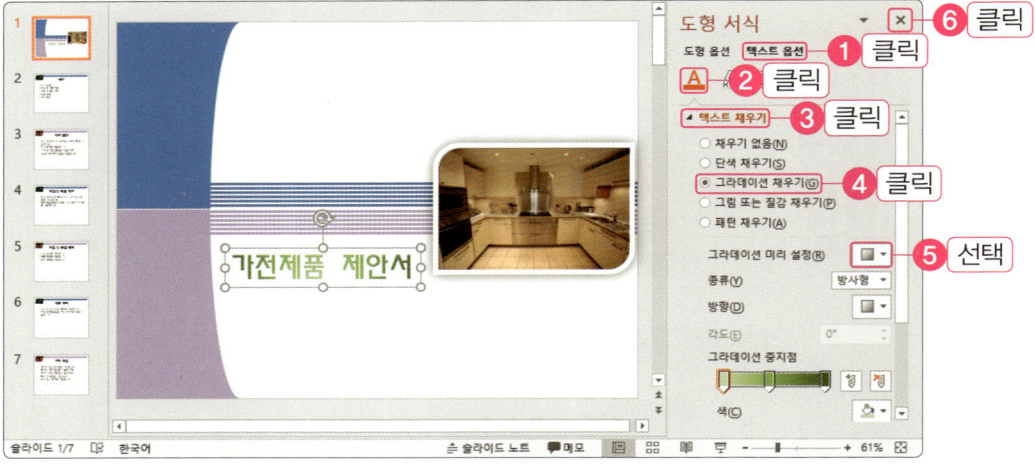

3 텍스트 채우기가 지정됩니다.

03 네온 텍스트 효과 지정하기

1 네온 텍스트 효과를 지정하기 위해 **가로 텍스트 상자를 선택**한 후 [그리기 도구] 정황 탭-[서식] 탭-[WordArt 스타일] 그룹에서 [텍스트 효과]를 클릭한 다음 [네온]-[네온: 18pt, 황록색, 강조 3]을 클릭합니다.

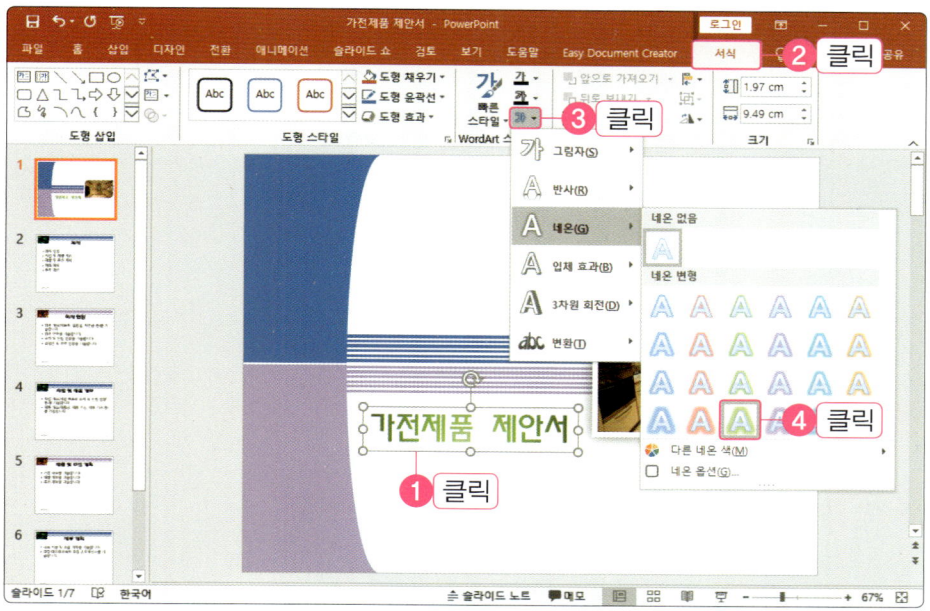

2 [그리기 도구] 정황 탭-[서식] 탭-[WordArt 스타일] 그룹에서 [텍스트 효과]를 클릭한 후 [네온]-[다른 네온 색]-[황록색, 강조 3, 40% 더 밝게]를 클릭합니다.

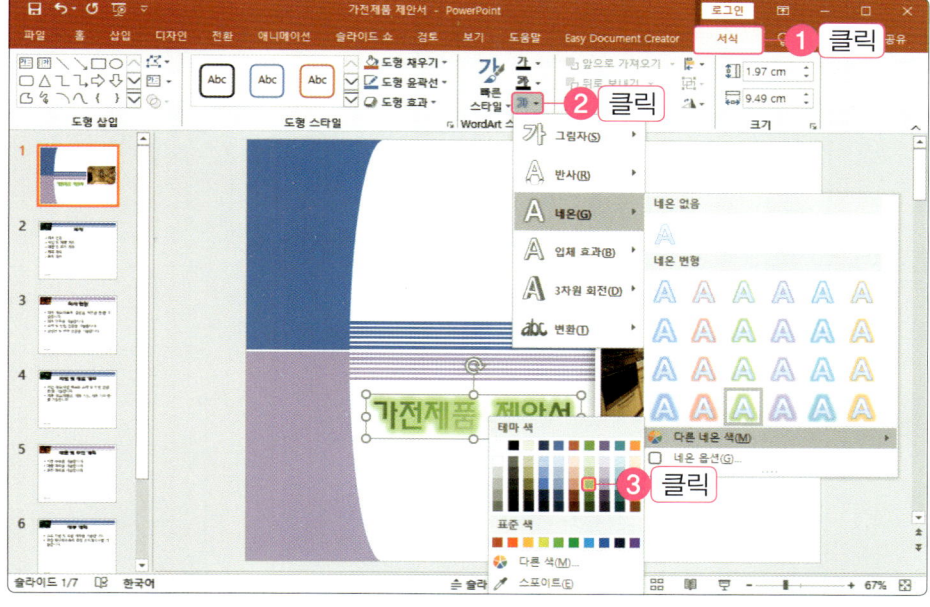

3 네온 텍스트 효과가 지정됩니다.

Chapter 04 - 제안서 작성하기 **41**

04 3차원 회전 텍스트 효과 지정하기

1 3차원 회전 텍스트 효과를 지정하기 위해 **가로 텍스트 상자를 선택**한 후 [그리기 도구] 정황 탭-[서식] 탭-[WordArt 스타일] 그룹에서 [텍스트 효과]를 클릭한 다음 [3차원 회전]-[축 분리 1: 오른쪽으로]를 클릭합니다.

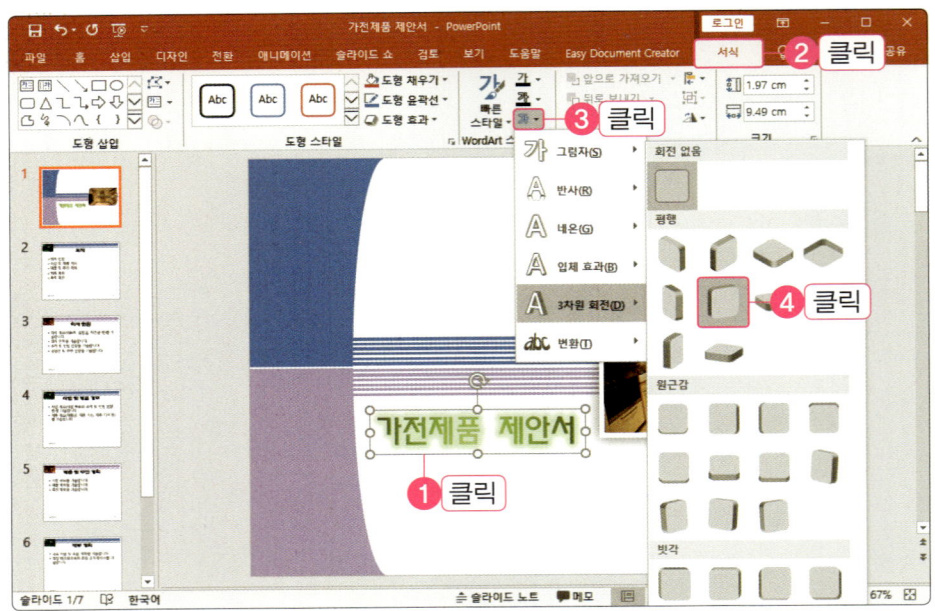

2 다음과 같이 3차원 회전 텍스트 효과가 지정됩니다.

알고 넘어갑시다!

변환 텍스트 효과 지정하기

다음과 같이 가로 텍스트 상자를 선택한 후 [그리기 도구] 정황 탭-[서식] 탭-[WordArt 스타일] 그룹에서 [텍스트 효과]를 클릭한 다음 [변환]에서 변환 텍스트 효과를 선택하면 변환 텍스트 효과를 지정할 수 있습니다.

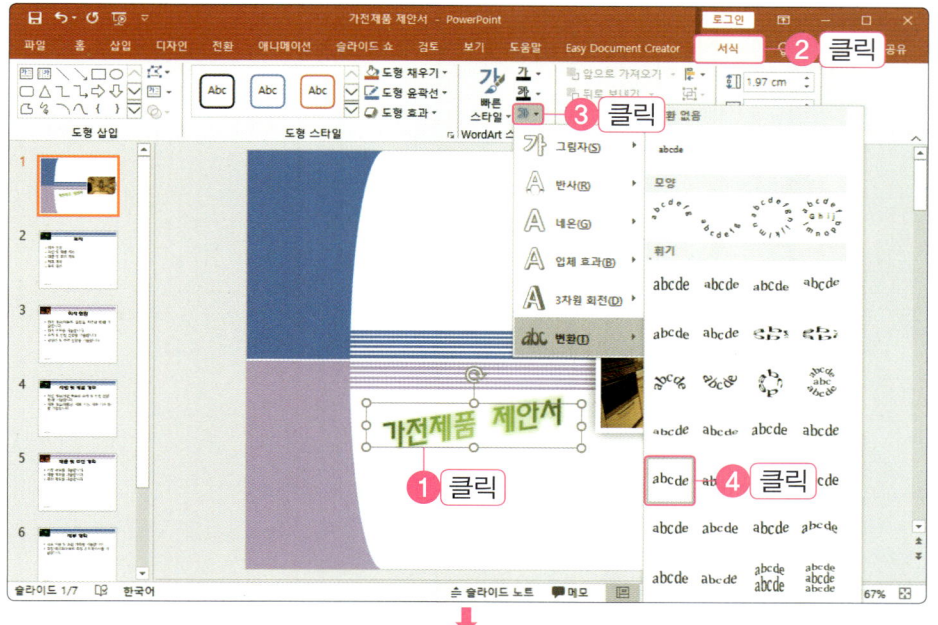

Chapter 04 - 제안서 작성하기

연습문제

POWERPOINT 2016

C:\단계학습\파워포인트\프로젝트파일\의류제품 제안서.pptx

1 다음과 같이 1번 슬라이드에 가로 텍스트 상자를 삽입해 보세요.
- 가로 텍스트 상자 삽입 : 글꼴(휴먼엑스포), 글꼴 크기(40)

2 다음과 같이 텍스트 채우기를 지정해 보세요.
- 텍스트 채우기 지정 : 그라데이션 채우기(그라데이션 미리 설정(■[방사형 그라데이션 – 강조 6]))

Hint

가로 텍스트 상자를 선택한 후 [그리기 도구] 정황 탭–[서식] 탭–[WordArt 스타일] 그룹에서 [추가 옵션]을 클릭합니다. 그런 다음 [도형 서식] 작업 창의 [텍스트 옵션]–[텍스트 채우기 및 윤곽선]–[텍스트 채우기]에서 [그라데이션 채우기]를 선택한 후 그라데이션 미리 설정(■[방사형 그라데이션 – 강조 6])을 선택한 다음 [닫기]를 클릭하면 텍스트 채우기를 지정할 수 있습니다.

3 다음과 같이 네온 텍스트 효과를 지정해 보세요.
  • 네온 텍스트 효과 지정 : A[네온: 5pt, 주황, 강조색 6]

4 다음과 같이 3차원 회전 텍스트 효과를 지정해 보세요.
  • 3차원 회전 텍스트 효과 지정 : [축 분리 2: 왼쪽으로]

IR 자료의 매출 및 영업 이익 현황 작성하기

POWERPOINT 2016

IR(Investor Relations)은 주식 시장에서 회사의 우량성을 확보하기 위해 투자자를 대상으로 실시하는 홍보 활동을 말하는데요. IR 자료는 회사 개요, 사업 개요, 매출 및 영업 이익 현황 등으로 구성되어 있습니다. 그럼, 표를 활용하여 IR 자료의 매출 및 영업 이익 현황을 작성하는 방법에 대해 알아보겠습니다.

Preview

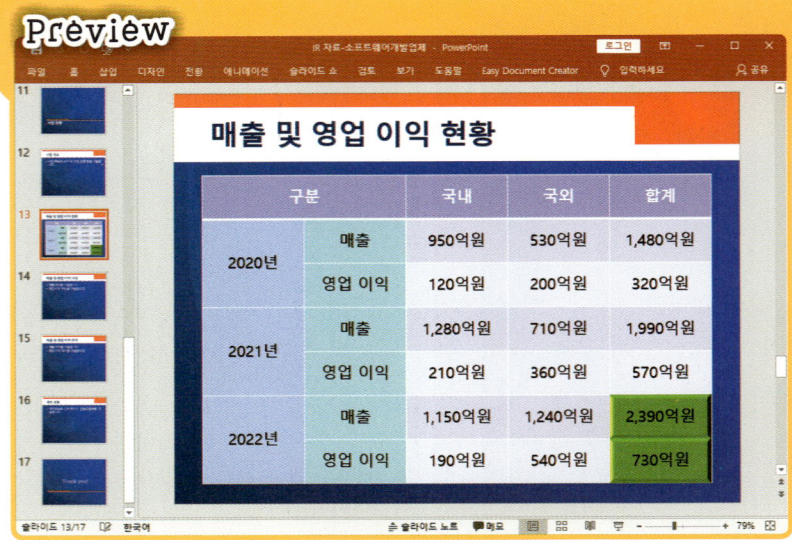

C:\단계학습\파워포인트\프로젝트파일\IR 자료-소프트웨어개발업체.pptx

01 표 삽입하기

1 표를 삽입하기 위해 슬라이드 보기 창에서 **13번 슬라이드를 선택**한 후 슬라이드에서 [표 삽입]을 클릭합니다.

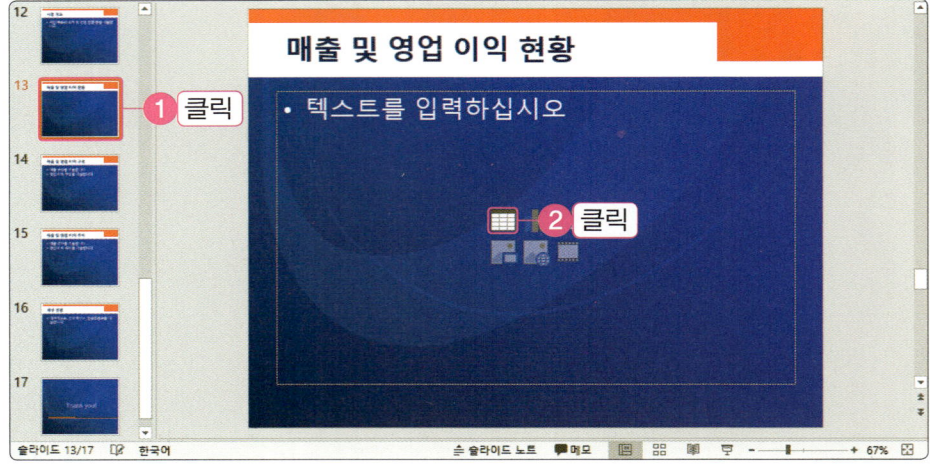

46 파워포인트 2016 실무 Project

2 [표 삽입] 대화상자가 나타나면 **열 개수(5)와 행 개수(7)를 입력**한 후 [확인] 단추를 클릭합니다.

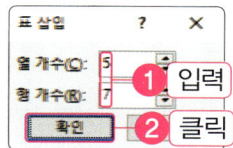

3 표가 삽입되면 표의 크기를 조정하기 위해 **표의 크기 조정 핸들(○)을 드래그**합니다.

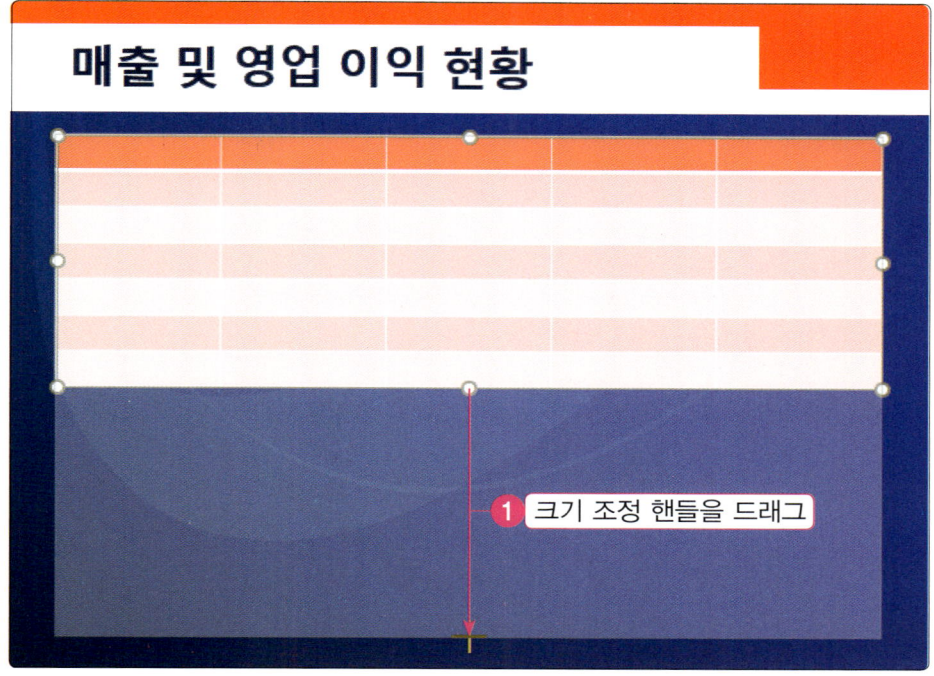

4 셀을 병합하기 위해 **1행1열과 1행2열을 선택**한 후 [표 도구] 정황 탭-[레이아웃] 탭-[병합] 그룹에서 **[셀 병합]**을 클릭합니다.

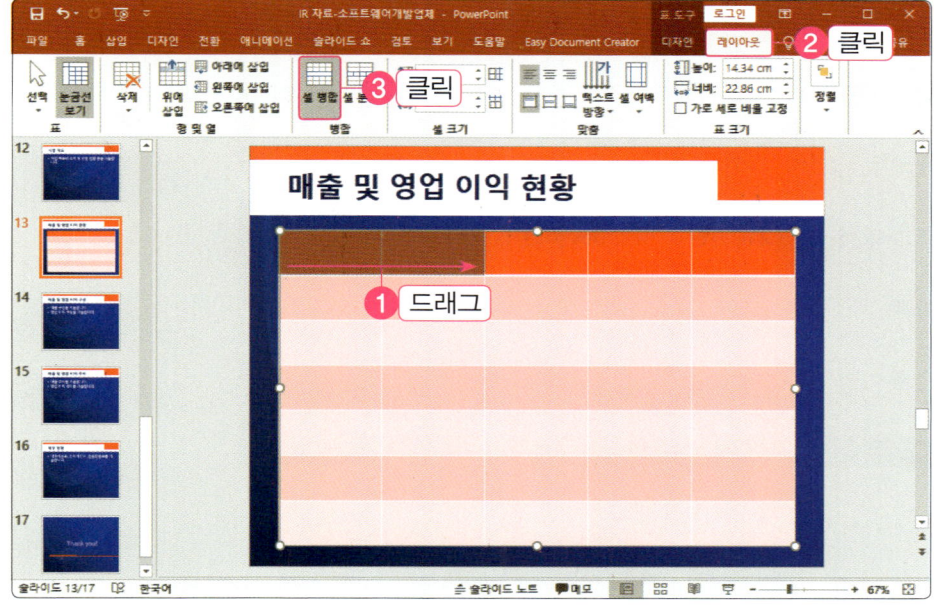

Chapter 05 - IR 자료의 매출 및 영업 이익 현황 작성하기 **47**

5 같은 방법으로 다음과 같이 2행1열과 3행1열, 4행1열과 5행1열, 6행1열과 7행1열을 병합합니다.

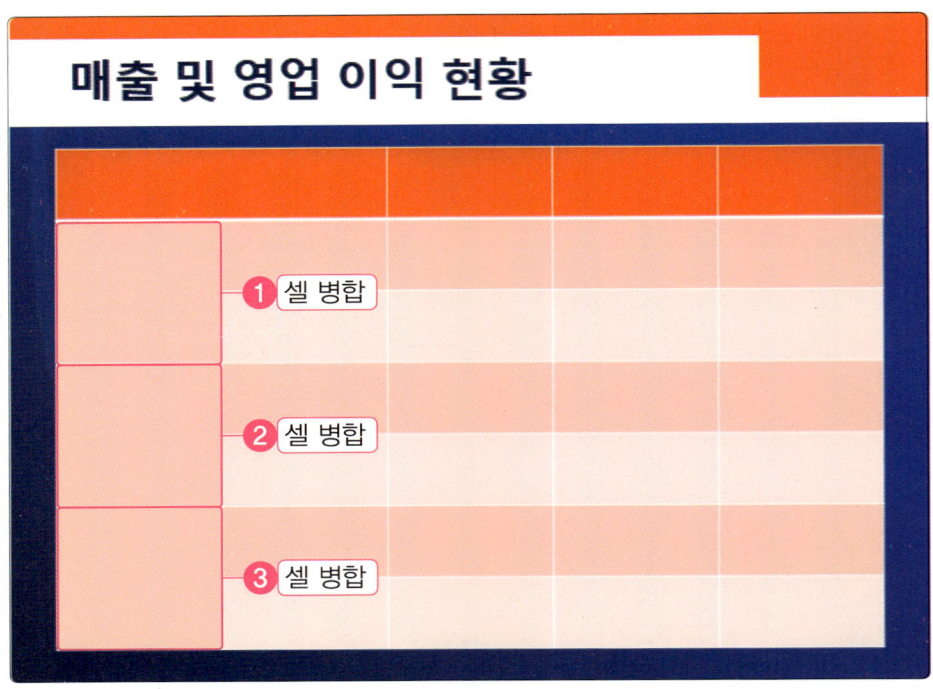

6 셀이 병합되면 다음과 같이 표 내용을 입력합니다.

매출 및 영업 이익 현황

구분		국내	국외	합계
2020년	매출	950억원	530억원	1,480억원
	영업 이익	120억원	200억원	320억원
2021년	매출	1,280억원	710억원	1,990억원
	영업 이익	210억원	360억원	570억원
2022년	매출	1,150억원	1,240억원	2,390억원
	영업 이익	190억원	540억원	730억원

❶ 입력

02 표 스타일 지정하기

1 표 스타일을 지정하기 위해 **표를 선택**한 후 [표 도구] 정황 탭–[디자인] 탭–[표 스타일] 그룹에서 ▽**[자세히] 단추를 클릭**합니다.

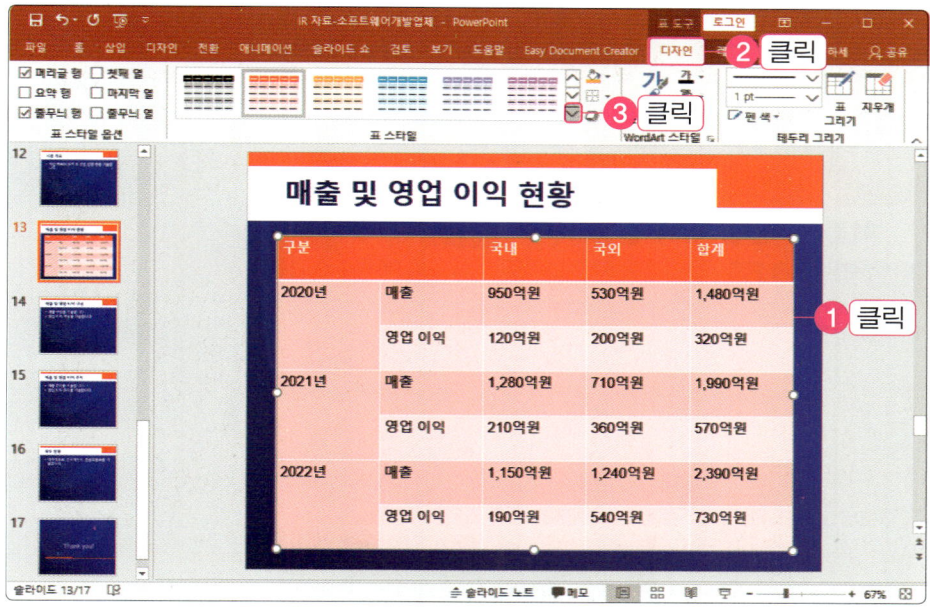

2 표 스타일 목록이 나타나면 ▦**[보통 스타일 2 – 강조 4]를 클릭**합니다.

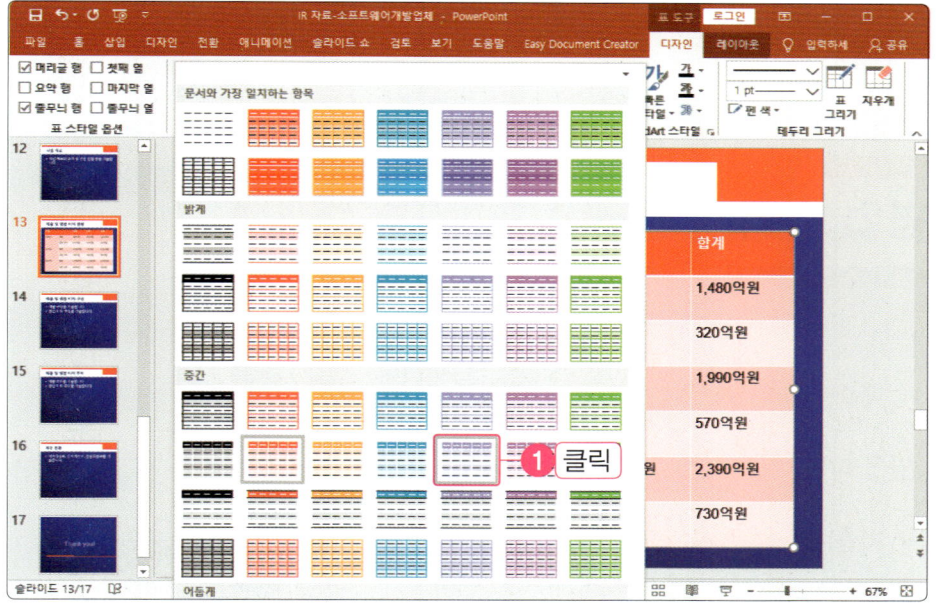

3 표 스타일이 지정됩니다.

Chapter 05 – IR 자료의 매출 및 영업 이익 현황 작성하기

03 표 내용에 글꼴과 맞춤 서식 지정하기

1. 표 내용에 글꼴과 맞춤 서식을 지정하기 위해 **모든 셀을 선택**합니다. 그런 다음 [홈] 탭-[글꼴] 그룹에서 **글꼴(맑은 고딕)과 글꼴 크기(20)를 선택**한 후 [단락] 그룹에서 ≡[가운데 맞춤]을 클릭한 다음 [텍스트 맞춤]을 클릭하고 [중간]을 클릭합니다.

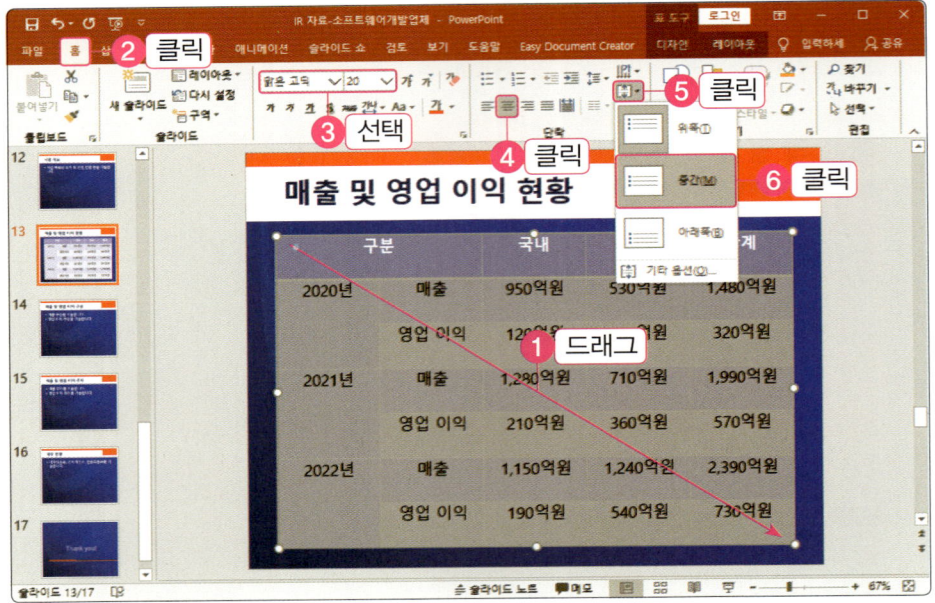

> 표 내용에 글꼴 서식을 지정한 후 표 스타일을 지정하면 지정한 표 스타일과 관련 있는 글꼴 서식으로 다시 지정되므로 먼저 표 스타일을 지정한 후 표 내용에 글꼴 서식을 지정합니다.

2. 다음과 같이 표 내용에 글꼴과 맞춤 서식이 지정됩니다.

매출 및 영업 이익 현황

구분		국내	국외	합계
2020년	매출	950억원	530억원	1,480억원
	영업 이익	120억원	200억원	320억원
2021년	매출	1,280억원	710억원	1,990억원
	영업 이익	210억원	360억원	570억원
2022년	매출	1,150억원	1,240억원	2,390억원
	영업 이익	190억원	540억원	730억원

04 셀에 채우기 색과 셀 입체 효과 지정하기

1 셀에 채우기 색을 지정하기 위해 **2행1열~7행1열을 선택**한 후 [표 도구] 정황 탭-[디자인] 탭-[표 스타일] 그룹에서 [음영]의 [목록] 단추를 클릭한 다음 [**진한 파랑, 배경 2, 80% 더 밝게**]를 클릭합니다.

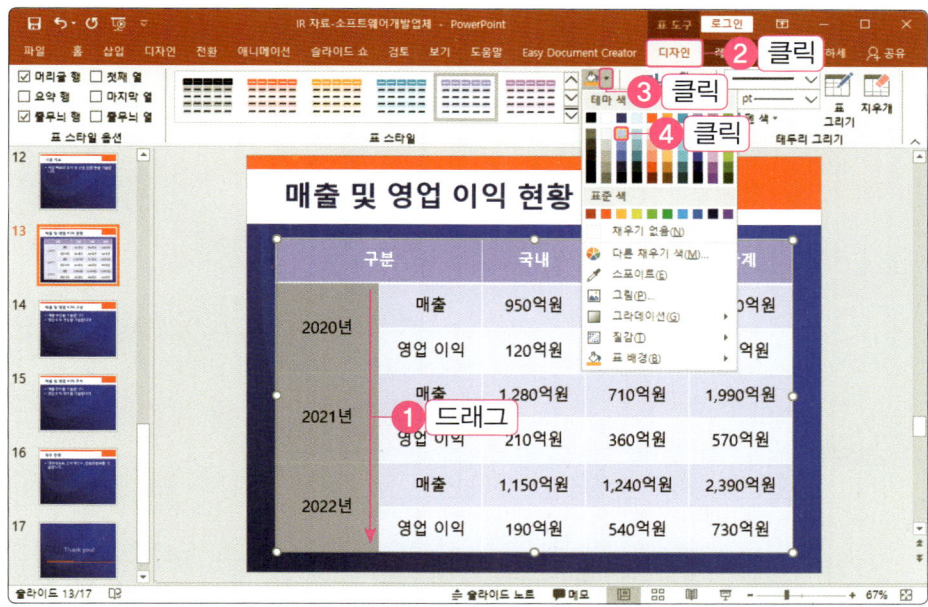

2 **2행2열~7행2열을 선택**한 후 [표 도구] 정황 탭-[디자인] 탭-[표 스타일] 그룹에서 [음영]의 [목록] 단추를 클릭한 다음 [**연한 옥색, 텍스트 2, 10% 더 어둡게**]를 클릭합니다.

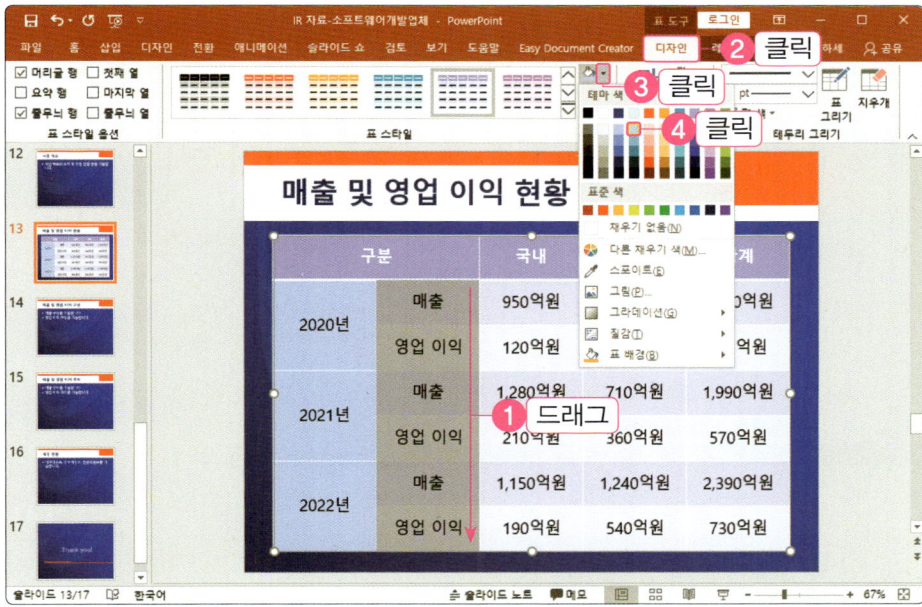

3 셀에 채우기 색과 셀 입체 효과를 지정하기 위해 **6행5열과 7행5열을 선택**한 후 [표 도구] 정황 탭-[디자인] 탭-[표 스타일] 그룹에서 [음영]의 [목록] 단추를 **클릭**한 다음 [**녹색, 강조 6**]을 클릭합니다.

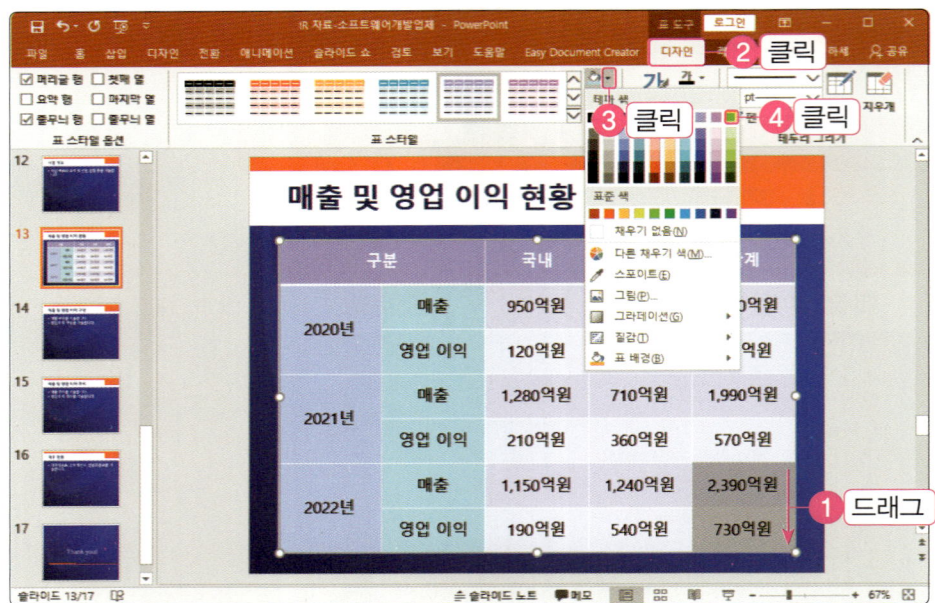

4 [표 도구] 정황 탭-[디자인] 탭-[표 스타일] 그룹에서 [효과]를 클릭한 후 [셀 입체 효과]-[둥글게]를 클릭합니다.

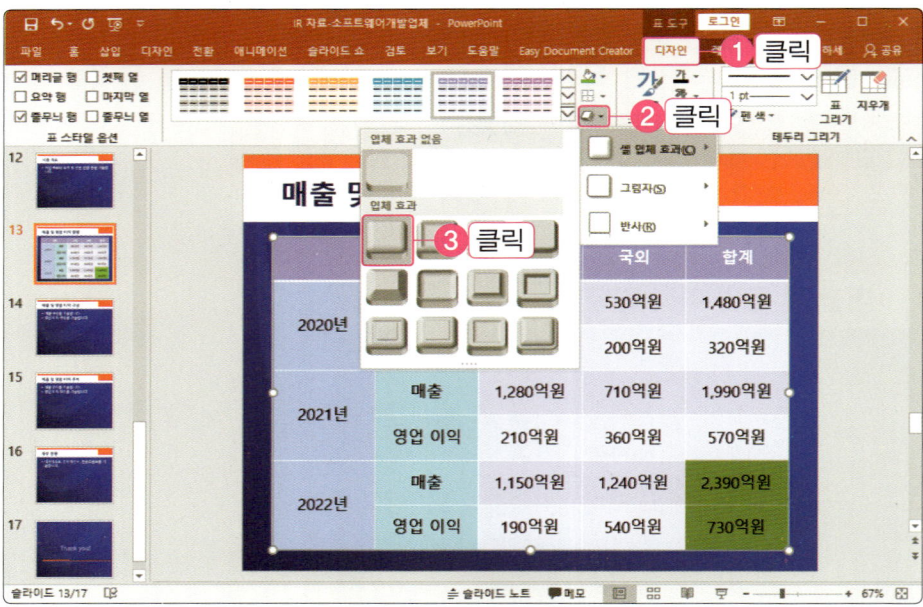

5 셀에 채우기 색과 셀 입체 효과가 지정됩니다.

표에 그림자 효과 지정하기

다음과 같이 표를 선택한 후 [표 도구] 정황 탭–[디자인] 탭–[표 스타일] 그룹에서 [효과]를 클릭한 다음 [그림자]에서 그림자 효과를 선택하면 표에 그림자 효과를 지정할 수 있습니다.

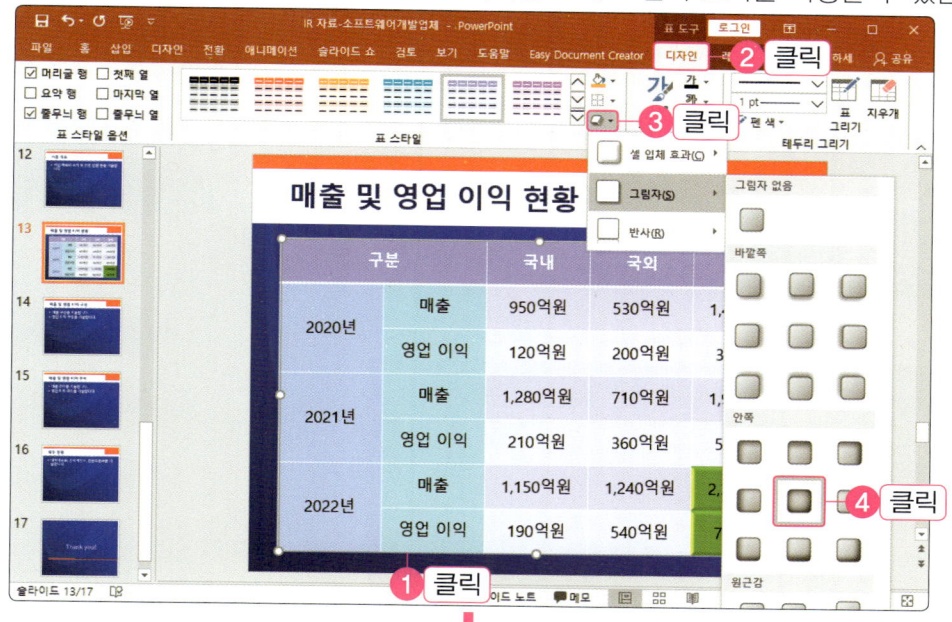

연습문제

POWERPOINT 2016

C:\단계학습\파워포인트\프로젝트파일\IR 자료-조명산업업체.pptx

1 다음과 같이 9번 슬라이드에 표를 삽입해 보세요.
- **표 삽입** : 행 개수(8), 열 개수(3)
- **셀 병합** : 1행1열~3행1열/1행2열과 1행3열/2행2열과 2행3열/3행2열과 3행3열/4행1열~8행1열

2 다음과 같이 표 스타일을 지정해 보세요.
- **표 스타일 지정** : [보통 스타일 2 - 강조 2]
- **표 스타일 옵션 지정** : [첫째 열]과 [줄무늬 행]만 선택

Hint

표를 선택한 후 [표 도구] 정황 탭-[디자인] 탭-[표 스타일 옵션] 그룹에서 [첫째 열]과 [줄무늬 행]만 선택하면 표 스타일 옵션을 지정할 수 있습니다.

연습문제

3 다음과 같이 표 내용에 글꼴과 맞춤 서식을 지정해 보세요.
- 표 내용에 글꼴과 맞춤 서식 지정 : 글꼴(맑은 고딕), 글꼴 크기(22), ≡[가운데 맞춤], [텍스트 맞춤]-[중간]

인증 및 지적 재산 현황

인증	ISO 9001:2000	
	ISO 14001:2004	
	ISO/TS 16949:2002	
지적 재산	산업재산권	41
	특허	29
	실용	4
	상표	3
	디자인	2

4 다음과 같이 셀에 채우기 색과 셀 입체 효과를 지정해 보세요.
- 1행1열~3행1열 : 채우기 색(빨강)
- 1행2열~3행3열 : 채우기 색(주황, 강조 5, 80% 더 밝게)
- 5행2열과 5행3열 : 채우기 색(주황), 셀 입체 효과([둥글게])

인증 및 지적 재산 현황

인증	ISO 9001:2000	
	ISO 14001:2004	
	ISO/TS 16949:2002	
지적 재산	산업재산권	41
	특허	29
	실용	4
	상표	3
	디자인	2

Chapter 05 – IR 자료의 매출 및 영업 이익 현황 작성하기

Chapter 06 기획서의 시장 점유율 분석 차트 작성하기

POWERPOINT 2016

기획서는 기획자의 아이디어를 가공하여 체계적으로 기술해 놓은 문서로 시장 현황, 고객 분석, 시장 점유율 분석 등으로 구성되어 있습니다. 그럼, 기획서의 시장 점유율 분석 차트를 작성하는 방법에 대해 알아보겠습니다.

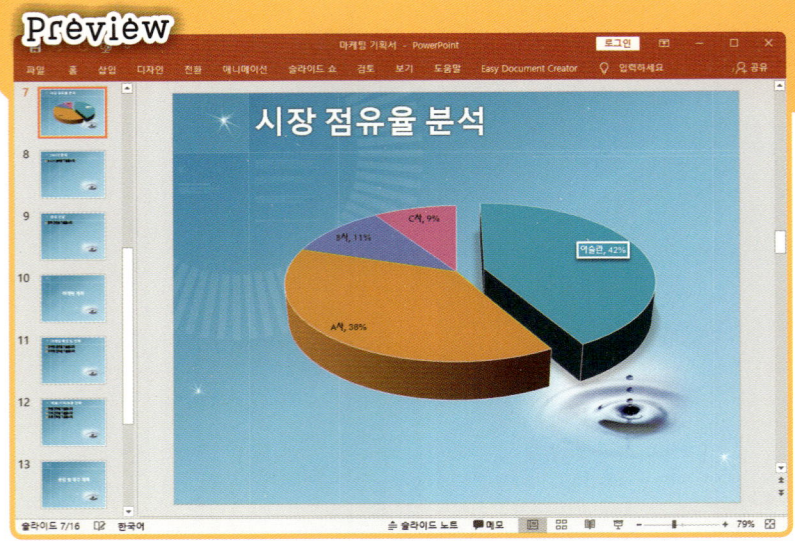

C:\단계학습\파워포인트\프로젝트파일\마케팅 기획서.pptx

01 차트 삽입하기

1 차트를 삽입하기 위해 슬라이드 보기 창에서 **7번 슬라이드를 선택**한 후 슬라이드에서 [차트 삽입]을 클릭합니다.

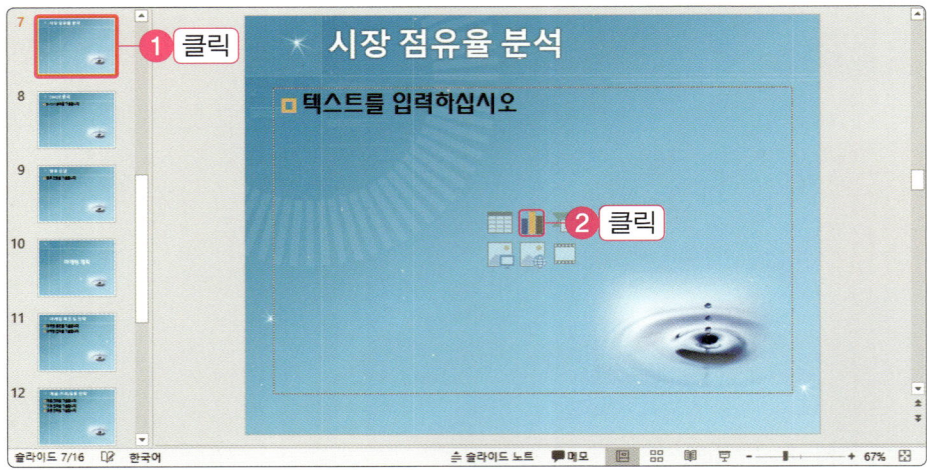

2 [차트 삽입] 대화상자가 나타나면 [원형]에서 [3차원 원형]을 클릭한 후 [확인] 단추를 클릭합니다.

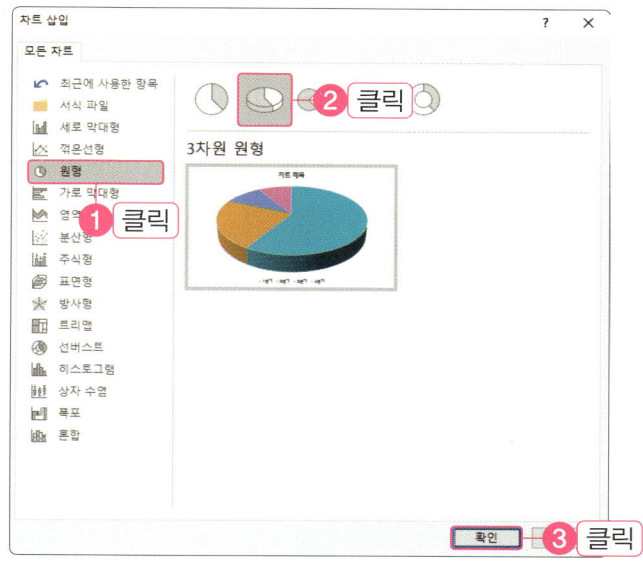

3 파워포인트 차트가 나타나면 **다음과 같이 차트 데이터를 입력**한 후 [닫기] 단추를 클릭합니다.

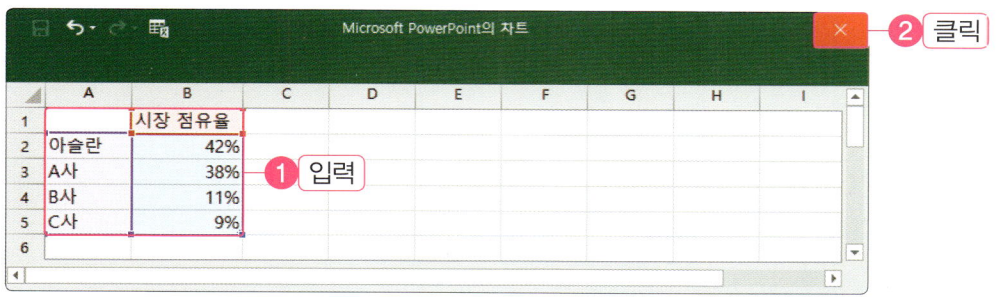

> B1셀에 있는 차트 데이터의 길이가 B열 너비보다 길어서 B1셀에 있는 차트 데이터가 C1셀에 이어서 표시되는데요. 이런 경우, B열 머리글과 C열 머리글의 경계선을 더블클릭하면 B열 너비를 B1셀에 있는 차트 데이터의 길이에 맞게 변경할 수 있습니다.

4 다음과 같이 차트가 삽입됩니다.

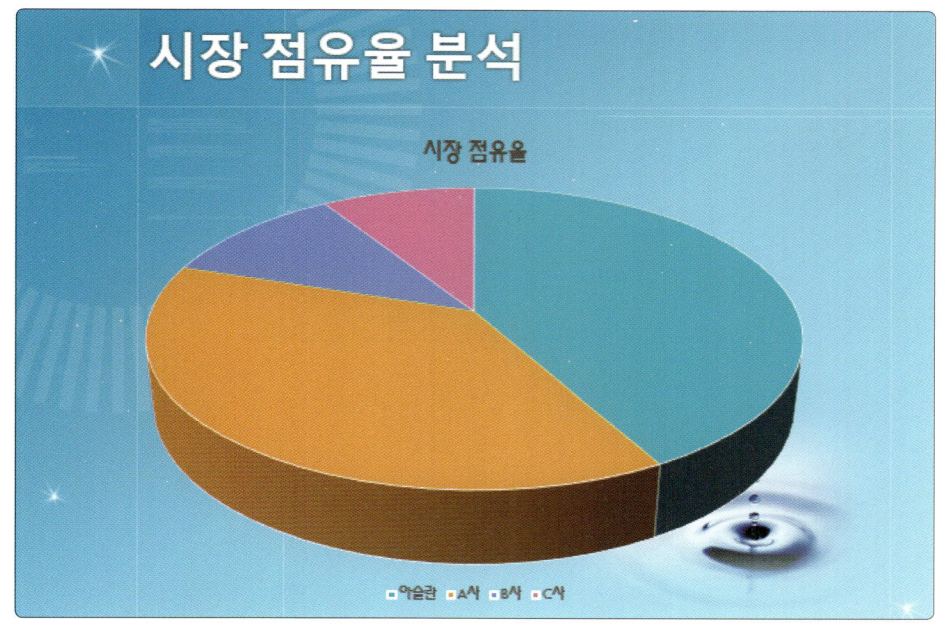

02 차트 레이아웃 지정하기

1 차트 레이아웃을 지정하기 위해 **차트를 선택**한 후 [차트 도구] 정황 탭-[디자인] 탭-[차트 레이아웃] 그룹에서 [빠른 레이아웃]을 클릭한 다음 [레이아웃 4]를 클릭합니다.

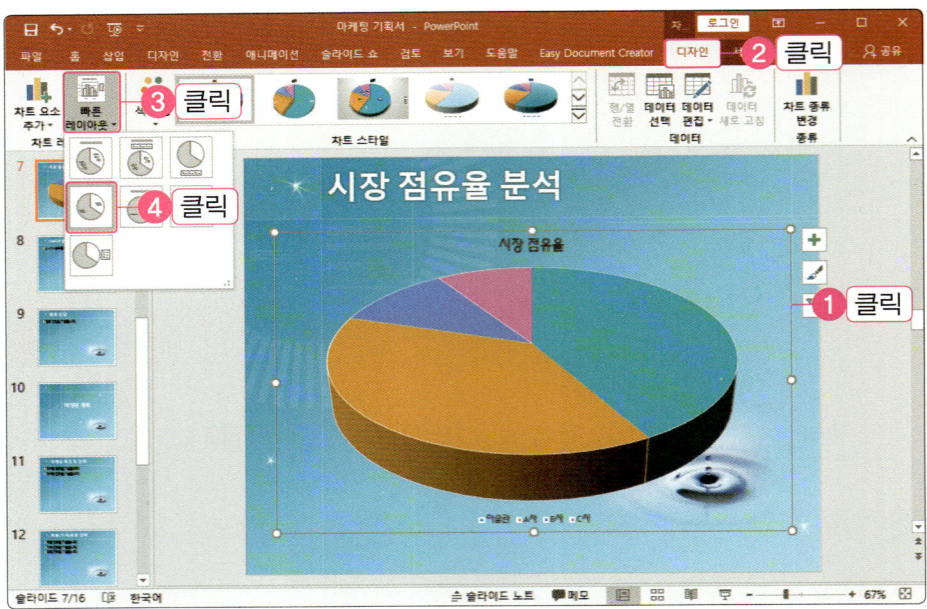

2 다음과 같이 차트 레이아웃이 지정됩니다.

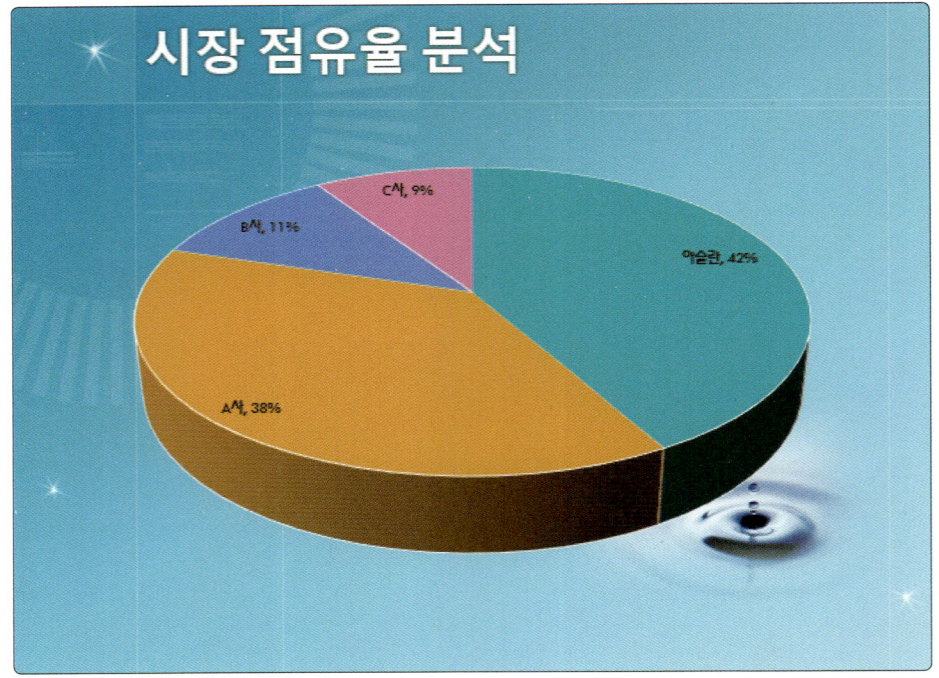

03 '아슬란' 데이터 요소에 그림자 도형 효과 지정하기

1 '아슬란' 데이터 요소를 분리하기 위해 **'아슬란' 데이터 요소를 선택**한 후 **다음과 같이 드래그**합니다.

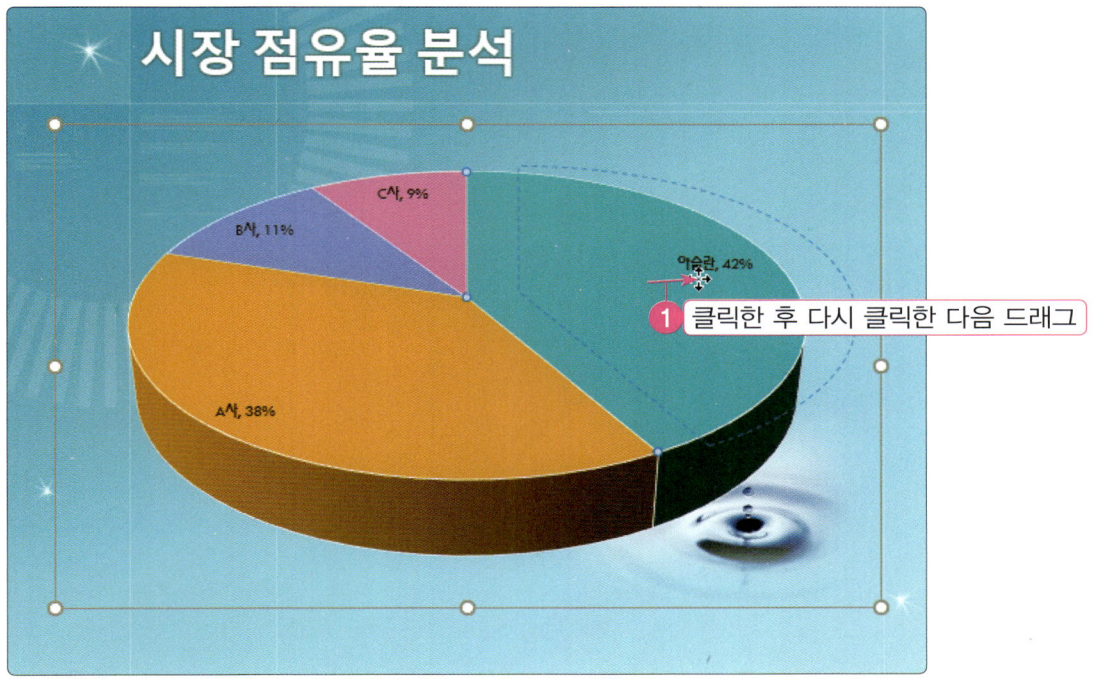

'아슬란' 데이터 요소를 클릭한 후 다시 클릭하면 '아슬란' 데이터 요소만 선택할 수 있습니다.

2 '아슬란' 데이터 요소에 그림자 도형 효과를 지정하기 위해 [차트 도구] 정황 탭-[서식] 탭-[도형 스타일] 그룹에서 [도형 효과]를 클릭한 후 [그림자]-[원근감: 아래]를 클릭합니다.

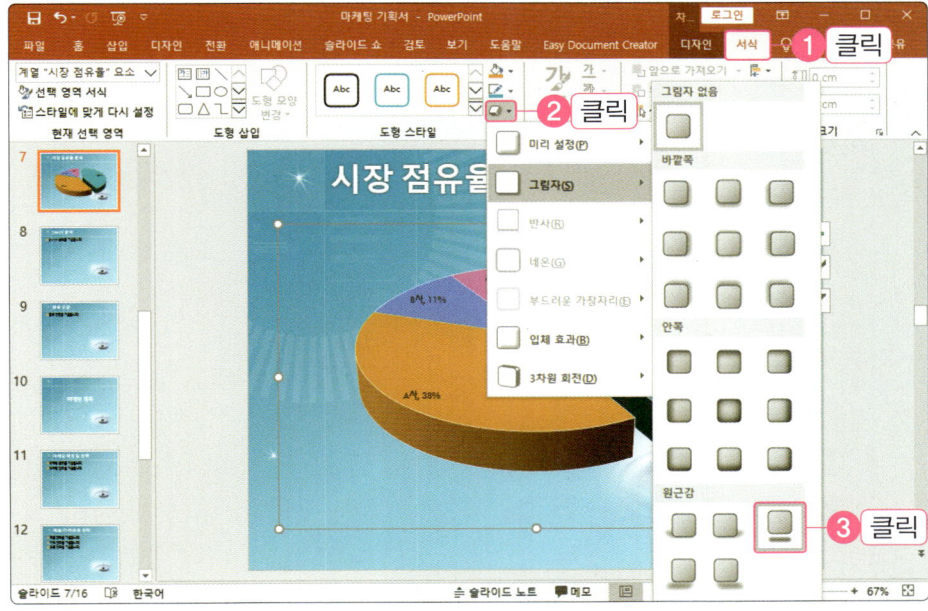

3 '아슬란' 데이터 요소에 그림자 도형 효과가 지정됩니다.

Chapter 06 - 기획서의 시장 점유율 분석 차트 작성하기

04 '아슬란' 데이터 요소의 데이터 레이블에 도형 스타일 지정하기

1 '아슬란' 데이터 요소의 데이터 레이블에 도형 스타일을 지정하기 위해 **'아슬란' 데이터 요소의 데이터 레이블을 선택**한 후 [차트 도구] 정황 탭-[서식] 탭-[도형 스타일] 그룹에서 ▽**[자세히] 단추를 클릭**합니다.

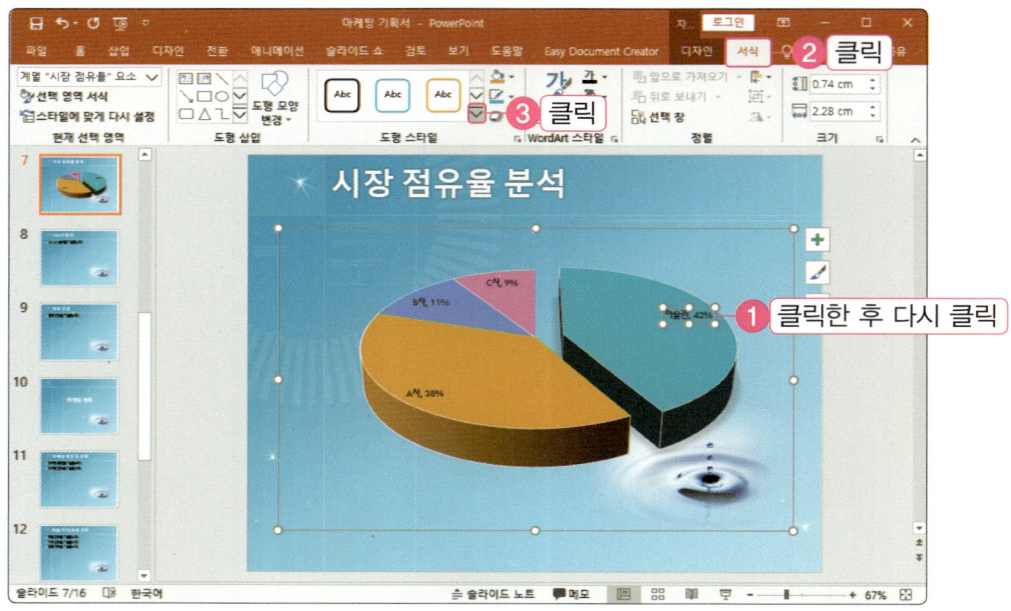

'아슬란' 데이터 요소의 데이터 레이블을 클릭한 후 다시 클릭하면 '아슬란' 데이터 요소의 데이터 레이블만 선택할 수 있습니다.

2 도형 스타일 목록이 나타나면 [밝은 색 1 윤곽선, 색 채우기 – 옥색, 강조 1]을 클릭합니다.

3 '아슬란' 데이터 요소의 데이터 레이블에 도형 스타일이 지정됩니다.

알고 넘어갑시다!

차트 종류 변경하기

다음과 같이 차트를 선택한 후 [차트 도구] 정황 탭-[디자인] 탭-[종류] 그룹에서 [차트 종류 변경]을 클릭하면 차트 종류를 변경할 수 있습니다.

Chapter 06 – 기획서의 시장 점유율 분석 차트 작성하기

연습문제

POWERPOINT 2016

C:\단계학습\파워포인트\프로젝트파일\월간종합잡지 기획서.pptx

1 다음과 같이 10번 슬라이드에 차트를 삽입해 보세요.
  • **차트 삽입** : 차트 종류([가로 막대형]- [3차원 묶은 가로 막대형])

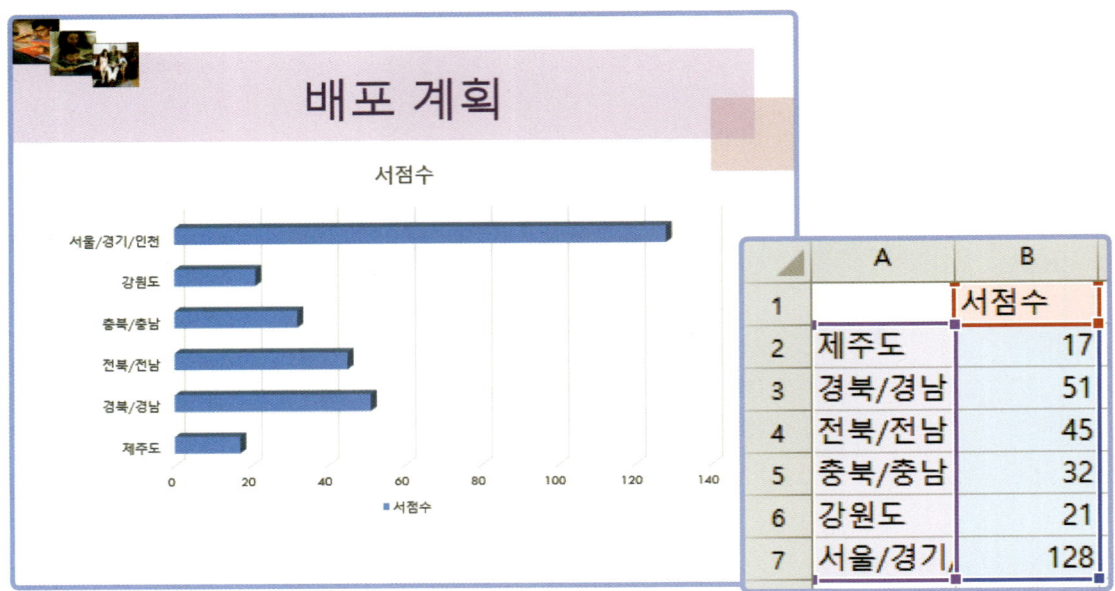

2 다음과 같이 차트 레이아웃을 지정해 보세요.
  • **차트 레이아웃 지정** : [레이아웃 4]

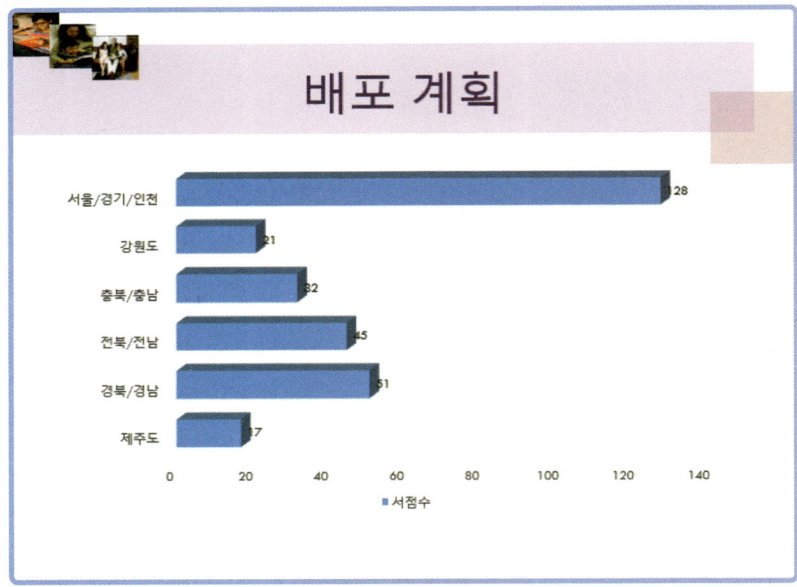

> **Hint**
> 차트를 선택한 후 [차트 도구] 상황 탭-[디자인] 탭-[차트 레이아웃] 그룹에서 [빠른 레이아웃]을 클릭한 다음 [레이아웃 4]를 클릭하면 차트 레이아웃을 지정할 수 있습니다.

연습문제

3 다음과 같이 '서점수' 데이터 계열에 그림자 도형 효과를 지정해 보세요.
- '서점수' 데이터 계열에 그림자 도형 효과 지정 : ▣[오프셋: 오른쪽 아래]

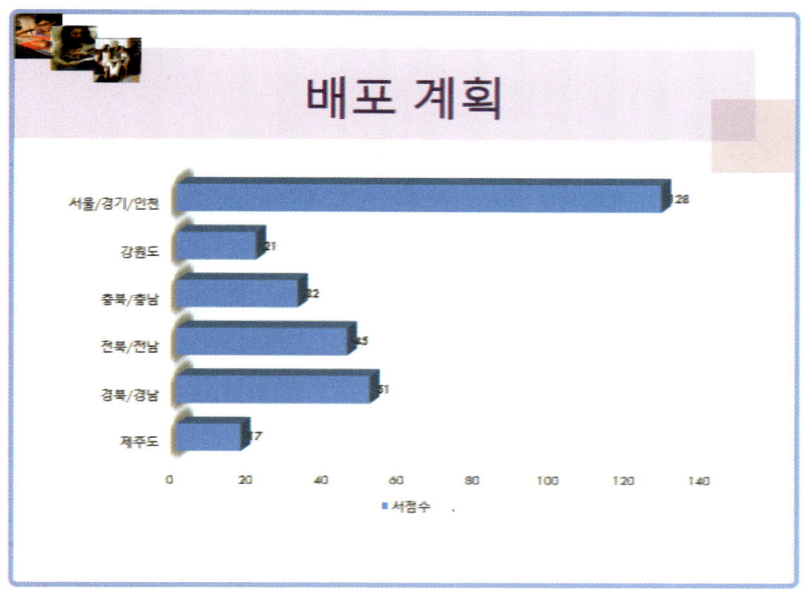

4 다음과 같이 '서울/경기/인천' 데이터 요소의 데이터 레이블에 도형 스타일을 지정해 보세요.
- '서울/경기/인천' 데이터 요소의 데이터 레이블에 도형 스타일 지정 : ▣[밝은 색 1 윤곽선, 색 채우기 – 빨강, 강조 2]

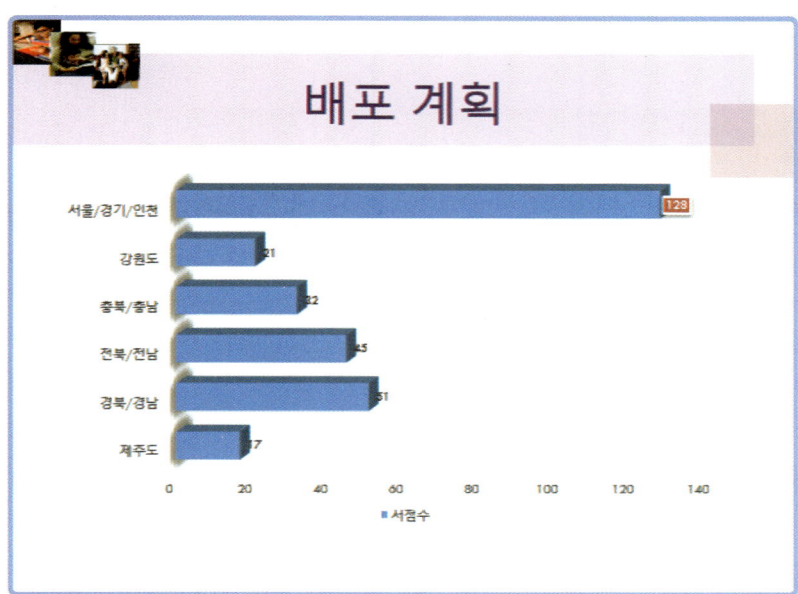

Chapter 06 – 기획서의 시장 점유율 분석 차트 작성하기 **63**

보고서의 매출 및 영업 이익 추이 작성하기

POWERPOINT 2016

보고서는 영업, 업무, 회의 등에 관한 내용이나 진행 상황 등을 보고할 때 작성하는 문서로 주요 영업 및 실적, 매출 및 영업 이익 추이, 영업 비용 등으로 구성되어 있습니다. 그럼, 애니메이션을 지정하여 보고서의 매출 및 영업 이익 추이를 작성하는 방법에 대해 알아보겠습니다.

Preview

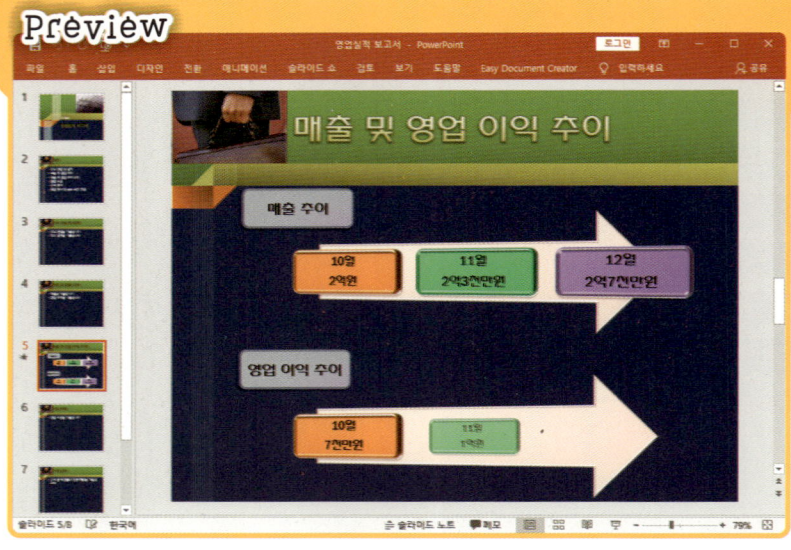

C:\단계학습\파워포인트\프로젝트파일\영업실적 보고서.pptx

01 '매출 추이' 도형에 애니메이션 지정하기

1 '매출 추이' 도형에 애니메이션을 지정하기 위해 슬라이드 보기 창에서 **5번 슬라이드를 선택**한 후 **'매출 추이' 도형을 선택**한 다음 [애니메이션] 탭-[애니메이션] 그룹에서 ▽[자세히] 단추를 클릭합니다.

2 애니메이션 목록이 나타나면 [나타내기]-[날아오기]를 클릭합니다.

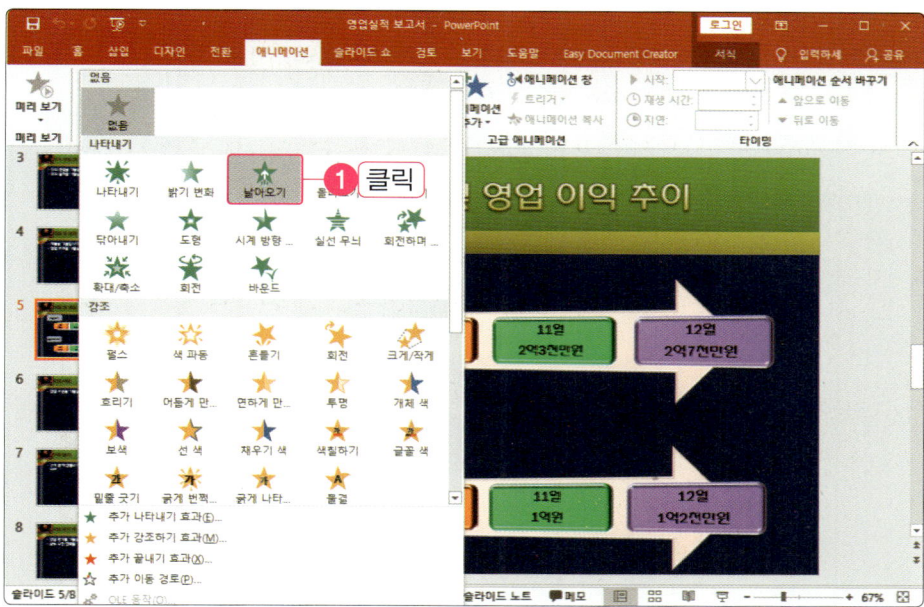

3 '매출 추이' 도형에 애니메이션이 지정되면 애니메이션 효과 옵션을 지정하기 위해 [애니메이션] 탭-[애니메이션] 그룹에서 **[효과 옵션]**을 클릭한 후 **[왼쪽에서]**를 클릭합니다.

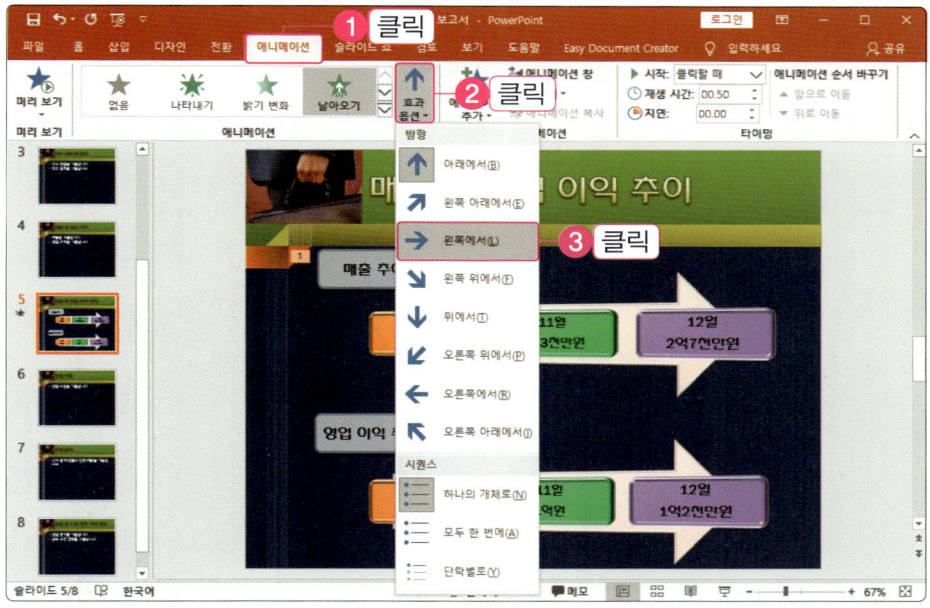

- 애니메이션을 지정하면 해당 개체나 단락의 왼쪽 위에 애니메이션 번호가 표시되고, 해당 슬라이드 번호 아래에 ★[애니메이션 실행] 아이콘이 표시됩니다.
- 애니메이션 효과 옵션은 애니메이션마다 다른데요. 예를 들어 '날아오기' 애니메이션 효과 옵션에는 아래에서나 위에서 등이 있지만 '나누기' 애니메이션 효과 옵션에는 가로 안쪽으로나 가로 바깥쪽으로 등이 있습니다.
- 애니메이션 번호를 선택한 후 [애니메이션] 탭-[애니메이션] 그룹에서 ☑[자세히] 단추를 클릭한 다음 [없음]을 클릭하면 지정된 애니메이션을 제거할 수 있습니다.

Chapter 07 - 보고서의 매출 및 영업 이익 추이 작성하기

4 시작과 재생 시간을 지정하기 위해 [애니메이션] 탭-[타이밍] 그룹에서 **시작(클릭할 때)**
을 **선택**한 후 **재생 시간(1)을 입력**합니다.

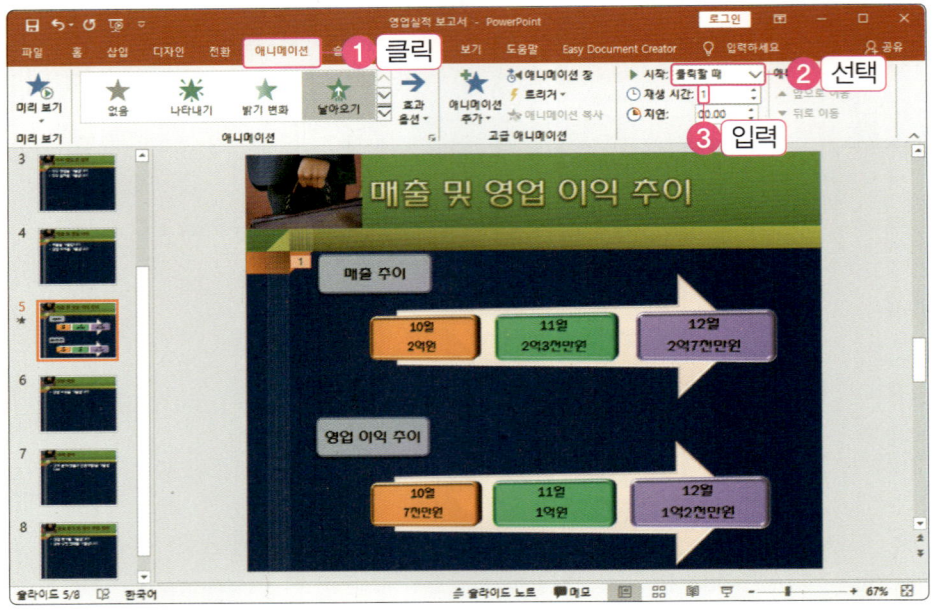

> 시작은 애니메이션이 실행되는 시점을 말하고, 재생 시간은 애니메이션이 실행되는 시간을 말합니다.

5 같은 방법으로 **다음과 같이 '영업 이익 추이' 도형에 애니메이션을 지정**합니다.
- '영업 이익 추이' 도형 : 애니메이션 지정([나타내기]-[날아오기]), 효과 옵션(왼쪽에서), 시작(이전 효과 다음에), 재생 시간(1)

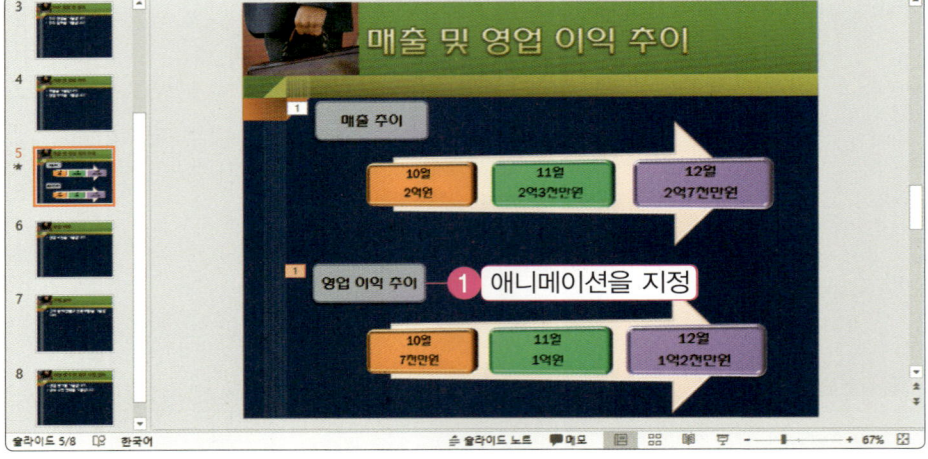

02 '매출 추이' 도형에 애니메이션 추가하기

1 '매출 추이' 도형에 애니메이션을 추가하기 위해 **'매출 추이' 도형을 선택**한 후 [애니메이션] 탭-[고급 애니메이션] 그룹에서 **[애니메이션 추가]를 클릭**한 다음 **[나타내기]-[회전]** 을 클릭합니다.

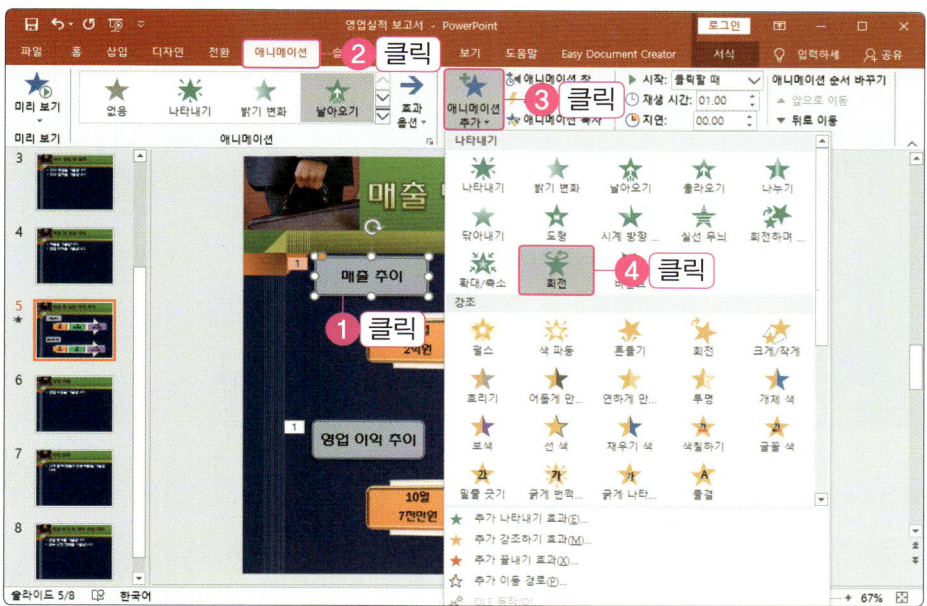

2 시작과 재생 시간을 지정하기 위해 [애니메이션] 탭-[타이밍] 그룹에서 **시작(이전 효과 다음에)을 선택**한 후 **재생 시간(2)을 입력**합니다.

3 같은 방법으로 **다음과 같이 '영업 이익 추이' 도형에 애니메이션을 추가**합니다.
  • '영업 이익 추이' 도형 : 애니메이션 추가([나타내기]-[회전]), 시작(이전 효과 다음에), 재생 시간(2)

Chapter 07 – 보고서의 매출 및 영업 이익 추이 작성하기 **67**

03 '매출 추이' SmartArt에 애니메이션 지정하기

1 '매출 추이' SmartArt에 애니메이션을 지정하기 위해 **'매출 추이' SmartArt를 선택**한 후 [애니메이션] 탭-[애니메이션] 그룹에서 **[자세히] 단추를 클릭**합니다.

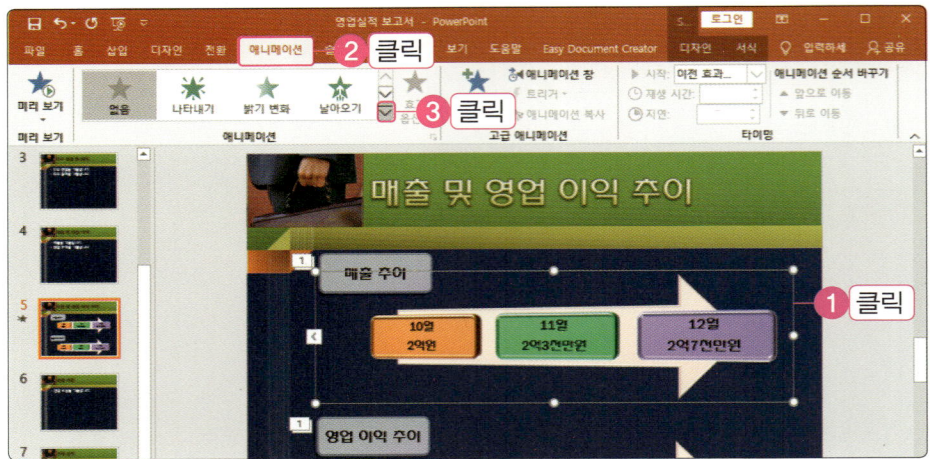

2 애니메이션 목록이 나타나면 **[나타내기]-[확대/축소]를 클릭**합니다.

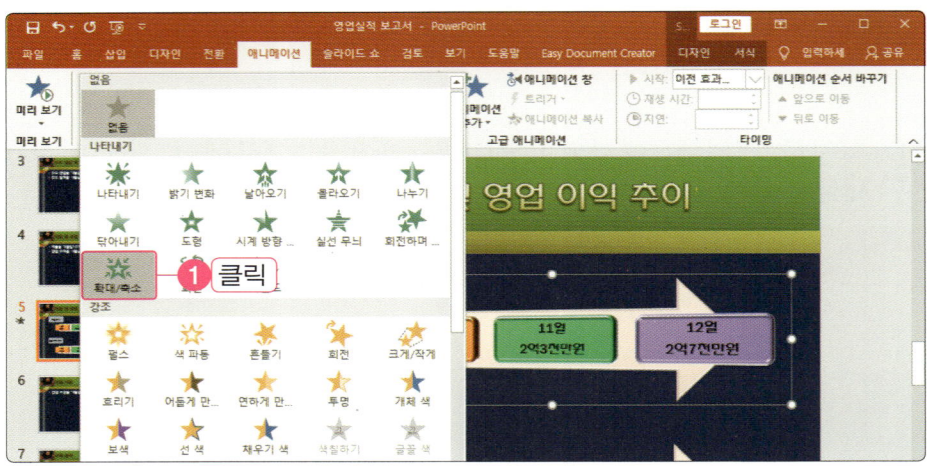

3 '매출 추이' SmartArt에 애니메이션이 지정되면 애니메이션 효과 옵션을 지정하기 위해 [애니메이션] 탭-[애니메이션] 그룹에서 **[효과 옵션]을 클릭**한 후 **[개별적으로]를 클릭**합니다.

4 시작과 재생 시간을 지정하기 위해 [애니메이션] 탭-[타이밍] 그룹에서 **시작(이전 효과 다음에)을 선택**한 후 **재생 시간(1)을 입력**합니다.

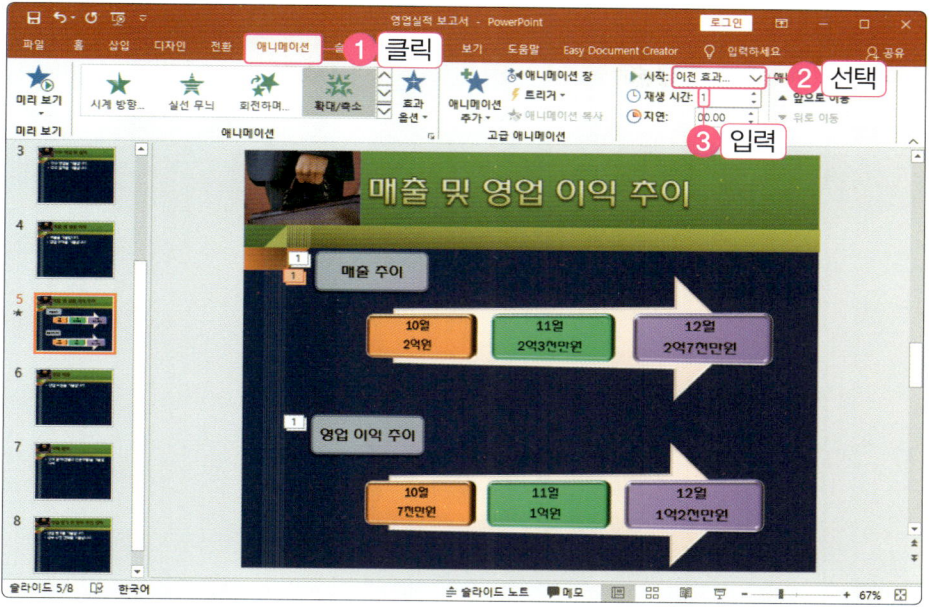

5 같은 방법으로 **다음과 같이 '영업 이익 추이' SmartArt에 애니메이션을 지정**합니다.
- '영업 이익 추이' SmartArt : 애니메이션 지정([나타내기]-[확대/축소]), 효과 옵션(개별적으로), 시작(이전 효과 다음에), 재생 시간(1)

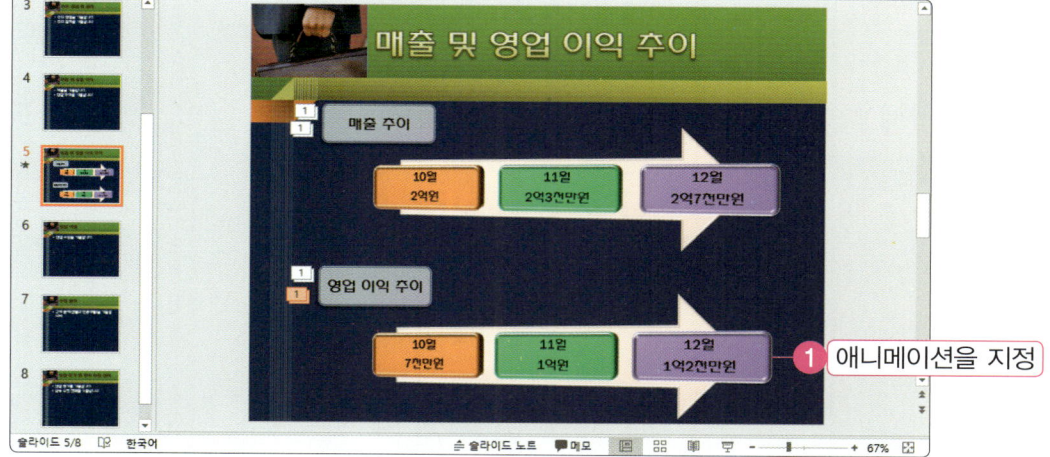

Chapter 07 - 보고서의 매출 및 영업 이익 추이 작성하기 **69**

04 애니메이션 확인하기

1 5번 슬라이드부터 슬라이드 쇼를 시작하기 위해 슬라이드 보기 창에서 **5번 슬라이드를 선택**한 후 [슬라이드 쇼] 탭–[슬라이드 쇼 시작] 그룹에서 **[현재 슬라이드부터]를 클릭**합니다.

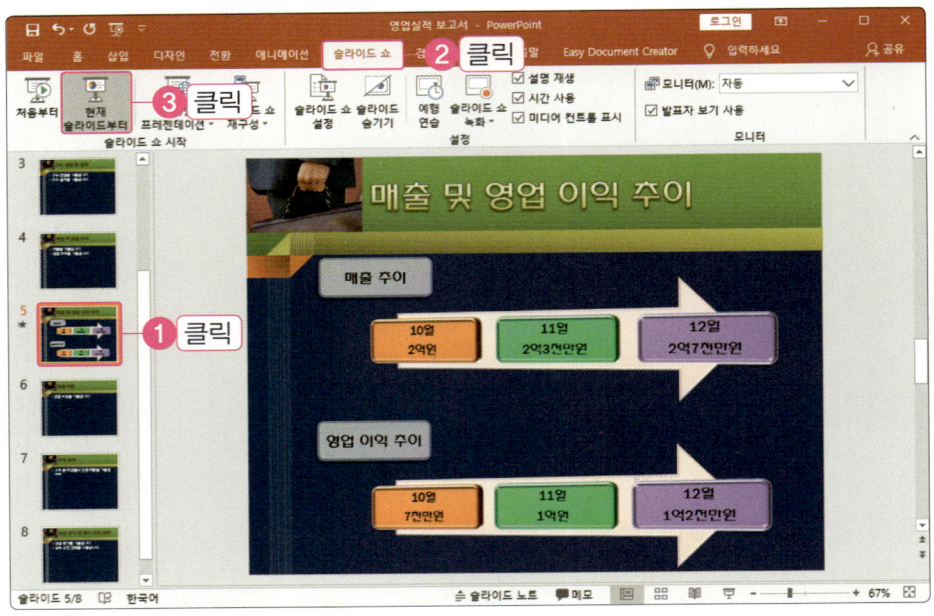

여기서는 애니메이션이 슬라이드 쇼에서 어떻게 실행되는지 확인합니다.

2 5번 슬라이드가 전체 화면으로 나타나면 **슬라이드를 클릭**합니다.

3 다음과 같이 애니메이션이 실행됩니다.

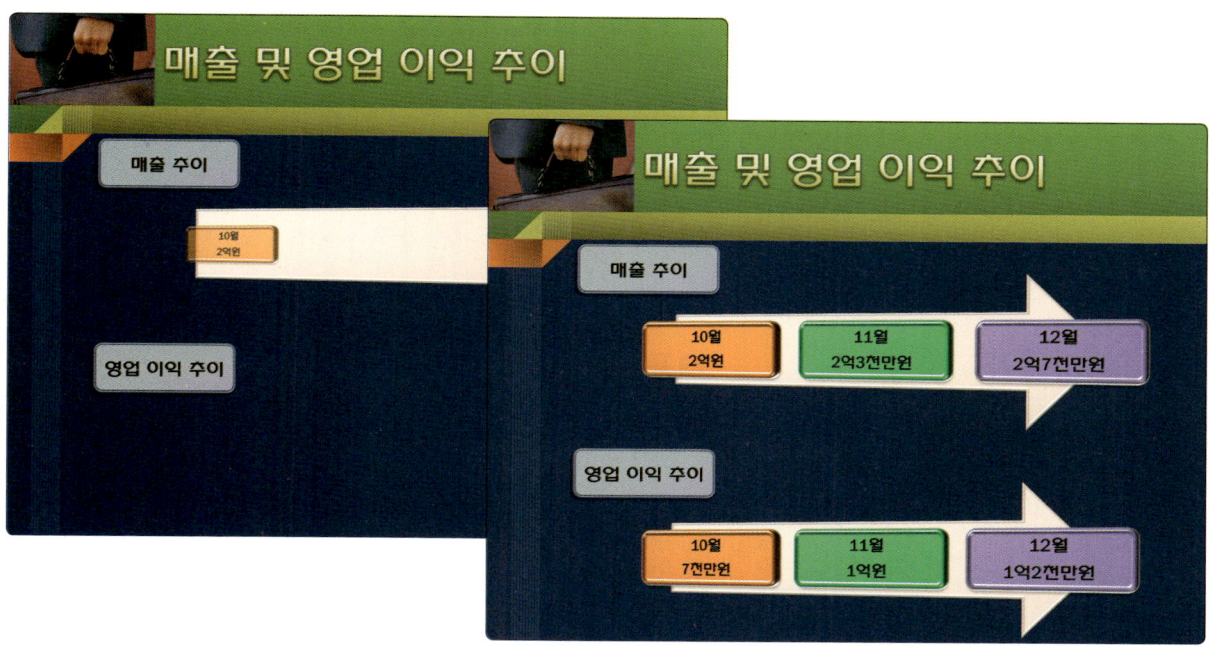

'매출 추이' 도형에 지정된 '날아오기' 애니메이션은 시작을 '클릭할 때'로 지정하였기 때문에 5번 슬라이드가 전체 화면으로 나타난 후 슬라이드를 클릭하면 애니메이션이 실행되고, 다른 애니메이션은 시작을 '이전 효과 다음에'로 지정하였기 때문에 '매출 추이' 도형에 지정된 '날아오기' 애니메이션이 실행된 후 자동으로 애니메이션이 실행됩니다.

알고 넘어갑시다!

[애니메이션] 작업 창

[애니메이션] 탭-[고급 애니메이션] 그룹에서 [애니메이션 창]을 클릭하면 [애니메이션] 작업 창이 나타납니다. [애니메이션] 작업 창을 사용하면 애니메이션 효과 옵션을 지정하거나 애니메이션을 제거하는 등의 작업을 쉽고 빠르게 할 수 있는데요. 다음은 '영업 이익 추이' 도형에 지정된 '회전' 애니메이션을 제거하는 경우입니다.

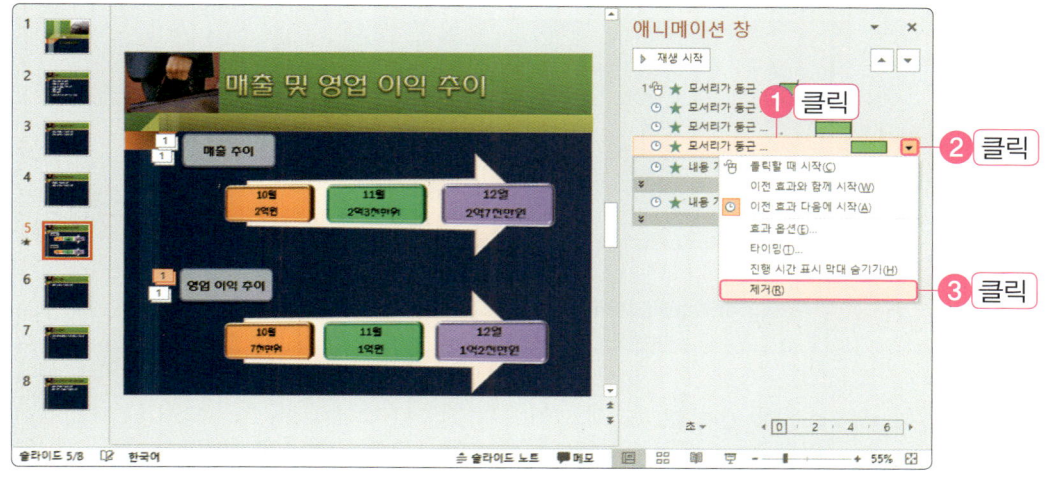

Chapter 07 – 보고서의 매출 및 영업 이익 추이 작성하기 **71**

연습문제

POWERPOINT 2016

C:\단계학습\파워포인트\프로젝트파일\경영성과 보고서.pptx

1 다음과 같이 6번 슬라이드에서 '제품별 생산 현황' 도형에 애니메이션을 지정해 보세요.

- '제품별 생산 현황' 도형 : 애니메이션 지정([나타내기]-[날아오기]), 애니메이션 효과 옵션(위에서), 시작(클릭할 때), 재생 시간(1)

2 다음과 같이 '제품별 생산 현황' SmartArt에 애니메이션을 지정해 보세요.

- '제품별 생산 현황' SmartArt : 애니메이션 지정([나타내기]-[닦아내기]), 애니메이션 효과 옵션(개별적으로), 시작(이전 효과 다음에), 재생 시간(1)

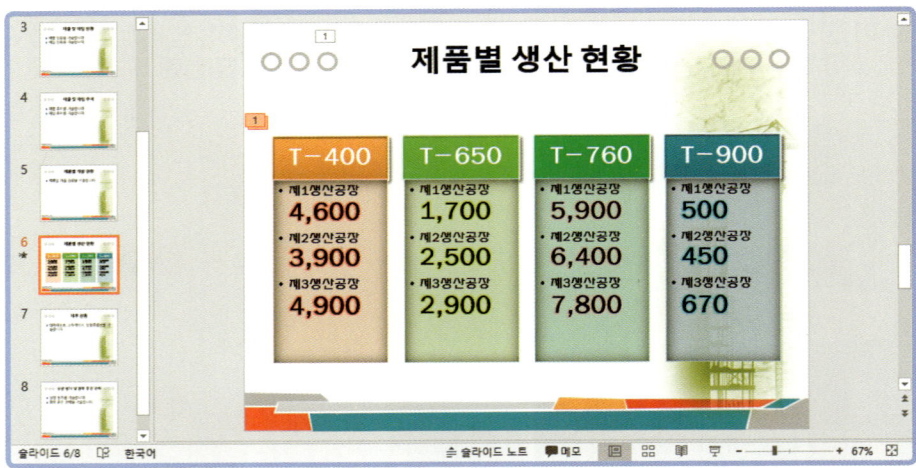

Hint

'제품별 생산 현황' SmartArt를 선택한 후 [애니메이션] 탭-[애니메이션] 그룹에서 ☑[자세히] 단추를 클릭한 다음 [나타내기]-[닦아내기]를 클릭합니다. 그런 다음 [애니메이션] 탭-[애니메이션] 그룹에서 [효과 옵션]을 클릭한 후 [개별적으로]를 클릭한 다음 [애니메이션] 탭-[타이밍] 그룹에서 시작(이전 효과 다음에)을 선택하고 재생 시간(1)을 입력하면 '제품별 생산 현황' SmartArt에 애니메이션을 지정할 수 있습니다.

연습문제

3 다음과 같이 '제품별 생산 현황' SmartArt에 애니메이션을 추가해 보세요.
- **'제품별 생산 현황' SmartArt** : 애니메이션 추가([강조]-[흔들기]), 시작(이전 효과 다음에), 재생 시간(1)

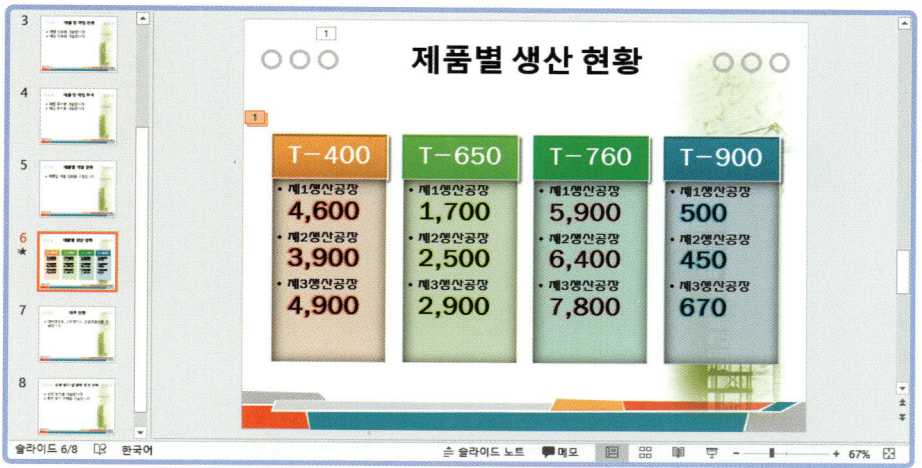

4 다음과 같이 애니메이션이 슬라이드 쇼에서 어떻게 실행되는지 확인해 보세요.

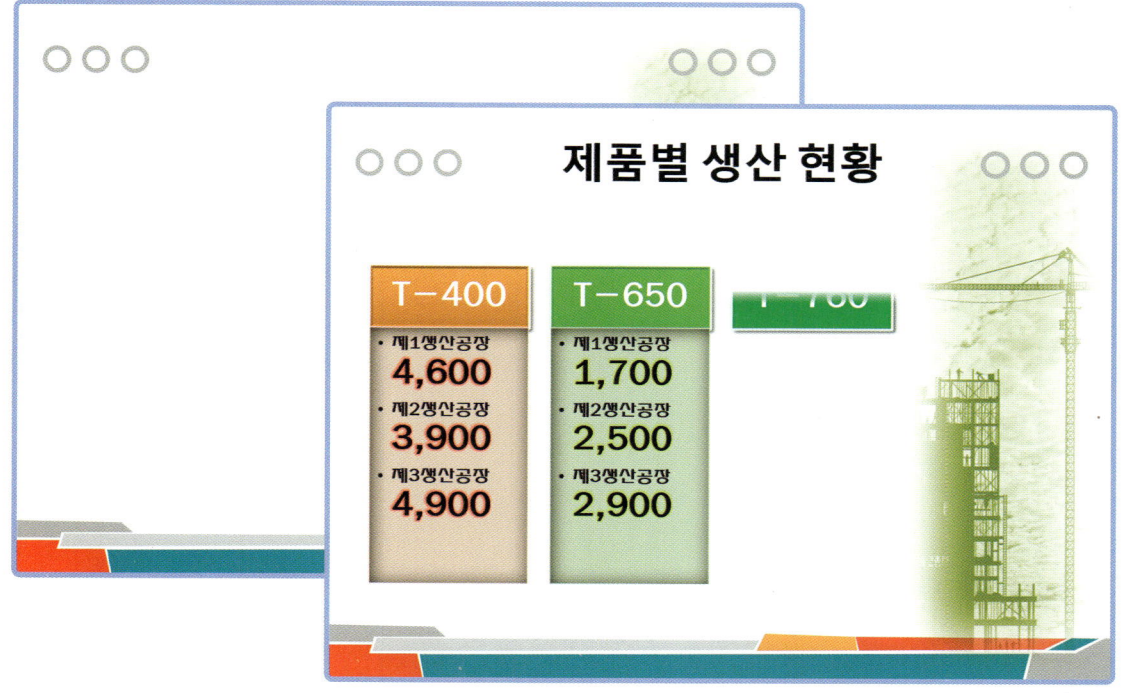

Hint
슬라이드 보기 창에서 6번 슬라이드를 선택한 후 [슬라이드 쇼] 탭-[슬라이드 쇼 시작] 그룹에서 [현재 슬라이드부터]를 클릭하면 애니메이션이 슬라이드 쇼에서 어떻게 실행되는지 확인할 수 있습니다.

영업부용 세미나 자료 작성하기

POWERPOINT 2016

세미나는 특정 분야의 전문인이 행하는 연수회나 강습회 등을 말하는데요. 세미나 자료는 제품 상황, 경쟁사 상황, 고객 분석 등으로 구성되어 있습니다. 그럼, 세미나 자료에 화면 전환 효과를 지정하고 슬라이드 쇼를 재구성하여 영업부용 세미나 자료를 작성하는 방법에 대해 알아보겠습니다.

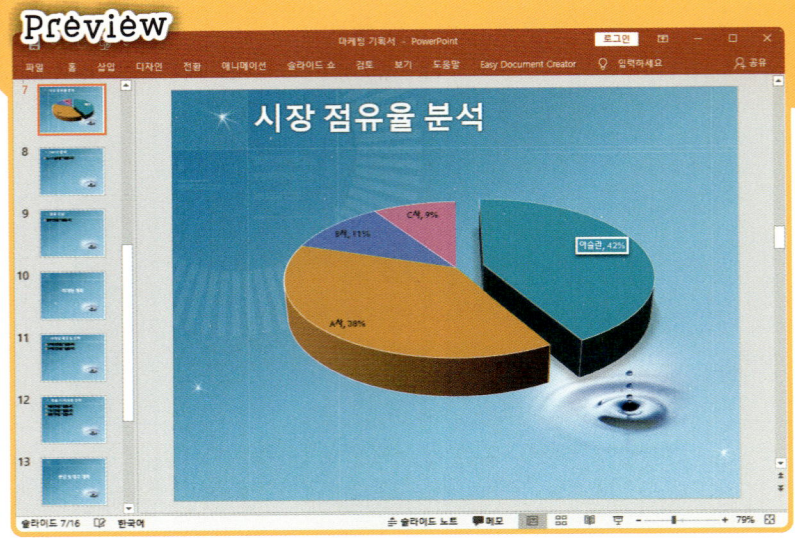

C:\단계학습\파워포인트\프로젝트파일\세미나 자료-제품판매전략.pptx

01 화면 전환 효과 지정하고 슬라이드 쇼 재구성하기

1. 화면 전환 효과를 지정하기 위해 슬라이드 보기 창에서 **1번 슬라이드를 선택**한 후 [전환] 탭-[슬라이드 화면 전환] 그룹에서 ▽**[자세히] 단추를 클릭**합니다.

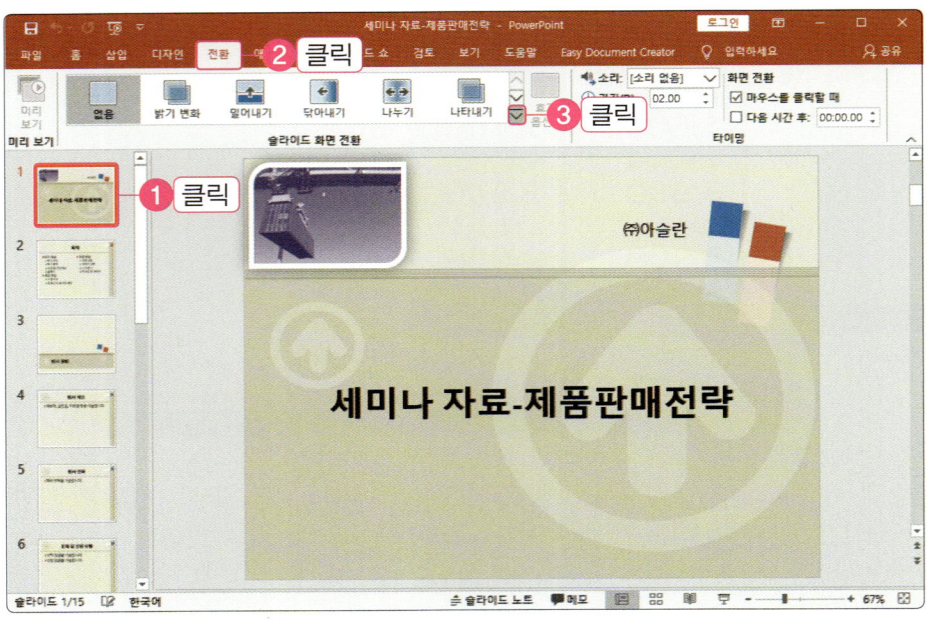

2 화면 전환 효과 목록이 나타나면 [은은한 효과]-[닦아내기]를 클릭합니다.

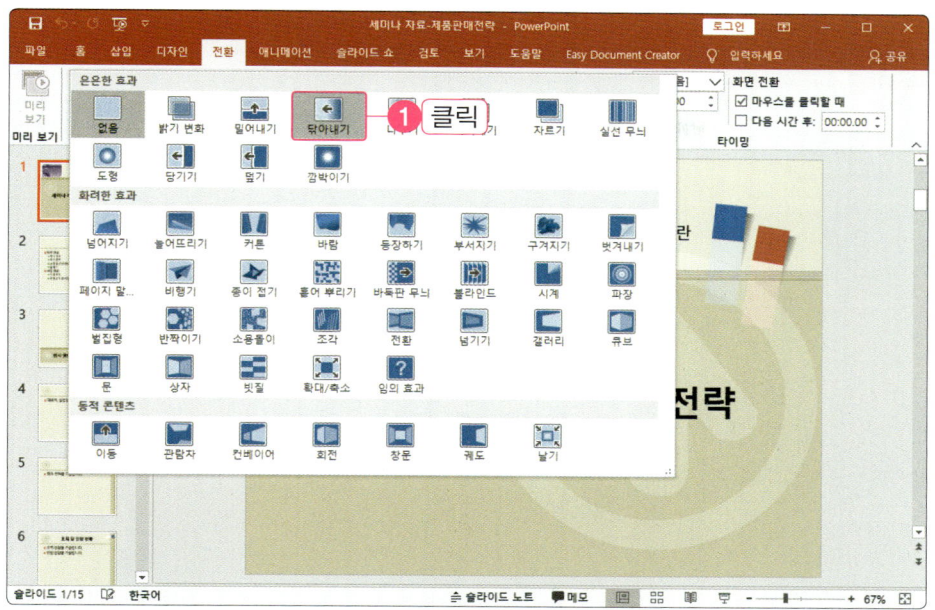

3 1번 슬라이드에 화면 전환 효과가 지정되면 화면 전환 효과 옵션을 지정하기 위해 [전환] 탭-[슬라이드 화면 전환] 그룹에서 [효과 옵션]을 클릭한 후 [왼쪽 위에서]를 클릭합니다.

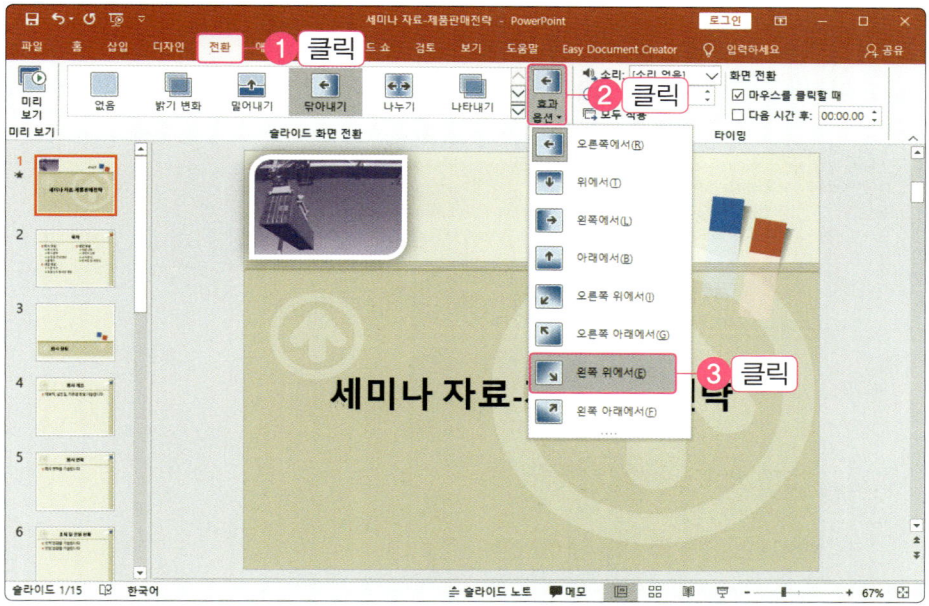

- 화면 전환 효과를 지정하면 해당 슬라이드 번호 아래에 ★[애니메이션 실행] 아이콘이 표시됩니다.
- 화면 전환 효과 옵션은 화면 전환 효과마다 다른데요. 예를 들어 '닦아내기' 화면 전환 효과 옵션에는 오른쪽에서나 왼쪽에서 등이 있지만 '흩어 뿌리기' 화면 전환 효과 옵션에는 어떤 화면 전환 효과 옵션도 없습니다.
- 슬라이드 보기 창에서 화면 전환 효과가 지정된 슬라이드를 선택한 후 [전환] 탭-[슬라이드 화면 전환] 그룹에서 ▽[자세히] 단추를 클릭한 다음 [없음]을 클릭하면 지정된 화면 전환 효과를 제거할 수 있습니다.

Chapter 08 – 영업부용 세미나 자료 작성하기

4 기간을 지정하기 위해 [전환] 탭-[타이밍] 그룹에서 **기간(2)을 입력**한 후 모든 슬라이드에 화면 전환 효과를 지정하기 위해 **[모두 적용]을 클릭**합니다.

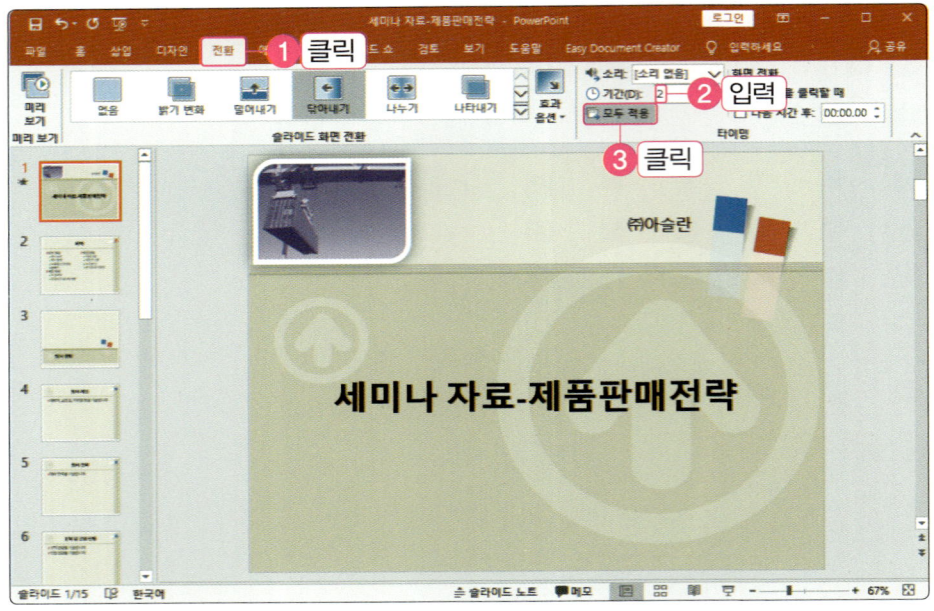

기간은 화면이 전환되는 시간을 말합니다.

5 모든 슬라이드에 화면 전환 효과가 지정되면 슬라이드 쇼를 재구성하기 위해 [슬라이드 쇼] 탭-[슬라이드 쇼 시작] 그룹에서 **[슬라이드 쇼 재구성]을 클릭**한 후 **[쇼 재구성]을 클릭**합니다.

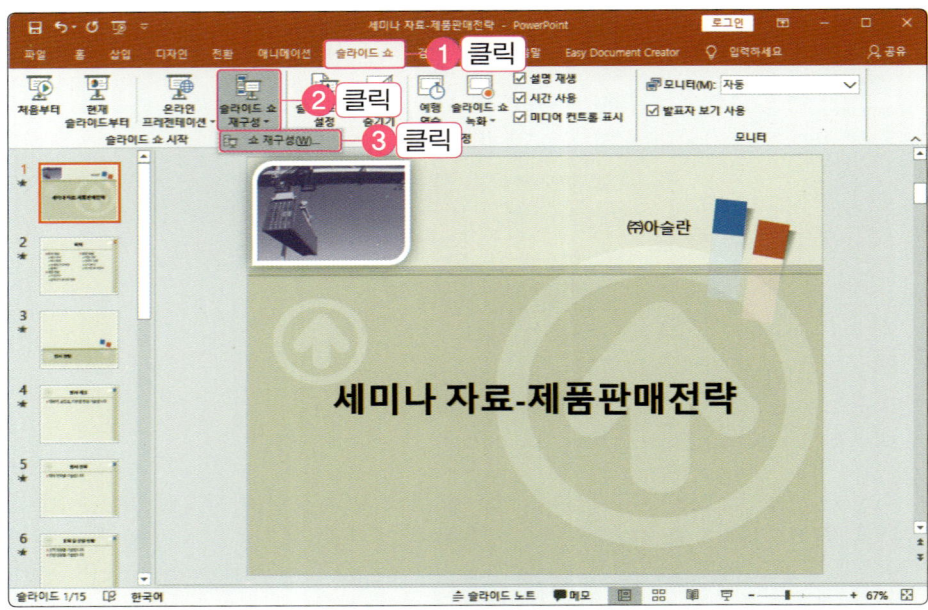

6 [쇼 재구성] 대화상자가 나타나면 **[새로 만들기] 단추를 클릭**합니다.

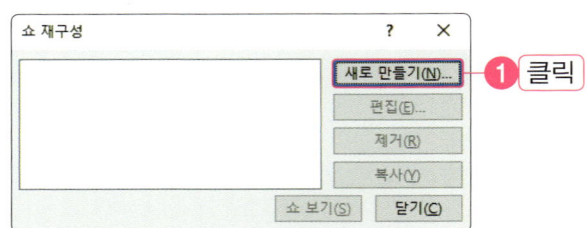

7 [쇼 재구성하기] 대화상자가 나타나면 **슬라이드 쇼 이름(영업부용)을 입력**한 후 프레젠테이션에 있는 슬라이드에서 **11번 슬라이드~15번 슬라이드를 선택**한 다음 **[추가] 단추를 클릭**합니다. 그런 다음 11번 슬라이드~15번 슬라이드가 재구성한 쇼에 있는 슬라이드에 추가되면 **[확인] 단추를 클릭**합니다.

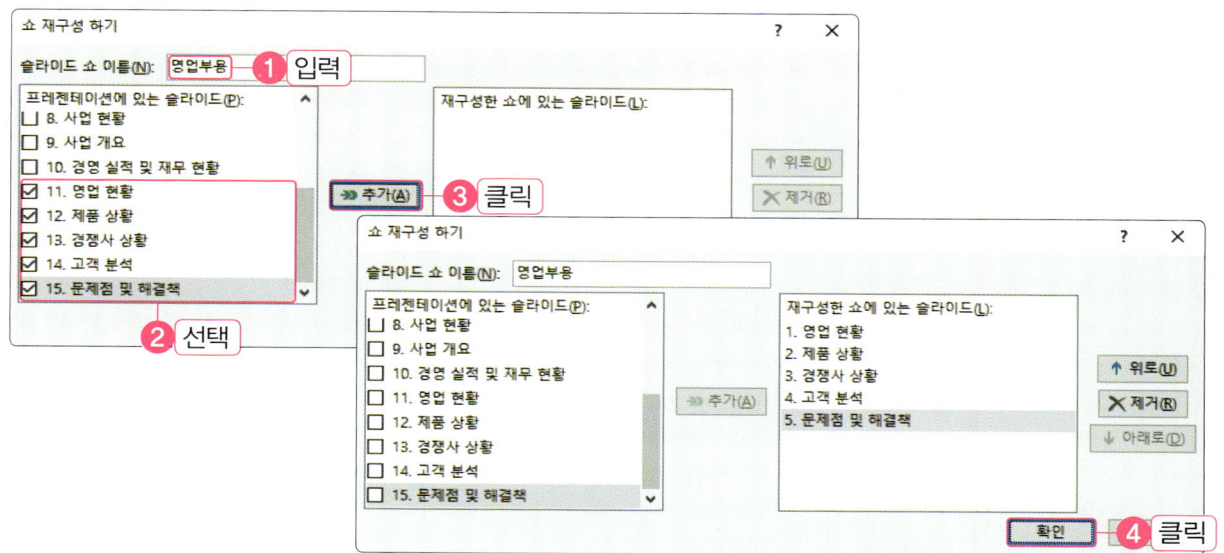

8 [쇼 재구성] 대화상자가 다시 나타나면 **[닫기] 단추를 클릭**합니다.

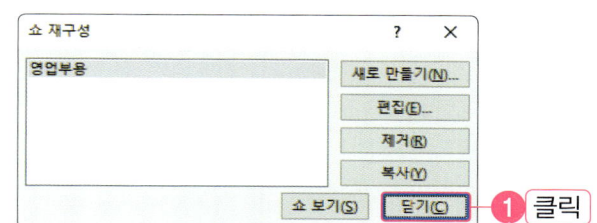

9 슬라이드 쇼가 재구성됩니다.

02 화면 전환 효과와 재구성된 쇼 확인하기

1 슬라이드 쇼를 설정하기 위해 [슬라이드 쇼] 탭-[설정] 그룹에서 **[슬라이드 쇼 설정]**을 클릭합니다.

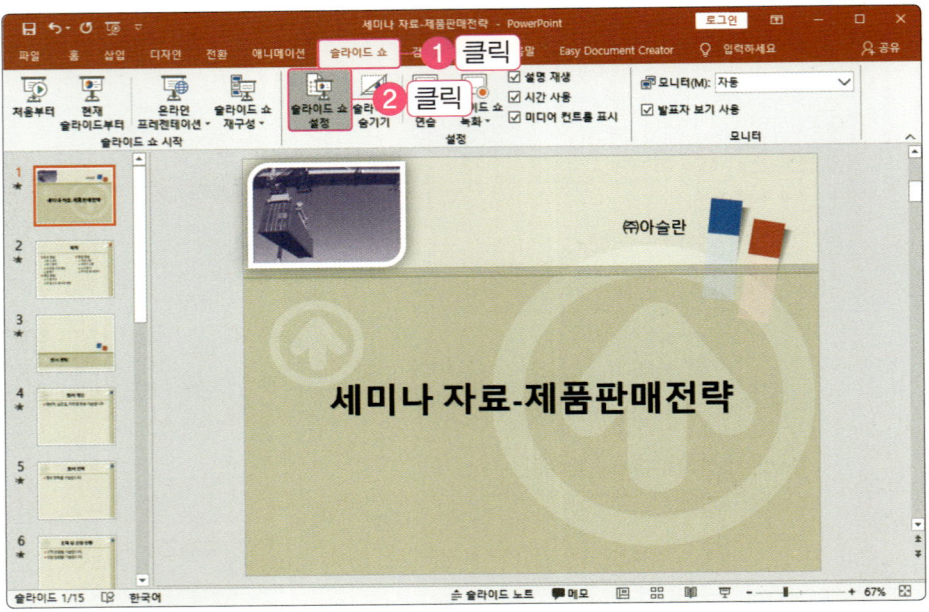

2 [쇼 설정] 대화상자가 나타나면 **슬라이드 표시(재구성한 쇼(영업부용))를 선택**한 후 [확인] 단추를 클릭합니다.

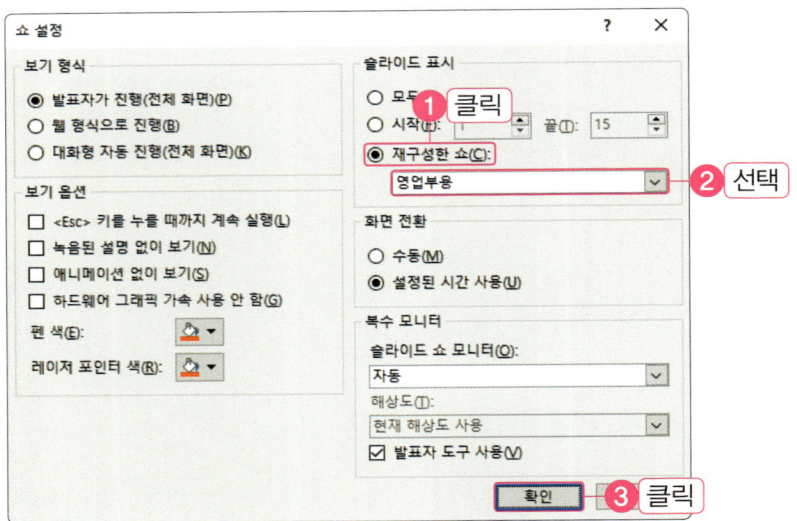

[모두]를 선택하면 모든 슬라이드를 표시하여 슬라이드 쇼를 시작할 수 있고, [시작]을 선택한 후 시작과 끝을 입력하면 시작과 끝에 입력한 슬라이드만 표시하여 슬라이드 쇼를 시작할 수 있습니다.

3 슬라이드 쇼가 설정되면 슬라이드 쇼를 시작하기 위해 [슬라이드 쇼] 탭-[슬라이드 쇼 시작] 그룹에서 **[처음부터]를 클릭**합니다.

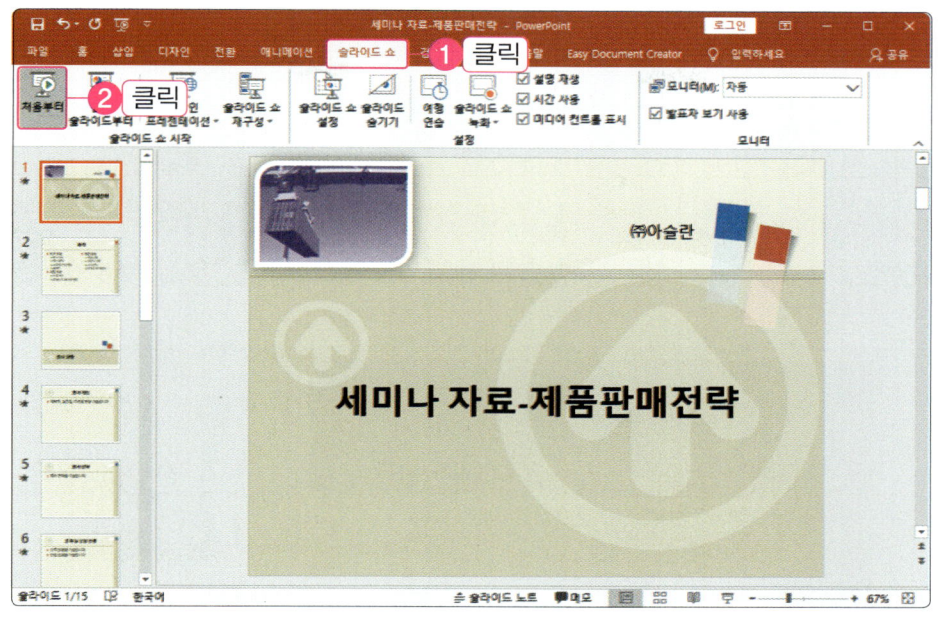

여기서는 화면 전환 효과가 슬라이드 쇼에서 어떻게 실행되는지와 재구성한 쇼에 있는 슬라이드만 표시되는지 확인합니다.

4 다음과 같이 화면 전환 효과가 실행되고 재구성한 쇼에 있는 슬라이드만 표시됩니다.

Chapter 08 – 영업부용 세미나 자료 작성하기

연습문제

POWERPOINT 2016

C:\단계학습\파워포인트\프로젝트파일\세미나 자료-신배송시스템.pptx

1 다음과 같이 화면 전환 효과를 지정한 후 슬라이드 쇼를 재구성해 보세요.
- 화면 전환 효과 지정 : 화면 전환 효과([은은한 효과]-[당기기]), 화면 전환 효과 옵션(위에서), 기간(2), 모두 적용
- 슬라이드 쇼 재구성 : 슬라이드 쇼 이름(고객용), 재구성한 쇼에 있는 슬라이드(프레젠테이션에 있는 슬라이드에서 1번 슬라이드/4번 슬라이드/16번 슬라이드~19번 슬라이드 선택)

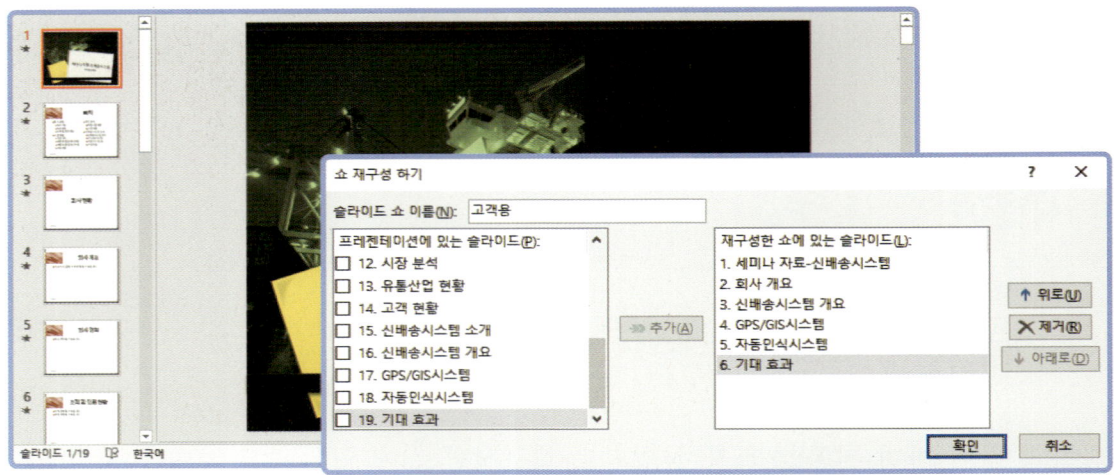

2 다음과 같이 슬라이드 쇼를 설정한 후 화면 전환 효과가 슬라이드 쇼에서 어떻게 실행되는지와 재구성한 쇼에 있는 슬라이드만 표시되는지 확인해 보세요.
- 슬라이드 쇼 설정 : 슬라이드 표시(재구성한 쇼(고객용))

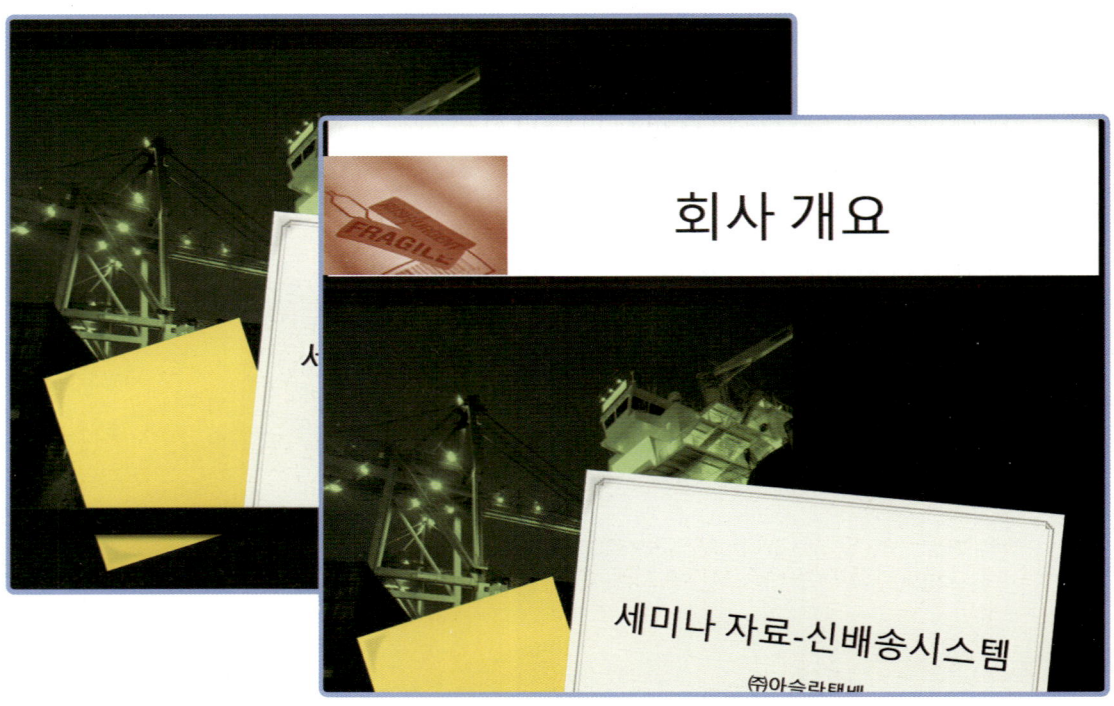